대한민국
正史

대한민국
正史

| 申泰允 編 / 申鉉東 譯註

곡성 단군성전

국조 단군 한배 검

신태윤 선생

신태윤 선생 동상

序

正史는以爲爲童蒙教科之一編者也－故로學綱而繼統之하고張目而撮要之하니俾補－講習之易易者는際此文化急轉之日에充棟之史를讀之無暇故也라.

정사는 여린 사람들에게 하나의 교과서가 되게 하려고 엮은 책이다. 그러므로 대강 계통을 대고 조목을 열어 요점만 뽑아 보충하여 쉽게 들어 습득할 수 있도록 하였다. 그것은 요즈음같이 문화는 날로 급하게 돌아가는데 집을 채울 만한 그 많은 역사책을 읽을 만한 여가가 없기 때문이다.

若三國史與麗史與東鑑은所謂史－不一하야而三韓而前은闕而不講하야至若首出之三聖을世莫之詳하니是猶論堯舜而闕羲皇矣라.

삼국사기와 고려사와 동국통감 같은 이른바 역사책이 한결같지 않고 더구나 삼한 시대 이전 것은 빼두어 논하지 않았으며 심지어 시조이신 삼성(환인·환웅·환검)이 오신 것과 같은 역사는 세상 사람들이 상세하게 알지 못하니 이것은 마치 중국 역사에서 요순 임금을 이야기하면서 복희와 황제를 빼고 말한 것과 같은 것이다.

昔－初入學堂에必先授以曾先之所編史畧하니自天皇以至十九史에或人家事之細를莫不備載로대問以我桓因氏로降及五千年에歷代系統之大를莫之能曉하니非徒初學童子라雖耆年宿德으로도亦莫不然하니譬諸人에能擧他人祖先行治는該詳而昧於自家先系者也니吁亦異哉라.

옛날부터 서당에 처음 들어가 배울 때 먼저 반드시 중국 증선지가 엮은 중국의 역사 '사략'을 가르쳐 주었으며 천황으로부터 19사략까지였다. 혹자는 다른 사람의 집안일을 자세하게 알고 갖추지 않은 것이 없어도 우리 시조이신 환인씨가 내려오신 지가 5천 년이 되었는데도 이어 내려온 계통을 물으면 능히 알지 못하니 다만 처음 배우는 아이들뿐만 아니라 비록 덕을 갖춘 늙은이라도 또한 그렇지 않음이 없으니 비유하자면 여러 사람들이 다른 사람들의 선조가 행한 치적은 상세하고 해박하게 들추어 알면서도 자기 집 선조의 계통은 어두우니 그 또한 이상하지 않은가!

白頭金剛은世所罕比오神祖檀君은聖莫尊焉이어늘從初童稚先入之見이主於彼而且無簡便所敎之編也라豈易言者哉아而顧此固陋－焉敢容筆乎리오.

백두산과 금강산은 세상에 비교해도 보기 드문 명소요 천신 시조 단군은 성스럽고 존귀함이 그보다 더함이 없거늘 처음 배우는 어린이들에게 선입지견을 저들(중국)에게로 위주가 되어 버리게 하니 또한 간편하게 가르칠 수 있는 우리 역사책이 없었기 때문이었다. 어찌 역사를 함부로 말할 수 있으리오! 이 책을 살펴보니 고루하나 감히 포용을 바랄 뿐이다.

慨世人之耳目之擁蔽하여敢蒐神誌受競之古跡과北扶餘傳之高句麗而傳之渤海하되得漏於累代燒燼鋤浸者하야而爲上編하고南部王李朝로以爲下編하여而之傳信傳疑而俟天下之知罪하노이다.

세상 사람들의 눈과 귀를 가리고 있음을 분개하여(일제의 문화 탄압을 개탄하였음) 감히 신지와 수경의 고적을 수집하여 북부여는 고구려에 이어져 내려왔고 발해에 전해진 사실을 수집하였으되 여러 대에 이어져 내려오며 빠뜨려지고 불에 타고 물에 빠진 것을 얻어 상편으로 하였고 남부에는 왕건의 고려와 이성계의 조선을 하편으로 하여 믿을 만한 것도 전하고 의심스러운 것도 전하였으므로 천하에 여러분들이 알아주든지 죄를 주든지 기다릴 것이다.

檀紀 四千二百六十一年 戊辰 十月三日 旦
申泰允 識

단기 4261년(1928년) 10월 3일 아침
신태윤

추천하는 글

이 정사는 일제 강점기에 애국지사이신 백당 신태윤 선생이 우리 국민에게 민족혼을 심어 주기 위하여 지으신 통사이다. 선생은 특별히 상고사에 역점을 두고 각종 자료들을 모아 이 책을 엮었는바 우리의 국조이신 단군은 물론이요 환웅과 환인으로 올라가 우리의 뿌리를 확고히 인식시켜 주었다. 선생은 이 책의 서문에서 "우리나라 사람들은 삼한 이전역사에 대해서는 빼놓고 익히지 않으며 첫 번째로 나오신 환인 · 환웅 · 환검 세 성인을 세상 사람들이 자세히 알지 못하니 이는 중국 역사에서 요순만 논하고 복희씨를 빼놓는 것과 같다." 하였다. 상고시대의 역사는 어느 나라를 막론하고 신화와 전설이 대부분이어서 어디까지가 사실인지 알 수 없다. 과학문명이 극도로 발달한 지금에도 출토에 의존할 뿐 달리 규명할 방도가 없는 실정이며 그중에도 우리나라 태고사의 경우에는 더욱 의문점이 많은 것이 사실이다. 역사학에 문외한인 본인이 함부로 평할 수는 없으나 이 책은 우리의 국조를 인식시켜 민족정기를 고취시키려고 노력하신 선생의 숭고한 뜻을 더욱 기려야 할 것이다. 송담 이백순 옹도 선생의 공덕을 찬양하면서 단군국조를 제향하고 사서를 정밀하게 연구했다고 허여한 바 있다. 그리고 이 국역본은 어렸을 때부터 선생의 가르침을 직접 받고 자란 선생의 종손 현동 씨가 평생 정력을 기울여 번역하였다는 데에 더 큰 의의가 있다 할 것이다. 현동 씨는 이 책을 제대로 번역하기 위하여 사료를 탐독하고 여러 학자들에게 널리 자문을 구하고 송담 옹의 교열까지 받았다. 송담 옹은 우리나라 한문학계의 독보적인 위치에 계신 분이다. 현동 씨는 본인과 상종하여 한문공부를 익힌 바 있으므로 이번 국역서의 발간에 즈음하여 한 말을 부탁하기에 참람함을 무릅쓰고 간략하게 소감을 적는 바이다. 신태윤 선생은 어려서부터 한문을 수학하고 창평에서 춘강 고정주 선생을 사사하였고 곡성보통학교의 훈도로 있으면서 일제의 압박을 무릅쓰고 이 정사를 엮어 우리들에게 역사관을 심어 주고 곡성에 단군성전을 건립하여 민족을 단결시켜 줌으로써 삼일운동의 기반을 조성하였다. 이 때문에 3년간의 옥고를 치르고 가산이 몰수되었으며 10년간의 자격정지가 내려졌었다. 저 먼 전라도 곡성의 한 훈도가 이처럼 애국심이 투철하였다는 사실에 머리가 절로 숙여지지 않을 수 없으며 이 책을 국역하여 세간에 널리 알리려고 노력하시는 현동 씨에게도 경의를 표하는 바다.

서기 2005년 1월 21일에 성백효가 삼가 쓰다.

발문

60여 년 전 새벽이면 정사의 조선사를 가르쳐 주시며 여러 번 큰 소리로 읽게 하여 주던 종조부님. 싫지만 할 수 없이 배웠던 책. 이제는 더 배웠더라면 하는 아쉬움이다. 그분의 업적이 사라질 것 같아 박학비재한 손이 감히 국역해 보겠다고 매달린 지 어언 7~8년이 지났다. 단군조선의 심오한 부분은 어려워 좌절하기도 했고 광주 송담 선생의 지도와 삼국사기, 삼국유사, 고려사절요, 동국통감, 신단실기, 왕조실록, 인물고, 국사사전, 漢韓옥편 등 국립도서관의 각종 문헌을 뒤지고 찾아 누차 발췌 보충하여 책의 모습을 드러냈다. 근래 중국의 역사 왜곡과 절취에 뚜렷한 족적과 선현 사가들이 예감이나 한 듯 이어져 내려온 고구려와 발해의 역사를 밝혀 놓았으니 새삼 감격스럽다. 이 책은 100여 년 전 일제 강점기에 시골 선비들은 거의 우리 역사의 존부마저 몰랐던 암흑기에 일본 총독부의 검열을 받으며 갖은 난관 끝에 출간되었으나 빛도 보지 못하고 압수, 폐간, 판금되었다. 기미 만세사건으로 투옥되었고 출옥 후에도 고향에서 축출되어 일경의 감시를 피하며 육영에 힘쓰며 신채호, 나철 등과 교분하며 곳곳에 단군 숭모 사상으로 독립정신을 고취하며 계몽에 몰두하다가 광복 후에 조선대학교 역사교수로 재임 시 정사를 교재로 쓰셨다. 종손인 필자를 유독 총애하여 주신 은덕에 미력한 보답의 정신으로 이해하기 쉽도록 본문에 뜻을 벗어나지 않으려 온 정성을 쏟았으나 능력의 한계가 드러날 뿐이다. 해방 후 남한에 최초로 곡성 봉황정에 단간모옥에서 시조 단군을 모시고 군민이 개천절, 어천절을 모시다가 곡성 향교 유림이 모체가 되어 곡성군민의 헌금으로 지금의 단군성전을 건립하여 이제 문화재가 되었으며 국가의 포상과 공적비 삼일만세기념비 동상을 건립하였으며 "수제자가 되렴" 하시는 황공한 말씀에 몸둘바를 몰랐던 미손이 그분의 업적에 조금이나마 동참하게 됨이 영광임과 동시에 또한 누가 되지 않을까 두렵다. 다만 무너지지 않도록 골격만이라도 세웠다고 할까! 제현 선배님들의 질정을 기다리겠다. 한자의 훈음과 단어 풀이에 중복이 많음은 한자 세대가 아닌 독자들의 편의를 생각했다.

감수해 주신 이백순 선생님과 지도해 주신 성백효 선생님께 거듭 감사를 올리며 인쇄를 맡아 주신 한국학술정보(주) 채종준 사장님과 교열을 도와준 생질 박미숙에게도 사의를 표한다.

단기 4261년 10월 3일

冠岳山 아래 敬義堂에서

申鉉東 謹識

正史歷代圖

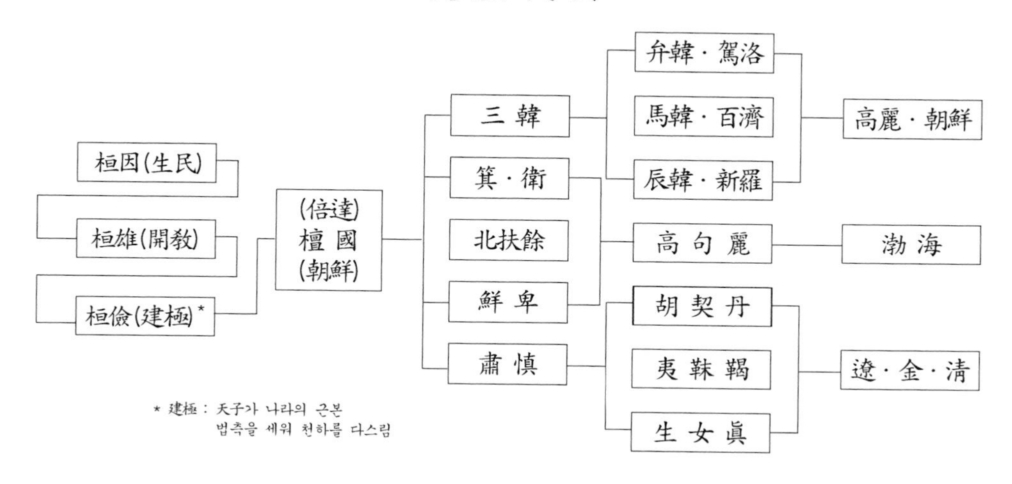

정사역대도

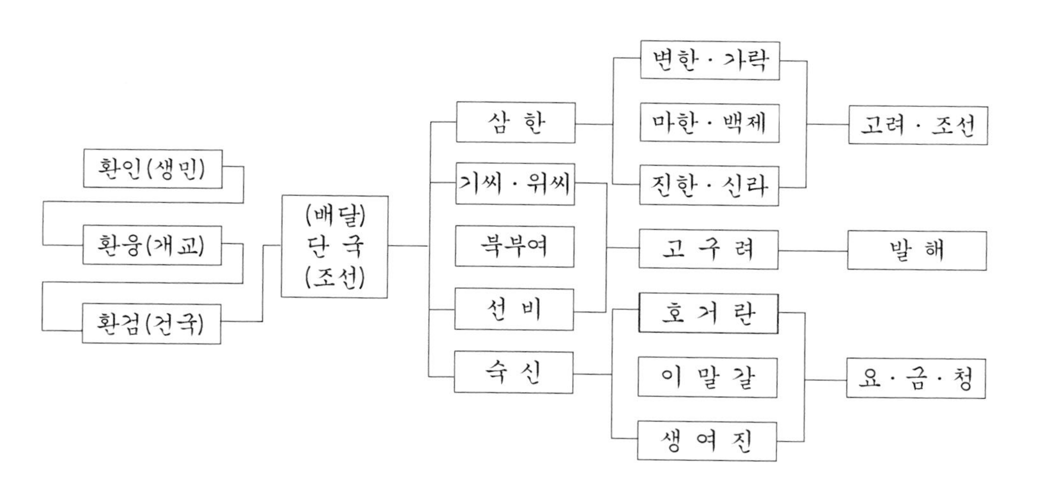

卷一 太古史　神代竝列國　三千年間(天皇, 伏義, 舜, 夏, 殷, 周, 秦)
卷二 上古史　三國竝南北　千年間(漢, 唐, 晋, 南北朝, 隨, 唐, 五季)
卷三 中古史　高麗時遼金　五百年間(宋·元)
卷四 近古史　朝鮮時金淸　五百年間(明·淸)

권1 태고사　신대병열국　3,000년간(천황, 복희, 순, 하, 은, 주, 진)
권2 상고사　삼국병남북　1,000년간(한, 당, 진, 남북조, 수, 당, 5계)
권3 중고사　고려시요금　500년간(송·원)
권4 근고사　조선시금청　500년간(명·청)

차례

정사 권3 중고사

정사 권4 근고사

正史卷一

太古史 神代並列國

桓因氏 一以天神造物하시니生民始祖也오.

桓雄氏 一以大倧立道하시니開敎元祖也오.

桓儉氏 一以檀帝垂統하시니建極皇祖也라.

因雄儉은天之三神이오父師君은人之三宗이니天祖一而三位也라.桓音은한이니天也오因音은임이니主也오雄義는스승이니師也오儉義는임금이니帝也오倧義는神人이오檀義는祖月(배달)이니天祖光輝也라.

정사 권1

태고사 신대 시대와 열국 시대

환인씨—천신께서는 만물을 창조하셨으니 백성들을 길러 준 시조시다.

환웅씨—대종교의 법도를 세웠으니 대종교를 열어 준 원조시다.

환검씨—단군 황제로 계통을 이어 준 맨 처음 우리나라를 세우신 황조시다.

환인·환웅·환검은 하늘의 삼신이요 아버지와 스승과 임금은 사람의 세 가지 큰 근본이 되니 천조는 한 분이나 삼위이시다. 환의 소리는 한이니 하늘이라는 뜻이요 인의 소리는 임이니 임금이라는 뜻이요 웅의 뜻은 스승이라는 뜻이다. 검의 뜻은 임금이니 황제요 종이라는 뜻은 조월이니 배달이다. 천조는 한배님으로 밝은 빛이시다.

竝: 아우를 병. 桓: 클 환. 雄: 뛰어날 웅. 倧: 상고 신인 종. 儉: 검소할 검. 檀: 향나무 단. 垂: 남길 수. 極: 멀 극. 皇: 천자 황. 宗: 근원 종. 輝: 빛 휘. 列 國-여러 나라. 天 神-하늘의 신령한 분. 大 倧-큰 근본의 상고 신인. 元 祖-시조. 垂 統-자손이 계승할 사업의 시작. 建 極-천자가 나라의 근본 법칙을 세워 천하를 다스림. 皇 祖-천자의 선조. 天 祖-천지를 주관하는 신. 배달-밝은 땅의 겨레. 밝땅→밝달→배달이 된 듯하고 밝=배 달=땅이다. 桓 因-古 記에 나오는 신적 존재로 환웅.의 아버지, 단군의 할아버지다. 天 帝로 하늘 하느님이라는 우리말의 근원이 되는 음이라 볼 수 있다. 단군조선 桓 雄-환인의 서자로 웅녀와 결혼하여 단군을 낳았다. 환웅천왕이라고도 한다. 환웅이 천하에 뜻을 두자 아버지가 홍익하기 좋은 곳으로 천부인 3개를 주어 땅으로 내려가 다스리게 하였다. 환웅이 3,000명을 거느리고 태백산 향나무 아래 내려가 신시를 이루었다. 풍백, 우사 등을 거느리고 세상을 교화하여 다스렸다. 웅녀와 결혼하여 단군을 낳았다. 단군조선 桓 儉-우리의 시조이신 단군왕검이시다. B.C. 2333년에 평양에 도읍하고 조선을 세웠다. 도읍을 아사달로 옮겼고 흘산이라고도 하였으며 신선이 되었다고 한다. 세종 때 평양에 사당을 지어 단군과 동명왕을 함께 모셨다.

桓因氏

桓因天主－太初一元原始에 降一男女(那般阿曼) 하니 惟人이 靈秀하야 竪生以胞하고 步行能言語라 白河(배허) (今松花江) 東西러니 久而相遇하니 是邃初러라.

환인씨

천주 하나님은 태초 먼 옛날에 일원(상중하 원이 있다. 1원은 약 1억 2천5백 년이다)의 원시시대에 한 남자와 여자가 하늘에서 내려왔다(라반과 아만). 오직 사람만이 뛰어나니 선 모양으로 수태하여 태어나고 걸어 다닐 수 있고 말을 할 수 있었다. 백하(배허)(지금 송화강) 동쪽과 서쪽에 있었으니 오랫동안 서로 만남이 아득히 먼 시초였다.

那: 클 나. 曼: 아름다울 만. 竪=豎: 서 있을 수. 遇: 만날 우. 邃: 오랠 수. 天主－하늘의 신령한 분. 太初－천지가 개벽하여 만물이 생기는 첫째 근본. 靈秀－뛰어남. 邃初－아득히 먼 맨 처음. 桓因－환인은 한님→하느님은 우리 역사 민족 고유의 신을 일컬음이다. 천상에서 통치권을 행사하는 하느님. 那般阿曼－우리 역사 최초의 남녀에게 붙여진 이름.

o天祖裔孫이 自白河畔으로 分布山野하야 草衣木食하며 夏則巢居하고 冬則穴處하며 散髮澗飮하고 良善無爲하야 鶉然自在하니 其人이 多福하고 壽且貴러라.

o 천조님의 후손들이 송화강 유역으로부터 산과 들에 분포하여 풀로 옷 만들어 입고 나무 열매 따 먹으며 여름에는 나무 위에 집 만들어 살고 겨울에는 굴속에서 살았으며 머리는 풀어져 있고 골짜기에서 물마시며 선량하기 그지없이 자연스럽게 메추라기같이 살아가니 그 사람들이 다복하고 귀하게 오래 살았다.

裔: 후손 예. 畔: 물가 반. 巢: 집 소. 散: 풀어 놓을 산. 髮: 머리털 발. 澗: 산골물 간. 鶉: 메추라기 순. 裔 孫－대수가 먼 자손.

○太古之世－蒙昧未開하고而無敎治之君長하니民智生活이編草啗果하며構木穿穴而已오産育日繁하야分爲五色族하니曰黃白玄赤藍이러라.

○居于大荒原者黃族이요沙漠間者白族이요黑水濱者玄族이요大瀛岸者赤이요諸島中者藍族이며黃有四分하니在蓋馬(今白頭山)南者陽族이요東者干族이요粟末北者方族이요西者畎族이러라.

ㅇ 아주 먼 옛 세상에는 미개하여 우둔하고 어리석어 임금이나 촌장의 다스림과 가르침이 없었으니 백성들의 생활 지혜가 낮아 풀을 엮어 옷 지어 입고 과일 따 먹으면서 나무를 얽고 땅에 굴을 파고 살 뿐이었다. 자녀들을 낳고 길러 날로 번성하니 사람이 다섯 가지 피부색으로 나누어지니 말하자면 노란색·하얀색·검은색·붉은색·남색이었다.

ㅇ 넓고 큰 거친 평원에 노란색 사람들이 살았고, 사막 사이에는 하얀 백인들이 살았고, 흑수가에는 검은색 사람들이 살았고, 큰 바닷가에는 붉은색 사람들이 살았고, 여러 섬 가운데는 남색 사람들이 살았으며, 황색 인종을 넷으로 나누니 백두산 남쪽에는 양족이요, 동쪽에는 간족이요, 속말 북쪽에는 방족이요, 서쪽에는 견족이 살았다.

漠: 사막 막. 濱: 물가 빈. 瀛: 큰 바다 영. 蓋: 덮을 개. 粟: 겉곡식 속. 畎: 산골짜기 견. 編: 엮을 편. 啗: 먹을 담. 搆: 얽어 만들 구. 穿: 뚫을 천. 繁: 성할 번. 藍: 남색 남. 瀛 岸－큰 바다 가. 蒙 昧－어리석고 어두움.

ㅇ九族之民이居異俗하고人異業하야或拓荒種樹하며在原野牧畜하며逐水草漁萬獵하니徧于陸洲하여大小成部落이러니代遠世降하야强呑弱部하니凡開天三百六十六萬會이러라.

ㅇ 9족속의 백성들이 서로 풍속이 다르고 사람들이 하는 일이 달라 혹 거친 들을 개척하여 곡식을 심고 평야 지대에서는 짐승을 길렀으며 강이나 들에 나가 고기도 잡고 사냥도 하여 육지와 물가를 두루 다니며 크고 작은 부락을 이루니 대는 멀어지고 세대가 내려가면서 강한 자들이 약한 부락들을 빼앗아 가니 무릇 개천으로부터 366만 번이었다.

業: 일할 업. 拓: 넓힐 척. 逐: 따를 축. 獵: 사냥할 엽. 徧: 널리 편. 洲: 강 가운데 모래섬 주. 呑: 멸할 탄.

ㅁ神聖無爲하야太極肇判而六大成象하니曰天.火電.水.風.地니日惟太陽이오月惟太陰이오五星은火.水.木.金.土.라.地在五星間하니一度轉이爲日이니日三十而月하고三百六而歲十六하야以會太陰하니晝夜生하고晦望이化하고四時成이러라(神事記抄).

ㅁ 신의 섭리가 있어서 태극조판으로 6개의 큰 모양이 이루어졌으니 말하자면 하늘·불·전기·물·바람·흙이니 해는 태양이며 달은 태음이며 5개의 별은 화성·수성·목성·금성·토성이며 지구는 5별 사이에 있고 한 바퀴 돌면 하루가 되고 30번 돌면 한 달이 되고 366번 돌면 1년이 된다. 이렇게 모여서 태음이 되니 밤과 낮이 생기고 그믐과 보름이 서로 화합하여 4계절이 이루어진다(신사 기초).

肇: 시초 조, 判: 나눌 판. 轉: 돌 전. 晦: 그믐 회. 無爲－자연스럽고 인위적인 것이 없음. 太極－천지가 아직 열리지 않고 혼돈한 상태로 있던 때 곧 천지와 음양이 나누어지기 이전. 太陰－음기만 있을 뿐 양기가 조금도 없는 상태. 肇判－처음으로 혼돈된 상태에서 분별된 상태로 되다.

ㅁ 天燾何歲며 地摭何際며 日月何時舒其閡며 山何世奮이며 木何時托柢오 天地ㅡ以理相感而萬物이 稟其性하고 以氣相息而稟命하고 以機相觸而稟其精하니 獨陽은 不生하고 孤陰은 不化라 相感而成이니 資乎無生하야 有生이 作이니라.(海東樂府抄)

ㅁ 하늘이 덮여 있음은 몇 년이나 되었으며 땅이 열리기는 그 언제였던가! 해와 달은 어느 때부터 열렸고 닫혔으며 산은 어느 때 솟아났고 나무들은 어느 때 뿌리를 내렸을까! 하늘과 땅은 이치를 서로 교감하고 만물은 성품을 얻었으며 만물이 기로써 서로 자라나 생명을 얻었고 기미가 서로 접촉하여 정을 얻으니 양 홀로는 생명을 얻을 수 없고 음도 홀로 화생할 수 없다. 서로 교감하여 생성되었으니 서로 도와주지 않으면 생명을 이어 나갈 수 없고 작용하여야 생명이 있다(해동악부초).

燾: 덮일 도. 摭: 열 척. 際: 때 제. 舒: 퍼질 서. 閡: 닫을 애. 奮: 일어날 분. 托: 맡길 탁. 柢: 뿌리 저. 感: 마음 움직일 감. 稟: 받을 품. 息: 기를 식. 機: 기미 기. 觸: 받을 촉. 陽: 양기 양. 孤: 홀로 고. 資: 도울 자. 海東樂府－조선 중기 李福休가 엮은 史詩集으로 단군시대부터 조선 영조 때까지 史詩 257편을 수록한 책.

ㅁ 栽物惟體오 養物惟液이니 藉氣養血은 必以息以이라 以肺以腮하고 化管栽葉하야 動植相資하고 各食其力하니 行.翥.化.游..栽之五物이 繁殖이라 植而倒生以胚曰草木이오 動而横生以卵胞曰鳥獸虫魚라.
ㅁ 天施地承에 人道ㅡ始矣오 父生母化에 子道成矣러라(造化記抄)

ㅁ 만물이 마름질하듯 형체가 되었고 만물을 길러 준 것이 액체니 기를 불려주고 피로 기르니 반드시 호흡을 한다. 동물은 폐와 아가미로 숨을 쉬고 식물은 관을 통하여 동화작용으로 잎이 자라며 동물과 식물이 서로 도우며 각기 먹고 힘을 내니 걷고 날고 변화하고 헤엄치며 다섯 가지 사물이 번식하니 심어져 배태되

어 거꾸로 나오는 것이 풀과 나무요 움직이며 옆으로 나오고 알과 태로 나오는 것들은 새와 짐승과 벌레와 고기들이다.

ㅁ 하늘은 베풀고 땅은 받들어 사람의 도리가 시작되었다. 아버지는 낳아 주시고 어머니는 변화시켜 주어 자식의 도리가 완성된다(조화기초).

裁: 마름질할 재. 藉: 도울 자. 養: 기를 양. 肺: 허파 폐. 腮: 아가미 시. 資: 의지할 자. 翥: 날아오를 저. 游: 헤엄칠 유. 殖: 많아질 식. 倒: 뒤집어질 도. 胚: 아이 밸 배. 横: 옆으로 횡. 胞: 태보 포. 承: 받들 승.

桓雄氏

桓雄神聖이太元甲子上月三日에握天符三印하며將.雲師.雨師.風伯.雷公.(神佐仙官)하며率其屬三千하고降于太白山(今白頭山)檀木下靈宮하시다.

ㅇ曰爾仙暨靈哲아地闢이旣二萬千九百週니人有生이亦久矣나然而荒造ㅡ猶古하고大朴不散하야是以蠢若玆라.太白은衆嶽之宗이오可以弘益人間이니宣教化를先從此始하야漸被四隅하야俾有衆으로咸歸于一케호러라.

환웅씨

성스럽고 신령하신 환웅천왕님이 태원 갑자(B.C. 2457년) 10월 3일에 천부와 3인을 가지고 내려오셨으니 구름을 다스리는 운사, 비를 다스리는 우사, 바람을 다스리는 풍백, 우레를 다스리는 뇌공을 거느리고 그에 속한 무리 3천 명을 이끌고 백두산 향나무 아래 신령한 궁으로 내려오셨다.

ㅇ 이르기를 "그대 신선들과 영철들아! 땅이 열린 지 이미 21,900년에 사람이 생겨난 지 또한 오래되었구나. 그러나 거친 모양이 예와 같고 큰 순박함이 흩어

지지 않아 아직도 꿈틀거리며 삶이 더하여 가는구나. 백두산은 여러 산악 중에서 으뜸이며 가히 홍익인간 정신으로 교화하여 널리 펴니 먼저 여기서 시작하여 점차 사방 구석까지 미쳐 여러 중생들이 다 한곳으로 돌아오게 하리라." 하였다.

太: 처음 태. 握: 손에 쥘 악. 符: 상스러운 징조 부. 天 符－하늘의 위력과 영험한 힘의 표상이 될 만한 성스러운 물건일 것이다. 雲 師 雨 師 風 伯 雷 公－구름, 비, 바람을 관장하는 어른으로 환웅의 통치를 보좌하는 분들로 농경생업의 생활조건들이다. 印: 찍힐 인. 將: 동반할 장. 師: 신령 사. 雷: 천둥 뇌. 佐: 도울 좌. 率: 이끌 솔. 屬: 무리 속. 爾: 너 이. 暨: 굳셀 기. 闢: 열릴 벽. 朴: 꾸밈없을 박. 蠢: 일어나 움직일 준. 玆: 이것 자. 嶽: 큰 산 악. 宗: 우러러 받들 종. 漸: 차츰 점. 被: 미칠 피. 隅: 모퉁이 우. 天 府－천부는 천부경으로 환웅이 하늘에서 가지고 내려왔다고 한다. 최치원은 81자로 백산에 새겨져 있다고 하였고 계연수가 영변 백산에 81자를 발견하고 전병훈이 주해하였다. 81자 全文(一始無始一. 析三極無盡本. 天一一地一二人一三. 一積十鉅无匱化三. 天二三地 二三人 二三大 三合六. 生七八九運 三四成 環五七. 一玅衍萬往萬來用變不動本. 本心本太陽昂明 人中天地一. 一終無終一.)＝'한'(一)에서 비롯됨이니 비롯됨이 없는 '한'이다. 세 극으로 나누어도 근본은 다함이 없다. 하늘은 하나이면서 첫 번째요. 땅은 하나이면서 두 번째요. 사람은 하나이면서 세 번째다. 하나가 쌓여 열로 커 가니 어그러짐 없이 삼극은 조화를 이룬다. 하늘도 둘이요 셋. 땅도 둘이요 셋. 사람도 둘이요 셋이다. 큰 셋을 합하여 여섯이 된다. 일곱, 여덟, 아홉을 낳는다. 셋과 넷으로 운행하고 다섯과 일곱으로 고리를 이룬다. '한'이 묘하게 커져 만이 되어 가고 만이 되어 오나니 쓰임은 변하나 근본은 변하지 않는다. 사람의 본심이 태양의 밝은 데 근본 하니. 사람이 하늘 땅 가운데에 들어 하나가 된다. '한'에서 마침이니 마침이 없는 '한'이다. 대산 김석진. 三 印－삼인은 풍백, 우사, 운사의 印綬일 것이라고 한다. 弘 益 人 間－우리 역사의 건국이념으로 널리 인간들이 다 같이 행복하게 살아가자는 사상. 四 隅－네 모퉁이.

○大倧－(神人한배)設教하사演寶誥五訓하시니曰天訓.神訓.天宮訓.世界訓.眞理訓이오五事하시니 主穀 主命 主病 主刑 主善惡하사說法于浿江畔(今鴨綠江) 하시니人民이感化而歸如市故로曰神市라하다.
元輔彭虞는俯首受之하야大誥于衆하고高矢는採靑石於東海하고神誌는劃其石以傳之하다.

o 대종교를 설치하여 보배로운 다섯 가지 교훈을 설명하였으니 말하기를 천훈이요 신훈이요 천궁훈이요 세계훈이요 진리훈이며 다섯 가지 일을 주관하였으니 곡식을 주관하고 생명을 주관하고 병을 주관하고 형벌을 주관하고 선악을 주관함이다. 압록강 가에서 설법하니 사람들이 감동하고 동화하여 돌아오는 사람들이 시장 같았기 때문에 '신시'라 불렀다. 팽우에게 원보(벼슬이름)를 내리니 머리 숙이고 엎드려 받아 군중들을 크게 깨우쳐 주고 고시는 동해에 가서 청석을 채취해 왔으며 신지는 역사의 사실을 그 돌에 새겨 전해지게 하였다.

演: 설명할 연. 誥: 가르칠 고. 訓: 가르침 훈. 理: 도리 이. 穀: 곡식 곡. 命: 운수 명. 主: 주관할 주. 浿: 압록강 이름 패. 畔: 가 반. 鴨: 오리 압. 市: 시장 시. 元: 으뜸 원. 輔: 재상 보. 彭: 성 팽. 虞: 즐거울 우. 俯: 구부릴 부. 矢: 베풀 시. 採: 파낼 채. 誌: 적어 둘 지. 神 市－神 政시대에 신성한 장소. 大 倧－三 神, 즉 환인·환웅·환검(단군)을 가리킨다. 寶 誥－임금이 훈계한 말. 五 訓－다섯 가지 훈계한 말씀. 五 事－다섯 가지 일로 곡식, 천명, 치병, 형벌의 치국 정책이었음.

o納匪西岬河佰女하사生子扶婁하시고曰人之體溫이恒與外氣不適하니汝作女工이니乃剪乃縫하야用施于民하야以禦寒暑케하라.

o申命彭虞하사掌土하니治山川하고開荒通道하야以奠民居하고高矢는掌農하니治田事하야稼穡以時하야使民火食하고神誌는掌史하니劃書契하야彰言記事하야導民以義하다.

o 비서갑에 하백의 딸을 맞아들여 아들 부루를 낳았으며 이르기를 "사람의 체온이 항상 밖의 공기와 알맞지 않으니 너로 하여금 여공을 삼으니 제단하고 제봉하여 백성들에게 추위와 더위를 막게 하여라." 하였다.

o 팽우에게 거듭 명하여 땅을 관장하게 하고 산과 냇물을 다스리게 하여 황무지를 개척하게 하고 길을 통하게 하여 백성들의 살 곳을 정해 주고 고시는 농사일을 다스리게 하여 때에 따라 심고 거두게 하고 백성들에게 불에 음식을 익혀 먹게 하였으며 신지는 역사를 관장하게 하고 글씨를 만들어 널리 알려 기록하게

하여 백성들을 옳은 길로 인도하게 하였다.

適: 편안할 적. 汝: 너 여. 作: 세울 작. 剪: 가위로 자를 전. 縫: 바느질 할 봉. 納: 맞아들일 납. 匪: 빛날 비. 岬: 산허리 갑. 伯: 맏이 백. 婁: 끌 루. 禦: 막을 어. 掌: 맡을 장. 稼: 심을 가. 穡: 거둘 색. 契: 문서 계. 彰: 드러낼 창. 神誌－단군조선 때 기록을 맡은 사람으로 '神誌仙人'이라 불렀다고 한다. 그의 저술을 '神誌秘詞'라고 하며 단군의 가르침을 기록한 '三一神誥'도 신지가 썼다고 한다.

o守己는作雲師하니勸善을若雲祥集하고沃沮는作雨師하니救病을若雨時滋고하持提는作風伯하니申命을若風和徧하고肅愼은作雷公하니懲刑을若雷嚴威하니不孝不忠不敬은三賊이오不勤.不迪命.知愆不懼悔는三暴러라.

o三仙四靈暨神后－各以厥職으로襄宣神敎하니衣服飮食宮室之居와編髮盖首之制와男女父子君臣之分이라九大族이推戴曰任儉이라하니凡神降千二百有五載러라.(上月은十月也라)

o 수기는 운사가 되어 백성들에게 선을 권하니 마치 상서러운 구름이 모이듯이 하였다. 옥저는 우사가 되어 병을 고쳐 주기를 비가 때맞춰 와서 초목이 잘 자란 것같이 하였으며 지재는 풍백이 되어 명을 거듭하기를 마치 바람이 널리 화창하게 부는 것같이 하였고 숙신은 뇌공이 되어 형벌과 징계하기를 마치 우레가 엄한 위엄을 보이듯 하였으며 불효와 불충과 불경은 3적이요 게으르며 명을 어긴 자와 자기 허물을 알면서도 두려워하여 뉘우치지 않은 사람은 '3가지 난폭함'이라 하였다.

o 삼선과 사령과 신후는 각각 그 직책으로 신교를 도와 넓히니 옷을 짓는 법과 음식을 만드는 법과 집을 지어 사는 것이었다. 머리를 땋는 것과 머리를 덮어 쓰는 법과(수건으로) 남자와, 여자 아버지와 아들, 임금과 신하의 분별을 하도록 가르쳤다. 그때 9개의 큰 부족이 있었는데 추대된 사람을 '임금'이라 하였으니 단군 성조가 내려오신 지 1,205년이었다(상월은 10월을 말한다).

勸: 권할 권. 徧: 모두 편. 祥: 상스러울 상. 沃: 기름질 옥. 沮: 나라이름 저. 滋: 번성할

자. 持: 가지다 지. 提: 들 제. 肅: 공손할 숙. 愼: 정성스러울 신. 懲: 벌줄 징. 嚴: 엄할 엄. 威: 두려워할 위. 賊: 해칠 적. 迪: 나아갈 적. 愆: 죄 건. 懼: 두려워할 구. 暴: 난포할 포. 厥: 그것 궐. 職: 맡을 직. 宣: 펼 선. 編: 짤 편. 盖=蓋: 덮을 개. 推: 가릴 추. 戴: 떠받들 대. 載: 해 재. 編 髮-머리를 땋아 늘임.

ㅁ神誥畧曰蒼蒼이非天이오玄玄이非天이라天은無上下四方하니虛虛空空하야無不在 無不容이라.

ㅁ曰神在無上一位하사生天하며主世界하며造物하시니昭昭靈靈하야絶親見하니自性求子하야降在爾腦시니라

ㅁ曰天은神의國이라有天宮하니萬善萬德大吉祥光明處니惟性通功完者라야朝니라.

ㅁ曰森列星辰이不同하니爾地自大나一丸世界라神이呵氣煦日하니物이繁殖하니라.

ㅁ 삼일신고에 말하기를 "푸르고 푸른 것이 하늘이 아니요 검고 검은 것이 하늘이 아니다. 하늘은 위와 아래와 사방이 없고 허허하고 비고 비어 있어 없는 곳이 없으며 채워져 있지 않은 곳이 없다." 하였다.

ㅁ 말하기를 "신은 더 높은 자리가 없는 위치에서 하늘을 있게 하였고 온 세상을 주관하고 만물을 만들었으며 밝고 빛나며 신령스러우며 친히 볼 수 없으나 스스로의 이치가 그대를 찾아와 너의 뇌리에 내려와 계실 것이다." 하였다.

ㅁ 말하자면 "하늘은 신의 나라이다. 하늘에는 천궁이 있으니 선과 덕이 가득하고 상스러움과 크게 아름답고 훌륭함이 있고 빛이 항상 밝은 곳이니 오직 성정이 통하고 공적이 완전한 자라야 갈 수 있다." 하였다.

ㅁ 말하노니 "삼삼하게 많은 별이 같지 않다. 오직 너의 땅이 스스로 크다. 그러나 세계는 하나의 둥근 지구다. 천신이 해의 따뜻함과 생기를 불어 주니 만물이 번성하여 간다." 하였다.

畧: 간략할 약. 蒼: 푸를 창. 造: 만들 조. 昭: 환히 밝힐 소. 絶: 막을 절. 性: 바탕 성. 腦: 뇌리 뇌. 靈: 신령스러울 령. 性: 마음 성. 朝: 찾을 조. 森: 늘어설 삼. 列: 무리에 들어갈 렬. 爾: 너 이. 呵: 불다 가. 煦: 햇볕 따뜻할 후. 殖: 많아질 식. 三一神 誥－삼일신고는 단군이 한을 한얼, 한울집, 참의 다섯 가지를 삼천단부에 가르친 말로 신지가 써 둔 고문과 왕수경이 번역한 殷文은 없어졌고 고구려 때 번역하고 발해 때 해석한 한문으로 된 책이 남아 있다. 昭 昭 靈 靈－밝고 빛나며 신령스럽다.

ㅁ曰三眞은曰性命精이니返眞하면一神이오三妄은曰心氣身이니止感하며調息하며禁觸하야返妄하면卽眞이니라.(三一神誥 抄)

ㅁ天書於北扶餘而箕子譯之하고高句麗而朱蒙이譯之하고震渤海而太祖－讚之라覺辭曰神靈在上.天視.天聽.生我活我.萬萬世降衷.純曰道요一曰誠이니勿作事하며勿服飾하라.道者는靜이오誠者는儉이니不自欺하여通이니라.

ㅁ 이르기를 “삼진이라는 것은 성과 명과 진으로 돌아오면 하나의 신이요 삼망이라는 것은 마음과 기운과 육체이니 감정을 그치게 하고 숨쉬기를 조절하여 범하는 것을 금하며 허망함에서 돌아오면 이것이 곧 진리이다.” 하였다.

ㅁ 북부여에 천서(삼일신고)가 있었는데 기자가 번역하였고 고구려에서는 주몽이 번역하였으며 발해에서는 널리 펴졌으며 태조가 찬미하였다. 각사에 말하기를 “신령하신 분 하늘에 계시니 하늘에서 보시고 하늘에서 들으시며 나를 낳게 하여 주시고 나를 살아가게 하여 주시니 만만 년의 세상에 우리들의 마음속에 내려 주셨으니 순수한 것을 도라 하고 한결같은 마음을 성이라 하니 이를 그르치게 하지 말며 요란하게 꾸민 것을 입지 말 것이며 도라는 것은 고요하게 안정한 것이요 성이라는 것은 검소한 것이니 스스로 자기 자신을 속이지 말아야 통할 수 있는 것이다.” 하였다.

命: 하늘이 준 명. 精: 순수할 정. 返: 돌아올 반. 妄: 허망할 망. 氣: 만물 생성 근원 기. 感: 감동할 감. 調: 조절할 조. 觸: 범할 촉. 箕: 성 기. 蒙: 입을 몽. 震: 권위 떨칠 진. 渤: 나라이름 발. 讚: 기릴 찬. 辭: 글 사. 活: 살릴 활. 衷: 속마음 충. 作: 일으킬 작. 服:

옷 입을 복. 餙: 꾸밀 희. 靜: 고요할 정. 抄: 베낄 초. 姓 命 精－하늘에서 받은 성, 하늘의 천명과 정신. 北 扶 餘－B.C. 1세기부터 300년간 북만주 일대에 걸쳐 농경생활을 하는 부족국가로 336년에 연나라에 망하고 뒤에 고구려의 판도가 되었다. 箕 子－고조선 때 전설상의 기자조선 시조로 중국 은나라 성인으로 은이 망하자 조선으로 도망하여 B.C. 194년 건국하여 예, 악, 방직 등을 가르쳤다 하나 맞지 않으니 고려시대 사대사상의 유물인 듯하다.

ㅁ扶餘代天教와高句麗敬天教와新羅崇天教와高麗王儉教는一是神教也니而倧字－爲李朝仁祖御名故로諱之러라.(大倧教布明書抄)

ㅁ國有玄妙之道하니實乃包含三教라自尊厭世하고自愛利己하고自謙文弱은極之弊也니苟使止感心平而通性曰虛요調息氣和而知命曰明이오禁觸身康而保精曰健이니而天地－與能而參이라.太虛曠漠은本無上下요大光普照는本無晝夜요大震中和는本無端倪요而眞理貫通은本無彼我니此道無間而統三歸一也니라.(會三經抄)

ㅁ 부여의 대천교와 고구려의 경천교와 신라의 숭천교와 고려의 왕검교는 똑같은 단군교이다. 倧이란 글자가 조선 인조 임금의 이름과 같은 글자였기 때문에 피하였다.

ㅁ 나라에 현묘한 도가 있었으니 실로 삼교를 포함한 것이다. 스스로 높은 체하고 세상을 싫어하고 스스로 자신을 아끼고 자기의 이익만 챙기고 스스로 겸손하여 문약한 것은 지극히 큰 폐단이다. 진실로 감정을 그치고 마음을 평온하게 하고 성이 통한 것을 허라 한다. 숨을 고르고 기가 화하고 천명을 아는 것이 명철함이다. 접촉을 삼가고 몸을 편하게 하고 정력을 보존시키는 것을 건이라 하니 천지에 능함을 이 세 가지와 더불어 같이하고 우주의 넓고 끝이 없는 것은 본래 위와 아래가 없고 큰 빛이 넓게 비친 것은 본래 밤낮이 없고 크게 진동하고 알맞게 화하는 것은 본래 처음과 끝이 없고 진리에 관통함은 본래 너와 내가 없는 것이니 이것은 도가 간격이 없고 셋을 통합하여 하나로 돌아간 것이다.

崇: 숭배할 숭. 御: 임금 경칭 어. 諱: 꺼릴 휘. 玄: 현묘할 현. 妙: 신비할 묘. 明: 깨달을 명. 含: 용납할 함. 尊: 높을 존. 厭: 싫을 염. 愛: 아낄 애. 弱: 나약할 약. 極: 지극할 극. 弊: 폐단 폐. 苟: 진실로 구. 虛: 비울 허. 康: 즐거울 강. 精: 정기 정. 健: 튼튼할 건. 太: 우주 태. 曠: 밝을 광. 漠: 아득할 막. 普: 넓을 보. 照: 비출 조. 端: 처음 단. 倪: 끝 예. 貫: 꿰뚫다 관. 彼: 저 사람 피.

桓儉氏

桓儉天帝－上元戊辰十月三日에**建國號爲倍達朝鮮**하고**都于平壤**하사**居王儉城**(今鳳凰城) 하고**置三千團部**하사**以治人世三百六十六事**하시다.

o**五十五載壬戌**에 **徙都白岳唐莊京**(今白川近) 하시다.

ㅁ**甲子**에**有洪水**어늘**命彭虞治之**하니**北自黑水**로**南至牛首**(今春川) 하고**東西**는**至于海**하다.

환검씨

환검 천제(단군)는 상원 무진(전 2333년) 10월 3일에 나라를 세웠으니 나라이름을 배달조선이라 하고 도읍을 평양으로 왕검성(봉황성)에 거처하였다. 3천 단부를 두고 사람의 세상일 366가지 일을 가르치고 다스렸다.

o 55년 임술년에 도읍을 백악 당장경(지금 백천 가까운 곳)으로 옮겼다.

ㅁ갑자년에 홍수가 나서 팽우를 명하여 다스리게 하니 북쪽에 흑수로부터 남으로 우수(지금 춘천)까지 이르고 동쪽과 서쪽은 바다에 이르렀다.

倍: 곱 배. 壤: 땅 양. 鳳: 봉황새 봉. 凰: 암 봉황새 황. 團: 모을 단. 徙: 옮길 사. 岳: 큰 산 악. 唐: 제왕 당. 莊: 씩씩할 장. 唐莊京－황해도 구월산 기슭과 만악산에 있던 땅 이름.

○丙寅에設塹星壇于摩尼山(在今江華)하시니累石爲上方下圓而祭天하사以示報本之義하시고使子三人으로築城穴口(在摩尼山)하니曰三郎城이라.

○太子扶婁는作陶하야備器用하고扶蘇는嘗藥하야救疾苦하고扶虞는掌獵하야遠獸害하고扶餘는會同하야厚禮俗하다.

○ 병인년에는 마니산(지금 강화)에 참성단을 설치하니 돌을 밑에는 동그랗고 위는 네모로 쌓아 올려 하늘에 제사 지내므로 근본이 무엇인가 뜻을 보이셨다. 아들 세 분에게 혈구(지금 마니산)에 성을 쌓게 하니 '삼랑성'이라고 하였다.

○ 태자 부루는 질그릇을 만들어 그릇을 쓰도록 갖추어 주었고 부소는 약을 시험하여 병든 사람을 구해 주었으며 부우는 짐승을 잡아 동물들의 피해를 멀리하는 일을 맡았고 부여는 함께 모여 예의와 풍속을 두텁게 하도록 가르쳤다.

丙: 천간 병. 寅: 범 인. 塹: 땅을 팔 참. 壇: 제사 지낼 터 단. 摩: 가까이할 마. 尼: 산이름 니. 華: 빛날 화. 累: 여러 겹 포갤 루. 方: 네모 방. 圓: 둥글 원. 嘗: 시험할 상. 報: 갚을 보. 築: 쌓을 축. 郎: 사내 낭. 婁: 끌 루. 蘇: 소생할 소. 苦: 괴로울 고. 虞: 즐거울 우. 害: 방해할 해.

○甲戌에遣子如夏하사會于塗山하야執玉帛相見하고以九鼎으로享上帝神하다.

□封扶餘肅愼하며以余守己로爲濊君長하야使其子九人으로分治諸郡하고南巡海上하사以緋天生으로爲南海上長하다(裵氏始祖)

○紀元九十三載庚子三月十五日에帝－巡于阿斯達山하사(今九月山)化神御天하시니自扶婁帝로至奇阿只代하야宗祀遷于北扶餘하니傳四十七世오歷年이千四百餘러라.

ㅇ 갑술년에 아들을 하나라로 보내 도산에 모여서 구슬과 비단을 가지고 서로 만나 구정으로 상제신(단군성제)에게 제사 지냈다.

ㅁ 부여를 숙신에 봉하였고 여수기로 예의 군장을 삼고 그의 아들 9명으로 여러 군을 나누어 다스리게 하고 남쪽으로 바닷가에까지 순행하고 비천생으로 남해 상장을 삼았다(배씨 시조가 되었다).

ㅇ단군기원 93년 경자년 3월 15일에 황제께서 아사달산(지금 구월산)을 순행하시고 신선이 되어 하늘에 오르니 부루 황제로부터 기아지 대까지 이르러 종묘사직이 북부여까지 옮겨 갔으니 47대며 지나온 햇수가 1,400여 년이 되었다.

戌: 열한째 지지 술. 遣: 보낼 견. 塗: 진흙 도. 鼎: 솥 정. 享: 제사 지낼 향. 封: 제후의 영지 봉. 肅: 나라이름 숙. 余: 나 여. 濊: 흐릴 예. 巡: 돌며 살필 순. 緋: 붉은빛 비. 裵: 성 배. 阿: 항아 아. 斯: 떠날 사. 御: 오를 어. 奇: 성 기. 只: 성 지. 遷: 옮길 천. 祠: 사당 사. 九 鼎－중국 고대 우왕 때 만들어진 솥으로 하은주 삼대에 전하여진 보물.

ㅇ朝鮮化行이 北過黑水하고(今黑龍江) 南至列島하고 東漸大海하고 西被幽州하니 太白山報本壇과 平壤崇靈殿과 九月山三神祠에 而歷代祭祝曰實天生德. 肇基東土. 是用享祀. 載錫純祜라.

ㅇ 조선으로 교화된 행적이 북쪽으로는 흑수(지금 흑룡강)를 넘었고 남쪽으로는 열도까지 이르고 동쪽으로는 점차 큰 바다에까지 이르고 서쪽으로는 유주까지 이르렀으니 태백산 보본단과 평양에 숭령전과 구월산 삼신사에 대대로 내려오며 제사 올린 축문에 말하기를 “진실로 하늘이 은덕 내리시어 비로소 동쪽 땅 좋은 곳 주셨네. 이 땅에 제사 드려 흠향하니 오래오래 큰 복 내려 주소서.” 하였다.

鮮: 고을 선. 化: 고쳐질 화. 列: 늘어놓을 열. 漸: 점점 점. 被: 입을 피. 幽: 아득할 유. 殿: 큰 집 전. 實: 진실할 실. 肇: 비로소 조. 祝: 축문 축. 錫: 줄 석. 純: 클 순. 祜: 복 호. 幽 州－지금의 북경 지방.

ㅁ國俗에 衣領을 白以緣之曰東領이니 以表太白山이오 子生七七或百日에 以彩繒으로 書壽福康寧하야 繼于頭髮하고 禱于三神殿하니 曰檀祈오 家邦이 成에 以成造로 每十月農事畢에 作大甑餠하야 報賽神功하니 曰安宅이오 首贄以奉幣하니 穀布貨紙오 誠納祖蔭米하야 上月甲戌에 鼓舞娛樂이라 大敎之名을 隨代異稱하니 渤海眞倧敎와 滿洲主神敎와 朝鮮 三神敎或檀君敎를 復以大倧敎로 重光于世하다.

ㅁ聖子多福하니 除地하여 爲扶婁壇하고 野饁이 方登하니 先匙로 祭高矢來러라.(風俗考)

ㅁ 우리나라 풍속에 저고리 동정을 흰색으로 하며 '동령'이라고 부르는 연유는 (한복 저고리의 목 주위에 대는 천) 백두산의 하얀색을 표현하기 위함이었다. 자손을 낳아 7일 7일 혹은 백일에 채색된 비단에다 '수복강령'이라고 써서 머리댕기에 매어 주며 삼신님께 비는 것은 단군님께 비는 것으로 단기(처녀들이 머리를 땋아 늘어뜨린 댕기를 말함)라고 불렀다. 나라가 이루어진 뒤에는 매년 10월 농사를 끝내고 성조를 하는데 큰 시루에 떡을 만들어 단군님의 은공을 보답하고자 바치는 것을 '안택'이라 하고 먼저 수확한 곡식 등을 받들어 바치니 곡식, 포목, 화폐, 종이 등이오, 조상님들의 은덕을 기리며 쌀 등을 정성들여 바치면서 10월 갑술 일에 북 치고 춤추며 즐겁게 놀았다. 이 대종교의 이름은 시대에 따라서 명칭이 달랐다. 발해에서는 '진종교'라고 불렀고 만주에서는 '주신교'라 불렀고 조선에 와서는 '삼신교' 혹은 '단군교'라고 불렀는데 다시 대종교로 이 세상에 거듭 빛나고 있다.

ㅁ 성스러운 아드님들 복이 많으시니 땅을 다듬어 부루단을 만들고 산에 오르거나 들에 가서 밥 먹기 전에 먼저 한 수저를 땅에 놓으며 '고수레' 하고 감사를 표한다(풍속고에 있음).

領: 옷깃 령. 緣: 선 두를 연. 表: 나타낼 표. 彩: 무늬 그릴 채. 繒: 비단 증. 書: 글씨 쓸 서. 壽: 오래 살 수. 寧: 편안할 녕. 繼: 잡아맬 계. 祈: 신에게 빌 기. 畢: 마칠 필. 甑:

시루 증. 餠: 떡 병. 賽: 치성드릴 새. 贄: 폐백 지. 幣: 예물 폐. 紙: 종이 지. 納: 바칠 납. 蔭: 덕택 음. 鼓: 북 칠 고. 舞: 춤출 무. 娛: 즐거워할 오. 隨: 따를 수. 稱: 부를 칭. 除: 다스릴 제. 饁: 들밥 엽. 匙: 밥숟가락 시. 考: 밝힐 고. 野 饁-들밥. 報 賽-신의 공덕에 보답 하고자 제사 지냄. 首 贄-으뜸 되는 폐백.

ㅁ李朝正祖致祭三神祠曰曰若稽古하니三聖于東에彼樹之檀하사光啓無窮이라又致祭崇寧殿曰太師設敎하고夫子欲居하니爲嘉乃俗이니顯厥初아.(神檀實記)

ㅁ於赫檀君은神人以降이라首出庶物하사以奠海東이라立道以敎하고建極以治하니白頭靈宮이오靑邱神市라神母剪裁는以禦寒暑오彭虞告功은宮室之居라高矢來我는稼穡之事오神誌掌史는彝倫之序라義在崇報오誠有不隔이니建廟設奠에格思可斁가噫彼羽毛도唯知報本이온況以人乎여不思追遠가.不顯厥初아.(神檀實記)

ㅁ 조선 정조 때 삼신사에 제사 지내며 일렀으되 "옛말을 상고해 보니 동방에 세 분 성인이 나오시어 저 향나무 아래 빛을 여셨으니 끝이 없으리." 또 숭녕전 제문에 이르기를 "기자가 대종교를 설명하였고 공자께서 살고 싶어 하였으니 그 풍속이 아름다워졌거니와 그 처음이 훌륭하지 않았든가!" 하였다.

ㅁ 오! 찬란한 단군님은 신인으로 내려오사 여러 만물에 앞서 나오시어 해동(한국)을 정하시고 도를 세워 가르치셨으며 법을 세워 다스리셨으니 백두산에 영궁이요 청구(한국)에 신이시라. 천신의 어머님으로 재단하고 꿰매어 더위와 추위를 막아 주셨네. 팽우의 공적은 궁전과 집을 지어 편히 살게 한 것이며 고수레는 심고 거두는 일을 가르쳐 주었으며 신지는 역사를 맡았으며 윤리와 질서를 폈으니 의리는 높이고 보답함에 있고 정성은 멀리 있지 않음에 있으니 사당을 세워 진설하고 잔 올리니 이르되 오시기를 어찌 싫어하리오. 아! 저런 새와 짐승들도 태어난 은혜를 알거늘 하물며 사람들이야! 조상님들 추모할 일을 어찌 생각하지 않겠는가! (신단실기)

致: 바칠 치. 稽: 상고할 계. 啓: 열 계. 窮: 다할 궁. 嘉: 훌륭할 가. 顯: 드러날 현. 厥: 그 궐. 夫子: 공자를 말함. 於: 감탄할 어. 赫: 찬란할 혁. 庶: 여러 서. 奠: 정할 전. 極: 등극할 극. 靑 邱－한국을 일컬음. 剪: 가위 전. 裁: 옷 지을 재. 彛: 떳떳할 이. 隔: 사이 뜰 격. 格: 감동할 격. 斁: 싫을 역. 噫: 아! 희. 羽 毛－새와 짐승. 本: 바탕 본. 況: 하물며 황. 追 遠－조상을 생각하고 제사 지냄. 神 市－태백산에 환님께서 하강하여 신교로 백성을 교화하니 오는 사람들이 너무 많아 시장 같다 하여 붙여진 이름. 建 極－인륜 도덕의 모범으로 표준을 세워 만민의 법칙을 만듦. 彛 倫－사람이 지켜야 하는 떳떳한 도리. 神 檀 實 記－단군의 사적을 적은 책. 조선 말기에 金 敎 獻(김교헌)이 쓴 敎化源流 歷代祭天 檀君辨 檀君疆域考 등 단군을 우러러 쓴 詩文 등이 실려 있다.

ㅁ 甲子開基遠하니神人異跡存이라松風은滿虛閣이오水色은繞空垣을 天地候初建이오山河氣不分이라戊辰千歲壽를吾欲獻吾君이라萬像同歸化오三神獨至尊이라普救蒼生苦하니先招倍達魂이라.

ㅁ 갑자년에 터를 열기를 영구히 하셨으니 신령한 님의 이적이 지금도 남아 있네. 솔바람 빈 누각에 가득하고 물빛은 빈 담장에 둘러 있네 천지에 절후가 처음 세워지고 산하의 정기는 분열됨이 없어라 무진년(단군개국의 해) 천년의 수를 내 우리 임께 드리고 싶구나 삼라만상이 한결같이 화합하여 돌아오고 삼신님들 유독 지극히 크시네 백성들 고난에서 널리 구해 주시니 먼저 배달의 얼을 부를진저.

遠: 영구 원. 異: 뛰어날 이. 跡: 흔적 적. 繞: 둘러쌀 요. 垣: 담 원. 候: 계절 후. 氣: 정기 기. 化: 고쳐질 화. 普: 두루 보. 蒼: 백성들 창. 蒼 生－백성들. 招: 부를 초. 魂: 얼 혼. 歸 化－덕에 감화하여 따라옴.

ㅁ 山僧이飛錫下天風하니眼底滄桑이傾刻空을古栢晩松은追遠碧이오春花秋葉은感時紅을土階三等은餘唐式이오茅屋一間은存楚風을 黃海之濱神祖宅은萬年佳氣鬱葱葱이라.

ㅁ 天降神人奠海東하니本支百世祖吾同을暮春旬五에誅茅白이오陽

月初三에 剪燭紅을 半夜에 西生仁洞月이오 四時에 南到鴨江風을 駿奔助奠何多士오 和氣洋洋一室中이라.

ㅁ 산속 중이 지팡이 날리며 천풍으로 내려오니 눈 아래 무성한 뽕나무 잠간 사이 없어지고 오랜 잣나무 늙은 소나무 먼 하늘빛 따라가고 봄꽃과 가을 잎은 때를 느껴 붉어졌고 흙섬돌 3계단은 요임금이 남긴 법식이요 띳집 한 칸은 초나라 관습을 존중했네. 황해 물가 신조의 집은 만년의 아름다운 정기가 서려 성하고 성하여라.

ㅁ 하늘에 신령한 임 내려오사 해동(한국)에서 모시니 본손 지손 대대로 같은 우리 선조님. 3월 15일에 잔디 베어 태워 주고 10월 초 3일에 촛불 환하게 밝히니. 한밤 삼인동 마을 서쪽에 달이 보이네. 새벽 4시 압록강 바람이 남에서 오면 제사 지낼 선비가 달려오니 어찌 이렇게도 많은가! 한방 가득하여 화기애애 양양도 하여라{하늘에 신령한 님 ……은 종조부(본 정사 편자)님의 한시가 아닌가 생각된다. 곡성 현재 단군성전 전신인 모옥은 곡성읍 학정리 삼인동 마을 위 산 골짜기에 일본인들 눈을 피해 지어 놓고 개천절과 어천절 새벽에 유림들과 제자들이 제수 싸 들고 모여들어 비밀리에 행사를 하다가 기미년 3월 곡성에서 만세 사건으로 투옥되어 중단되었다. 인동월은 삼인동 골짜기를 말함이고 압강은 곡성 오곡면 압록강을 말씀하신 것 같다. 그리고 해방 후 현재 단군성전 앞 백당기념관 아래 언덕 밑 모옥 한 칸을 지어 양 기둥에 주련시가 있었는데 古栢晩松追遠碧(고백만송추원벽)이요 春花秋葉感時紅(춘화추엽감시홍)이라. 지금도 현재 단군성전 좌우 기둥에 있음}.

錫: 도사나 중의 지팡이 석. 底: 밑 저. 滄: 푸를 창. 桑: 뽕나무 상. 傾: 잠깐 경. 刻: 시각 각. 栢: 잣나무 백. 晩: 때 늦을 만. 碧: 푸를 벽. 階: 섬돌 계. 唐: 요임금 조정 당. 茅: 띠 모. 楚: 초나라 초. 風: 관습 풍. 濱: 물가 빈. 鬱: 성할 울. 本支-본손과 지손. 暮春-3월 또는 늦은 봄. 旬: 열흘 순. 旬五-15일. 誅: 벨 주. 陽月-10월. 剪: 가지런히 자를 전. 半夜-한밤중. 鴨: 오리 압. 駿: 걸출한 사람 준. 奔: 달릴 분. 洋: 성한 모양 양. 羊羊-아주 많고 성한 모양. 詞: 말씀 사.

列國

北扶餘承統九百餘載에 竝肅愼沸流沃沮濊貊三韓及箕氏衛氏하야 爲列國이라. 北扶餘는 扶餘之北徙者也니 宗國支子之所封而以解爲姓하다.(日之義) 數世에 慕漱王이 立하야는 稱天帝子하고 又號檀國君하고 太子曰夫婁라 夫婁王이 立하야는 得小兒金蛙하야 爲太子하다 國相阿蘭弗이 謂曰東海之濱迦葉之原에 土壤이 膏腴하고 宜五穀하니 可都라하야 遂勸王移都하고 稱東扶餘라 하다.

열국

북부여로부터 계통을 이어 내려옴이 9백여 년에 이르러 숙신, 비류, 옥저, 예맥, 삼한, 기씨, 위씨를 아울러 열국이라 하였다. 북부여는 부여가 북쪽으로 옮긴 나라로 종주의 나라에서 갈라져 나와 봉하여졌으며 성씨를 '해'로 하였다(밝은 태양이라는 뜻이다). 여러 대를 내려오며 모수왕이 오르니 천제의 아들이라고 칭하고 또 단국의 왕이라 부르고 태자를 '부루'라 하였다. 부루왕이 왕위에 오르고는 금와라는 아이를 얻어 태자로 삼았다. 나라의 재상인 아란불이 말하기를 "동해가에 가섭이라는 평원이 있어서 흙이 기름지고 오곡이 잘 자라니 도읍지가 될 만합니다." 하였다. 마침내 왕에게 권하여 도읍을 옮기니 이를 '동부여'라 하였다.

列: 줄지을 열. 承: 계승할 승. 統: 핏줄 통. 徙: 옮길 사. 並: 나란히 할 병. 沸: 물 솟을 비. 沮: 나라이름 저. 濊: 많다 예. 貊: 북방민족 이름 맥. 韓: 삼한 한. 箕: 성 기. 衛: 나라이름 위. 支: 나누어질 지. 慕: 사모할 모. 漱: 씻을 수. 婁: 별이름 루. 蛙: 개구리 와. 蘭: 난초 난. 迦: 막을 가. 葉: 고을이름 섭. 膏: 기름진 땅 고. 腴: 기름진 밭 유. 宜: 마땅할 의. 勸: 권장할 권. 宗國-종주국. 支子-맏아들 이외의 아들. 夫餘-B.C. 1세기경부터 300년간 부여족이 세운 부족국가(일명 북부여). 북만주 일대에서 농경 생활을 하였고 귀족정치로 왕과 지배층 밑에 농노, 노예 등으로 구성되었으며 고구려와 자주 다투었고 제천의식과 흰옷을 좋아하여 우리 민족의 전통으로 이어졌다. 해부르왕 때 가섭원으로 천도하여 동부여가 되었고 연나라에 망하였으나 뒤에 고구려의 판도가 되었다.

ㅁ金蛙王이昇遐하고帶素王이立하야는遣使高句麗하야責入質子하야曰夫幼事長하고小事大는禮也며順也라禮順이면天所佑이어니와不然이면欲保社稷인달難矣라且遣二身一頭之赤烏하야而責其爲應하고率事五萬하야出戰이러니麗將怪由直前殺王에王弟與衆으로走保曷思水濱하고卽王位하니是曷思王이라至孫都頭하야微弱不振하니擧國하야臣屬于高句麗하다.

ㅁ 동부여 금와왕이 죽고 대소왕이 왕위에 오르고는 고구려에 사신을 보내어 “왕의 아들을 인질로 들여보내라.” 하면서 말하기를 “대저 어린 사람이 어른을 섬기고 작은 나라가 큰 나라를 섬기는 것은 예의이고 순리일 것이다. 예의를 따르면 하늘이 돕겠지만 그렇지 않으면 사직을 보존하고 싶어도 어려울 것이다.” 하였다. 또 몸은 둘이고 머리가 하나인 붉은 까마귀를 고구려에 보내니 고구려가 그에 대응하여 동부여를 꾸짖고 군사 5만 명을 거느리고 쳐들어가니 고구려 장군 괴유가 즉시 나가 부여 왕을 죽이니 왕의 동생이 여러 사람과 같이 도망하여 갈사 물가에 사직을 보존하고 왕위에 오르니 이분이 갈사왕이다. 손자 도두에 와서는 떨치지 못하고 미약해져서 나라를 고구려에 바쳐 신하로 귀속하였다.

帶: 띠 대. 素: 흴 소. 質: 볼모 잡힐 질. 事: 섬길 사. 佑: 도울 우. 祀: 제사 지낼 사. 稷: 오곡 맡은 신 직. 烏: 까마귀 오. 師: 군사 사. 怪: 기이할 괴. 曷: 어찌 갈. 振: 떨칠 진. 屬: 붙일 속. 擧: 받칠 거.

ㅁ初에王의從弟謂國人曰先王이身弑國亡에百姓이無所依어늘曷思ㅡ不能自國하고吾亦才智魯下하야無望興復하니寧降以圖存이라하고以故都人民으로投高句麗하니麗王이以爲扶餘王하야置椽那部하고以其有背文으로賜姓絡氏하다.

ㅁ絡氏扶餘－保守本國하야後稍自立이러니敗于漢하고困于鮮卑慕容廆하고及燕王皝이遣三將軍萬七千騎하야來襲하니王都不守라孱王이折入于高句麗하니遂不祀하다.

ㅁ 처음에 왕의 종제가 국인들이 한 말을 왕에게 아뢰기를 "선왕이 죽임을 당하고 나라가 쇠망하여 백성들이 의지할 곳이 없다고 합니다. 갈사왕께서는 스스로 나라를 지킬 수 없으며 나 또한 재주와 지혜가 둔하여 다시 나라가 부흥하기를 바랄 수 없으니 차라리 고구려에 항복하여 사직을 보존함만 못하겠습니다." 그리하여 도성의 백성들과 함께 고구려에 투항하니 고구려왕이 부여 왕으로 삼아 연라부를 설치하여 주고 왕의 등에 문양이 있어서 낙씨라는 성을 내려 주었다.

ㅁ 낙씨부여는 본국을 보존하고 지켜 가다가 그 후에 점점 약해져 중국의 한나라에 패하고 선비의 모용외에게 곤욕을 당하다가 급기야 중국 연나라 왕 황이 3장수와 기병 17,000명을 보내 기습하여 오니 수도를 지키지 못하고 잔왕이 고구려로 굽혀 들어가니 마침내 사직에 제사 지내지 못하게 되었다.

弑: 아랫사람이 윗사람을 죽일 시. 從弟－사촌 아우. 智: 슬기로울 지. 魯: 미련할 노. 圖: 계책 세울 도. 椽: 서까래 연. 那: 어찌 나. 背: 등 배. 文: 무늬 문. 絡: 이을 락. 賜: 하사할 사. 卑: 낮을 비. 廆: 사람이름 외. 皝: 사람이름 황. 騎: 말 탄 군사 기. 孱: 높을 잔. 折: 굽힐 절. 鮮 卑－고대 중국 전국시대 무렵부터 만주에 살면서 세력을 떨쳤으며 선비의 일부가 3세기경에 글안으로 이어졌다. 慕 容 廆－중국 오호의 하나인 선비족이 세운 전 연나라 왕으로 285년에 부여를 침입하니 부여 왕 의라가 자살하고 아들은 옥저로 망명하여 위기를 맞게 하였었다.

ㅇ肅愼氏國은在不咸山北하니檀帝所封也라東濱海하고西接冠漫汗하고北至弱水하니上古九夷之最强國也라父子世爲君長하고國東에出石砮檀弓하야通于殷周하니指謂夷者는出大弓而名也라孔子在陳에有隼이披楛矢而墜하니曰隼之來也遠矣라此肅愼氏之矢也라하시다

殷周曰肅愼이오漢曰挹婁요魏曰勿吉이오唐曰靺鞨者는代興而稱異也라部落이有七하니入于高句麗하야傳渤海하다

ㅇ 숙신씨 나라는 불함산(백두산) 북쪽에 있었으니 단군황제에게서 봉함받은 곳이다. 동쪽으로는 바다가 있고 서쪽으로는 관만한에 접하여 있으며 북쪽으로는 약수에 이르렀으니 상고시대 9나라 중에서 가장 강성한 나라였다. 아버지와 아들이 군장이 되어 대대로 이었고 나라의 동쪽에 석노와 단궁이라는 활이 나와 은나라와 주나라에 유통되었으니 '夷'(이)라 부른 것은 큰 활을 잘 만들어 낸다고 해서 이름이 지어진 것이다. 공자가 진나라에 있을 때 송골매가 고시에 맞아 떨어져 있으니 공자께서 말하기를 "송골매가 멀리서 왔구나. 이는 숙신의 화살이다." 하였다. 은나라주나라에서는 '숙신'이라고 하였고 한나라에서는 '읍루'라, 위나라에서는 '물길'이라 하였고 당나라에서는 '말갈'이라 불렀으니 대가 바뀌어 일어나니 나라이름을 다르게 불렀다. 부락이 7개 있었는데 고구려에 편입되어 발해로 전승되었다.

肅: 나라이름 숙. 愼: 진실할 신. 冠: 갓 관. 漫: 질펀할 만. 汗: 윤택할 한. 夷: 오랑캐 이. 弩: 쇠뇌 노(화살을 연달아 쏠 수 있는 기계식 활). 殷-은나라 은(고대 중국 B.C. 1766년 탕왕이 하나라를 멸하고 세운 나라). 周-주나라 주(고대 중국 B.C. 1050년 무왕이 은나라를 멸하고 세운 나라). 두루 주. 指: 가리킬 지. 陳-진나라 진(고대 중국 주나라의 제후국으로 지금 하남성 근처에 있었음). 隼: 새매 준. 楛: 화살대 만든 나무 고. 墜: 떨어질 추. 挹: 당길 읍. 靺: 북방 종족이름 말. 鞨: 말갈 갈. 渤海-고구려 유민 대조영이 유민들을 모아 고구려 옛 영토를 거의 회복하였으나 중국 요나라에 망하였다. 肅愼-고조선 때 만주동북 방면에 농업 수렵생활을 하였으며 중국 사서에 식신·직신으로 나타나고 고구려 사천왕 때 부속되었다가 398년 광개토대왕 때 완전히 합병되었고 그 후예로 추측되는 읍루 말갈 등이 뒤에 일어났다.

ㅇ沸流는國於沸流水上하니與卒本夫餘로相接이라至神命王하야有聖德하니百姓이神明之하야薨而因諡之러라至松讓王하야扶餘人朱蒙이稱天帝孫하고據卒本하야來見王이어늘王曰寡人이僻處海隅하야未嘗

見異國賢君子러니今君이親屈弊邦하니受賜大矣라然而卒本과沸流
-壤地偏小하야無以容兩君이라.寡人은雖不肖나先人不腆之業이
式之今日하고君雖神武나立國이日淺하니論其先後대其附庸我乎혼저
朱蒙이怒하여曰寡人은繼天之後하고今王은非神之胄라若不歸我면
天必殛之러라朱蒙이有神術하야呪天에大雨七日하야沸流城沉하니王
이乃降이라復封松讓侯하고納其女하야爲子類利妃하다.

ㅇ 비류국은 비류수 가에 나라가 있었으니 졸본부여와 서로 인접하였다. 신명왕에 이르러 성스러운 덕이 있었으니 백성들이 신같이 명철하다 하여 죽은 뒤에 시효가 신명왕으로 되었다. 송양왕에 이르러서는 부여사람 주몽이 천제님의 후손이라 칭하며 졸본을 점거하고 송양왕을 보려고 오니 왕이 말하기를 "과인이 궁벽한 바다 귀퉁이에 거처하여 일찍이 다른 나라의 훌륭한 군자를 보지 못하였는데 이제 군께서 친히 내 나라에 오니 과인이 얻은 바가 큽니다. 그러나 졸본과 비류는 땅이 좁고 적어서 두 임금을 용납할 수 없습니다. 과인은 비록 불초하나 선조들의 많지 않은 업적이나마 오늘까지 그 제도가 이르렀고 그대는 비록 무예가 신묘하나 나라를 세운 때가 오래지 않으니 그 선후를 말하자면 그대는 나에게 소속되어야 하지 않겠는가?" 하니 주몽이 성을 내어 말하기를 "과인은 천제님의 뒤를 계승하였고 지금 왕은 신의 자손이 아니지 않은가? 그대가 만일 나에게 돌아오지 않으면 하늘이 반드시 죄를 내릴 것이오." 주몽이 술수가 있어서 하늘에 주문을 외우니 칠 일 동안 큰 비가 내려 비류성이 물에 잠기니 마침내 왕이 항복하였다. 주몽은 다시 송양왕후로 봉하고 그 딸을 바치게 하여 아들 유리의 비로 삼았다.

聖: 훌륭할 성. 薨: 왕과 제후 죽을 훙. 諡: 시호 내릴 시. 讓: 겸손할 양. 據: 점거할 거. 寡 人-왕과 제후의 자칭 대명사. 僻: 후미질 벽. 隅: 구석 우. 嘗: 예전에 상. 弊: 폐해 폐. 弊 邦-상대에게 자기 나라를 겸칭함. 偏: 한쪽으로 몰릴 편. 容: 담을 용. 肖: 닮을 초. 腆: 두터울 전. 不 腆-자기 선사를 겸손하게 표현한 말. 式: 본보기 식. 淺: 오래지 않을 천. 附: 붙일 부. 胄: 자손 주. 極: 죽일 극. 庸: 고용할 용. 呪: 빌 주. 沉=沈: 잠길

침. 妃: 짝 맞출 비.

○沃沮(咸鏡)檀國之苗裔也라國在盖馬山東하니不咸과盖馬는一太白也라北與挹婁로南與濊貊을接하니東西는狹하고南北은長하야可折方千里라土肥美하야宜五穀하고人性이質直强勇하야便持矛步戰이라東沃沮君이以小國으로介大國之間하야不能自立하고降于高句麗하다.

o 옥저(함경도)는 단군의 자손이다. 나라는 개마산 동쪽에 있었으니 불함산과 개마산은 같은 태백산 권이다. 북쪽에는 읍루와 남쪽으로는 예맥과 접했으니 동서쪽은 좁고 남북 방향은 길어 꺾어서 재본다면 천 리가 될 만하다. 땅이 기름지고 좋아서 오곡이 잘 자라고 사람들의 성품이 질박하여 곧고 강하고 용맹하여 창을 들고 보병전을 잘하였다. 동옥저 임금이 작은 나라로 큰 나라 사이에 끼어 있어서 자립할 수 없으므로 고구려에 항복하였다.

沃: 기름질 옥. 沮: 막을 저. 苗: 이을 묘. 裔: 후손 예. 盖=蓋: 덮을 개. 濊: 깊고 넓은 모양 예. 貊: 북방 종족 맥. 狹: 좁을 협. 折: 꺾을 절. 便: 익힐 편. 矛: 자루 긴 창 모. 介: 사이에 낄 개. 苗 裔－후손들. 沃 沮－고대 부여 계열 부족사회로 함경도 함흥평야 일대로 곡식과 해산물이 풍부하였으나 고구려에 수탈당하다가 결국 예속되었다. 의복, 음식 예절이 고구려와 흡사하였다.

○濊貊之先은與扶餘로同出이라其地多山水하고嶺阨이間之하야東爲濊오(江陵)西爲貊이니(春川)屬後朝鮮하고濊是滄海國이라韓人張良이大父父相韓五王이러니欲報仇秦하야求士于滄海하니有黎道令明이擧百二十斤鐵椎라良이與俱歸하야狙擊秦王于博浪沙中이라가誤中副車러니秦王이大索十日하니力士與良으로俱免하다至君南閭하야漢武破衛氏하고置滄海郡이러니爲高句麗幷有하다.

o 예맥의 선조들은 부여와 한곳에서 나왔다. 그 땅이 산과 물이 많고 험한 준령 사이에 있어서 동쪽으로는 예가 있고(강릉) 서쪽으로는 맥(춘천)이 있어 뒤에 조선에 소속되었고 예는 창해국이 되었는데 중국 한나라 사람 장량이 할아버지, 아버지가 한나라 다섯 왕조에서 대대로 재상을 지냈는데 진나라 진시황에게 패망하니 원수를 갚으려고 창해국에서 힘센 역사를 구하는 중에 여도령 명이 있었는데 120근 철퇴를 들 수 있었다. 장량이 같이 진나라로 들어와 박랑사 가운데서 진시황을 내려쳤으나 부거를 잘못 맞히고 도망하였다. 진왕이 10일간을 크게 찾았으나 장량과 함께 잡히지 않았다. 군남여에 이르러 한무에서 위씨를 격파하고 창해군을 설치하였으나 뒤에 고구려에 합병되었다.

阨: 험할 액. 陵: 큰 언덕 능. 相: 정승 상. 仇: 원수 구. 黎: 검을 려. 鐵: 쇠 철. 椎: 쇠몽둥이 추. 狙: 엿볼 저. 俱: 함께 구. 副: 다음 부. 索: 찾을 색. 免: 벗어날 면. 閭: 마을 여. 嶺 阨－산이 험하고 좁은 곳. 副 車－수레를 바꿔 타기 위하여 여벌로 따라가는 수레. 濊 貊－B.C. 3세기경 흑룡강 이남 만주 동부와 함경 강원 양도에 걸친 큰 나라로 우리 민족의 근간이었으며 시경, 논어, 맹자, 중용에 나온다. 張 良－중국 前 韓나라의 공신. 집안 대대로 韓나라 재상이었는데 나라가 秦나라에 망하자 그 원수를 갚으려고 용감하고 힘센 사람을 찾던 중에 예맥의 여도령 명을 만나 중국 백랑사에서 지나가는 진시황을 철퇴로 쳤으나 실패하고 도망하여 漢나라 고조 유방을 도와 진나라를 멸망시키고 봉후가 되었다고 한다.

o三韓之地在朝鮮南하야**與齊魯**로**隔海相望**하니**馬韓**(忠清全羅)**辰韓**(慶北)**弁韓**(慶南)이니**北過帶水**(臨津)하고**東接濊貊**하고**西南**은**際海**하니**地方**이**千里**라**有大小七十八國**하야**歷檀箕累千年不絶**이라.

o 삼한 땅은 조선 남쪽에 있어서 제나라, 노나라와 더불어 바다를 사이에 두고 서로 바라보니 마한(충청도·전라도), 진한(경상북도), 변한(경상남도)과 북쪽으로는 대수(임진강) 동쪽으로는 예맥과 접하였고 서쪽, 남쪽은 바다에 접하였으니 땅의 사방이 천 리였다. 크고 작은 나라가 78국이 있어 단군조선과 기자조선 등 여러 천 년의 역사가 끊이지 않았다.

齊: 제 나라 제(고대 중국 주나라 제후국으로 지금의 산동성 지방에 있었다(479~577년). 魯: 노나라 노(고대 중국 주대에 주나라 주공의 봉함을 받은 나라로 지금의 산동성 연주부 지방에 있었다). 隔: 사이 뜰 격. 望: 멀리 바라볼 망. 弁: 고깔 변. 津: 나루터 진. 際: 끝 제. 馬 韓-고대 韓민족으로 진한·변한과 三韓이라 한다. 魏 志 등에 의하면 50여개의 소국으로 우리나라 서남부 전라, 충청 지역인 듯하다. 그중에 백제가 핵심을 이루어 4세기 중엽에 백제 왕국이 세워졌다. 辰 韓-한반도 동쪽 경상북도 방면으로 북방의 이주민과 선주민이 12개국으로 형성되었으며 사로국을 중심으로 뒤에 신라가 이루어졌다. 弁 韓-마한의 동쪽 진한의 서쪽에 위치하여 12개의 작은 부족국가로 서쪽은 지리산, 북쪽은 가야산, 동쪽은 낙동강을 경계하였으며 농업과 양잠을 산업으로 하였다.

ㅁ李鍾徽曰扶餘는大國也라迫近中原하야其俗이嚴急而好戰하니北方之風也라數千年에立國稱王이世世不絶하니始封에必有賢聖之君하야仁惠及于物하고流澤이至于子孫也로다. 又曰余聞古史에扶餘濊貊沸流皆出於檀君而立國傳世하고或數千年不絶하니此所從來遠矣라無乃檀君之德에姚似湯姬耶아何如其久也오.

ㅁ 이종휘가 말하기를 “부여는 큰 나라였다. 중국 중원까지 아주 가까웠으며 그 풍속이 엄격하였고 성질이 급하여 싸우기를 좋아하였으니 북방의 풍토 때문이었다. 여러 천 년 동안 나라를 세우고 왕이라 칭함이 대대로 끊이지 않았으니 처음 임금 되신 분은 반드시 어질고 성스러운 임금이 되어 인자한 은혜로움이 만물에 미치고 그 혜택이 옮겨 자손에 이르렀을 것이다.” 하였고 또 말하기를 “내가 옛 역사를 들었는데 부여와 예맥과 비류가 다 단군으로부터 이어 나와 나라를 세워 대대로 전하였으며 혹은 수천 년 동안 끊이지 않았으니 이를 따라 내려온 바가 아득하게 멀다. 단군의 은덕이 순임금이나 우임금, 탕왕과 문왕과 같은 분이 아니었겠는가! 그렇지 않다면 어떻게 그처럼 오래 전해 내려올 수 있었겠는가.” 하였다.

鍾: 종 종. 徽: 아름다울 휘. 迫: 접근할 박. 流: 옮길 류. 澤: 은덕 택. 余: 나 여. 從: 지금까지 종. 姚: 성 요(중국 고대 순임금의 성). 似: 성 사(중국 고대 우임금 성). 湯: 성 탕(은 나라 탕임금의 성). 姬: 성 희(주공의 성). 耶: 어조사 야. 流 澤-은택이 옮겨져. 中原-중국 漢 族의 발상지인 황하 유역을 이름. 하남, 산동, 섬서성 지방. 沸 流 國-고대

국가로 고구려 초 5부족 중의 하나로 위치가 분명치 않으나 '문헌비고'나 東史綱 目 등에 의하면 압록강 상류 輝發江 근처로 추측한다(文獻備考 등). 이종휘－조선 영조·정조 시대의 학자로 본관은 전주. 우리나라의 새로운 역사를 제시한 수사집 등 다수 저서가 있고 고대사적 체제가 뒤에 박은식, 신채호 등에게 영향을 주었다.

o後朝鮮太祖文聖王의性은子오名은胥餘니殷王成湯의苗裔오紂의諸父라嘗封箕子爵하고爲紂太師러니見紂無道하고被髮佯狂하니紂囚之러니周武王이克商에釋其囚하고訪道어늘乃陳洪範九疇하고作操曰商其淪喪이라도我亡爲臣僕이라天乎天哉여欲負石投河나乃社稷何오過故殷墟라가見宮室毁壞하야生禾黍하고作歌曰麥秀蔪匸兮여禾黍油油로다彼狡童兮여不與我好兮로다殷民이聞之하고莫不流涕러라.

o 후조선(기자조선) 태조 문성왕의 성은 자요 이름은 서여니 중국 은나라 성왕 탕왕의 후손이요 주왕의 재부(아버지의 형제)라 일찍이 기자직으로 봉해지고 주의 태사가 되었는데 주가 무도함을 보고 기자가 머리를 풀어 미치광이가 되자 주왕이 가두었는데 주 무왕이 상나라를 이기고 와서 기자를 감옥에서 풀어 주고 도를 물으니 홍범구주를 말하고 노래를 지어 읊기를 "상나라가 망하여 없어져도 나는 다시는 신복이 되지 않으리. 하늘이여! 하늘이여! 돌을 짊어지고 황하에 이 몸 던지고 싶으나 그러면 사직은 어찌 하리요?" 하였다. 은나라 옛 땅을 지나며 허물어진 궁실 터를 보니 벼와 기장이 자라는데 노래 지으니 "보리이삭 쭝긋쭝긋함이여 벼 기장은 무성하여 윤이 나도다. 저 교활한 아이가(주왕) 나와 더불어 좋아하지 않았도다." 하니 은나라 백성들이 듣고 눈물 흘리지 않는 사람이 없었다.

紂: 주 임금 주(중국 고대 은나라 마지막 천자로 잔인하고 포악하였음). 爵: 벼슬 내릴 작. 太史－문단의 최고위직 또는 왕세자의 스승. 被: 흐트러질 피. 佯: 거짓 양. 狂: 미칠 광. 克: 이길 극. 陳: 고할 진. 範: 법 범. 疇: 분류된 항목 주. 操: 곡조 조. 淪: 침몰할 윤. 网＝罔: 없을 망. 僕: 붙일 복. 負: 등에 짐 질 부. 墟: 옛터 허. 毁: 무너질 훼. 壞: 무너뜨릴 괴. 禾: 곡식 화. 黍: 기장 서. 麥: 보리 맥. 秀: 이삭 팰 수. 蔪: 무성할 점. 匸: 덮어놓을 혜. 油: 윤날 유. 油 油－곡식 풀 같은 것이 무성하여 윤이 나는 모양. 狡: 간교할

교. 涕: 눈물 흘리며 울 체. 洪範九疇－고대 중국 하나라 우임금 때 낙수에서 나온 거북 등에 있었다는 9장의 문장으로 천하를 다스리는 큰 법으로 삼았었다. 기자－고조선 시대 전설상의 기자조선의 시조. 중국 고대 은나라 사람으로 주나라 무왕이 은나라를 멸망시키자 기자가 조선으로 도망하여 왕이 되어 조선에 예의, 방직 등 8조 법금을 가르쳤다고 한다. 그러나 이것은 후세인들의 사대사상에서 나온 것으로 본다.

遂避周東來하니從者五千人이라詩書禮樂百工技藝皆隨至라居金州하야丑月로爲歲首하고聘王受競하야拜士師하고譯神誥于大檀木하야設八條以敎民하니禮儀와田蠶과織作이오殺人者는償以死하고傷人者는償以穀하고相盜者는男女沒入其家하야爲奴婢호대欲自贖者는人一名에五十萬이오雖免爲良民이라도俗이以爲羞恥하야難於嫁娶하니是以로門戶不閉하고婦人이貞信이라制井田하고興學校하니仁賢之化－西過遼河하고南至洌水하니沃沮濊貊이皆臣屬이라戊午에薨하니壽가九十三이라追尊爲王하다.(箕子遺志에三十六世嘉德王이追崇)(洌水는今漢江)

마침내 주를 피하여 동쪽으로 오니 따르는 사람이 5천 명이었고 시경, 서경, 예기, 악경 등 책들과 공인, 기술자, 예능인 등 여러 사람들이 따라왔다. 금주에 거처하였으며 12월을 그해의 첫 달로 삼았고 왕수경을 초빙하여 재판관으로 삼고 대단목에서 삼일신고를 번역하고 법 8조를 실시하여 백성들에게 예의와 농사짓는 법과 누에치는 법, 길쌈하는 법을 가르쳤다. 사람을 죽인 사람은 죽임으로 속죄하고 사람을 다치게 한 사람은 곡식으로 보상하고 함께 도둑질하는 자들은 남자와 여자를 그 상대방 집에 노비로 들여보냈고 스스로 돈으로 갚고자 하면 한 사람에 대하여 5십만을 내되 비록 죄를 면하여 양민으로 되었어도 세속이 수치로 여겼으므로 시집가고 장가가기가 어려웠다. 이 때문에 대문을 닫지 않고 살았으며 부인들은 정절과 신의를 지켰고 정전법을 시행하였으며 학교를 일으켜 어질고 훌륭하게 가르쳤다. 나라가 서쪽으로는 요하를 지났고 남쪽으로는 열수에 이르렀으니 옥저, 예맥이 다 신하의 나라로 귀속하여 왔다. 무오년에 죽으니 천수가

93세였다. 높이여 왕으로 받들었다(기자유지에 36세 가덕왕이 이어 받들었다)(열수는 지금의 한강이다).

避: 피할 피. 詩: 시경 시(오경의 하나로 중국의 고대시 중 공자가 취사 선정한 311수의 시가 수록된 책). 書: 서경 서(중국 고대 최고 경서 오경의 하나로 우·하·상·주나라의 역사와 사상을 기록한 책으로 백 편을 공자가 58편으로 산정한 책). 禮: 책 이름 례(오경의 하나로 소대례를 말하고 주례, 의례를 삼례라고 말한다). 樂: 풍류 악(악경이라는 고서가 있었으나 없어져 전해지지 않는다). 技: 장인 기. 藝: 기예 예. 丑: 음력 12월 축. 소 축. 聘: 부를 빙. 競: 굳셀 경. 償: 속죄할 상. 沒: 들어갈 몰. 嫁娶－시집가고 장가듦. 貞信－ 마음이 곧고 신의가 있음. 奴: 남자 종 노. 婢: 여자 종 비. 贖: 금품 내고 죄 면할 속. 貞: 여자의 절개 정. 信: 진실할 신. 制: 정할 제. 洌: 물이름 열(한강 또는 대동강의 옛 이름). 遼河－만주 서부를 관통하여 발해로 흐르는 강.

ㅁ封箕子于朝鮮과白馬朝周와己卯元年은皆不似然矣라殷之三師에微子는去之하고比干은諫而死하고箕子는爲之奴하니孔子曰殷有三仁焉이라箕子는不可臣이라豈受封朝周며戊庚이在하니豈不後圖而與武王으로同年建元이리오不臣于周而曷爲爲武王陳洪範也오天以是道로卑之於禹而傳之於我하니不可使自我而絶矣라而武王이不傳則天下에無可傳者矣라故로爲箕子道子－傳道則可也나仕則不可矣라斂而東來하니天豈我私리오若使武王周公으로不在則周室之安을不可期矣라郭永錫詩曰何事被髮佯狂爲오欲將殷祚獨扶持라去之只爲身長潔이오諫死誰嗟國己危아.

ㅁ 조선에 기자를 봉하고 백마로 주나라에 조회함이 기묘년 원년이니 다 그렇지 않은 듯하다. 은나라의 삼사에 미자는 주를 버리고 떠났고 비간은 간언하다 죽고 기자는 종이 되었으니 공자가 말하기를 "은나라에 세 어진 이가 있었으니 기자는 신하가 될 수 없었는데 어떻게 주나라에 조회하여 봉작을 받을 수 있었겠는가? 무경이 있었으니 어찌 뒤를 도모하지 않고 무왕과 같이 같은 해에 건원이

될 수 있었겠는가? 주의 신하가 될 수 없다고 하였는데 어떻게 무왕에게 홍범을 진술할 수 있으리오. 하늘이 이 도로써 우임금으로 하여금 우리에게 전하여 주었으니 우리로 하여금 스스로가 끊어지게 할 수 없다. 무왕이 천하에 전하여 주지 않았다면 전할 만한 자가 없었을 것이다. 때문에 기자가 무왕에게 도를 전함은 옳지만 벼슬을 하였다는 것은 옳지 않다. 거두어 동쪽으로 왔으니 하늘이 어찌 사심을 두리오. 만약 무왕 주공이 있지 않았다면 주나라의 평안함을 기약할 수 없었을 것이다." 하였다. (우리나라도) 곽영석 시에 말하기를 "무슨 일로 머리 풀고 거짓 미친 척하였든가! 은나라 국운을 홀로 붙잡으려 했다. 다만 떠난 자는 몸만 오래도록 깨끗하고자 함이오(미자의 떠남) 간하다 죽으면(비간) 누가 슬퍼하랴. 나라는 이미 위태해졌는데!" 하였다.

朝 周－주나라에 조회를 가다. 微: 작을 미. 干: 막을 간. 微 子－중국 고대 주왕의 서형으로 포악한 紂왕을 간하였으나 듣지 않아 나라를 떠났다가 주왕의 아들 무경을 周公이 주벌하고 미자를 송국에 봉하였다. 比干－고대 중국 은대 사람으로 紂왕의 숙부다. 주왕의 악정을 간하다가 피살되었다. 建 元－창업한 천자가 연호를 정하는 것. 陳: 고할 진. 卑: 하여금 비. 禹: 하우씨 우. 斂: 모을 렴. 私: 불공평할 사. 郭: 성 곽. 被: 입을 피. 祚: 천자의 자리 조. 嗟: 탄식할 차. 危: 무너질 위.

ㅁ 崇仁殿祭祝에 曰九疇序倫하고 八條成俗이라 至德難名하고 祀事無斁이라하다. 數世에 文武王이 定律度衡하고 以寅月로 作歲首하고 置侍衛軍하니 士卒八千餘러라. 宣惠王은 親勸農桑하고 擇民間聰俊하야 習六藝하며 懸直言磬하야 伸寃枉하다.

ㅁ 孝宗王은 遣鮮于益하야 觀齊桓公政治하야 立犯贓律하고 禮待齊國使臣公孫恪하고 賞賜鮮卑酋長吉利都頭하고 薨하다.

ㅁ 숭인전 제사의 축문에 이르기를 홍범구주의 윤리를 폈고 팔조금법은 풍속을 이루었으니 지극한 성덕에 이름 짓기 어렵고 제사로 섬겨 모시니 싫지 않구나. 수세대 만에 문왕과 무왕은 법률과 저울과 자를 재정하고 음력 정월을 그해의 첫 달

로 하였으며 호위하고 모시는 군사를 두니 군사들이 8천 명이었다. 선혜왕은 친히 농사와 누에치기를 권장하고 백성 중에 총명하고 준수한 사람을 뽑아 육예를 익히게 하고 직언경을 달아 놓아 원통함과 억울한 일을 직접 알리게 하였다.

ㅁ 효종왕은 선우익을 보내 제나라 환공의 정치를 살피게 하여 죄를 범한 자와 장물을 감춘 자들의 법을 세우고 제나라 사신 공손각을 예절로써 맞이하고 선비 추장 길이도두에게 상을 내리고 죽었다.

崇仁殿－1325년 고려 때 지은 기자의 사당으로 왕명에 의해 평양에 세웠다. 세종 때 사액하고 관리를 보내 제사 지냈다. 六藝－선비가 배워야 할 6가지 덕목, 즉 예·악·사·어·서·수. 成俗－풍속으로 되어 버림. 寅: 셋째 지지 인. 범 인. 寅月－음력 정월의 별칭. 擇: 뽑을 택. 聰: 총명할 총. 俊: 재주가 뛰어난 사람 준. 懸: 달아맬 현. 磬: 경쇠 경. 伸: 말할 신. 寃: 원통할 원. 枉: 억울한 죄 왕. 齊桓公－중국 제나라 환공으로 춘추시대 오패왕 중의 가장 강한 사람. 贓: 장물 장. 愘: 정성 각. 酋長－야만인의 두목. 도적의 두목.

ㅁ 天老王이 立하야는 惑於方士伯一清하야 建求仙臺於紇骨山하고 奏迎仙樂하며 造太清觀하다.

ㅁ 三十四世說文王이 立하야는 燕人이 侵入遼西어늘 使衛文言으로 埋伏三萬兵하야 破之러니 及燕將秦介大擧侵入에 王이 漸益東徙하야 止于大同江上하고 亦曰平壤이라하다.

ㅁ 嘉德王이 立하야 追王三十五世하다. 顯文王은 選賢良士二百餘하야 祭檀帝廟하다.

ㅁ 기자조선 21대 천노왕이 위에 오르고는 술법하는 도사 백일청에게 유혹당하여 흘골산에 구선대를 세우고 태청관을 지어 영선악을 연주하게 하였다.

ㅁ 34대 열문왕이 위에 오르고는 연나라 사람들이 요서에 침입하여 오니 위문언으로 3만 명의 병사를 매복하게 하여 격파하였다. 연나라 장수 진개가 대병을 이끌고 침입하여 오니 왕이 점차 동쪽으로 옮겨 대동강 가에 머무르며 말하기를 '평양'이라고 하였다.

ㅁ 가덕왕이 위에 올라 35세대의 왕을 추존하였다. 현문왕은 훌륭한 선비 200여 명을 뽑아 단군 황제의 사당에 제사 지내게 하였다.

說: 기쁠 열. 燕: 연나라 연(중국 고대 주나라 제후국의 하나로 뒤에 진나라에 멸망당하였다. B.C. 222년 영토가 하북 지방에 있었음). 迎仙樂-연대 미상으로 내용도 전해지지 않고 증보문헌비고에 제목만 있다. 遼: 강 이름 요. 埋: 감출 매. 伏: 숨을 복. 秦-진나라 진(중국 고대 주나라의 제후국의 하나로 뒤에 진시황이 중국을 통일하였으며 15년 후에 한나라에게 멸망하였다. B.C. 221~207년). 徙: 옮길 사. 上: 바깥 상. 嘉: 훌륭할 가. 顯: 밝을 현.

ㅁ 四十一世哀王準이 立하야는 楚王項籍이 弑其君이어늘 王이 發三萬兵하야 與漢軍으로 大破之垓下하다 王이 寵愛燕降人衛滿이어늘 大夫單通이 諫曰滿의 恭儉이 太過하니 必奸險人이니 勿用하소서 王이 不聽하고 拜博士하야 使守西鄙러니 滿이 誘聚亡命黨數千人하고 詐告曰漢兵이 十道來侵하니 請宿衛라하고 猝入掩襲하니 王이 率左右하고 浮海南遷하야 至馬韓하니 文聖王之四十一世오 歷年이 九百餘라 自檀紀戊辰으로 至此丁未하니 二千百四十年이러라

ㅁ 姬運이 告訖에 箕德이 亦衰라 一千年間에 可以見天道人事之一大變也로다.

ㅁ 기자조선 41대 애왕 준이 왕위에 오르고는 초왕 항적(항우)이 그 임금을 죽이니 왕이 30,000명의 병사들을 출동시켜 한나라 군사와 같이 해하에서 크게 격파하였다. 왕이 연나라에서 항복하여 온 위만을 총애하니 대부 선통이 말하기를 "위만의 공손함이 지나치니 반드시 간사하고 간악한 사람일 것입니다. 등용시키지 마십시오." 하였으나 왕이 듣지 않고 박사로 삼아서 서쪽 변방을 지키게 하니 위만이 망명한 무리 수천 명을 꾀어서 모이게 하여 거짓으로 왕에게 말하기를 "한나라 병사들이 열 갈래 길에서 쳐들어오니 왕을 가까이에서 지킬 것입니다."

하고 갑자기 쳐들어오니 왕이 좌우에 있는 사람을 거느리고 바다를 건너 남쪽 마한에 이르니 문성왕이 41대며 지나온 햇수가 900여 년이 되었다. 단군기원 무진년으로부터 정미(B.C. 194년)까지 이르렀으니 2,400여 년이 되었다.

ㅁ 주나라 운이 끝나니 기자의 덕 또한 쇠하여졌다. 1천 년 사이에 천도와 인사의 일대 변혁을 볼 수 있었다.

哀: 불쌍히 여길 애. 楚: 초나라 초(중국 고대 춘추·전국시대의 나라로 진나라에게 망하였음. B.C. 223년). 衛 滿－위만조선 창건자(B.C. 194~?년)로 연나라에서 기자조선에 망명하여 준왕의 신임을 얻어 변방을 지키다가 반란을 일으켜 준왕을 내쫓고 위만조선을 세워 왕검성에 도읍하고 영토를 넓혔다. 3대 80년 만에 한나라 무제에게 망하였다. 項: 클 항. 籍: 서적 적. 項 籍－중국 진나라 말기 하상 사람으로 자는 우다. 숙부 양과 군사를 일으켜 진나라 군사를 격파하고는 서초의 패왕이라 자칭하고 한나라 고조와 다투다가 해하에서 패하여 죽었다. 垓: 국토의 끝 해. 衛: 지킬 위. 單: 성 선. 奸: 거짓 간. 險: 간악할 험. 拜: 벼슬 내릴 배. 鄙: 변방 비. 誘: 꾀일 유. 聚: 모을 취. 詐: 속일 사. 宿衛－숙직하며 지키다. 猝: 갑자기 졸. 掩: 속여 잡을 엄. 浮: 둥실 떠갈 부. 遷: 옮길 천. 姬: 周성 희. 訖: 끝낼 글.

ㅇ馬韓武康王은箕姓이오名은卓이니朝鮮哀王의子라初에哀王이來居金馬郡(益山)이라가是世에薨하니謚曰武東王이라卓이立爲王하야統治三韓하니使樂龔建으로治辰韓하고左大夫秦琓으로治弁韓하다三韓이地宜五穀하고俗尙淳美하고嫁娶有禮하고行者讓路하고帛袍草屩이러라.

ㅇ 마한의 무강왕은 성이 기요 이름은 탁이니 기자조선 애왕의 아들이다. 처음에 애왕이 금마군(익산)에 와서 살다가 이해에 죽으니 시호를 무동왕이라 하였다. 탁이 왕이 되어 삼한을 통치하니 낙롱건으로 진한을 다스리게 하고 좌대부 진완으로 변한을 다스리게 하였다. 삼한의 땅에 오곡이 잘 자라고 풍속이 순박하고 미풍을 귀하게 여기며 시집가고 장가갈 때 예절로써 하고 다니는 사람들이 길을 양보하여 주며 남자들은 비단 도포에 짚신을 신었다.

龔: 언덕 롱. 琓: 옥이름 완. 尙: 귀하게 여길 상. 淳: 순박할 순. 帛: 비단 백. 袍: 도포

포. 屩: 짚신 갹.

ㅁ辰韓人赫居世ㅡ立國于辰韓地하고遣使聘이어늘王이責讓曰辰弁二韓은本我屬邦이라比年不修職貢하니事大之禮其若何오卒本人溫祚ㅡ立國于河南이어늘王이割地百里以安之러니溫祚作熊川(公州)柵이어늘韓王이遣使하야責讓曰初渡河에無所容足이어늘吾割東北百里하니其待王이不爲不厚라宜思有以報之어늘今以國完民聚로莫與我敵이라하야大設城池하야侵我封疆하니其於義에何오溫祚ㅡ遂毁其柵하니戊辰冬에溫祚ㅡ陽稱出獵하고潛師猝入하니韓王이敗亡하다自武東王丁未로至王學戊辰하니傳十王이오歷二百二年이러라.

ㅁ 진한 사람들이 혁거세로 진한 땅에 나라를 세우고 사신을 보내 빙례를 행하니 무강왕이 꾸짖어 말하기를 "진한과 변한 두 한은 본래 우리 속국이오. 근년에 조공을 바치는 직분을 다하지 않으니 큰 나라를 섬기는 예의를 그와 같이 할 수 있다는 말이오." 하였다. 졸본 사람 온조가 하남에 나라를 세우니 왕이 백 리 땅을 나누어 주어 편히 살게 해 주었는데 온조가 웅천(지금 공주)에 목책을 설치하니 한왕이 사신을 보내 꾸짖어 말하기를 "왕이 처음 하남 땅에 건너와 발 디딜 곳도 없어서 내가 동북쪽에 백 리의 땅을 나누어 주며 왕을 대접하였음이 후하지 않다고 못 할 것인데 마땅히 은혜 갚기를 사모하여야 함에도 이제 나라를 갖추어 백성을 모아서 우리를 적으로 여기며 성을 쌓고 해자를 크게 설치하여 우리 국경을 침범하려 하니 그렇게 의리가 없단 말이오." 하니 온조가 마침내 그 목책을 부셔 버렸다. 무진년 겨울에 거짓으로 사냥 간다고 하고는 병사들을 감추어 두었다가 갑자기 침입하니 한왕이 패하여 도망하였다. 무등왕의 정미(B.C. 194년)로부터 왕자 학의 무진년까지였으니 10왕이 전하여지고 202년을 지냈다.

赫: 빛날 혁. 聘: 사신 보낼 빙. 讓: 꾸짖을 양. 比: 나란히 할 비. 比年ㅡ해마다. 修: 옳게 할 수. 貢: 조공 바칠 공. 割: 나눌 할. 熊: 곰 웅. 柵: 목책 책. 渡: 물 건널 도. 池:

성곽 둘러 있는 못 지. 疆: 국경 강. 獵: 사냥질할 엽. 潛: 감출 잠. 朴赫居世－신라 시조로(B.C. 69~A.D. 4) 처음 양산 중턱 나정 숲 속 큰 알 속에서 나온 아이를 소벌공이 데려다가 키우니 다른 사람보다 출중하여 육부장이 임금으로 추대하였고 알령을 왕비로 맞았다는 개국신화인 듯하고 능은 사능이다.

○衛滿朝鮮이爲漢武帝에所滅하다滿이竊據平壤하야稱朝鮮이러니至孫右渠에驕傲太甚하야殺漢使涉河하니漢王이遣樓船將軍楊僕과左將軍荀彘하야擊破러니韓賴等이弑其君하야出降하니三世에傳八十七年이러라

ㅁ漢이旣破右渠에定樂浪臨屯玄菟眞蕃四郡이라가昭帝始元五年에改置二府하니平州都衛府와東部都衛府라七十年之間에盡爲高句麗에還有하다.

ㅇ 위만이 한나라 무제에게 멸망(B.C. 108년)되었다. 위만이 평양에 몰래 점거하여 조선이라고 칭하고는 손자 우거에 이르러 교만 방자함이 너무 심하여 한나라 사신 섭하를 죽이니 한나라 왕이 누선장군 양복과 좌장군 순체를 보내 격파하니 한뢰 등이 그의 임금을 죽이고 나와서 항복하니 3세대에 87년을 이어 왔다.

ㅁ 한나라가 이미 위만의 손자 우거를 격파하고 낙랑, 임둔, 현토, 진번 사군을 정하였다가 한나라 소제 시원 5년(B.C. 82년)에 2부로 고쳐 설치하였는데 평주 도위부와 동부 도위부였다. 70년 사이에 모두 고구려로 돌아왔다.

竊＝竊: 몰래 절. 據: 땅 차지하고 막을 거. 渠: 클 거. 驕: 교만할 교. 傲: 거만할 오. 涉: 물 건널 섭. 樓: 망루 루. 樓船－망루가 있는 배. 楊: 성 양. 僕: 붙일 복. 荀: 죽순 순. 彘: 돼지 체. 賴: 힘입을 뇌. 浪: 물결 랑. 臨: 다스릴 임. 屯: 주둔할 둔. 菟: 토끼 토. 蕃: 많을 번. 始元－처음 또는 처음 연호. 衛滿朝鮮－(B.C. 190?~108년) 위씨조선이라고도 한다. 연나라의 위만이 기자조선에 망명하여 살다가 기자조선 준왕이 위만에게 지방장관을 주었으나 한나라가 쳐들어온다고 거짓 고하여 준왕을 쳐서 조선왕이라 칭하였다. 평양을 중심으로 평안도와 황해도였을 것으로 본다. 한나라 무제에게 멸망되었다. 漢四郡: B.C. 108년에 前漢의 武帝가 위만조선을 멸망시키고 고지를 중심으로 평안도,

황해도, 강원도, 함경남도 일부에 4군, 즉 낙랑, 임둔, 현토, 진번을 두어 한나라에서 태수를 보내 다스렸다. 뒤에 고구려 광개토대왕 때 병합되었다. 이때 한나라에서 철기, 청동제품들이 들어와 일본에까지 전하여 유적으로 발견된다.

北扶餘

解慕漱王　夫婁王　金蛙王　帶素王(中畧)　尉仇台　簡任居
麻餘　依慮　依羅(降麗)

북부여

해모수왕 부루왕 금와왕 대소왕(중략) 위구태 간임거 마여 의려 의라(강려)

漱: 씻을 수. 婁: 거둘 루. 蛙: 개구리 와. 尉: 벼슬 위. 仇: 짝 구. 台: 기쁠 태. 簡: 대쪽 간. 麻: 삼 마.

箕氏朝鮮四十一世

文聖王　莊惠王　敬孝王　恭貞王　文武王　太原王　景昌王
興平王　哲威王　宣惠王　誼讓王　文惠王　盛德王　悼懷
王　文烈王　昌國王　武成王　貞敬王　樂成王　孝宗王
天老王　修道王　徽襄王　奉日王　德昌王　壽聖王　英傑王
逸民王　濟世王　靖國王　道國王　赫聖王　和羅王　說文王
慶順王　嘉德王　三老王　顯文王　章平王　宗統王

기씨조선사십일세

문성왕 장혜왕 경효왕 공정왕 문무왕 태원왕 경창앙 흥평왕 철위왕 선혜왕 의양왕 문혜왕 성덕왕 도회왕 문열왕 창국왕 무성왕 정경왕 낙성왕 효종왕 천노왕 수도왕 휘양왕 봉일왕 덕창왕 수성왕 영걸왕 일민왕 제세왕 정국왕 도국왕 혁성왕 화라왕 열문왕 경순왕 가덕왕 삼노왕 현문왕 장평왕 종통왕

箕氏馬韓十一世

哀王 武東王 武康王 安王 惠王 明王 孝王 襄王 元王 稽王 王學

기씨마한십일세

애왕 무동왕 무강왕 안왕 혜왕 명왕 효왕 양왕 원왕 계왕 왕학

莊: 엄숙할 장. 誼: 의논 의. 悼: 슬퍼할 도. 懷: 생각할 회. 徽: 아름다울 휘. 襄: 도울 양. 傑: 뛰어날 걸. 逸: 편안할 일. 濟: 건널 제. 靖: 편안할 정. 赫: 빛날 혁. 說: 기뻐할 열. 顯: 영달할 현. 稽: 쌓을 계.

ㅁ古史之爲箕氏有者는失於衛滿漢武之兵燹하고僅得拾遺於扶餘舊疆北滿等地矣라檀君紀元戊辰은後於唐堯甲辰이二十五年이오始祖檀君이化神于阿斯達山에而有三神祠하니江東檀君陵은檀是國號니後世檀君之陵也로다(神檀實記)

ㅁ 옛 역사에 기씨로 되어 있는 것은 위만과 한나라 무제의 병화로 잃어버리고 겨우 부여 옛 강토인 북만주 등지에 남겨진 것들을 주워 얻은 것들이다. 단군기원 무진(B.C. 2333년)은 요순임금 후 갑진년에서 25년이 뒤진 것이며 시조 단군

이 아사달산(구월산)에서 신선으로 승천하였고 그곳에 삼신사가 있으며 대동강 동쪽에 있는 단군능은 이 단이 국호이니 후세에 '단군능'이라 하였다(신단실기).

漢 武 - 중국 고대 전한의 7대 임금. 이름은 철(徹), 제위 54년간이었으며 유교를 숭상하였고 외이(外夷)를 많이 쳐서 국토를 넓혔다. 燹: 난리로 불 지를 선. 僅: 겨우 근. 拾: 주을 습. 遺: 후세에 전할 유. 唐 堯 - 중국 고대 성황(聖皇) 제곡의 둘째 아들로 처음에 도(陶)에 봉함을 받았다가 후에 당(唐)으로 옮겼으므로 도당씨라고도 일컬으며 호는 요라고 함. 사가들이 당요 또는 방훈이라 일컬음. 化 神 - 신으로 바뀌는 것. 三 神 祠 - 평안도 구월산에 있는 단군 사당. 阿 斯 達 山 - 평양 부근의 백악산 또는 황해도 구월산이라고도 한다.

ㅁ王儉城이是平壤이니或稱鳳凰城하고亦稱遼陽縣이오扶餘在遼北千餘里라古初遼西之地에舜置幽營하고周封箕子라하니遼瀋一帶는卽檀箕舊疆이오天下用武之地云이라(東史綱目)箕氏 - 居于永平廣寧之間이라가後爲燕將秦開所逐하야失地二千里하고漸益東徙하야止于大同江上하니亦稱平壤하고浿水之名도亦隨而遷徙也라.(疆域考)

ㅁ 왕검성이 지금 평양이니 혹은 봉황성이라고 칭하고 또는 요양현이라고도 칭하였으며 부여가 요북 천여 리에 있었으니 옛날 처음에 요서의 땅에 순임금이 유영을 설치하고 주나라에서는 기자를 봉하였으니 요와 심의 일대는 곧 단군과 기자의 옛 땅이었으며 천하에 군사를 쓸 만한 땅이라고 말하였다(동사강목). 기씨가 영평과 광영 사이에 거처하다가 뒤에 연나라 장수 진개에게 쫓겨나 2,000리의 땅을 잃고 점차 동쪽으로 옮겨 대동강 가에 멈추고 또 평양이라 칭하고 패수라는 이름도 또한 따라가 옮겨졌다(강성고).

遼: 땅이름 요(중국 북부 요하의 동과 서로 요양 지방 일대). 幽: 유주 유(중국 고대 순임금 때 12주의 하나로 지금 하북성 북경 일대 지역). 營: 경영할 영. 瀋: 물이름 심(중국 요녕성 심양현에서 발원하여 남으로 흐르는 혼하의 지류이다). 遼 瀋 - 요양과 심양, 지금의 봉천 일대. 秦: 성 진. 逐: 내쫓을 축. 徙: 옮길 사. 浿: 강 이름 패(우리나라의 압록강 또는 대동강 또는 예성강의 옛날 이름). 東 史 綱 目: 조선 후기 사학자 안정복

(1712~1791)이 편찬한 강목채로 된 역사책. 疆域考: 조선 순조 때 실학자 정약용이 지은 우리나라 지리를 여러 지역별로 해설하고 윤곽을 그린 책이며 10권으로 되었다. 뒤에 (1903) 장지연이 증보하였다. 1권에 조선고 사군총고 등, 2권에 삼한총고 등 3권에 졸본고 국내고 위례고 한성고 등, 4권에 옥저고 예맥고 말갈고 등, 5권에 발해고, 6권에 도로연혁고 등, 9권에 백두산 정계비 등으로 9권 2책으로 되었다.

ㅁ太白山名이有方譯之殊하니曰不咸山蓋馬山長白山白頭山也라山凡三層이니高ㅡ二百里오橫亘千里하니東北諸山之祖也라雄厚博大하야蒼然古色이千里一望이오而獨其頂이如覆白甕于高俎上하고下嶺而北에渡一潺湲하야得平地數里而有檀樹하니始祖檀君ㅡ發祥之蹟云이라.(地名考)

ㅁ 태백산 이름이 지방마다 다르게 불렸으니 불함산, 개마산, 장백산, 백두산이다. 산이 대강 3겹으로 되어 있으니 높이가 200여 리요 옆으로 1,000여 리를 뻗쳤고 동쪽과 북쪽 여러 산들의 원조다. 웅장하고 중후하며 넓고 방대하고 고색이 창연하여 단번에 천 리를 바라볼 수 있고 유독 그 정상이 마치 높은 도마 위에 하얀 독을 엎어 놓은 것 같고 북쪽 고개 아래 졸졸 흐르는 계곡물을 건너가면 평평한 땅 수 리의 향나무 단지를 볼 수 있으니 시조 단군의 발상지인 유적지라고 말한다(지명고).

殊: 다를 수. 橫: 옆으로 횡. 亘: 뻗칠 긍. 博: 넓을 박. 蒼: 무성할 창. 頂: 꼭대기 정. 覆: 뒤집힐 복. 甕: 옹기 옹. 俎: 도마 조. 潺: 물 흐르는 소르 잔. 湲: 물 흐르는 소리 원. 祥: 상스러울 상. 蹟: 자취 적.

ㅁ白頭山頂에有天池하니周가八十里라西流爲鴨綠江하고北流爲松花江하고東流爲豆滿江하니黑龍江沿海州朝鮮海黃海渤海興安嶺이爲朝鮮域內하니可折方十餘萬里러라.(臥遊錄)

ㅁ檀氏衰世에 不得統治하니 列國이 各自爲主라 北扶餘는 檀祖의 支子 扶餘 - 所封而北徙者로 系承宗祀하고 殷之箕子 - 避周東來러니 後稍自立하야 與肅愼諸國으로 並列而千有餘年이러라.(東事)

ㅁ 백두산 꼭대기에 천지가 있으니 둘레가 80리이고 서쪽으로는 압록강이 되어 흐르고 북쪽으로는 송화강이 되어 흐르고 동쪽으로는 두만강이 되어 흐르니 흑룡강, 연해주, 조선해, 황해, 발해, 흥안령이 조선의 권역 안이 되니 잘라서 이으면 사방이 10여만 리가 된다(와유록).

ㅁ 단군조선 세대가 쇠약해져 통치하지 못하니 여러 나라가 각자 저마다 주인이 되었다. 북부여는 단군의 지손이고 부여는 북쪽으로 옮겨 가서 종묘사직의 계통을 이었고 중국 은나라의 기자는 주나라를 피하여 동쪽으로 오니 뒤에 점점 자립하여 숙신 등 여러 나라와 함께 열국으로 천여 년을 지내 왔다(동사).

臥遊錄－우리나라의 명승지 답사 기행문. 1권에 東遊記 등, 2권에 孤石亭 등, 3권에 遊天磨山 등, 4권에 遊白沙汀記 등, 5권에 靑鶴洞小說 등 13권 13책으로 되어 있다.

正史卷二

上古史 三國並南北

檀紀二千二百九十七年甲申에高句麗健國承統하니與新羅(二十年前甲子所建)와百濟(十九年後癸卯所建)로爲三國이라.

정사 권2

상고사 삼국과 남북

단기 2297년(B.C. 37년) 갑신년에 고구려가 나라를 세워 계통을 이었으니 신라(20년 전 갑자년에 세움)와, 백제(19년 후 계묘년에 세움)로 삼국이 되었다.

高句麗

高句麗始祖東明聖帝의姓은高요名은朱蒙이니北扶餘慕漱王의衆子오母는河佰女柳花라初에柳氏－私從慕漱하야有娠이어늘父母－怒放之러니扶餘金蛙王이收置하니身有日光하고及生朱蒙에以爲不祥하야棄之野하니烏鳥翼之하고棄之路하니馬牛避之라異而養之하니骨表英奇하고年甫七歲에謂檀曰祖木이라하고以作弓矢하야射之하니射御를莫之能及이라扶餘王子等이嫉之하니母－謂曰國人이將害汝하리니以汝才畧으로何往不可리오乃與親信人烏伊와摩離와陜父等으로東南走하야至淹滹水하니無梁이라.

고구려

고구려 시조는 동명성제니 성은 고요 이름은 주몽이다. 북부여 모수왕의 아들이요 어머니는 하백의 딸 유화다. 처음에 유 씨가 모수와 사통하여 임신하니 부모가 노하여 奚아냈다. 부여의 금와왕이 데려다 놓으니 몸에서 빛이 나고 급기야 주몽(B.C. 58년)이 태어나니 상서롭지 못하다고 하여 들에 버리니 까마귀와 새들이 날개로 덮어 주고 길에다 버리니 말과 소가 피해 갔다. 이상하게 여겨 다시 데려다가 기르니 골격과 외모가 뛰어나고 영특하여 나이 겨우 7살에 향나무를 단군 할아버지의 나무라고 말하고 활과 화살을 만들어 쏘니 활쏘기와 말타기를 잘하여 능히 따를 만한 사람이 없었다. 부여의 왕자들이 질투하니 어머니가 말하기를 "이 나라 사람들이 장차 너를 해치려 하니 너의 재능과 지략으로 어디를 가서 무엇을 못 하겠느냐." 하니 마침내 친하고 믿을 만한 사람 오이와 마리, 합보 등과 같이 동남쪽으로 달아나 엄괵수에 이르니 다리가 없었다.

衆 子－장남 이외의 아들들. 私 從－자기 집에서 부리는 종. 娠: 잉태할 신. 放: 奚아낼 방. 蛙: 개구리 와. 奇: 뛰어날 기. 甫: 겨우 보. 御: 말 부릴 어. 射 御－활쏘기와 말타기. 嫉: 미워할 질. 略: 꾀 략. 陜: 땅이름 합. 父: 남자에 대한 미칭 보. 淹: 빠질 엄. 滅: 물 갈라져 나갈 괵. 梁: 다리 량. 朱 蒙: 고주몽 동명성왕(B.C. 58~19년) 아버지는 동부여 왕, 금와왕, 어머니는 하백의 딸 유화, 금와의 아들 7형제가 주몽만 못하여 장남 대소 등이 죽이려 하므로 피하여 졸본에 도읍을 정하고 고구려를 세워 주위 옥저 등을 합병하였다. 高 句 麗－B.C. 37~668년 한반도 북부와 남만주 일대에서 살았던 고구려족은 부여족의 후손들이었다. 처음 졸본에 도읍하였다가 유리왕이 국내성(현재 통구)으로 옮겨 6대 태조왕부터 영토를 넓혀 나갔다. 313년 미천왕 때 400여 년이나 버텨 온 한사군, 대방 등 중국세력을 몰아냈다. 372년에 불교를 받아들였고 태학을 세워 국가 체제를 정비하였다. 19대 광개토대왕과 장수왕 때 정복을 감행하며 북은 송화강, 서는 요하, 남은 아산, 삼척까지 진출하여 전성기를 이루었다. 장수왕은 수도를 평양으로 옮겼다(427년). 남쪽에서는 백제, 신라가 침범하고 서쪽에서는 수나라가 30만 대군을 거느리고 쳐들어왔으나 고구려가 물리쳤고 수나라 양제가 113만으로 침범하였으나 을지문덕의 전략으로 살수에서 대역전으로 적을 섬멸시켰으며 수군은 300척의 배로 대동강을 거슬러 올라와 평양을 공격하였으나 영양왕의 아우 건무가 복병으로 무찔러 버렸다. 당나라 태종은 644년에 30만 대군으로 요동성 백암성을 함락시키고 안시성을 공격하였으나 국민들의 단결로 끝까지 굴하지 않으므로 퇴각하였다. 당 태종 다음 고종도 여러 번 공격하여 왔으나 연개소문의 항전으로 뜻을 이루지 못하였다. 당의 고종은 신라와 함께 백제를 멸망시키고 그 여세로 고구려를 공격하였으나 연개소문에게 패하였다. 666년에 연개소문이 죽고 세 아들의 내분으로 기울기 시작하였다. 다음 해에 당의 군대 50만과 신라군 27만이 서로 합세하여 평양을 공격하니 용전하였으나 보장왕 27년(668년)에 항복하였다. 궁궐은 불타고 보장왕은

잡혀 가고 대대로 내려온 찬란한 보물과 전적들은 약탈당하고 불타 없어졌다.

嘆曰我는天帝子라今日逃難에迫騎垂及하니奈何오魚鱉이出浮成橋하고得渡而橋解하다至芼芚谷하야遇三賢하니麻衣者와衲衣者와水藻衣者라偕行하야至卒本扶餘하니時에卒本王이無男有女라가見朱蒙하고妻之러니及王이薨에朱蒙이嗣立爲王하야姓을高라하고二二九七年甲申에建國號曰高句麗라하다東扶餘王이遣異鳥하야責其爲應이어늘王曰以烏而赤하니南色也오且瑞也어늘而君이不能自有하니未知存亡이在誰也니다降沸流하고營宮室城郭하며拓地千里하니四郡地ㅡ悉還하다.

주몽이 탄식하며 하늘을 우러러 말하기를 "나는 천제의 아들입니다. 오늘 환난을 피하여 도망가는데 말 탄 군사들이 쫓아와 거의 닥쳐오니 어떻게 해야 하오리까!" 말하자 고기와 거북이들이 나와 떠서 다리를 만들어 주어 건너가고 나니 다리가 와해되었다. 모둔 골짜기에 이르러 훌륭한 분 세 사람을 만나니 삼베옷 입은 사람과 중 옷 입은 사람과 마름 옷을 입은 사람들이었다. 다 같이 동행하여 졸본부여에 이르니 이때에 졸본왕이 아들이 없고 딸만 있었는데 주몽을 보고 장가들게 하였다. 급기야 왕이 죽으니 주몽이 대를 이어 왕이 되고 성을 '고'라 하였다. 2297년(B.C. 37년) 갑신년에 나라를 세워 '고구려'라 불렀다. 동부여 왕이 이상한 까마귀를 보내며 주몽의 대응함을 꾸짖으니 동명왕이 말하기를 "까마귀가 붉으니 남쪽의 색이며 또한 상스러우니 그대는 스스로 자립할 수 없으니 존망이 누구에게 있을지 알 수 없을 것이오." 하였다 비류국이 항복하였고 궁실과 성곽을 지었으며 천 리의 땅을 개척하니 한사군(낙랑, 진번, 임둔, 현토)땅이 다 돌아왔다.

騎: 말 탄 군사 기. 垂: 끗 수. 垂及－거의 미치려 함. 奈: 어찌할꼬 내. 鱉＝鼈: 자라 별. 浮: 떠오를 부. 芼: 풀 우거질 모. 芚: 채소이름 둔. 麻: 삼베옷 마. 衲: 중의 옷 납. 藻: 문채 있는 수초 조. 偕: 함께 해. 責: 꾸짖을 책. 應: 당할 응. 瑞: 경사스러울 서. 營: 짓다 영. 拓: 넓힐 척. 悉: 남김없이 실.

○立類利하야爲太子하다王이去扶餘에類利ㅡ生於禮氏하야喜彈丸하니百發百中이라一日에訴於母曰父爲誰乎닛고母曰父爲君이오子爲匹婦可乎아汝父ㅡ臨行에謂曰藏物于七嶺七谷石上松下하니此爲信矣라하더라類利ㅡ索之不得이러니一日에見柱爲松而石礎爲七稜하고索之하야得斷刃一段이라與屋智等三人으로奔至卒本하야見王進劒하니王이亦出一段하야合之하니若合符節이라禮皇后ㅡ上朱蒙帝書에曰母薨耳니다保重己耳니다ㅡ類利生矣니다白牛店彼息壤은依舊한齊姜이오爾之冠은冠乎爾公子하고爾骨은返乎爾하니和風은於其使으로河陽橋通去後에孤妾은掃落葉而於母墳으로러라壬寅에帝崩하니在位十九載라(新羅赫去世王三十九年 百濟溫祚王前年)太子卽位하고上謚하다配享崇靈殿하니祝曰自天降靈健邦改土享祀是宜有秩斯祜라하다.

ㅇ 유리를 태자로 삼아 세웠다. 동명왕이 부여를 떠난 뒤에 예 씨가 유리를 낳아 기르는데 탄알로 활쏘기를 좋아하여 백발백중 잘 맞히었다. 하루는 유리가 어머니에게 하소연하여 묻기를 "나의 아버지는 어디 계시며 누구십니까?" 어머니 말이 "아버지는 임금님이 되어 계신데 아들인 네가 한 필부로 있어서야 되겠는가! 너의 아버지가 임지로 떠나면서 말하기를 '일곱 고개, 일곱 골짜기 돌 위 소나무 아래 물건을 놓아두었으니 이것이 신표가 될 것이다.' 하셨다. 유리가 찾았으나 찾지 못하였다. 하루는 기둥이 소나무로 되었고 주춧돌이 7모로 되어 있는 것을 보고 도막난 한 조각의 칼을 찾았다. 옥지 등 세 사람과 같이 도망하여 졸본에 이르러 왕을 뵙고 칼을 바치니 왕이 또한 칼 한 토막을 내와 맞추어 보니 증거가 일치되었다. 예 황후가 주몽제께 글을 올렸으니 "어머니는 이미 돌아가셨습니다. 생전에 편히 모셨고 유리를 낳아 잘 장성하였습니다. 제가 백우점에서 한 약속 어찌 잊겠습니까. 옛날 중국 제나라 강 씨처럼 수절하고 여전하게 지냅니다. 당신이 벗어 준 관은 당신 아들에게 씌워야 하고 당신의 뼈를 이은 아들을 당신께 돌려보내니 화목한 가풍은 당신의 몫이구려. 하양교 작별 후에 외로운 첩은

어머니의 묘를 쓸고 돌볼 것입니다." 하였다. 임인에 동명성제가 죽으니(B.C. 19년) 왕위에 오른 지 19년이 되었다(신라 혁거세왕 39년이고 백제 온조왕 전년이었다). 유리 태자가 왕위에 오르고 아버지 주몽에게 '동명성제'로 시호를 올렸다. 숭령전에 같이 모셨으니 축에 이르기를 "하늘로부터 신령한 분 내려오사 땅을 개척하고 나라를 세우셨으니 이에 제사 올립니다. 흠향하시고 철 따라 늘 복 내려주소서." 하였다.

彈: 탄알 탄. 匹: 변변치 못할 필. 匹夫－신분이 낮은 남자. 臨: 다스릴 임. 柱: 기둥 주. 稜: 모서리 능. 斷: 끊을 단. 段: 조각 단. 符: 증거 부. 符節＝符信－나무 조각이나 대 조각에 글을 쓰고 도장을 찍은 후에 두 조각으로 쪼개어 둘이서 한 조각씩 보관하고 있다가 후일에 서로 맞추어 증거로 삼는다. 息壤－"전에 거기서 한 맹세를 잊을 수 있겠습니까." 식양은 지명으로 秦나라 무왕에게 감무가 맹세한 곳. 爾: 그 이. 掃: 비로 쓸 소. 墳: 무덤 분. 配: 종사할 배. 配享－종묘에 공신을 부제하거나 문묘에 학덕 있는 사람을 부제(祔祭)하는 것. 享: 제사 지낼 향. 秩: 차례 질. 祜: 복 호. 依舊－예와 다름없음. 齊姜－중국 고대 제나라 환공의 宗女며 晉나라 文公의 부인으로 열녀전에 나온다. 예씨 부인이 자신을 비유하였다.

ㅁ琉璃王이 立하얀將軍扶芬奴－獻策曰鮮卑－恃險不和하고人勇而愚하니難以力鬪오易以謀屈이니用韓信破趙之計니이다.王이從之하야討降之하다徙都國內城하고出獵이러니太輔陜父－諫曰新移都邑에民不安堵하니宜以德政是恤이어늘馳騁田獵하시니若過而不改면臣恐大業墜地하니이다薨하니諡를琉璃明王이라하다.

ㅁ 유리왕(B.C. 19~18년)이 왕위에 오르니 장군 부분노가 나아가 계책을 말하기를 "선비 나라가 땅의 험준함만 믿고 화친하지 않으며 사람들이 억세고 우둔하여 힘으로 싸워서 이기기는 어렵고 계책으로 쉽게 굴복시킬 수 있겠습니다. 중국 한나라의 대장 한신이 계책을 써서 조나라를 격파하였듯이 말입니다." 왕이 듣고 그의 뜻을 따라 선비를 토벌하고 항복시켰다. 도읍을 국내성으로 옮기고 유리왕이 사냥을 나아가려 하니 태보인 협보가 간청하여 말하기를 "도읍을 새로운 곳으

로 옮긴 뒤로는 백성들이 거처를 불안해합니다. 마땅히 이를 긍휼히 여기시어 후덕한 정사를 하셔야 합니다. 사냥터만 달리면서 만약 허물을 고치지 않으시면 신은 대업이 땅에 떨어질까 심히 두렵습니다." 하였다. 죽으니 시호를 '유리명왕'이라 하였다.

琉: 유리 유. 璃: 유리 리. 芬: 향기로울 분. 奴: 자기를 낮추는 말 노. 獻: 나아갈 헌. 卑: 성 비. 恃: 믿을 시. 愚: 우둔할 우. 屈: 굽힐 굴. 趙: 나라이름 조(중국 춘추·전국 시대 晉 나라를 삼분하여 세운 나라로 지금 하북성의 남부 및 산서성의 북부 지방이었음). 徙都－수도를 옮기다. 討: 토벌할 토. 田: 사냥할 전. 獵: 사냥할 렵. 輔: 대신 보. 堵: 편안하게 살 도. 恤: 구휼할 휼. 馳: 달릴 치. 墜: 잃을 추. 鮮 卑－고대 아시아 민족의 하나로 중국 전국시대부터 세력을 떨쳤으며 3세기경에 거란족으로 발전하였다. 韓 信－중국 한나라 고조의 공신. 고조의 대장으로 조나라, 연나라, 제나라를 공략하여 천하 통일의 기반을 닦아 제왕으로 봉되었으나 모계로 잡혀 삼족이 멸족되었다. 國 內 城－만주 만포진 집안현 배후의 산성을 포함한 곳으로 유리왕 때 수도를 옮겨 427년간 고구려 수도였으며 장수왕 15년에 평양으로 천도하였다.

○太武神王이立하야는攻扶餘並之하고賜姓하야主其祭하다.

ㅁ東漢光武－發兵遼東하야圍丸都城이어늘右輔松屋句－進曰臣은聞하노니恃德者는昌하고恃力者는亡이라今漢이兵出無名하니逆天違人이라憑險出奇면破之必矣니다左輔乙豆智－奏曰小敵之强은大敵之禽이라今漢兵이精銳에難以交鋒이니閉城固守하야待其師老니다王이然之하야以池魚로犒饋漢軍하니漢이知城中에有水하야持久不戰하고引歸하다.

ㅇ 태무신왕(B.C. 18~44년)이 왕위에 오르고는 부여를 침공하여 병합시키고 그들에게 성씨를 주고 제사를 주관하게 하였다.

ㅁ 중국 동한 나라 광무가 요동에서 군사들을 증발하여 환도성을 포위하니 우보인 송옥구가 임금에게 나아가 말하기를 "신이 들으니 덕을 의지한 사람은 번창하고 힘을 의지한 사람은 패망한다고 하였습니다. 지금 한나라가 명분 없이 군대

를 출동시키니 하늘을 거역하고 사람을 거슬렀습니다. 험준함을 의지하고 있다가 기습하면 반드시 격파시킬 수 있습니다." 좌보인 을두지가 아뢰기를 "작은 나라가 강국을 대적하면 적에게 잡힐 수 있습니다. 지금 한나라 병사들이 정예하여 교전하기가 어려우니 성문을 굳게 닫고 지켜 적병들이 피로하여 지치기를 기다리십시오." 왕이 그의 말을 따르고 못에 있는 물고기를 잡아 한나라 군사들에게 음식으로 보내니 적군들이 성안에 물이 많음을 알고 전쟁을 오래 끌지 못할 것으로 여겨 군대를 이끌고 돌아갔다.

並=竝: 병합할 병. 圍: 둘러쌀 위. 輔: 도울 보. 違: 멀리할 위. 憑: 의지할 빙. 奇: 갑자기 기. 精: 익숙할 정. 銳: 날래고 용감할 예. 鋒: 날카로운 기세 봉. 老: 피로할 노. 犒: 음식 보내어 위로할 호. 饋: 음식 대접할 궤. 丸 都 城－고구려의 처음 도읍은 졸본, 두 번째는 국내성, 세 번째 도읍이 환도성이라는 여러 설이 있으나 국내성의 별칭이라고도 한다. 東漢－중국 고대 漢나라의 유수 광무제가 낙양에 도읍한 뒤부터 헌제까지의 시대다.

ㅁ王子好童이南遊樂浪하야娶其女하고謂曰裂破知亂鼓則迎歸하리라女然之하야襲降之하다繼母－使撤其裙蜂하니父亦疑之하야賜死하다.
O數世에太祖王이立하야는漢安帝－置滄海郡하고以馬煥等으로侵境이어늘王이使弟遂成으로連兵二千하야遮擊大破하다遂成이威福恣行하니弟－伯固曰禍福은無門이오惟人所召니다王이議夢事어늘高福章이對曰作不善則吉爲凶이오作善則禍爲福이니이다今大王이愛民如子하시니雖有小異나庸何傷乎리오遂成이忍而不仁하니請誅之니다王이不聽하고遂禪讓하니在位九十三載러라.

ㅁ 왕자 호동이 남쪽 낙랑으로 유랑하며 태수의 딸에게 장가들고 그녀에게 말하기를 "난리가 나려는 것을 미리 알게 하여 주는 북(자명고)을 찢어 부수면 그대를 맞아들여 데리고 돌아갈 것이다." 하였다. 여자가 그렇게 하니 낙랑을 습격하여 항복시켰다. 호동의 계모가 호동에게 자기 치마에 있는 벌을 내쫓게 하니 호

동의 아버지가 호동을 의심하여 죽음을 내렸다.

ㅇ 여러 대를 지나 태조왕이 위에 오르고는 중국 한나라 안제가 창해군을 설치하고 마환 등으로 국경을 침범하니 왕이 동생 수성에게 병사 2,000명을 주어 크게 격파하여 막았다. 수성이 위엄과 탐욕의 행동이 방자하니 동생 백고가 말하기를 "재앙과 복은 문이 없습니다. 오직 사람들이 불을 뿐입니다." 하였다. 왕이 꿈꾼 일을 의논하니 고복장이 대답하기를 "선하지 않은 일을 하면 길할 일도 화가 되고 선한 일을 하면 화가 복이 될 수 있습니다. 지금 대왕께서 백성들을 자식같이 아끼니 비록 조금 괴이한 일이 있어도 이 일로써 어찌 상심하십니까. 동생 수성이 잔인하고 인자하지 않으니 수성을 목 베기를 청합니다." 왕이 듣지 않고 수성에게 왕위를 물려주니 왕위에 오른 지 93년이었다.

遊: 여행할 유. 裂: 찢을 열. 襲: 불의에 쳐들어갈 습. 撤: 거둘 철. 裙: 치마 군. 煥: 밝을 환. 遮: 막을 차. 境: 국경 경. 遂: 끝낼 수. 福: 가득 찰 복. 恣: 방자할 자. 凶: 재난 흉. 庸: 어찌 용. 忍: 잔인할 인. 誅: 죽일 주. 好 童－고구려 태무신왕의 차비 아들로 총명하여 부왕의 총애를 받았다. 옥저에 사냥 나갔다가 낙랑 태수 최리의 딸과 사랑하게 되었다. 낙랑에 자명고가 있어서 정벌하기가 어려웠는데 호동이 공주에게 자명종을 찢게 하여 정벌하니 태수가 알고 공주를 죽였다. 호동은 원비의 시기와 공주에 대한 연민으로 자살하였다고 한다.

ㅁ 遂成이 立하니 是次大王이라 執－高福章이어늘 福章이 臨刑曰我當時에 不得不言이라 今王은 新政宜恤이어늘 殺一忠臣이 何輔於治리오 又殺前王子하고 暴虐이 甚하니 明臨荅夫弑之하니 年이 百十九러라 國人이 以物色으로 求王弟伯固하야 迎立하니 年이 七十七이라 三讓卽位하니 是新大王이라.

ㅁ 수성이 왕위에 오르니 이분이 차대왕이다. 고복장을 잡아들이니 고복장이 형장에서 말하기를 "나는 그때 말을 하지 않을 수 없었습니다. 지금 왕께서는 새로이 정치를 시작하면서 마땅히 백성들을 긍휼히 여겨야 하거늘 한 사람의 충신

을 죽이어 정사에 어떤 도움이 되겠습니까?" 하였다. 또 전 왕자를 죽이고 포악함이 심하니 명임 답부가 차대왕을 죽이니 연세가 119세였다. 나라 사람들이 왕의 동생 백고를 찾아서 맞아 왕으로 세우니 연세가 77세였다. 세 번 사양하다가 마침내 왕위에 나아가니 이분이 신대왕이다.

臨: 임할 임. 恤: 사랑할 휼. 荅: 팥 답. 讓: 사양할 양. 物 色－어떤 표준에 의해 사람 또는 물건을 찾아 고름. 暴 虐－포악하고 잔학함.

ㅁ左輔菸支留奉璽曰先君이雖有子나不克負荷하야天意人心之歸于至仁이니다詔曰寡人이生忝王親이나本非君德이라向屬友于之政에頗乖貽厥之謀러니洎聞凶訃에但極哀摧라豈意民僚樂推眇末이리오宜以萬像自新하리리라하고大赦國內하다前王子鄒安이詣宮門曰嚮國有禍에臣不能死하고今聞新政에以罪敢告하나이다封讓國君하다改左右輔하야爲相國하다.

ㅁ 좌보 어지류가 옥새를 받들고 말하기를 "전 왕이 비록 아들이 있으나 나라를 맡길 수 없어서 하늘의 뜻과 사람의 마음이 지극히 인자하신 당신에게 돌아가므로 왕위에 오르소서." 왕이 명을 내려 말하기를 "내가 외람하게도 왕자의 근본으로 태어났으나 원래 임금의 덕을 갖지 못하였소. 지난날에 형제 사이에 정권을 위촉한 것은 자못 자손에게 전하는 법규에 어긋났었습니다. 나는 흉한 부음을 듣고 다만 애통했을 뿐이오. 어찌 백성과 관료가 부족한 이 사람을 기꺼이 추대하여 줄 것을 생각이나 하였겠습니까. 마땅히 여러분과 나 자신이 새로워질 것입니다." 하였다. 나라 안의 죄인들에게 큰 사면령을 내렸다. 전 왕자 추안이 궁문 앞에 이르러 말하기를 "지난번에 나라에 재앙이 있었을 때 신이 죽지 못하고 이제 새로운 정사를 편다는 말을 듣고 감히 저의 죄를 아뢰나이다." 하니 그를 양국군으로 봉하여 주고 좌우보를 바꾸고 나라의 재상들을 상국이라 하였다.

菸: 향초 어. 璽: 옥새 새. 荷: 맬 하. 忝: 욕되게 할 첨. 乖: 어길 괴. 貽: 끼칠 이. 洎:

미칠 계. 推: 추천할 추. 僚: 벼슬아치 요. 眇: 작을 묘. 眇末－작은 몸. 자신의 겸칭. 鄒: 나라이름 추. 詣: 도착할 예. 嚮: 접때 향. 相國－백관의 장 또는 재상.

ㅁ漢靈帝－以耿臨으로發大兵來어늘王이問戰守孰便고咸曰漢兵이恃衆輕我하니若不出戰이면彼以怯我數來오且國境은山險路隘하니此所謂一夫當關에萬夫莫敢者也니다荅夫曰不然하니이다漢兵이千里運糧에不能持久라若我深溝高壘하야清野待之면不過旬月에其勢必窘이니我以輕卒薄之면可以得志오且兵少者－宜守오兵衆者－宜戰은常也니다王이然之하야嬰城固守하니漢兵이引歸어늘荅夫－率騎千餘하야追戰于平原하야大破之하니匹馬不返하더라王이薨하다.

ㅁ 중국 고대 한나라 영제 때 경임이 크게 병사를 일으켜 쳐들어오니 왕이 나아가 싸울 것인가 지킬 것인가를 물으니 다 말하기를 "한나라 병사들이 군사들 수가 많음을 믿고 우리를 깔보고 있으니 나아가 싸우지 않으면 저들은 우리를 겁쟁이라고 얕보고 자주 침입할 것입니다." 또 말하기를 "국경은 산이 험하고 길이 좁아서 이는 소위 한 사람만 문을 지켜도 만 사람이 당하지 못하는 장소입니다." 답부가 말하기를 "그렇지 않습니다. 한나라 병사들이 천 리에서 군량을 운반해 왔으니 오래 지탱할 수 없습니다. 만약 우리가 개천을 깊이 파고 보루를 높이 쌓고 들에 곡식을 없애고 기다리면 열흘이나 한 달을 넘지 못하고 그 세력이 반드시 궁핍하여질 것입니다. 그때 우리가 강한 군사로 빨리 육박하면 우리의 뜻대로 이루어질 것입니다. 또 병사가 적으면 마땅히 지키고 병사가 많으면 마땅히 싸우는 것은 통상적입니다." 왕이 그렇게 하여 영성을 굳게 지키니 한나라가 병사들을 이끌고 돌아가니 답부가 천여 명의 기병을 이끌고 평원으로 쫓아가 싸워서 크게 격파하여 한 마리의 말도 돌아가지 못하게 하였다. 왕이 죽었다.

耿: 빛날 경. 咸: 모두 함. 怯: 겁낼 겁. 隘: 좁을 애. 關: 관문 관. 溝: 해자 구. 壘: 쌓을 루. 旬: 열흘 순. 薄: 빨리 달릴 박. 窘: 군색할 군. 嬰: 둘릴 영. 淸野－들에 곡식 등을 치우고 가옥들을 철거하여 적들에게 숙식을 못 하게 함. 一夫當關－한 사람이 관문을 지켜 막는다.

ㅁ故國川王이立하야詔曰春出官穀하고冬月還色하야以爲恒式하라以處士乙巴素로爲相國하다巴素－隱居鴨綠谷하니性質이弘毅하고智慮－淵深이라晏留－薦之어늘卑辭重禮로迎拜하니貴戚이猜忌라王曰敢議者면族誅하리라巴素－感其好賢하야明政敎하며愼賞罰하니人民이安業하고內外無事라厚禮晏留하다.

ㅁ 고국천왕(9대 179~196)이 위에 올라 명을 내리기를 "봄에는 관청의 곡식을 내어 주고 겨울에는 그 양만큼을 돌려받았는데 이렇게 하는 것을 법으로 만들어라."고 하였다. 처사 을파소로 나라의 재상을 삼았다. 파소가 압록곡에 은둔하여 살았는데 성품과 도량이 넓고 의지가 굳세며 지혜와 사려가 깊어서 안류가 을파소를 천거하니 왕이 겸손한 말과 중후한 예로써 절하며 맞아들이니 귀족들이 시기하였다. 왕이 "감히 파소에 대하여 말하면 누구나 삼족을 멸할 것이다." 하였다. 을파소가 왕이 어진 이를 좋아함에 감복하여 정사와 교육을 밝게 하고 상과 벌을 신중하게 하니 백성들이 생업을 편안하게 하고 안과 밖이 무사하니 안류에게도 후한 예우를 해 주었다.

還: 갚을 환. 色: 상태 색. 恒: 언제나 항. 巴: 땅이름 파. 鴨: 오리 압. 弘: 넓을 홍. 毅: 강할 의. 議: 비난할 의. 淵: 못 연. 晏: 편안할 안. 薦: 천거할 천. 卑: 낮을 비. 戚: 겨레 척. 猜: 샘할 시. 忌: 질투할 기. 弘毅－도량이 넓고 의지가 강함. 族誅－멸족형으로 삼족까지 죽임.

ㅇ東川王이立하야는魏主曹叡와吳主孫權이遣使하야和親하니及魏將毋丘儉이來侵에王이以步騎로戰于沸流하야斬獲六十餘級하고移都平壤하다王의性이寬仁하야未嘗見喜怒라薨에國人이多自殉하고不忍

見陵하야以柴覆之하니曰柴原이러라.

ㅁ烽上王이立하얀杜絶諫路하니倉助利－極諫曰君不恤民이면不仁也오臣不諫君이면不忠也니다王이不悛이어늘與國人으로謀廢하고立米川王하다.

ㅁ小獸林王이立하얀秦王符堅이遣浮屠佛經以來하니東方佛法이始此라立太學于平壤하다廣開土王이立하야伐燕平州하야取之하니刺史慕容歸－走之하다文咨王이立하얀絡氏扶餘－歸附하다.

ㅇ 동천왕(11대 227~248년)이 왕위에 오르고는 중국 위나라 왕 조예와 오나라 왕 손권이 사신을 보내 화친하였다. 급기야 위나라 장수 관구검이 침입해 오므로 왕이 보병과 기병으로 비류에서 싸워 60여 명을 목 베었고 도읍을 평양으로 옮겼다. 왕의 성품이 너그럽고 인자하여 일찍이 기뻐하는 모습과 슬퍼하는 모습을 보지 못하였다. 왕이 죽으니 백성들이 슬퍼하여 스스로 따라 죽는 자가 많고 왕의 능을 차마 볼 수 없어서 묘에 섶을 덮고 말하기를 '섶벌'이라 하였다.

ㅁ 봉상왕(14대 292~300년)이 위에 오르고는 왕에게 간하는 길을 막으니 창조리가 지극한 마음으로 간하며 말하기를 "임금이 백성들을 구휼하지 않으면 어질다고 할 수 없습니다. 신하가 임금에게 간하지 않으면 충신이라고 할 수 없습니다." 하였으나 왕이 깨닫지 못하니 정부와 백성들이 함께 모의하여 폐위시키고 미천왕(300년)을 세웠다.

ㅁ 소수림왕(17대 371~384년)이 위에 오르고는 진나라 왕 부견이 중에게 불경과 부도를 보내오니 동방 우리나라에 불법(372년)이 들어온 것이 처음이다. 평양에 태학을 세웠다. 광개토대왕이 오르고는 중국 연나라를 쳐서 평주를 취하니 자사 모용귀가 도망하였다. 문자왕이 오르고는 낙씨부여가 붙여 왔다.

魏: 나라이름 위. 叡: 어질 예. 毌: 성 관. 沸: 끌을 비. 級: 모가지 급. 寬: 너그러울 관. 殉: 따라 죽을 순. 柴: 섶 시. 覆: 덮을 부. 浮: 앞설 부. 烽: 봉화 봉. 杜: 막을 두. 悛: 고칠 전. 堅: 굳을 견. 屠: 잡을 도. 刺: 꾸짖을 자. 咨: 물을 자. 絡: 성 락. 附: 따를 부. 浮屠－불상. 승려. 歸附－귀순하여 복종함. 魏－중국 고대 삼국의 하나로 조조의 아들 조비가 후한을 대신하여 화북에 세운 왕조로 5主 46년 만에 사마염에게 양위하고 망하였다(220년~265년). 吳－중국 삼국시대 손권이 강소, 절강, 안휘 지방에 세운 나라. 수도는 건업으로 4主 59년 만에 西晉에게 멸망하였다(222년~280년). 毌丘儉－고대 중국 위나라 장수로 평주 자사였으며 224년에 고구려를 침공하여 그때에 많은 서적이 망실되었다고 한다. 廣開土大王－고구려 19대왕(391~413년)으로 재위 2년 만에 중국 연나라와 동부여, 신라, 백제, 북부여 등을 점령하여 우리나라 역사상 영토가 가장 넓었다. 아쉽게 39세에 죽었다. 비석은 죽은 뒤 414년에 만주 봉천성 집안현 통구에 세웠다. 文咨王－고구려 21대왕(491~519년)으로 부여국을 항복받고 신라, 백제를 자주 침공하였다.

○嬰陽王이 立하야命博士李文眞하야修國史하다伐遼西하니隋主楊廣이(煬帝)以二百萬兵으로出九道하야總集平壤하니旌旗千里에首尾相繼하야鼓角相聞하니宇文述耒護兒等이爲先鋒이라王이使將軍乙支文德으로禦敵하니文德이見隋軍有飢色하야七戰七走하니隋軍이半渡薩水어늘文德이縱兵四面하야且戰且行하야斬隋將辛世雄하니耒護兒等이一日에走西百五十里라隋之九軍이生還者無幾하니隋之出兵이四次에皆敗歸하다隋兵百萬이血千里하니浿水薩水에多鬼神이라浿水北流－薩水絶이라도乙支名은不可湮이라文德의爲人이沈鷙有智라嘗入妙香山土窟하야位檀君修學하더니兼善屬文이라與隋將으로持久에贈宇仲文詩曰神策은究天文이오妙算은窮地理라戰勝功旣高하니知足願云止라.

ㅇ 영양왕(26대 590~618년)이 위에 올라 박사 이문진에게 명하여 국사를 편찬하였다. 왕이 요서를 치니까 수나라 임금 양광(수양제)이 군사 200만 명을 9도에서 뽑아 출발시켜 평양으로 다 모이게 하니 군사들의 깃발이 천 리에 뻗었고 앞뒤가 서로 이어져 북 치는 소리, 호각 부는 소리 서로 어우러져 들리니 우문술과 뇌호아 등이 선봉이 되었다. 영양왕은 을지문덕 장군으로 하여금 적을 막게 하니 문덕이 수나라 군대를 살펴 굶주린 기색이 있는 것을 보고 7번 싸워 7번 거짓으

로 도망가다가 수나라 군사들이 살수강을 절반쯤 건너는 것을 보고 사방에 잠복시킨 군사들을 풀어 놓아 또 싸우고 또 나아가 수나라 장군 신새웅을 죽이니 뇌호아 등이 하루에 450리나 도망가니 수나라 9도에서 온 군사들 중에 살아 돌아간 자들이 겨우 몇 명이 되지 않았다. 수나라 군사들이 네 번이나 침입하였으나 그 때마다 다 패하여 돌아갔다. 수나라 군사 100만 명이 흘린 피가 천 리나 되고 패수, 살수에는 귀신이 많았다고 하였다. 패수가 북으로 흘러가고(거꾸로) 살수물이 없어져도 을지문덕 장군의 이름은 오래 없어지지 않을 것이다. 문덕의 사람됨이 침착하고 굳세며 지혜로웠다. 일찍이 묘향산에 들어가 토굴 속에서 단군을 모셔 놓고 학문을 닦았으며 겸하여 글도 잘 지었다. 수나라 장수와 지구전을 펼치고 있을 때 우중문에게 시를 지어 주기를 "신통한 계책은 천문을 연구하였고 오묘한 묘책은 지리를 궁리하였다. 싸움은 승리의 공적이 이미 높았으니 만족함을 알았으면 그치기를 바라노라." 하였다

嬰: 두르다 영. 伐: 칠 벌. 遼: 멀 요. 楊: 성 양. 旌: 기 정. 旌 旗－깃발 들. 尾: 꼬리 미. 鼓 角－군대에서 쓰는 북과 뿔피리. 述: 지을 술. 耒: 쟁기 뇌. 성 뇌. 禦: 맞설 어. 飢: 배고플 기. 薩: 보살 살. 縱: 내보낼 종. 幾: 거의 기. 浿: 강 이름 패. 滻: 강 이름 산(섬서성 남전현에서 위수로 흐르는 강). 湮: 없어질 인. 鷙: 용맹스러울 지. 沈 鷙－침착하고 용맹스러움. 窟: 굴 굴. 究: 연구할 구. 窮: 연구할 궁. 李 文 眞－고구려 영양왕 때 태학박사로 600년에 국사를 편찬하였다. 100권으로 된 국사 유기를 요약하여 5권으로 줄이는 일이었다. 이 요약된 국사를 신집이라고 하였다. 乙 支 文 德－고구려 영양왕 때 대신 명장. 612년 수나라 양제가 30만 대군으로 침공하여 오니 평양 30리 밖까지 유인하자 꾐에 빠진 것을 깨닫고 창황하게 후퇴하려다가 살수(청천강)를 건너갈 때 매복하여 둔 고구려 군사들로 총공격하게 하여 섬멸시키니 살아 돌아간 자가 2천여 명 되었다고 한다.

○王이薨하고榮留王이立하야는唐太宗貞觀中에遣報聘使陳大德하야稱遊覽山川하고探悉道路險易而歸러라莫離支泉蓋蘇文이弑王하고立寶藏王하다.

□唐主(太宗)李世民이因得國之勢하야發水陸軍三十萬하야以張亮李世勣으로拜行軍大摠管하고渡遼水하야親結雨衣於馬後하며斷歸

橋하고誓曰今爲中國子弟하야快雪前讐하리라遼東城－陷하고白岩城에亦陷이라進圍安市城하니城主楊萬春이以片箭으로勝捷하니唐主中左目하고無奈班師라萬春이登城拜辭하니千古奇事也러라萬春이材勇忠直하야始不屈於蘇文之亂하고今能括唐兵之衆하니眞豪傑之士也러라.

ㅇ 왕이 죽고 영류왕(27대 618~462년)이 위에 오르고는 당 태종 정관중에 보빙사 진대덕을 사신으로 보내어 산천을 유람한답시고 도로와 지형의 험함과 평이함을 모두 탐지하여 돌아갔다. 막리지 천개소문이 왕을 시해하고 보장왕(28대 642~668년)을 왕위에 오르게 하였다.

ㅁ 당나라 임금(태종) 이세민이 나라를 얻은 기세로 수군·육군 30만 명을 출동시켜 장량과 이세적을 행군 대총관으로 삼고 요수를 건너 친히 비옷을 말 뒤에 매달고 돌아갈 다리를 끊어 버리며 맹세하기를 "지금 중국 자제들을 위하여 지난날 전쟁에서 치욕을 당한 원수를 흔쾌하게 설욕할 것이다." 요동성을 함락시키고 백암성을 또한 함락시켰다. 계속 진격하여 안시성을 포위하니 성주 양만춘이 편전으로 승전하며 당 태종의 왼쪽 눈을 화살로 맞히니 어쩔 수 없이 군사를 돌려갔다. 양만춘이 성에 올라가 절하고 인사하였으니 천고에 없는 기이한 일이었다. 양만춘이 기지가 있고 용맹스러우며 충직하여 처음 연개소문의 반란에도 굴하지 않고 이제 또 수많은 당나라 병사들을 꼼짝 못하게 하였으니 진실로 호걸의 선비였다.

唐太宗－이름은 이세민 중국 수나라 말년에 고종을 도와 지방을 정복하고 천하를 통일하여 재위가 23년이었다. 探: 찾을 탐. 悉: 모두 실. 險易－지세의 험준함과 평탄함. 蓋蘇文－연개소문(?~666)이라고도 하며 고구려 말의 군인, 정치가였다. 寶藏王－고구려 마지막 왕. 연개소문이 영류왕을 죽이고 보장왕을 왕위에 올렸다. 당 태종이 30만으로 요동 백암성을 함락하고 안시성을 공략하니 양만춘이 물리치고 소정방이 평양을 포위하였으나 연개소문에게 대패하였다. 연개소문이 죽은 뒤에 아들들의 다툼으로 당나라로 달아난 아들이 구원을 청하니 당 고종이 이세적을 보내 신라군과 연합하여 평양성을 함락하니 고구려가 멸망하였다. 遼東城－남만주 요하 동족 요동반도(지금의 遼陽) 일대로 고구려가 한사군을 몰아내고 요동 지방을 점령하여 요동성을 쌓고 중국을 방어하다가 수나라 양제가 공격하였으나 실패하고 645년 당 태종에게 함락된 뒤에 다시 중국의 지배로 돌아갔다. 楊萬春: 고구려 명장으로 644년 당나라 태종이 30만 대군으로 고구려를 침입하였을 때 안시성의 성주로서 성을 포위한 당 태종의 왼쪽 눈을 맞히어 크게 이겨 격퇴시켰다. 亮: 밝을 량. 勣: 공적 적. 摠: 거느릴 총. 快: 시원할 쾌. 片: 한쪽 편. 箭: 화살 전. 捷: 싸움에 이길 첩. 無奈－어찌할 도리가 없음. 班師－군사들을 철수함. 班: 돌아갈 반. 括: 묶을 괄. 豪: 호걸 호. 傑: 뛰어날 걸. 安市城－지금 영성자. 해성 동남에 있음.

○唐高宗이滅百濟하고乘勢하야遣李績等하야與新羅將金仁問으로協攻平壤이어늘王이竪白旗出降하니績이擒王及二王子大臣二十餘萬하고置安東都護府于平壤하고使薛仁貴로鎭撫라王이與靺鞨로謀復不得하고卒하니葬于頡利墓側하다自東明帝甲申으로至寶藏王戊辰하니二十八王이오歷七百五年이라三十年間에盡爲渤海還有하다.

○ 당나라 고종이 백제를 멸망시키고 그 여세로 이적 등을 보내 신라 장수 김인문과 함께 평양을 협공하니 왕이 흰 기를 세우고 나아가 항복하니 이적이 왕과 두 왕자와 대신 등 20여만 명을 사로잡고 평양에 안동 도호부를 설치하고 설인귀로 하여금 민심을 무마하여 진정시켰다. 보장왕이 말갈과 같이 국토를 수복하려 했으나 이루지 못하고 죽으니 힐리묘 곁에 장사하였다. 동명황제 갑신(B.C. 37년)으로부터 보장왕 무진(668년)에 이르니 28왕이었고 705년을 지냈다. 없어졌다가 30년을 지나 모두 발해로 다시 돌아와 이어졌다.

乘: 타다 승. 績: 길쌈 적. 竪＝豎: 세울 수. 擒: 사로잡을 금. 薛: 성 설. 鎭: 진압할 진. 撫: 어루만질 무. 頡: 클 힐. 渤: 바다이름 발. 金仁問－신라 문무왕(629~694년) 때 장수로 당나라에 들어가 장군직을 받았으며 당나라 고종에게 원군을 청하여 소정방과 같이 웅진에서 백제를 멸망시키고 668년에는 당나라와 합세하여 고구려를 멸망시켰다. 당나라에서 22년간 숙위하다 죽었다.

高句麗傳世圖

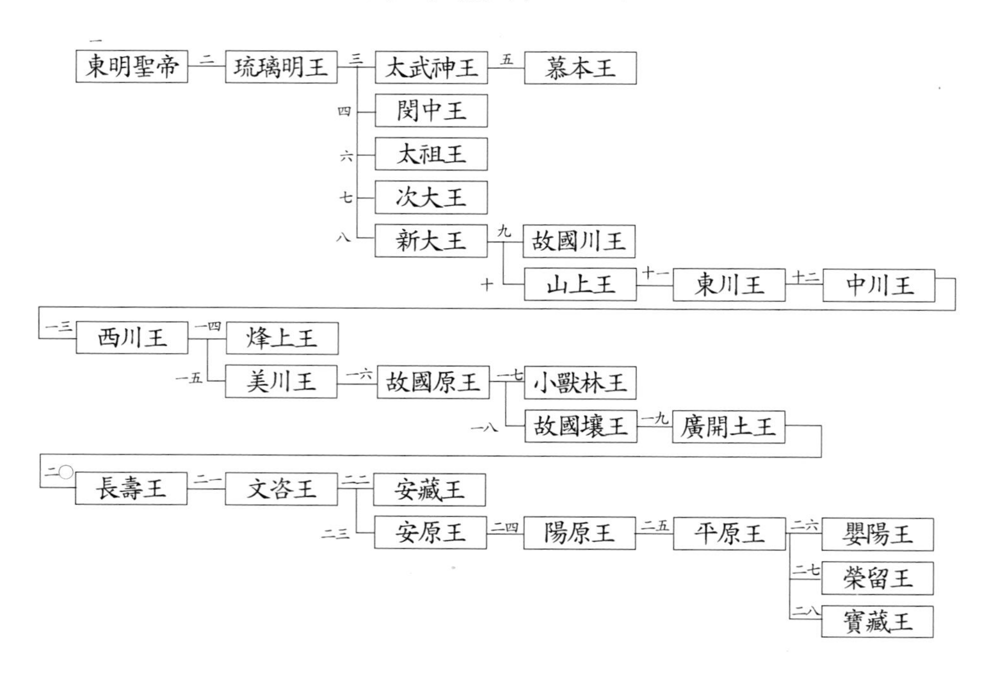

고구려전세도

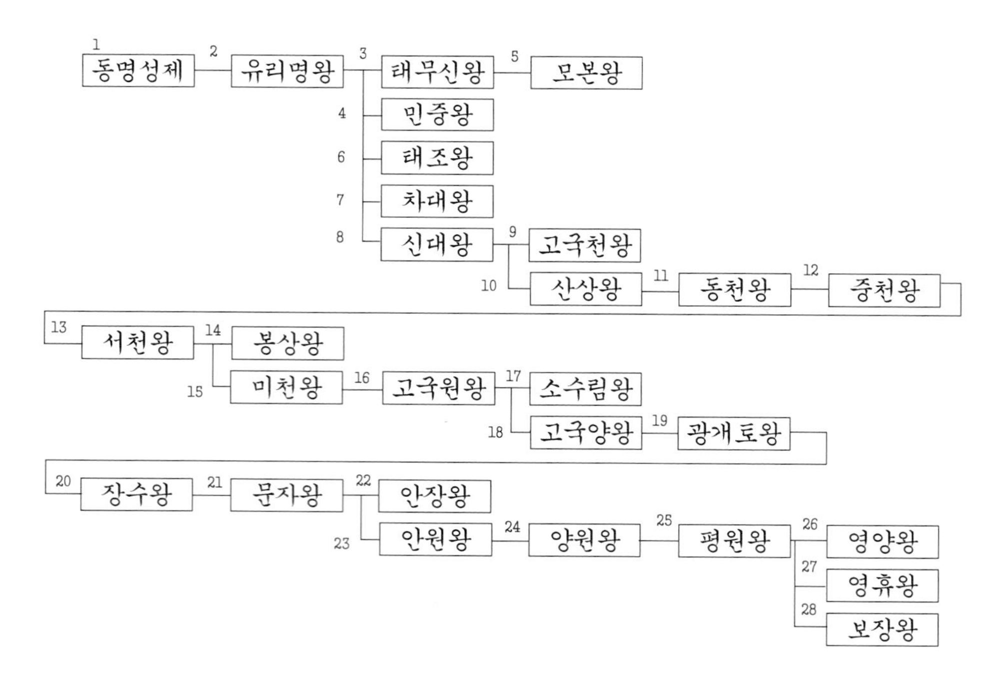

新羅

新羅始祖赫居世王의姓은朴이니蘇伐公의養子오母는扶餘帝室女니東神聖母婆蘇라初에婆蘇－禱于神檀하야願得聖子러니不夫而孕하니國人이憎之라流入辰韓地하야名其山曰太白이라하야而居之러니及生大卵에置之楊山村羅井林間하니日月이明朗하고有馬嘶聲이라高墟村長蘇伐公이往得一卵하니剖有嬰兒라收養之하니岐嶷夙成이라姓을朴이라하니卵大如匏也라名曰赫居世라하다檀紀二千二百七十七年甲子(漢宣五鳳元年)夏四月丙辰에六部長이議立爲王하니時年이十三이라國號를徐羅伐이라하고稱居西干하고戊辰에立閼英夫人하고爲后하니善輔內政하니稱二聖이라하다.

신라

신라의 시조는 혁거세 왕으로 성은 박이요, 서라벌 공의 양자니 어머니는 부여 왕실의 동신성모 파소다. 처음에 파소가 단군에게 기도하여 훌륭한 아들을 얻고자 하였는데 남편 없이 아이를 잉태하니 나라 사람들이 미워하는지라 진한 땅으로 유랑하다가 산으로 들어가 그 산을 '태백'이라 이름 짓고 살다가 급기야 큰 알을 낳아 양산촌 나정 숲 사이에 놓아두니 해와 달이 밝게 비추어 주었으며 말 우는 소리가 들려 고허 촌장 소벌공이 가서 한 개의 알을 주워 와 쪼개어 보니 어린 아이가 있었다. 거두어 기르니 어릴 때부터 재주가 뛰어나고 숙성하였다. 성을 박이라 하였으니 알의 크기가 큰 박 같았기 때문이었다. 이름을 '혁거세'라고 불렀다. 단기 2277년(B.C. 57년)(중국 한나라 선제 오봉 원년) 갑자년 여름 4월 병진일에 6부의 촌장들이 의논하여 왕으로 세웠으니 이때 나이 13세였다. 나라이름을 '서라벌'이라 하고 '거서간'(이금님)이라 칭하고 알령 부인을 왕후로 삼아 세우니 내정을 잘 보필하여 사람들이 두 성인이라 칭송하였다.

赫: 빛날 혁. 伐: 공적 벌. 婆: 할미 파. 禱: 빌 도. 孕: 아이 밸 잉. 憎: 미워할 징. 蘿: 담쟁이덩굴 나. 井: 우물 정. 朗: 밝을 랑. 嘶: 말이 울 시. 墟: 옛터 허. 剖: 쪼갤 부. 嬰: 어린아이 영. 岐: 높을 기. 嶷: 빼어난 모양 억. 夙: 일찍 숙. 匏: 바가지 포. 閼: 그칠 알. 輔: 도울 보. 岐 嶷－어릴 때부터 재질이 뛰어남. 蘿 井－지금은 신라정이라고 하며 경주의 탑정동 솔밭에 있다. 朴 赫 居世 －신라 개국시조이며 경주 박씨의 시조로 혁거세라는 뜻은 밝은 빛으로 세상을 다스리는 明王 聖王이라는 존호이기도 한다. 61년간 잘 다스리다가 승천하였다고 한다(삼국유사). 육부장[六 村 長]－1. 楊山 村의 촌장은 알평(謁平)으로 李 氏의 조상. 2. 고허촌(高墟村)의 촌장은 소벌도리(蘇 伐 都 利)로 鄭 氏의 조상. 3. 대수촌(大樹村)의 촌장은 구례마(俱禮馬)로 孫氏의 조상. 4. 진지촌(珍支村)의 촌장은 지백호(智伯虎)로 崔 氏의 조상. 5. 가리촌(加利村)의 촌장은 지타(只他)로 裵 氏의 조상. 6. 고야촌(高耶村)의 촌장은 호진(虎珍)으로 설씨(薛氏)의 조상이다.

ㅁ倭人이入境이라가懷德而歸하고樂浪人이侵境이라가見夜戶－不扃하며露積이被野하고曰勿入君子邦이라하더라營宮室于金城하고遣匏公하야聘馬韓이러니明年에韓王이薨하니或曰乘喪伐之한대王曰幸人之不幸이非仁也라하고遂遣使弔祭하다薨하니在位六十一載라葬于五陵하니曰蛇陵이오(追崇爲士)廟曰崇德殿이라仙桃山에有聖母祠러라.

ㅁ 일본 왜인이 국경에 들어왔다가 큰 덕을 사모하여 귀화하고 낙랑 사람들이 국경을 침입하여 와 보니 밤에 대문을 걸어 잠그지 않고 노적가리가 들에 쌓여 있는 것을 보고 "군자들이 사는 나라이니 들어가지 말자." 하였다. 금성(경주)에 궁실을 짓고 포공을 마한왕에게 보내 초빙하였으나 이듬해에 마한왕이 죽으니 어떤 사람이 말하기를 "초상당함을 틈타 마한을 정벌하자."고 하였으나 왕이 말하기를 "남의 불행을 나의 요행으로 여김은 어짊이 아니다." 하고 마침내 조문할 사신을 보냈다. 왕이 죽으니 왕위에 오른 지 61년이 되었다. 오능에 장사하니 '사능'이라 하고 추숭하여 왕이 되었다. 사당을 숭덕전이라 하고 선도산에는 성모사가 있다.

倭: 왜국 왜. 懷: 사모할 회. 浪: 물결 낭. 扃: 문 닫을 경. 營: 집 지을 영. 蛇: 뱀 사. 金 城－지금의 경주. 露 積－집 밖에 쌓아 둠.

O南解王이立하야稱次次雄하고以昔脫解로爲太輔하고委以軍國政事하니知識이過人이오風神이秀朗이라以長女로妻之하다初에石函이浮于海하고鳴鵲이隨之어늘老嫗ㅣ繩之하니開有嬰兒하니省鳥하야爲姓이라遺命曰太子와太輔ㅣ以長年으로繼位하라薨하다.

O儒理와脫解相讓이러니而曰聖智는多齒라하야以餠으로噬之하야儒理ㅣ立爲王하야稱尼師今이라設官十七等하고賜姓六部長하니曰 李 崔 孫 鄭 裵 薛이라勸農桑하야自七月十五日로績麻宮中하야至八月十五日에考績하야賞賜하니曰嘉俳節이러라.

ㅇ 남해왕(2대 혁거세 장자. 4~24년)이 왕위에 오르니 '차차웅'이라고도 하였다. 석탈해로 태보를 삼고 국방과 정사를 맡기니 지혜와 학식이 다른 사람보다 뛰어나고 풍채와 기백이 수려하고 영특하였다. 왕이 큰딸을 그에게 시집보냈다. 처음에 돌로 만들어진 함이 바다에 떠 있고 까치들이 지저귀며 따르기에 늙은 할미가 끌어다가 열어 보니 어린아이가 있었다. 뒤에 '까치 작' 글자에서 새 조 자를 생략하여 석씨로 성을 삼았다. 남해왕이 유언으로 "태자와 태보 중에 연장자로 왕위를 이어 가게 하라." 하고 죽었다.

ㅇ 유리(3대 24~57년)와 탈해가 서로 왕위를 사양하다가 말하기를 "지혜가 뛰어난 사람은 이가 많은 사람이라 하니 떡을 씹어 먹어 보자." 하여 유리를 왕으로 삼고 이사금이라 하였다. 벼슬을 17등급으로 나누어 설치하고 6부장들에게 성씨를 주었으니 이, 최, 손, 정, 배, 설 씨였다. 농사하는 것과 누에치기를 권하였으며 7월 15일부터 궁중에서 삼베길쌈 하게 하여 8월 15일까지 짠 베를 살펴보아 상을 내리니 이것을 가배절이라 불렀다(한가위, 추석).

昔: 성 석. 脫: 벗을 탈. 風: 모습 풍. 神: 신비스러울 신. 朗: 유쾌하고 활달할 랑. 函: 상자 함. 鵲: 까치 작. 嫗: 할미 구. 繩: 줄 승. 省: 생략할 생. 餠: 떡 병. 噬: 씹을 서. 尼: 중 니. 裵: 성 배. 薛: 성 설. 績: 길쌈할 적. 麻: 삼 마. 嘉: 경사스러울 가. 俳: 노닐 배.

ㅁ十八年壬寅春에駕洛國首露王이立國하니姓은金이라初에龜旨峯에有六金卵하야嬰兒 - 相繼剖出하니首出이立爲王하야與弟五人으로分治六伽倻하고營宮室于弁韓地하고(金海)納許氏하니掛茜帆하고自波斯國으로東來也라生九子하고嘆其無遺어늘以二子로從母姓(許氏)하다薨하니百五十八歲러라.

ㅁ 유리왕 18년 임인(42년) 봄에 가락국 수로왕(김해 김씨 시조)이 나라를 세우니 성은 김이라 하였다. 처음에 구지봉이라는 산에 금으로 된 알이 6개가 있었는데 어린아이가 알을 쪼개고 이어 나오니 먼저 나온 분이 왕이 되었고 동생들 5명에게는 6가야를 나누어 주어 다스리게 하였고 변한(김해) 땅에 궁실을 짓고 허 씨(허황옥)를 맞아들이니 빨간 돛을 매어 달고 파사국(아유타국 공주)으로부터 동쪽으로 왔다. 허 씨가 아들을 9명을 낳고 "내 성씨는 남길 곳이 없구나!" 하고 탄식하자 두 아들로 어머니 성을 따르도록 하였다. 왕이 죽으니 158세였다.

首露王－가락국의 시조. 금관국 북쪽 구지봉에 하늘에서 떨어진 6개의 金卵이 변하여 6가야국 왕(42년)이 되었으며 그중에 한 사람인 김수로는 김해 김씨 시조가 되었다. 대가락(금관가야)의 왕이 되어 아유타국 공주 허황옥을 왕비로 삼았고 158세까지 살았다고 한다. 駕洛國－낙동강 하류에 있었던 나라. 여러 부족국가가 합하여 6가야가 되었는데 금관(김해), 아라(함안), 고령(진주), 대(고령), 성산(성주), 소가야(고성) 등 이 중에 금관가야가 세력이 커서 5가야의 맹주가 되었으며 금관가야는 김수로가 세워 491년까지 유지하다가 신라에 합병되었다. 일찍 철기문화의 발달과 가야금이 유래되었으며 악성, 우륵도 가야국 유민이었다.

駕: 탈 가. 洛: 땅이름 락. 龜: 거북 귀(구). 旨: 뜻 지. 剖: 쪼갤 부. 伽: 절 가. 倻: 나라이름 야. 掛: 걸 괘. 茜: 빨강 천. 帆: 돛단배 범. 波: 물결 파. 嘆: 탄식할 탄. 遺: 후세에 전할 유.

ㅇ脫解王이立하니姓은昔이라與夫人으로夜坐러니金城西始林에聞有鷄聲이어늘使太輔瓠公으로往視之하니有金櫝이掛樹梢하고白鷄鳴其下라開有小兒하니王이喜爲子하고姓을金이라名을閼智라하고改始林하

야爲鷄林하고薨하다.

ㅁ婆娑王이 立하니儒理의子라勸農桑하며鍊兵革하야備ー不虞하고築月城하고薨하다.

ㅁ逸聖王이 立하얀令曰農者는政本이오食惟民天이라其修堤防하야闢田野하라하다.

o 탈해왕(4대 57~80년)이 왕위에 오르니 성은 석이었다. 밤에 부인과 같이 앉았는데 금성 서쪽 시림에서 닭 우는 소리가 들리니 태보 포공을 불러 가서 보게 하였는데 금으로 된 함이 나무 위에 걸려 있고 그 아래서는 하얀 닭이 울고 있었다. 그 함을 내려 열어 보니 아이가 있었다. 왕이 기뻐하여 아들로 삼고 성을 김이라 하고 이름을 알지라 하였다. 시림을 고쳐 '계림'이라 부르고 왕이 죽었다.

ㅁ 파사왕(5대 80~112년)이 위에 오르니 유리왕의 아들이었다. 농업과 누에치기를 권장하고 병사들을 훈련시키고 병기를 갖추어 침략의 염려를 없게 하고자 대비하게 하였으며 월성을 축성하고 왕이 죽었다.

ㅁ 일성왕(7대 134~154년)이 위에 오르고는 명령을 내리기를 "농사하는 것은 정치를 함에 근본이 되고 먹는 것은 백성들에게는 하늘과 같으니 제방을 잘 보수하고 황야를 전답으로 개간하게 하여라." 하였다.

脫解王－신라 4대왕 석씨로 남해왕 사위다. 본래 일본 동북 천 리에 그곳 왕이 여인국 왕녀와 결혼하여 7년 만에 큰 알을 낳으니 왕이 버려라 하였다. 왕녀는 궤에 넣어 물에 띄워 보냈다. 이 궤가 진한에 도착하여 한 노파가 주워 열어 보니 아이가 있어 데려다 키웠다. 출중하여 남해왕이 사위로 삼았으며 유리왕이 왕위를 잇게 하였다. 鷄林－신라 박혁거세 왕후(알영)가 계림에서 나왔다고 하여 '계림국'이라 칭하기도 하고 탈해왕이 김알지를 얻을 때 닭이 숲 속에서 울었다 하여 국호를 '계림국'이라고도 불렀다고 한다. 櫝: 함 독. 梢: 나뭇가지 끝 초. 閼: 막을 알. 鍊: 단련할 연. 革: 병기 혁. 虞: 근심할 우. 逸: 편안할 일. 堤: 방죽 제.

ㅁ助賁王이立하야는伊飡于老擯倭使曰鹽奴라하더니因以兵來어늘戰克하다.

O數世에味鄒王이立하니姓은金이니閼智의七世孫也라幸黃山하야問民疾苦하다.

ㅁ訥祇王이弑立하얀稱麻立干하다.

ㅁ 조분왕(11대왕 230~247년)이 왕위에 오르고는 이찬 우노가 일본 사신을 인도하다가 '염노'라고 말하니 이 일로 인하여 병력을 이끌고 쳐들어오니 나아가 싸워서 물리쳤다.

o 수대를 지나 미추왕(13대 262~283년)이 왕위에 오르니 성은 김이고 알지왕의 7세손이다. 황산에 거동하여 백성들에게 병들고 괴로움은 없는지 물었다.

ㅁ 눌지왕(19대 417~458년)이 실성왕을 죽이고 왕위에 오르니 '마립간'이라 하였다.

麻立干－신라 때 임금의 칭호로 삼국사기에는 19대 눌지왕으로부터 자비왕, 소지왕, 22대 지증왕 때까지 이 칭호를 썼다고 하고 '마립간'이란 우리말의 머리와 연관시켜 우두머리라는 뜻으로 보기도 한다. 黃山: 지금 논산. 鹽奴: 염전에서 일하는 종. 賁: 클 분. 飡=飧: 벼슬이름 찬. 저녁밥 손. 擯: 인도할 빈. 鹽: 소금 염. 味: 뜻 미. 鄒: 나라이름 추. 幸: 거동할 행. 訥: 말 경솔하지 않을 눌. 祇: 공경할 지. 干: 막을 간.

ㅁ王弟卜好는爲質于高句麗에朴堤上이引還하고未斯欣은質于日本에堤上이曰臣이至日本하야詐稱得罪于本國하리라王은囚臣之妻子하고毁家鑿池하소서然之하니日本이信之하니計使未斯欣으로還也라曰吾遂吾君志矣로라及受刑이曰鷄林臣鷄林臣이라寧爲鷄林犬豚하야日遂箠楚인정不受他重祿하리라白刃을亦可蹈오湯鑊을亦不避라王이見弟에作憂息曲하니曰風吹紫荊花하니花歸鳥不歸라花令我憂息

이오烏令我心悲라 堤上妻－携二女하고上鵄述嶺하야東望痛哭而死하다.

ㅁ 눌지왕의 동생 복호가 고구려에 인질이 되어 있을 때 박제상이 가서 데려왔다. 미사흔(내물왕의 아들)이 일본에 인질로 가 있었는데 박제상이 말하기를 "신이 일본에 가서 거짓으로 내가 본국에서 죄를 짓고 왔노라고 할 것입니다 임금님께서는 신의 가족을 가두고 집을 허물고 못을 파십시오." 그렇게 하였더니 일본에서 믿었다. 박제상은 계책을 써서 미사흔을 신라로 돌려보내고 일본에게 말하기를 "나는 마침내 우리 임금님의 뜻을 이루었다." 급기야 형벌을 받으니 말하기를 "나는 계림의 신하이다. 계림의 신하이다. 차라리 계림의 개나 돼지가 되어 날마다 매를 맞을지언정 다른 나라의 중록은 받지 않겠다."고 하였다. 왕이 동생을 만나 보고 우식곡을 지었으니 "바람은 자영화 위에 불고 꽃은 피었는데 새는 돌아오지 않는구나! 꽃은 내 근심을 거두었으나 새는 내 마음 더 슬프게 하네." 제상의 부인은 두 딸을 데리고 치술령 고개에 올라가 동쪽을 바라보며 통곡하다가 죽었다.

斯: 이 사. 欣: 기뻐할 흔. 詐: 거짓말할 사. 毁: 헐 훼. 鑿: 팔 착. 寧: 차라리 영. 箠: 채찍질할 추. 刃: 칼날 인. 白刃－시퍼런 칼날. 踏: 밟을 답. 鑊: 가마솥 확. 吹: 바람 불 취. 紫: 자줏빛 자. 荊: 가시나무 형. 携: 이끌 휴. 鵄=鴟: 솔개 치. 嶺: 산봉우리 령. 痛: 슬플 통. 息: 그칠 식. 紫荊花－콩과 낙엽 관목으로 꽃은 홍자색으로 박태기나무라고도 한다. 箠楚－태형, 장형 등 볼기를 침. 朴堤上－신라 눌지왕 때 충신으로 파사왕의 5대손이다. 내물왕의 아들 복호가 일본에 볼모로 갔었다. 박제상의 수완으로 고구려에 간 복호를 데려왔고 또 일본에 가서 기지로 미사흔을 신라로 보내고 체포되어 죽었다. 왕은 대아찬 벼슬을 추증하고 제상의 딸을 미사흔과 결혼시켰다. 鵄述嶺－경주시 의동읍과 울주군 두동면 경계에 있으며 높이가 754m이다. 산 아래에 박제상 사당이 있으며 이곳 주민들은 치술령에 올라가 기우제도 지낸다고 한다.

○炤智王이 立하야는 置郵驛하며 開市肆하다.

○智證王이 立하는 國號를 以新羅로 確定하고 追王號二十一世하다 制喪服法하며 造舟楫하고 命有司하야 藏氷하다.

○法興王이 立하야는 始行佛教고하 定謚法하고 建元하다.

ㅁ十八年壬子에 駕洛國이 來附하니 傳十王四百九十一年이러라.

ㅇ 소지왕(21대 479~500년)이 위에 오르고는 우역을 설치하고 시장 거리를 열게 하였다.

ㅇ 지증왕(22대 500~514년)이 위에 오르고는 국호를 신라로 확정하고 21왕의 왕호를 지어 높였다. 상복법을 제정하고 배에 노를 만들게 하였으며 유사에게 명하여 얼음을 저장하게 하였다.

ㅇ 법흥왕(23대 514~540년)이 위에 오르고는 불교를 처음으로 받아들이고 시호법을 정하고 연호를 제정하여 건원이라 하였다.

ㅁ 18년 임자(532년)에 가락국이 와서 붙이게 되었다. 가락국은 10왕을 거쳐 491년간 나라를 다스렸다.

郵驛: 역을 이용하여 관리의 왕래를 돕거나 관물을 배송하는 일을 하는 곳. 肆: 가게 사. 市肆－시장 가게. 炤: 밝을 소. 郵: 우체국 우. 郵驛－驛站－역참이라고도 하며 말을 갈아타는 곳. 證: 알릴 증. 喪: 복 입을 상. 楫: 배 젓는 기구 즙. 謚－죽은 자의 행적대로 임금이 내린 시호.

○眞興王이 立하안 修國史하다.

ㅁ伽倻樂師于勒이 造十二曲이어늘 王이 使階古로 學琴하고 法知로 學歌하고 萬德은 學舞하야 傳伽倻琴하고 智理山人玉寶高－製三十曲하야 授續命得하야 而貴金이 傳琴道하니 有玄琴하고 又有瑟琶三調하니 曰

宮調七賢調鳳凰調러라. 百濟兵이 來侵於珍城하여 掠取人男女三萬九千과 馬八千疋而去하다.

ㅇ 진흥왕(24대 540~576년)이 위에 오르고는 국사를 편찬하게 하였다.

ㅁ 가야의 악사 우륵이 12곡을 만들었는데 왕이 개고에게 가야금을 배우게 하고 법지는 노래를 배우게 하고 만덕에게는 춤을 배우게 하여 가야금을 전승토록 하니 지리산에 사는 옥보고는 30곡을 지었으니 계속 이어 배우도록 명하였다. 귀금이 금도를 전하였으니 현금이 있었고 또 슬파(거문고와 비파) 3조가 있었으니 궁조 7현조 봉황조라 불렀다. 554년 9월, 백제 군사가 진성을 침공하여 남녀 39,000명과 말 8,000필을 빼앗아 갔다.

眞興王－법흥왕의 아우로 7세에 즉위하였으며 이사부에게 국사를 편찬하게 하고 우륵에게 가야금을 전수하게 하였으며 백제의 한강 유역을 공격하여 통일의 기반을 닦았다. 북한산 등에 순수비를 세웠고 불교 번창에 힘써 신라를 크게 중흥시켰다. 修: 책 편찬할 수. 勒: 다스릴 늑. 琴: 거문고 금. 玄琴－거문고. 舞: 춤출 무. 製: 만들 제. 授: 줄 수. 瑟: 큰 거문고 슬. 琶: 비파 파. 調: 가락 조. 于勒－신라 진흥왕 때 악사로 우리나라의 3대 악성 중의 한 사람이다. 본래는 가야국 사람으로 12현금을 만들어 12곡을 작곡하고 '가야금'이라 하였다. 551년에 신라로 도망하여 진흥왕의 환대로 연주와 작곡과 후진 양성에 힘썼으며 충주 '탄금대'는 우륵이 가야금을 탔던 곳이라 한다.

ㅁ 將軍金居柒夫－攻取高句麗十郡하고 携歸法師惠亮이 以爲僧統하고 設百座講會八關法하다.

ㅁ 捨新宮하고 爲皇龍寺하다 神畫率居－施壁松하니 鳥雀이 飛入蹭蹬이러라 王이 剃髮하고 披僧衣하다. (率居得神人檀君夢筆感恩而畵檀君像)

ㅁ 장군 김거칠부가 고구려 10군을 쳐서 빼앗고 혜량이 법사를 데리고 와서 중의 계통이 되게 하여 백좌를 설치하고 모여서 팔관법을 강론하였다.

ㅁ 왕은 신궁을 내놓아 황룡사를 지었고 신 같은 화가 솔거는 벽에 소나무를 그렸

는데 새들이 날아들어 헛딛고 떨어졌다. 왕이 머리를 깎고 중의 옷을 입었다. (솔거는 신인 단군이 신필을 주는 꿈을 꾸고 은혜에 감사하여 단군 초상을 그렸다.)

柒=漆: 옻칠 칠. 携: 가지고 올 휴. 法師－불법에 정통하여 교법의 스승이 될 만한 사람. 亮: 명석할 량. 座: 부처 좌. 八關法－551년 신라 진흥왕 때부터 불교의 8가지 계명으로 뒤에 축제일로 발전하였다. 畵: 그림 그릴 화. 壁: 벽 벽. 蹭: 실족한 모양 층. 蹬: 비틀거릴 등. 剃: 머리 깎을 체. 披: 옷 걸칠 피. 蹭蹬－헛디디는 모양. 惠亮－고구려의 중. 고구려 양원왕 때에 신라 거칠부의 영향으로 신라에 귀화하여 진흥왕으로부터 국통의 최고 벼슬을 받고 팔관회와 인왕 백고좌회를 실시하였다(삼국사기). 八關會－고려 때 불교 의식. 시초는 신라 진흥왕(55년) 때 행해진 듯하며 고려에 와서는 연등회와 함께 국가의 2대 의식이 되었다. 팔관회는 11월 15일에 王京에서, 10월에는 서경에서 행했는데 불교적인 색채는 띠지 않고 天靈,五嶽, 大川 등 토속신에게 제사 지내는 의식으로 바뀌었다. 고려사에는 왕은 법왕사에 갔고 궁중에서는 군신들에게는 하례, 헌수 선물을 받고 가무가 행하여졌으며 외국 사신의 朝賀를 받았다 하였다. 조선이 건국되어 배불정책으로 없어졌다(삼국사기, 고려사 등). 率居－신라 초기 진흥왕 때 화가. 어려서부터 그림에 열중하였다. 스승이 없어 천신의 가르침을 빌던 중 꿈속에 단군이 나타나 신필을 주었다는 전설이 있다. 황룡사 벽화 노송도에 새들이 날아들었다가 떨어졌다 하며 이외 관음보살상, 단속사의 유마거사상, 삼성사에 단군상이 있었다 하나 모두 전하지 않는다. 皇龍寺－경주 구황동에 있었던 큰 절로 92년간 지었으며 566년에 준공되어 장륙존상과 목조 9층탑이 있어 유명하였다. 1238년 고려 때 몽고의 병화로 불탄 뒤로 재건하지 못하였다.

o眞平王이 立하얀好出獵하야過忠臣金后稷墓러니有聲呼曰王毋去王毋去라且陳遺疏曰君主는一日萬機어늘逐雉兎하며放鷹犬하시니內作色荒이어나外作禽荒이어니有一于此하면靡或不亡이라하니이다王이泫然流涕하고不復獵하다王毋去王毋去하니草間에若有喚이라昔人는以尸諫이더니(衛史魚)今人은以塚諫이라하고定教授法하다.

o 진평왕(26대 579~632년)이 왕위에 오르고는 나가서 사냥하기를 좋아하던 중에 충신이었던 김후직의 묘를 지나가는데 부르는 소리가 들리니 “왕이시어 가시지 마십시오. 왕이시어 가시지 마십시오.” 하였고 또 상소문을 남겼으니 “군주는 날마다 여러

가지 일이 많은데 꿩이나 토끼만 쫓고 매나 개를 풀어 사냥만 하십니까? 안으로 여색을 황음하거나 밖으로는 거칠게 금수만 쫓으시는 이 일에 한 가지라도 있으면 망하지 않을 수가 없다 합니다." 하였다. 왕이 눈물을 흘려 뉘우치고 다시는 사냥하러 나가지 않았다. "왕은 가지 마시오. 왕이시여 가지 마십시오." 이는 풀밭에서 들려 부르는 소리 같았을 것이다. 옛날 사람들은 시신이 되어서도 간하였는데(위사어) 지금 사람은 무덤에서도 간하였다 하고 가르치는 법을 제정하여 법으로 전해 주었다.

毋: 말 무. 陳: 말할 진. 機: 활동할 기. 雉: 꿩 치. 兎=免: 토끼 토. 放: 놓을 방. 鷹: 송골매 응. 靡: 없을 미. 泫: 눈물 흘리며 울 현. 涕: 눈물 흘릴 체. 喚: 외칠 환. 尸: 시체 시. 塚: 무덤 총. 滿 機－많은 정사. 塚 諫－무덤 속에서 시체로 간하다. 遺 疏－죽기 전에 남긴 상소문. 尸 諫－충신이 죽어 시체가 되어서도 왕에게 간한다는 말. 衛 史 魚－고대 중국 춘추시대 위나라 사어가 영공이 蘧伯玉(거백옥)을 쓰지 않고 彌子瑕(미자하)를 씀으로 죽어서까지 시간하였다 한다. 金 后 稷－신라 지증왕의 증손으로 진평왕 때 병부령을 지냈으며 왕이 사냥을 너무 좋아하여 후직이 몇 번 말렸으나 듣지 않으므로 죽을 무렵 아들에게 유언하기를 "나 죽으면 왕이 사냥 다닐 길목에다 묻어라." 그렇게 하였는데 뒤에 왕이 사냥 가다가 길가에서 "왕이시여 사냥가지 마시오." 하니 신하에게 "저 묘가 뉘 묘냐?" 물으니 김후직 묘라는 말을 듣고 그 뒤로는 다시 사냥 가지 않고 정사를 잘 보았다고 한다. 眞 平 王－진흥왕의 손자. 수나라와 친교하여 원광 등을 유학 보냈고 원조를 받아 고구려를 침공하였다. 남산성을 쌓고 국방에 힘썼다.

o百濟－來攻椵嶺城하니縣令潛德이固守百餘日에粮盡水渴하나力戰不怠러니城陷에大呼曰我死爲厲鬼하야殲盡百濟人하리라하고瞋目而死하다百濟－移攻烽岑城하니城主訥催慷慨하야謂士卒曰陽春和時에草木이皆華라가至歲寒에松栢이後凋하나니今孤城이無援하고日益阽危하니誠志士盡節揚名之秋라一奴－常在左右하야供矢러니遂與同死하다.

o 백제가 가령성을 침공해 오니 현령 잠덕이 백여 일을 굳게 지켰으나 식량이 떨어지고 물도 없어 목이 말랐으나 게으르지 않고 힘을 다하여 싸웠으나 성이 함

락되니 크게 외치기를 "내가 죽어 악귀가 되어서 백제인을 모조리 섬멸할 것이다." 하고 눈을 부릅뜨고 죽었다. 백제는 봉잠성으로 옮기어 침공하니 성주 눌최가 비분강개하여 사졸들에게 이르기를 "화창하고 따뜻한 봄날에 초목들은 다 꽃이 피고 지며 겨울이 오면 잣나무, 소나무는 뒤에 시드니 지금 우리들이 구원병도 없이 외로운 성에서 날마다 더욱 위태로우니 진실로 뜻있는 선비들이 충절을 다 바쳐 명성을 드높일 때이다." 하였다. 한 종이 좌우에 항상 같이 있으면서 화살을 대어 주다가 마침내 주인과 함께 죽었다.

椵: 나무이름 가. 潛: 잠길 잠. 厲: 괴롭힐 여. 殲: 다 죽일 섬. 瞋: 눈 부릅뜰 진. 烽: 봉화 봉. 岑: 봉우리 잠. 催: 베풀 최. 慷: 원통하고 슬퍼할 강. 華: 꽃 화. 柏: 잣나무 백. 凋: 시들 조. 帖: 축 처질 첩. 供: 바칠 공. 秋: 때 추. 厲 鬼－악귀. 역병을 퍼트린 귀신. 歲 寒－겨울. 역경.

ㅁ 金庾信이攻破高句麗狼臂城하니數受命에不見妻子而旋軍이라庾信은駕洛人이니有娠二十朔而生이오背有七星文이라嘗游天官寺러니母－戒曰汝好放蕩하니吾誰依오自誓不往이러니他日醉歸에馬誤入其家라卽斬馬與僕하니曰斬馬巷이라芳緣이忽與馬首斷하니桃花啼粧柳腰肢라蒼頭何罪謾加鞭고落日에母依門하니白馬又誰家오門前에斬桐樹하니昔日繫馬痕이라入中嶽石窟하야鍊劒誓天이러니立戰功하다.(高麗封興武王)

ㅁ 김유신이 고구려 낭비성을 쳐 격파하였다. 여러 번 명을 받았을 때마다 처자도 보지 않고 군부대로 돌아갔다. 김유신은 가락 사람으로 임신되어 20개월 만에 출생하였다 한다. 등에는 북두칠성의 무늬가 있었다. 일찍이 천관사 유각에 놀러 다녔는데 어머니가 훈계하여 말하기를 "네가 허랑 방탕하여 놀기만 좋아하면 나는 누구를 의지하여 살겠느냐." 꾸짖으니 다시는 가지 않으리라 스스로 맹세하였는데 어떤 날 술에 취하여 돌아오는데 말이 잘못하여 그 유곽으로 들어갔다. 즉시 말과 마부를 베니 뒤에 '참마 거리'라 불렀다. "꽃다운 인연이 홀연히

말머리와 더불어 끊어지니 도화는 울며 화장하니 버들처럼 간들거리는 아리따움이여! 마부는 무슨 죄가 있다고 회초리로 때리나. 해 떨어져 문 앞에 기다리는 어머니 백마는 또 뉘 집으로 가려나. 문 앞에 오동나무를 베니 옛날 말 맨 흔적이라.” 유신은 깊은 산속 석굴로 들어가 하늘에 맹세하며 검술을 익혀 싸움터에 나가 큰 공을 세웠다(고려에서 흥무왕으로 봉하였다).

庾: 노적가리 유. 狼: 이리 랑. 臂: 팔 비. 數: 자주 삭. 旋: 되돌아올 선. 蕩: 방자할 탕. 誓: 경계할 서. 醉: 술 취할 취. 僕: 마부 복. 巷: 거리 항. 芳: 꽃다울 방. 啼: 울부짖을 제. 粧: 단장할 장. 腰: 허리 요. 肢: 팔다리 지. 蒼: 푸를 창. 謾: 속일 만. 鞭: 회초리 때릴 편. 繫: 맬 계. 痕: 흔적 흔. 嶽: 큰 산 악. 窟: 굴 굴. 蒼 頭－종. 노예. 柳 腰－버들가지 같은 허리의 미인. 金 庾 信: 595~673년. 삼국통일을 이룩한 신라의 장군으로 660년에 당나라 소정방의 13만 군과 김유신의 5만 군이 백제를 멸망시키고 김인문 등이 고구려를 멸망시켰으나 당나라가 물러가지 않고 신라까지 점령하려 하자 당과 맞서 싸워 대동강 이남을 탈환하였으나 고구려 고토는 영영 잃었다. 왕은 공덕을 치하하여 태대각간의 작위를 내렸다.

ㅇ善德女王－德曼이立하다(眞平女)唐이嘗送牧丹圖와並其種子어늘德曼曰此花－美而無蝶하니無香也라果然하니東方에始有牧丹하다.

ㅁ百濟－攻大耶城하니都督金品釋이議降이어늘舍知竹竹이不可曰與其鼠伏而生으론不如虎鬪而死라吾父－名我以竹은欲其歲寒不變이니吾竹은可折而不可屈이라하고奮戰而死하다.

ㅁ伊飡金春秋－乞師高句麗러니以竹嶺不還으로囚之라詭以龜兎說로引還國境하야辭其使曰疆土는非臣所能也라하다.

ㅇ 선덕여왕(27대 632~647년) 덕만이 왕위에 올랐다(진평왕의 딸). 일찍이 중국 당나라에서 목단 그림과 그 씨앗을 보내왔는데 만덕이 말하기를 “이 꽃은 아름다우나 나비가 없으니 향기가 없겠구나.” 과연 그러하였다. 우리나라에 처음 목단이 들어왔다.

ㅁ 백제가 대야성을 공격하니 도독 김품석이 항복할 것을 의논하니 사지 죽죽

이 "안 됩니다. 그들에게 쥐새끼처럼 엎드려 사느니 차라리 호랑이처럼 싸워서 죽는 것만 못합니다. 우리 아버지가 내 이름을 대죽 자로 지어 준 것은 겨울에도 변하지 않는 대나무 같으라고 하였으니 나의 대나무는 꺾어질지언정 굽힐 수는 없습니다." 하고 분투하여 싸우다가 죽었다.

ㅁ 이찬 김춘추가 고구려에 군사를 빌리러 갔는데 "왜 죽령을 돌려주지 않는가?" 하고 가두어 버리니 별주부전의 이야기처럼 속여 국경으로 데리고 와서 그들에게 말하기를 "나라의 국토는 신하의 소관이 아닌 것이다." 하고 돌려보냈다.

曼: 아름다울 만. 牧: 목단 목. 蝶: 나비 접. 督: 살필 독. 釋: 풀릴 석. 鼠: 쥐 서. 乞: 빌릴 걸. 詭: 속일 궤. 疆: 한계 강. 舍知－벼슬이름. 善德女王－진평왕이 후사가 없이 죽자 백성들이 맏딸 덕만을 왕으로 옹립하였다 한다. 638년에 고구려가 칠중성을 침범하자 격퇴시켰으나 백제 의자왕에게 40여 성을 빼앗겼다. 643년에 당나라에 호소하여 구원병을 간청하였다. 민생의 구휼에 힘썼으며 당나라에서 문화를 많이 수입하였으며 자장법사를 보내 불법을 들여오고 황룡사 9층탑, 첨성대 등을 건립하여 업적을 남겼다. 七重城－신라 선덕여왕 때 축조된 성으로 경기도 연천군 적성면에 있다. 삼국시대에 임진강을 '칠중하'라 불렀고 칠중성은 진덕·선덕여왕 때 신라, 고구려의 교통 요충지였다.

ㅇ武烈王春秋－立하야는高句麗－攻七重城하니城主匹夫－令曰忠臣義士는死且不屈이라城之存亡이在此一戰이라하며奮拳一呼에病者도皆起라血流至踵而死하다金歆運等이與百濟로戰于陽山할세敵起暗夜에射矢雨下라金欽春이謂子盤屈曰爲臣當忠이오爲子當孝라見危致命은忠孝雙全이니라幢主曰如予는生而無益이니死亦何損이리오爭先赴敵하니數十將士가尸骸相枕이라後人이作陽山歌以悲之하더라.

ㅇ 무열왕(29대 654~661년) 춘추가 왕위에 오르고는 고구려가 칠중성을 공격하니 성주 필부가 영을 내리기를 "충신과 의사는 죽어도 굴복하지 않으니 이 성이 있느냐 없어지느냐는 이 한 번 싸움에 달려 있다." 하고 주먹을 한 번 떨치고 크게 외치니 병든 자들도 다 일어나 싸우다 죽으니 흐르는 피가 발꿈치까지 이르렀다. 김흠운 등이 백제와 더불어 양산에서 싸우는 중에 캄캄한 밤에 화살이 비

오듯 하니 김흠운이 아들 반굴에게 말하기를 "신하가 되어서는 마땅히 충성을 하여야 하고 아들이 되어서는 마땅히 효도를 하여야 할 것이다. 나라에 위험이 닥쳤을 때는 목숨 바쳐 구하는 것은 충성과 효도를 쌍벽으로 온전히 하여야 한다." 하였다. 당주가 말하기를 "나 같은 사람은 살아도 이익 됨이 없을 것이니 또한 죽은들 무엇을 잃겠는가." 하고 적에게 먼저 나아가 싸우니 수십 장수들의 시체가 서로 겹쳐 있었다. 뒤에 사람들이 양산가 노래를 지어 슬퍼하며 불렀다.

屈: 물러날 굴. 拳: 주먹 쥘 권. 踵: 발꿈치 종. 歆: 받을 흠. 欽: 공경할 흠. 盤: 밑받침 반. 致: 바칠 치. 幢: 버팀목 당. 幢主－신라 때 무관의 벼슬이름. 損: 잃을 손. 赴: 나아갈 부. 骸: 사람 뼈 해. 枕: 베개 삼을 침. 金春秋－신라의 태종 무열왕으로 진덕·선덕 두 여왕을 보필하다가 53세에 왕위에 올랐다. 김유신의 매부이기도 하며 당나라에 가서 구원병을 청하여 소정방과 함께 백제를 멸망시키고 고구려를 공격하게 하고 661년에 통일을 보지 못하고 죽었다. 陽山歌: 작곡, 가사 연대 미상의 신라 가요로 김흠운이 양산에서 백제와 싸우다가 장렬하게 죽은 뒤에 사람들이 넋을 추모하여 노래를 지어 불렀다고 한다.

o王이微時에如唐하야請援이러니至是에唐高宗이以蘇定方과金仁問으로率水陸軍十三萬하야攻百濟어늘王이以金庾信으로將五萬兵하야會戰할세徑破黃山陣(連山) 하고至唐營하니定方이以軍期遲誤로欲斬麾下士어늘庾信이大怒曰不思黃山戰捷하고罪我將士하니吾何受辱이리오先與唐將으로決戰이라하고仗鈇鉞하고立軍門하니怒髮이上指하고腰間寶劒이自躍出鞘라定方이大懼謝罪하고兩軍이合勢하야攻百濟降之하다.

o王이薨하니廟號曰太宗이니后는庾信妹也러라.

o 왕이 아직 미천할 때에 당나라에 가서 구원병을 청하니 이때에 당나라 고종이 소정방과 김인문에게 수군과 육군 13만 명을 보내어 백제를 치게 하니 왕이 김유신을 장수로 삼고 5만 명의 군사를 거느리고 회합하여 싸우게 하였는데 곧바로 황산진으로 가서 백제군을 깨뜨리고 당나라 진영에 이르니 소정방이 군대의

기일에 늦었다 하여 김유신의 휘하 병사 목을 베려 하니 김유신이 크게 노하여 말하기를 "황산 전투에서 크게 이긴 것은 생각하지 않고 우리 장병들에게 죄를 주려 하니 내 어찌 굴욕을 받을 수 있겠는가! 먼저 당나라 장수와 결전을 할 것이다." 하고는 무기인 도끼를 들고 군문 앞에 버티고 섰으니 분노한 머리털이 곤두서고 허리에 찬 보검이 스스로 칼집에서 튀어나오니 소정방이 크게 두려워하여 사죄하였다. 신라, 당나라 두 군사들이 합세하여 백제를 공격하고 항복받았다.

ㅇ 신라 무열왕이 죽으니 사당 이름을 '태종'이라 하였다. 무열왕의 왕후는 김유신의 여동생이었다.

徑: 빠를 경. 遲: 게을리할 지. 麾: 지휘할 휘. 捷: 싸움에 이길 첩. 仗: 무기 장. 鈇: 도끼 부. 鉞: 도끼 월. 躍: 뛰어오를 약. 鞘: 칼집 초. 懼: 두려워할 구. 妹: 여동생 매. 微 時-왕이 되기 전을 말한다. 軍 期-군사적인 약속.

ㅇ文武王이 **立**하야는 **七年**에 **唐將李勣**이 **攻高句麗**할새 **遣使請援**이어늘 **王**이 **使弟仁問**과 **庾信弟欽純**으로 **問策于庾信**하고 **發兵助唐**하여 **破高句麗**하다.

ㅇ 문무왕(30대 661~681년)이 위에 오르고 7년이 되었을 때 당나라 장수 이적이 고구려를 침공하며 신라에 사신을 보내 구원병을 청하니 왕이 동생 인문과 유신의 아우 흠순으로 하여 김유신에게 묘책을 물어 군사를 보내 당나라를 도와 고구려를 격파하였다.

文 武 王-태종무열왕의 맏아들. 당나라의 소정방이 백제를 공격할 때 김유신과 같이 백제를 멸망시켰다. 고구려를 침공할 때 당나라에 원군을 불러 평양성을 함락시키고 고구려를 멸망시켰다. 당이 백제를 통치하려 하자 당나라 군사를 북으로 쫓아내 반도를 통일하였다. 묘를 유언대로 동해바다 대왕암 위에 장사하였다.

新羅傳世圖

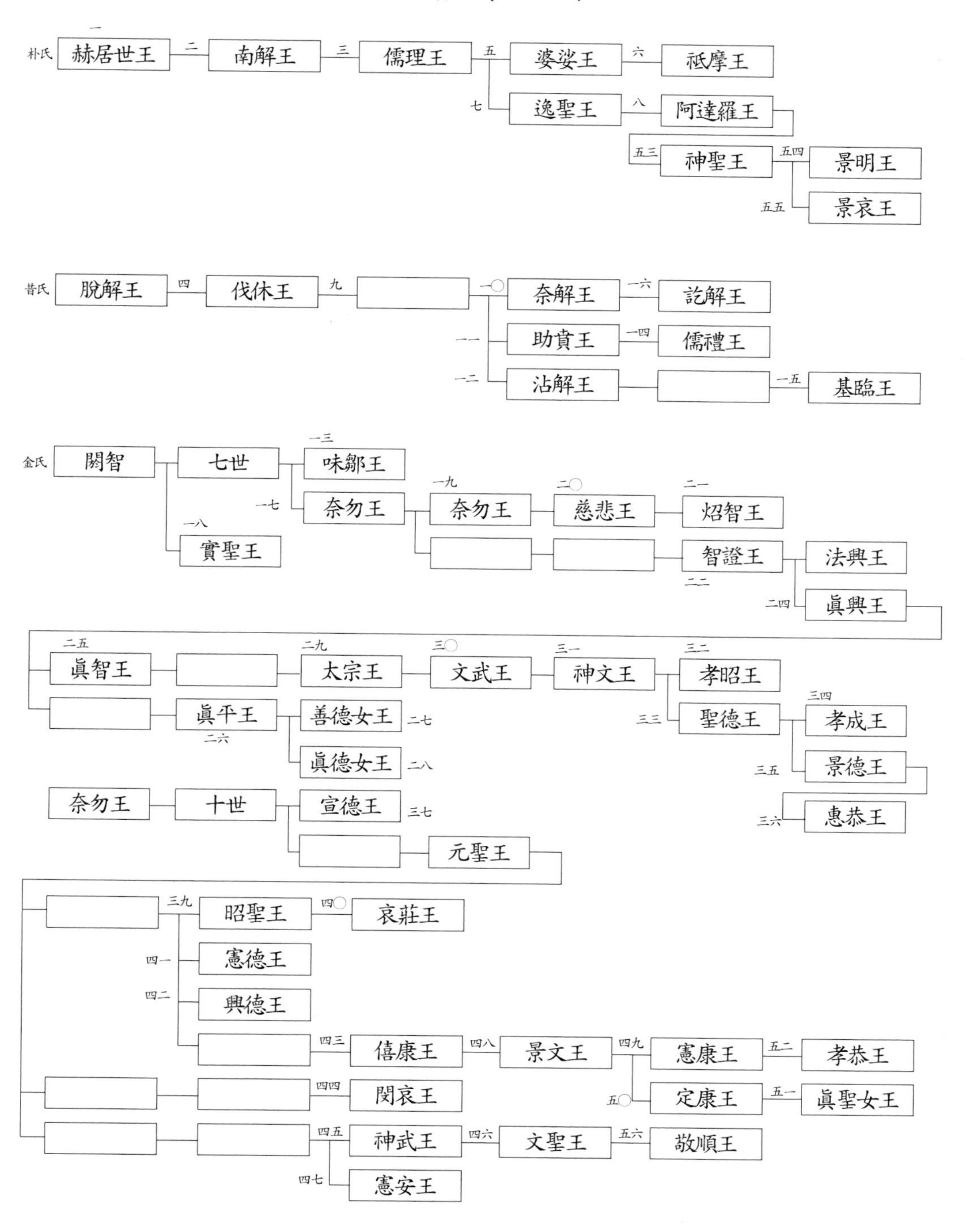

朴氏
一
赫居世王
二
南解王
三
儒理王
五
婆娑王
六
祇摩王
七
逸聖王
八
阿達羅王
五三
神聖王
五四
景明王
五五
景哀王
昔氏
脫解王
四
伐休王
九
一〇
奈解王
一六
訖解王
一一
助賁王
一四
儒禮王
一二
沾解王
一五
基臨王
金氏
閼智
七世
一三
味鄒王
一七
奈勿王
一九
奈勿王
二〇
慈悲王
二一
炤智王
一八
實聖王
智證王
二二
法興王
二四
眞興王
二五
眞智王
二九
太宗王
三〇
文武王
三一
神文王
三二
孝昭王
眞平王
二六
善德女王
二七
眞德女王
二八
三三
聖德王
三四
孝成王
三五
景德王
三六
惠恭王
奈勿王
十世
宣德王
三七
元聖王
三九
昭聖王
四〇
哀莊王
四一
憲德王
四二
興德王
四三
僖康王
四八
景文王
四九
憲康王
五二
孝恭王
五〇
定康王
五一
眞聖女王
四四
閔哀王
四五
神武王
四六
文聖王
五六
敬順王
四七
憲安王

신 라 전 세 도

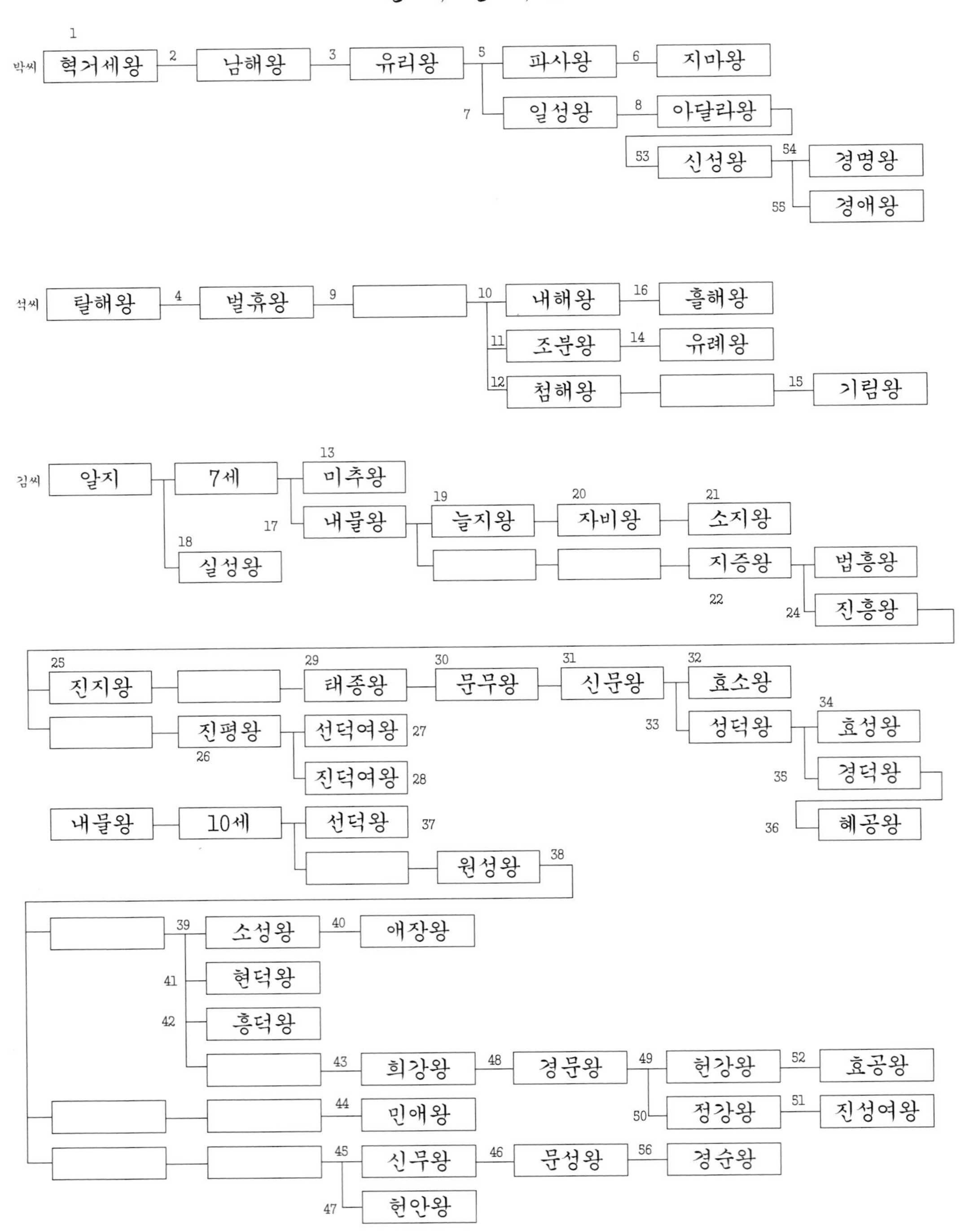

박씨
1 혁거세왕
2 남해왕
3 유리왕
5 파사왕
6 지마왕
7 일성왕
8 아달라왕
53 신성왕
54 경명왕
55 경애왕
석씨
탈해왕
4 벌휴왕
9
10 내해왕
16 흘해왕
11 조분왕
14 유례왕
12 첨해왕
15 기림왕
김씨
알지
7세
13 미추왕
17 내물왕
19 눌지왕
20 자비왕
21 소지왕
18 실성왕
22 지증왕
법흥왕
24 진흥왕
25 진지왕
29 태종왕
30 문무왕
31 신문왕
32 효소왕
26 진평왕
27 선덕여왕
28 진덕여왕
33 성덕왕
34 효성왕
35 경덕왕
36 혜공왕
내물왕
10세
37 선덕왕
38 원성왕
39 소성왕
40 애장왕
41 헌덕왕
42 흥덕왕
43 희강왕
48 경문왕
49 헌강왕
52 효공왕
50 정강왕
51 진성여왕
44 민애왕
45 신무왕
46 문성왕
56 경순왕
47 헌안왕

百濟

百濟始祖溫祚王의姓은扶餘오本姓은高니高句麗東明帝의衆子라初에東明帝 - 娶卒本王女하야生二子하니長曰沸流오次曰溫祚라及類利 - 嗣立에溫祚 - 議曰毋氏 - 造成邦業이어늘而太子 - 繼位하니不如他邦造成이라하고兄弟 - 與烏干과馬黎等十人으로南行하야至彌鄒忽(仁川) 하야欲居하니十人이爭曰河南之地는北帶漢水하고東據高岳하고南望沃野하고西阻大海하니天險이요地理難得之勢니다沸流는不聽하고溫祚는居慰禮城(稷山) 하야以十人으로爲輔하고曰十濟君臣이라하다.

백제

백제 시조 온조왕(시조 B.C. 18~A.D. 28)은 성이 부여로 본래 성은 고씨다. 고구려 동명황제의 작은아들이었다. 처음에 동명황제가 졸본왕의 딸에게 장가들어 두 아들을 낳았으니 큰아들을 비류라 하고 둘째 아들을 온조라고 불렀다. 급기야 부여에서 온 유리가 태자 자리를 이어받으니 온조가 비류와 의논하기를 “우리 어머니가 나라를 창업할 때 도와서 이루었는데 유리 태자로 왕위를 이어 가려 하니 다른 곳으로 가서 나라를 세우자.” 하고 형제가 오간과 마려 등 10여 인과 함께 남쪽으로 가다가 미추홀(인천)에 와서 살고자 하니 십여 인이 다투어 말하기를 “하남 땅은 북쪽으로 한강이 둘렀고 동쪽으로는 높은 산들을 의거할 수 있으며 남쪽을 바라보면 기름진 평야가 있고 서쪽으로는 큰 바다가 막고 있으니 이러한 천연 요새이며 지리적으로 좋은 지세를 구하기 어려울 것입니다.” 하였으나 비류는 듣지 않고 온조는 위례성(광주)에 거하여 10인으로 보좌를 삼으니 국호를 ‘10제’라고 불렀다.

溫祚 - 백제의 시조. 고구려 시조 고주몽의 셋째 아들로 형 비류와 남하하여 비류는 미추홀(인천)에 도읍하였고 온조는 위례성(광주)에 도읍하여 국호를 ‘십제’라 하였다. 비류가 죽으니 백성들이 위례성으로 모여들었다. 국호를 백제로 고치고 동명왕묘를 세웠

으며 왕 14년에 도읍을 남한산으로 옮겼다. 왕 24년에는 마한과 싸워 국토를 확장하였고 28년에는 다루를 태자로 책봉하였다(삼국사기). 祚: 복 내릴 조. 造 成－만들어 이루다. 邦 業－나라를 창업하다. 黎: 검을 여. 彌: 두루 미. 鄒: 나라이름 추. 阻: 막을 조. 衆子: 맏아들 이외의 아들.

ㅁ沸流－以其地濕而不庶로忿懣而卒하니其民이歸附하고馬韓이割百里之地어늘檀紀二千三百十年癸卯에建國號曰百濟라하다.
ㅁ作熊川柵이라가爲馬韓使의所責하고因謂諸將曰馬韓이上下離心하니勢不能久라若爲他有면脣亡齒寒이라하고襲擊하야竝之하다.

ㅁ 비류는 그 땅이 습하여 백성들이 많아지지 않으므로 화가 나고 속이 답답하여 죽으니 그 백성들이 백제로 돌아와 붙어살았고 마한이 땅 백 리를 떼어 주니 단기 2310년(B.C. 18년) 계묘년에 나라를 세워 백제라 하였다.

ㅁ 웅천(공주)에 목책을 설치하니 마한이 사신을 보내 책망하였고 이것으로 인하여 여러 장수에게 말하기를 “마한이 위아래가 마음이 갈려 세력이 오래갈 수 없을 것이다. 만약 타국에 소유되어 버리면 안 된다. 입술이 없어지면 이가 시린 것이다.” 하고 습격하여 합쳐 버렸다.

庶: 백성 서. 忿: 성낼 분. 懣: 속 답답할 만. 割: 나눌 할. 熊: 곰 웅. 柵: 울짱 책. 脣: 입술 순. 竝: 합칠 병. 馬 韓－고대 韓民族의 부락집단으로 진한, 변한과 삼한이라 하였다. 50여 개의 소국으로 충청, 전라 양 도였으며 백제가 핵심을 이루고 있던 중 4세기 중엽에 백제 왕국이 이루어졌다. 百 濟－B.C. 18년(온조왕)~A.D. 660년(의자왕)까지 서남쪽에 있었던 왕조. 시조는 온조로 고구려 시조 주몽의 아들로 형 비류와 함께 남하하여 형은 미추홀(인천)에, 온조는 지금 서울 근처 위례에 나라를 세웠다. 마한을 결합하였고 350년 근초고왕 때 북으로 대방군 낙랑군을 점령하여 영토를 확장하였다. 371년에는 고구려 평양까지 쳐들어가 고국원왕을 죽였다. 일본과 긴밀하게 지내며 왕인박사를 보내 한학을 가르치게 하였고 문화를 전파하였다. 고구려와 신라와 자주 다투어 남한산성을 빼앗기고 수도를 웅진으로 옮겼으며 다시 사비(부여)로 옮기고 한강 하류도 잃었다. 삼국 간 전쟁이 치열하여져 31대 의자왕은 신라를 공격하여 영토가 확장되었으나 후반에 궁녀, 간신들의 안일과 향락에 빠져 충신들의 극간도 듣지 않아 660년 나당 연합군의 공격에 못 이겨 의자왕은 태자 효와 함께 항복하여 31왕 678년 만에 망하였다.

○多婁王이 立하야 命國南州郡하야 始作稻田하다.
○蓋婁王이 立하야 聞都彌의 妻－桃花娘之美하고 舟送其夫하고 而欲亂之하니 娘이 辭以月事하고 出與遇하야 俱逃하다. 築北漢山城하다.
○數世에 近肖古王이 立하야는 移都漢山城하고 遣博士王仁(靈岩鳩林人)于日本하야 傳論語及千字文하니 百工技藝－多從之하다.
○枕流王이 立하야는 胡僧摩羅難陀－自晋來하다. 佛法始於此하여 創佛寺於漢山하다.

ㅇ 다루왕(2대 28~77년)이 위에 오르고는 나라의 남쪽에 주와 군에 명하여 처음으로 벼농사를 짓게 하였다.

ㅇ 개루왕(4대 128~166년)이 위에 오르고는 도미의 부인 도화 낭자가 아름답다는 소문을 듣고 그 남편을 배에 태워 보내고 음란한 짓을 하려 하니 낭자가 사양하며 말하기를 "월경이 있다." 하고 뛰쳐나와 남편을 만나 같이 도망하였다. 북한산성을 쌓았다.

ㅇ 수대를 지나 근초고왕(13대 346~375년)이 위에 오르고는 한산성으로 도읍을 옮기고 왕인 박사(영암 구림 사람)를 일본에 보내 논어와 천자문을 가르쳐 주니 많은 공업 기술자와 기능자들이 따라갔다.

ㅇ 침류왕(15대 384~385년)이 위에 오르고는 인도 중 마라난타가 진나라에서 왔다. 불교가 이때부터 시작되어 한산에 절을 창건하였다.

稻: 벼 도. 娘: 아가씨 낭. 逃: 달아날 도. 肖: 닮을 초. 鳩: 비둘기 구. 摩: 어루만질 마. 陀: 비탈길 타. 晋＝晉: 나라 진. 摩羅難陀－인도의 중. 384년(백제침류왕)에 중국 晋나라를 거쳐 백제에 와서 불교를 전했는데 이것이 백제 불교의 시작이 되었다(삼국사기). 漢山城－경기도 광주 지역이며 백제의 중심지였으나 백제, 고구려, 신라의 쟁탈 초점이 되었었다. 王仁－영암 구림 사람으로 백제 근초고왕 때 학자. 일본의 오오진 주의 초청으로 논어 10권 천자문 1권을 가지고 가서 태자의 스승이 되었고 일본 문화 발전에 큰 공헌을 하였으며 일본서기에 와니(왕인)로 되어 있다. 胡僧－호이의 승려.

o文周王이 立하얀耽羅國이 來附하니 客星이 見故로 曰動星主라하다耽羅(濟州)는 在南海中하니初에 高乙那와 夫乙那와 良乙那三人이 從地中으로 湧出하야獵海濱이라가得石函하니 中有三處女와 及諸駒犢과 五穀種子라 各就泉甘土肥處하야居하니漸漸富庶러라.

ㅁ王이 移都熊津(公州)이러니 王이 出獵할세 宿於外에 兵官佐平解仇가 使盜弑之라. 子三斤王이 立하야討解仇하야腰斬熊津市하다.

o 문주왕(22대 475~477년)이 위에 오르고는 탐라국이 와서 붙으니 객성이 보였던 까닭에 '성주가 움직임'이라 하였다. 탐라(제주도)는 남쪽 바다 가운데 있으니 처음에 고을나와 부을나와 양을나 세 사람이 땅속에서 솟아나와 바닷가로 사냥 나갔다가 돌로 만들어진 함을 주워 열어 보니 세 처녀가 있고 망아지와 송아지들과 오곡의 씨앗이 있어 각기 좋은 샘과 비옥한 땅을 찾아 살아가니 점점 넉넉한 부자가 되었다.

ㅁ 왕이 웅진(공주)으로 도읍을 옮겼다. 왕이 사냥 나가 자는데 병관좌평 해구가 도적을 시켜 왕을 시해하였다. 아들 삼근왕(23대 477~479년)이 왕위에 올라 해구를 토벌하여 웅진 시가지에서 허리를 베어 죽였다.

耽: 즐길 탐. 那: 나라이름 나. 湧: 솟을 용. 濱: 물가 빈. 駒: 망아지 구. 犢: 송아지 독. 庶: 많을 서. 仇: 짝 구. 腰: 허리 요. 耽 羅 國-제주도.

o東城王이 立하야는建臨海閣하고 穿酒池하다 築加林城하여 苩加에게鎭之나 怨王不欲往하여 苩加가弑之하니 子立하다.

o武寧王(斯摩)이 立하얀仁慈寬厚하야民心이 歸附라使扞率解明으로討苩加하야投白江하다.

o聖王이 立하야는定謚法하다 移都於泗비하고 國號를 南夫餘라하다.

o法王이 立하얀創王興寺하여酷信佛法하야令慈悲不殺하며 放鷹鷂하며

焚獵具하고創王興寺하여游自溫岩하다遣子弟於唐하야請入國學하고王이薨하다.

O武王이立하야는攻取新羅椵嶺城하고王이薨하다.

o 동성왕(24대 479~501년)이 위에 오르고는 임해각을 짓고 술 못을 팠다. 가령성을 쌓고 좌평 백가에게 가서 지키게 하니 가기 싫어하며 왕을 원망하고 죽이니 아들이 왕위에 올랐다.

o 무녕왕(사마)(25대 501~523년)이 위에 올랐다. 성품이 어질고 너그러우니 백성들이 마음으로 돌아왔다. 한솔 해명에게 명하여 백가를 토벌하여 백강에 던졌다.

o 성왕(26대 523~554년)이 위에 오르고는 시호 법을 정하였다. 도읍을 사비(부여)로 옮기고 국호를 남부여라 하였다.

o 법왕(29대 597~600년)이 위에 오르고는 불교를 너무 믿어 자비를 베풀며 "살아 있는 것을 죽이지 말고 새매들을 풀어 놓아 주고 사냥하는 기구와 어구들을 불태우라." 명하고 왕흥사를 창건하고 자온암에서 지냈다. 자제들을 당나라에 보내 국학에 입학시켜 줄 것을 청하였다. 왕이 죽었다.

o 무왕(30대 600~641년)이 위에 오르고는 신라의 단령성을 쳐서 빼앗았다. 왕이 죽었다.

閣: 층집 각. 穿: 팔 천. 苩: 성 백. 扞: 막을 한. 酷: 심할 혹. 鷹: 송골매 응. 鷂: 암컷 새매 요. 焚: 불사를 분. 椵: 자작나무 단. 무궁화 단. 武王-어렸을 때 이름은 서동으로 신라 국경을 자주 침공하였다. 왕흥사를 준공하였으며 만년에는 사치와 유흥에 빠져 백제 멸망의 원인이 되었다. 사비-사비는 서울이란 뜻으로 백제의 마지막 수도인 부여를 말한다. 부소산 남쪽으로 퍼진 금강을 자연성벽으로 삼고 동쪽에는 나성을 쌓고 청마산을 따라 대산성을 쌓아 요새를 만들었다. '사비'가 사자로 와전되어 '사자성'이라고도 불렀다.

O義慈王은武王之元子也라雄猛有膽氣하야事親以孝하고友于兄弟러니時號海東曾子라하다.卽位하야는移都扶餘하고淫酗耽樂하니政荒國危러라佐平成忠이在獄中하야上書曰忠臣은死不忘君이라願一言

而死하노이다. 觀時察變하니 必有兵革이리니 賊兵이 若來어든 使陸不過炭峴(烏嶺)하고 水로 不入伎伐浦(白江)하야 據險禦之니다 與新羅로 戰于陽山하야 大破之하다.

o 의자왕(31대 641~660년)은 무왕의 맏아들로 영웅으로 용맹스럽고 담력이 있었으며 어버이를 효성으로 섬기고 형제들과 우애가 좋아 그때에 '해동증자'라 하였다. 위에 오르고는 부여로 도읍을 옮기고 술주정을 부리며 여자에 빠져 즐기기만 좋아하니 정사는 어지러워지고 나라가 위태하여 좌평 성충이 옥중에 있으면서 왕에게 글을 올리기를 "충신은 죽어도 임금을 잊을 수 없으니 죽으면서 한 말씀 올리겠습니다. 지금 시대의 변화됨을 살펴보니 반드시 전쟁이 있겠습니다. 만약 적병이 쳐들어오거든 육지에서는 탄현(조령)을 통과하지 못하게 막고 바다로는 기벌포(백강)에서 막아 험준함을 의지하여 들어오지 못하게 막으십시오." 하였다. 양산에서 신라와 싸워서 크게 격파하였다.

酗: 주정할 후. 革: 전쟁 혁. 炭: 숯 탄. 伎: 재주 기. 伐: 공적 벌. 禦: 대비할 어. 淫酗-심하게 술주정을 함. 耽樂-향락에 빠지다. 義慈王-백제의 31대 마지막 왕(641~660년). 무왕의 맏아들로 효성과 우애가 남달라 '해동증자'라 불렸었다. 왕위에 올라 친히 신라의 40여 성을 빼앗았고 649년에 신라의 7성을 습격하다가 김유신에게 역습으로 패하기도 하였다. 만년에는 사치와 방종이 심하여 성충이 간하였으나 듣지 않고 투옥시켰다. 660년에 나당의 협공으로 웅진성에 도망갔다가 항복(678년 만에)하여 소정방에게 당나라로 끌려가 병사하였다. 曾子-중국 고대 춘추시대 노나라 공자의 제자로 이름은 參, 자는 子輿로 학문도 뛰어나고 효성이 지극하였다. 伎伐浦-금강 하류 입구를 말한다. 成忠-의자왕 때 좌평으로 있으면서 왕이 주색에 빠져 있어 국운의 위태함을 간하다가 옥에 갇혔다. 단식하며 왕에게 적의 내침에 지세를 이용하여 대비할 것을 글로 간하였으나 듣지 않고 결국 나당 연합군에 항복하고 망하였다.

ㅁ于時에唐兵이大至德物浦하고新羅動兵이라興首 - 自謫所로獻策曰白江과炭峴(白馬烏嶺)은國之要衝이니先簡勇士하야往守니다議者曰興首 - 怨君하니其言을難用이니다唐入白江에不得方舟오羅過炭峴에未得竝馬니卽縱兵擊之면在籠之鷄오罹網之魚니다王이從之하다.

ㅁ 이때에 당나라 병사들이 덕물포에 대군이 쳐들어오고 신라도 병사들을 출동시켰다. 흥수가 귀양처에서 계책을 말하기를 "백강과 탄현(백마강과 조령)은 나라의 중요한 요충지이니 먼저 날래고 용감한 군사를 보내 지키게 하십시오." 하며 의자왕에게 아뢰었으나 의논한 사람들이 말하기를 "흥수는 임금님을 원망하고 있으니 그의 말을 듣기가 어렵습니다." 하였다. "당나라 군사들이 백강으로 들어와도 배를 구할 방법이 없고 신라가 탄현을 지날 때 말을 나란히 할 수 없으니 그때 곧 병사를 풀어 공격하면 닭장 속에 있는 닭이 될 것이며 어망에 걸려든 물고기가 될 것입니다." 하니 왕이 그 말을 따랐다.

浦: 바닷가 포. 謫: 귀양 갈 적. 峴: 고개 현. 衝: 돌파할 충. 簡: 가릴 간. 怨: 미워할 원. 縱: 풀어 놓을 종. 籠: 새장 롱. 罹: 걸릴 이. 白江 - 금강의 하류로 백마강이라고도 한다. 興首 - 의자왕 때 지략가. 좌평으로 있다가 귀양 갔다. 나당 연합군이 치려 하자 의자왕이 사람을 보내 전략을 물었다. 흥수가 "먼저 백강을 지켜 당군을 막고 탄현을 지켜 신라군을 수비하여 군량이 떨어지기를 기다렸다가 반격하면 물리칠 수 있습니다." 하였으나 대신들이 따르지 않아 백제는 멸망하였다.

O羅兵이至黃山이어늘將軍階伯이以兵五千으로拒戰할세誓曰越句賤은五千으로拒强吳七十萬하니今日壯士는宜各奮勵하라士皆鏖戰하니無不一當百이라然이나衆寡不敵하니與其生受辱으론不如死之潔也라하고殺其妻子而死하다熊津軍이亦敗於唐하다羅將金庾信이與唐將蘇定方으로攻圍都城하야縱兵登城하야列立唐幟하니王이與子泰로出降이라定方等이使妃嬪으로青衣行酒하니宮女奔走投江하니至謂落

花岩이라 自溫祚王癸卯로 至義慈王庚申하니 傳三十王이오 歷六百七十八年이러라.(王豊立三年亡)

o 신라의 병정들이 황산에 이르니 백제 장군 계백이 5천 명의 군사로 싸워 막고자 하여 맹세하며 말하기를 "중국 월나라 장군 구천은 5,000명으로 강한 오나라 군사 70만 명을 상대하여 막았으니 오늘 장한 장병 여러분은 각자 힘써 분투하시오." 하니 군사들은 죽을 각오로 싸웠으니 일당백으로 싸우지 않는 병사가 없었으나 중과부적이었다. "그들과 더불어 살면서 치욕을 당하느니 깨끗이 죽음을 같이함만 못할 것이다." 하고 계백장군은 자기 처자식을 죽이고 자기도 죽었다. 웅진에 있는 군사들도 또한 당나라에게 패하였다. 신라 장군 김유신이 당나라 소정방과 도성을 포위하고 공략하여 병사들이 성에 올라와 당나라 깃발을 줄지어 세워 놓으니 의자왕이 아들 태와 함께 나와 항복하였다. 소정방 등이 비빈들에게 푸른 옷을 입혀서 술시중을 들게 하니 궁녀들은 뛰쳐나와 몸을 백강에 던지니 뒤에 '낙화암'이라고 불렀다. 온조왕 계묘년으로부터 의자왕(660년) 경신년까지 30왕이 전하여졌고 678년을 지내 왔다(왕풍이 왕위에 올라 3년 만에 망하였다).

階: 층계 계. 拒: 막을 거. 奮: 떨칠 분. 勵: 힘쓸 여. 鏖: 무찌를 오. 寡: 적을 과. 幟: 기 치. 嬪: 궁녀 벼슬 빈. 鏖 戰－힘을 다하여 결판이 날 때까지 싸움. 黃山－충남 노산 부적면 일대로 그곳에 계백장군의 묘가 있다. 句 踐－중국 고대 춘추시대 월나라 2대 왕으로 와신상담 끝에 부차에게서 당한 치욕을 씻었다. 奮 勵－기운을 떨쳐 힘을 내 싸우다. 行酒－연회석에서 술시중을 하다.

百濟傳世圖

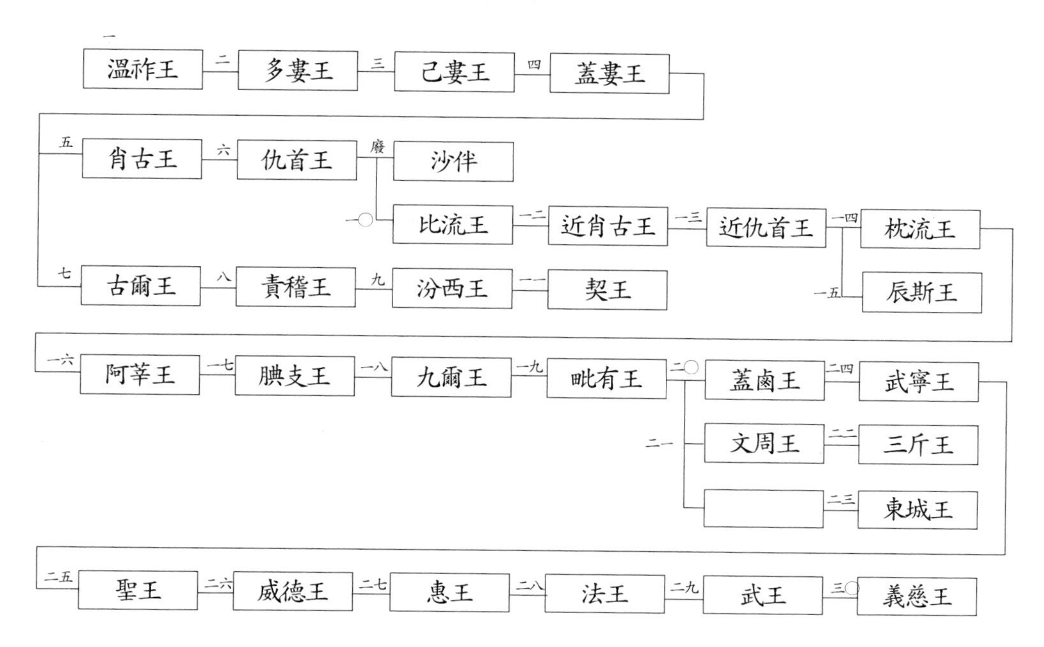
一 溫祚王
二 多婁王
三 己婁王
四 蓋婁王
五 肖古王
六 仇首王
廢 沙伴
一○ 比流王
一二 近肖古王
一三 近仇首王
一四 枕流王
一五 辰斯王
七 古爾王
八 責稽王
九 汾西王
一一 契王
一六 阿莘王
一七 腆支王
一八 九爾王
一九 毗有王
二○ 蓋鹵王
二四 武寧王
二一 文周王
二二 三斤王
二三 東城王
二五 聖王
二六 威德王
二七 惠王
二八 法王
二九 武王
三○ 義慈王

백제전세도

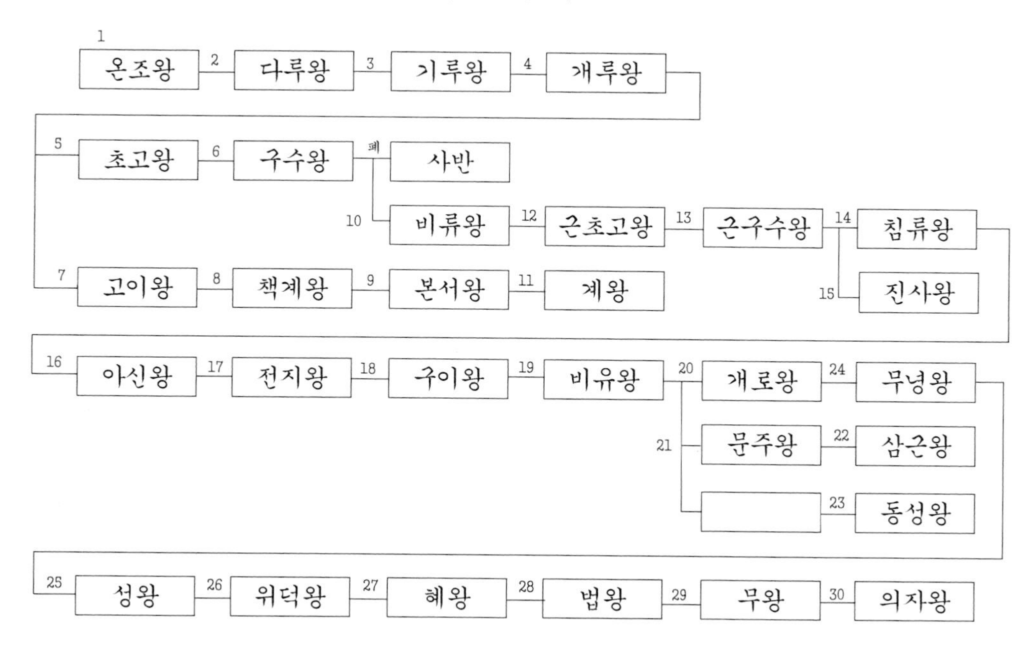
1 온조왕
2 다루왕
3 기루왕
4 개루왕
5 초고왕
6 구수왕
폐 사반
10 비류왕
12 근초고왕
13 근구수왕
14 침류왕
15 진사왕
7 고이왕
8 책계왕
9 분서왕
11 계왕
16 아신왕
17 전지왕
18 구이왕
19 비유왕
20 개로왕
24 무녕왕
21 문주왕
22 삼근왕
23 동성왕
25 성왕
26 위덕왕
27 혜왕
28 법왕
29 무왕
30 의자왕

南北朝

檀紀二千三十二年己亥에 麗後渤海－建國하야與新羅로南相峙하다.

남북조

단기 2032년 기해(696년)에 고구려 뒤로 발해가 건국하여 신라와 서로 남북으로 대치하고 있었다.

新羅의南北統一

新羅文武王의名은法敏이니太宗의子라八年己巳春에大赦曰往者－北伐西侵에暫無寧歲러니今兩敵이旣平하고四隅靜泰라臨陣立功은並已酬賞호대但囹圄－未蒙新澤하니凡伍逆已下는悉皆放出하고民取他穀者는待年熟하야只還其母하라.

ㅁ麗後安勝이遣使曰興滅繼絶은天下之公義也니다하니封爲報德主하고使居金馬渚하야主其祭하다.

신라의 남북통일

신라 문무왕의 이름은 법민이니 태종의 아들이다. 8년 기사(669년) 봄에 대사면령을 내리며 말하기를 "지난날 북쪽(고구려)을 정벌하고 서쪽(백제)을 침범하느라 잠시도 편안한 세월이 없었는데 지금 두 적들이 평정되어 사방 귀퉁이도 다 태평하고 안정되었다. 전쟁에 임하여 공을 세운 자는 모두 이미 보수와 상을 받았으나 단지 갇힌 죄수들의 몸은 새로운 은택을 입지 못하였으니 모든 5역의 범죄 이하는 다 풀어 놓아 주고 백성이 다른 사람의 곡식을 취하였던 자들은 풍년 들기를 기다렸다가 다만 그 본곡만 갚게 하라." 하였다.

ㅁ 고구려 후손 안승이 사신을 보내 말하기를 "멸망한 자를 일으키고 끊어진 자를 이어 줌은 천하의 공정한 의리입니다." 하니 보덕왕(674년)으로 봉하여 주고 김마저에 살면서 그들의 제사를 맡게 하였다.

峙: 우뚝 솟을 치. 敏: 총명할 민. 往: 옛 왕. 暫: 잠시 잠. 隅: 귀퉁이 우. 酬: 보답할 수. 囹: 감옥 영. 圄: 감옥 어. 母: 본전 모. 渚: 물가 저. 五逆－불교의 지옥에 떨어질 다섯 가지 큰 죄로 害父, 害母, 害羅漢, 破僧, 出佛身血이다. 또는 다섯 가지 악행으로 임금, 부, 모, 조부모 시해한 일. 公義－하늘의 뜻. 金 馬 渚－전북 익산군의 옛 지명. 安 勝－고구려 재건을 시도하여 추대된 왕. 670년에 고구려 대형 김모장이 고구려 유민을 모아 당에 반란을 일으키고 고국 회복 운동을 하며 신라에 구원을 청하였다. 신라는 고구려왕으로 책봉하고 금마저에 살게 하여 보덕왕 칭호를 주었다. 683년에 신문왕을 불러 김씨 성을 주고 경주에서 보내 주지 않았다.

ㅁ與唐將薛仁貴로(本遼東人)二十餘戰에斬四十餘級하니唐兵이不敢復至라悉定濟地하다素邦－與靺鞨戰에矢集蝟身이라其妻－哭曰大丈夫－當死王事니今成其志라하더라.

ㅁ庾信이疾革에王이親臨曰脫有不諱면其如社稷何오對曰三韓統一에民無二心하니可謂少康이라然이나繼統人君이鮮有守成이니願大王은親君子遠小人하소서次子元述이不死於平壤之役하야不容於其父故로母亦不見하니太宗女也러라王이薨하다.

ㅁ 신라가 당나라 장수 설인귀(본래 요동 사람)와 20여 번을 싸워서 40여 명의 적을 베니 당나라 장병들이 감히 다시는 오지 못하였고 백제의 땅을 모두 평정하였다. 소나가 말갈과 싸울 때 몸에 고슴도치처럼 몸에 화살이 꽂혔다. 그의 처가 통곡하며 말하기를 "대장부가 임금을 섬기다가 죽는 것이 마땅하니 지금 당신의 뜻을 이루었소." 하였다.

ㅁ 김유신이 병이 위독함에 왕이 친히 와서 말하기를 "만약 작고하게 되면 사직은 어찌 하리오." 대답하기를 "삼한을 통일함에는 백성들이 두 마음이 없으니

조금 편안하다 할 만합니다. 그러나 계통을 이은 임금이 성립한 왕업을 지킨 수가 적으니 원컨대 대왕께서는 군자들을 가까이하시고 소인들을 멀리하소서." 하였다. 김유신 장군 둘째 아들 원술이 평양 싸움터에서 죽지 않고 왔다 하여 아버지가 용납하지 않고 어머니 또한 만나 주지 않았다. 어머니는 태종의 딸이었다. 왕이 죽었다.

級: 모가지 급. 蝟: 고슴도치 위. 鮮: 드물 선. 役: 싸울 역. 女: 딸 여. 不諱－꺼리지 않고 직간함. 脫: 떨어질 탈. 革: 병 급할 극. 元述－신라 문무왕 때 무관. 김유신의 둘째 아들로 羅唐이 연합하여 고구려와 백제를 멸망시키고 신라가 고구려 유민을 받아들이며 백제를 점령하여 세력을 넓히니 당 태종이 노하여 672년 군사를 보내 신라에 쳐들어오니 신라가 맞서 싸웠으나 원술 등이 패하여 돌아오니 김유신은 원술을 처형할 것을 왕에게 청하였다. 675년 당이 매소성(楊洲)으로 쳐들어올 때 원술이 나가 물리치고 공을 세웠으나 김유신이 죽은 뒤에도 어머니는 끝내 맞아 주지 않으니 벼슬도 안 하고 비관하다 죽었다 한다(삼국사기).

o神文王이 立하얀麗族大文이結陣이라金令胤이討之할세諸將曰兇黨이如巢鸞鼎魚하야出萬死一戰하니語에曰窮寇는勿迫이라하니다令胤曰丈夫－臨事自決이니何必雷動이리오하고力戰死之하다王이以仲夏之月로處高堂之上하야顧謂文臣薛聰曰今日에宿雨初歇하고薰風微凉하니必有異聞이니盍爲陳之오聰이進花王戒하니遠佳人薔薇花하고近老成白頭翁하소서嘉納하고擢高秩官하다聰은沙門元曉之子라生而聰銳하야以方言으로解九經하고俚諺으로作吏讀(音두)하다.(爲尼.爲去乎.爲古.是遺).

o 신문왕(31대 681~692년)이 위에 오르고는 고구려의 후예 대문이 반란을 도모하여 군대의 진영을 결성하였는데 김영륜이 토벌하려 할 때에 여러 장수들이 말하기를 "흉포한 무리들이 둥우리 속의 제비와 솥에 든 고기와 같으니 만 번 죽을 작정을 하고 한 번 싸우려고 달려들 것입니다. 옛말에 이르기를 '막다른 도적에게는 다그치지 말라 하였습니다.'" 하니 김영륜이 말하기를 "대장부가 일에 다

다랐으면 스스로 결정할 일이지 어찌하여 반드시 남들과 덩달아 같을 수 있겠는가." 하고는 뛰쳐나가 힘을 다해 싸우다가 죽었다. 신문왕이 한여름 달밤에 높은 집에 올라와 문신 설총을 돌아보며 말하기를 "밤비가 좀 그치고 향긋한 실바람 불어 시원하니 반드시 특이한 말 들릴 듯한데 어찌 좋은 말 한마디 하지 않으려오?" 설총이 나아가 화왕계를 올리기를 "미인과 장미꽃을 멀리하시고 노성한 백두옹을 가까이하소서." 하니 그렇게 하겠노라 하고 높은 관리직으로 발탁하여 썼다. 설총은 중 원효의 아들이었는데 날 때부터 총명하고 영리하여 쉬운 말로 9권의 경서를 해석하고 일상 쓰는 말로 이두를 지었다(하니, 하고 등).

胤: 이을 윤. 鷰: 제비 연. 鼎: 솥 정. 窮: 막힐 궁. 寇: 도적 구. 迫: 궁할 박. 雷: 한통되어 떠들 뇌. 聰: 총명할 총. 歇: 쉴 헐. 薰: 향기 훈. 陳: 말할 진. 薔: 장미 장. 薇: 장미 미. 擢: 발탁할 탁. 秩: 녹봉 질. 銳: 예민할 예. 俚: 속될 리. 諺: 속된 말 언. 讀: 이두 두. 大文－고구려의 유민. 보덕왕 안승의 族子 장군으로 684년(신문왕 4) 金 馬 渚(익산)에서 반란을 도모하다가 발각되어 사형받았다(삼국사기). 雷 動－덩달아 함께 떠들다. 雷 同. 仲 夏－중간 여름. 宿雨－간밤부터 오는 비. 薛 聰－신라의 석학. 원효의 아들로 어머니는 요석공주. 신라 3문장의 한 사람(강수, 설총, 최치원)으로 746년(경덕왕 5)에 强 首와 함께 9경을 처음으로 口 訣로 강론하여 후학을 지도하였고 '이두'를 집대성하였다(삼국사기). 花 王 戒－신라 설총이 지은 글. 한문으로 된 단편으로 꽃을 擬人化하여 화왕을 모란꽃으로, 미인을 장미꽃으로, 할미꽃을 장부로 분장시켜 화왕(모란)이 장미(미인)를 좋아하여 취한 왕의 어질지 못함을 풍자한 글이다(설총열전). 佳人－미인. 老 成－경륜이 많아 사물을 지혜롭게 처리한 노인. 沙 門－중. 불교. 方言－사투리 말. 俚 言－상(常)말. 吏讀(이두)－삼국시대부터 한자의 음과 뜻을 따서 우리나라 말을 표기하는 데 쓰였던 문자. 九 經－9가지 경서로 주역, 시경, 서경, 효경, 춘추, 논어, 맹자, 예기, 주례. 金 令 胤－신문왕 때 장군. 고구려 잔적이 반란을 일으키자 왕이 토벌하게 하였다. 대문이 진을 치고 기다리고 있다가 영윤을 전사시켰다. 왕이 슬퍼하며 벼슬을 추증하였다.

○聖德王이 立하얀太監金守忠이 自唐還하야上文宣王及十哲像이어늘 奉安于太學하다.

○元聖王이 立하야는始定讀書出身科하니射選法을廢하다神筆金生이 書帝釋經하니學者ㅡ傳寶러라.(金生이得神祖夢筆하니書法을宋人이驚嘆이라 神檀實記題目에有金生帝釋經의神字라)

o 성덕왕(33대 702~732년)이 위에 오르고는 태감 김수충이 당나라로부터 돌아오며 문선왕과 십철의 초상을 바치니 태학에 받들어 모셨다.

o 원성왕(38대 785~798년)이 위에 오르고는 처음으로 독서출신과가 정해지니 사선법이 없어졌다. 신필 김생이 제석경을 썼는데 학자들이 보물로 전하였다(김생이 신조 단군이 붓을 주는 꿈을 꾸었는데 그 서법을 중국 송나라 사람들이 보고 감탄하며 놀랐다. 신단실기 제목에 김생 제석경의 신자가 있다).

監: 살필 감. 哲: 도리나 사리에 밝은 사람 철. 像: 닮을 상. 文宣王－공자의 시호로 당나라 현종이 추시하였다. 十哲－공자 문하의 뛰어난 10사람의 제자들. 안연, 민자건, 염백우, 중궁, 재아, 자공, 염유, 자로, 자유, 자하. 讀書出身科: 신라의 관리 등용. 인재를 뽑기 위해 독서출신과를 두었는데 좌전·예기·문선·논어·효경에 능통한 자를 상품으로, 곡례·논어·효경을 읽은 자를 중품으로, 곡례·효경을 읽은 자를 하품으로 뽑았다. 金守忠－신라 선덕여왕의 아들. 관직은 대감. 당나라에 가서 현종의 총애로 집과 비단을 하사받고 공자와 십철 72제자 화상을 가지고 와서 왕에게 바쳤다. 金生－711~791년 신라 후기의 명필. 어려서부터 서도에 정진하여 예서·행서·초서에 능하여 송나라 사람들이 왕우군을 필적할 만한 천하 명필이라고 격찬하며 중국 사신이 오면 김생 글씨를 보배로 알고 구득하여 갔다고 하며 '해동서성'으로 불렸다. 栢栗寺石幢記 등이 남아 있다(삼국사기, 동국문헌 등).

○哀莊王이 立하야는 建七廟하고 創海印寺하고 薨하다.

○憲德王이 立하야는 上大等金忠恭이 以政事坌至로 成心疾하야 謝客이라 侍郎綠眞이 曰宰相之用人이 猶匠師之用木하니 如衡焉하야 不可欺以輕重이오 如繩焉하야 不可欺以曲直이라 黜陟과 予奪이 皆得其人이면 雖日與故舊로 置酒라도 可也니라 忠恭이 疾瘉라 却龍齒湯하고 卽命駕朝王하니 太子 – 入賀러라.

ㅇ 애장왕(40대 800~809년)이 위에 오르고는 사당 7채를 건축하였으며 해인사를 창건하고 죽었다.

ㅇ 헌덕왕(41대 809~826년)이 위에 오르고는 상대등 김충공이 정사의 일이 너무 많아 마음병을 얻었으나 문안 온 사람을 사절하였다. 시랑 녹진이 말하기를 "재상이 사람을 등용할 때 큰 장인이 나무를 고르듯 한다. 마치 저울처럼 가볍고 무거움을 속일 수 없고 먹줄과 같아 곡직을 속일 수도 없다. 내치고 올리며 주고 빼앗는 것이 모두 제대로 사람을 얻는다면 비록 날마다 친구로 와 술자리를 벌여도 괜찮을 것이다." 하였다. 김충공이 병이 쾌유되어 용치탕을 물리치고 말을 대기시켜 왕에게 조회를 하니 태자가 들어와 경하하였다.

坌: 모여들 분. 匠: 기술자 장. 衡: 저울질할 형. 繩: 먹줄 승. 黜: 떨어뜨릴 출. 陟: 올릴 척. 予: 줄 여. 與奪 – 주는 것과 빼앗음. 瘉: 병 나을 유. 齒: 나이 치. 駕: 멍에 가. 驚: 놀랄 경. 嘆: 감탄할 탄. 曲直 – 이치의 옳고 그름. 黜陟 – 관직을 떨어뜨리고 올리는 것. 故舊 – 오래된 친구. 舊: 친구 구. 置酒 – 주연을 베푸는 것. 却: 물리칠 각. 海印寺: 경남 합천 가야산에 있는 절. 송광사 통도사와 함께 3대 사찰로 802년에 건립되었다. 신라 애장왕의 왕비가 병들어 죽게 되었는데 순응, 이정 두 대사의 기도로 병이 나은 은공으로 왕이 절을 창건하였다고 전한다. 지나오면서 많은 건축물, 석조물 등이 확장되어 임진왜란 때도 보존되었다. 여러 번 화재로 불타고 현재 건축물들은 조선 말기에 건축되었으며 건물이 50여 동 목조 도금된 불상과 석탑, 석등 국보급 보물이 많으며 팔만대장경은 세계 문화유산에 등재되었다.

ㅇ僖康王이 立하야는 金明이 弑而自立이어늘 金陽이 與鄭年으로 得張保皐의 兵하야 討明하야 誅之하고 立神武王하다.

ㅁ 文聖王이 不豫에 詔曰上恐獲罪하고 下慮失望이러니 今者怳惚에 恐先朝露라 惟祖宗大業은 不可無主요 軍國萬機는 不可暫廢니 叔父誼靖이 久處台衡하야 挾贊王政하니 爰釋重負하야 付托得人이라 夫復何恨이리오 伊爾多士는 竭力盡忠하야 送往事居에 罔或違禮하리라.

ㅇ 희강왕(43대 836~838년)이 위에 오르고는 김명이 왕을 시해하고 스스로 왕위에 오르니 김양이 정년과 함께 장보고의 병력을 얻어 김명을 토벌하여 베고 신무왕을 세웠다.

ㅁ 문성왕(46대 839~857년)이 병석에서 조칙을 내리되 "내가 위로 하늘에 죄를 지을까 근심하고 아래로는 사람들을 실망시킬까 염려하였는데 이제 정신이 혼미하니 알지 못한 사이에 아침 이슬처럼 사라질지 모른다. 생각하건대 선조로부터 물려받은 큰 대업은 주인이 없을 수 없으며 군사와 정치에 관한 모든 일은 잠시라도 비워 둘 수 없다. 숙부 의정은 오랫동안 태형(재상)의 자리에서 임금의 정사를 늘 도와주었으니 무거운 짐을 벗어 일을 맡기는 데 적임자를 얻었으니 다시 무슨 여한이 있으랴. 그대들 여러 선비들은 힘을 다하고 충성을 다하여 가는 이를 잘 보내고, 있는 이를 잘 섬겨 혹시라도 예절을 어기지 말라." 하였다.

僖: 기뻐할 희. 皐: 높을 고. 豫: 기뻐할 예. 怳: 멍할 황. 惚: 아찔할 활. 機: 때 기. 廢: 그만둘 폐. 誼: 옳을 의. 靖: 편안할 정. 台: 기뻐할 태. 衡: 평평할 형. 挾: 낄 협. 贊: 도울 찬. 爰: 이에 원. 釋: 내려놓을 석. 托: 의탁할 탁. 竭: 다할 갈. 不豫-임금이 편치 못하는 것. 金明-?~839년 신라 34대왕으로 원래 상대등으로 있다가 희강왕을 죽게 하고 왕위에 올라 2년 뒤에 김우징에게 살해되었고 김우징이 신문왕이 되었다. 金陽-신문왕 때 공신 무주도독 등을 지내다가 서울로 쳐들어와 민애왕을 죽이고 김우징을 왕으로 세우니 이이가 신문왕이다. 신문왕이 죽으니 그의 아들을 문성왕으로 세웠다. 사후 김양을 내각간으로 추증하였다. 지금도 태종 능 앞에 묘가 있다. 張保皐-?~846년 신라 말기의 해장으로 당나라에 가서 무령군 소장을 지내고 돌아와 황해에 해적들이 들끓으니 왕에게 아뢰고 군사 만 명을 받아 완도에 청해진 대사가 되어 해적을 일소하고 신라, 일본, 당나라의 무역을 관장하여 세력을 얻었다. 민애왕이 희강왕을 죽이고 왕위에 오르니 장보고가 민애왕을 죽이고 신무왕을 세웠다. 장보고 딸을 둘째 왕비로 삼으려 하자 대신들이 반대하니 장보고가 반란을 일으키자 왕이 보낸 염장에게 피살되었다.

O眞聖女主立하야는紀綱이紊亂이라弓裔는叛據北原하니憲安王之庶子로祝髮爲僧者오甄萱은叛據武珍州(光州)하니尙州農家李氏子야라.

ㅁ學士崔致遠의字는孤雲이니嘯咏山水하야放浪不仕라嘗入唐에爲高騈의書狀官이러니其檄于黃巢也에曰不惟天下之人이皆思顯戮이요抑亦地中之鬼도已議陰誅라하니巢ㅡ不覺下床하니由是로名聞天下하다巫山重峰之年(十二)에遷于喬木하고銀河列宿之年(二十八)에還乎錦衣라知倅咸陽에有學士樓하고氷山과南山과智異에多杖屨之所러니伽倻山景問松衲하니老僧曰紅流洞裏花오翠積臺前月이라하다主薨하다.

o 진성여주(887년)가 위에 오르고는 풍기와 규율이 문란하여졌다. 궁예는 북원에서 반란을 일으키고 웅거하니 신라 헌안왕의 서자로 머리 깎고 중이 되었다. 견훤은 무진주(광주)에서 반란을 일으켜 웅거하니 상주 농가 이씨의 아들이었다.

ㅁ 학사 최치원의 자는 고운이니 산천에 다니며 시나 읊고 방탕한 생활로 벼슬도 하지 않았다가 일찍이 중국 당나라에 들어가 고병의 서장관이 되었는데 그가 황소에게 격문을 지어 이르기를 “오직 천하 사람들만 모두 죽이기를 생각한 것이 아니라 또한 땅속의 귀신도 이미 죽이기를 의논하였다.” 하여 황소가 이를 보고 저도 모르게 상에서 내려앉았다. 이로 말미암아 천하에 이름이 유명하여졌다. 중국 무산의 중봉지년(12세)에 교목에 옮기고(유학을 가고) 은하 열수지년(28세)에 고국으로 금의환향하였다. 함양 수령이 되었는데 학사루가 있고 빙산과 남산과 지리산에 지냈던 유적이 많다. 가야산 경치를 송낙과 납의에게 물어보면 늙은 중이 말하기를 “홍류동 속의 꽃이요 적취대 앞의 달빛이라.”고 하였다. 진성여왕이 죽었다.

紀: 지켜야 할 기. 綱: 도덕 강. 紊: 어지럽힐 문. 庶: 첩 아들 서. 祝: 끊을 축. 甄: 가마 견. 萱: 원추리 훤. 嘯: 읊조릴 소. 咏=詠: 읊을 영. 騈: 땅이름 변. 檄: 격서 격. 戮: 죽일 육. 顯 戮－사형하여 대중에게 보이는 형벌. 巫: 산이름 무. 무당 무. 喬木－키가 큰 나무. 喬: 높이 솟을 교. 倅: 원님 쉬. 杖: 지팡이 장. 屨: 신 구. 松 衲－여승이 쓰는 모자. 衲衣－중이 입는 겉옷. 衲: 중 옷 납. 裏: 속 리. 翠: 비취 취. 臺: 높고 평평한 돈대. 祝 髮－머리 깎음. 嘯 詠－시가를 읊음. 黃 巢－중국 당나라 말 반란하여 한때 장안을 점령하고 스스로 황제라 하다가 이극용에게 패하자 자기 조카에게 "베어라." 하고 죽었다. 巫 山－중국 사천성 기주부 동쪽에 있는 유명한 산으로 12봉우리이다. 甄 萱－?~936년 후백제 시조로 892~936년 재위하였다. 상주 출신 이씨로(900년) 전주에 도읍하고 후백제를 세웠다. 927년 포석정에서 신라 경애왕을 죽게 하고 경순왕을 세웠다. 한때 삼국 중 가장 강성했다. 후계자 문제로 고려에 가서 항복하고(923년) 936년에 고려에게 멸망되었다. 崔 致 遠－857~? 신라 말기의 학자로 자는 고운, 시호 문창후. 12세에 당나라에 유학하여 17세에 과거 급제하여 고변의 종사관으로 黃巢의 난에 따라가 격문을 지어 당에 명성이 높았다. 귀국하여 아찬이 되었으나 난세를 절망하여 유랑하다가 해인사에 들어가 일생을 마쳤다. 봉암사 비문과 숭복사 비문이 전한다.

O孝恭王이 立하야는 甄萱이 稱後百濟하니 而爲義慈王하고 報讐라하야 都完山(全州)하고 弓裔는 稱泰封主하니 而爲寶藏王하야 雪恥라하야 都鐵原하다.

ㅁ景明王(朴氏)이 立하야는 泰封將王建이 立爲高麗王하니 弓裔出奔하다.

o 효공왕(52대 897~912년)이 위에 오르고는 견훤은 후백제라는 나라를 세우니 의자왕을 위하여 원수를 갚겠다고 하며 완산(지금 전주)에 도읍을 정하였고 궁예는 태봉왕이라 칭하며 고구려 보장왕을 위하여 치욕을 갚고자 하여 철원에 도읍을 정하였다.

o 경명왕(54대 917~924년)(박씨)이 위에 오르고는 태봉의 장군 왕건은 고려왕이 되어 왕위에 오르니 궁예가 나와 도망하였다.

讐: 원수 갚을 수. 雪: 치욕 벗을 설. 景: 밝을 경. 弓 裔－?~918년 태봉국 왕. 신라 경문왕의 아들이라 함. 견훤의 부하였으나 뒤에 양길의 부하로 여러 성을 공략하였으며 901년 송악에 건국하였다가 904년 철원으로 옮겨 강원, 경기, 충청을 판도로 서남 재해권까지 확보하여 국력이 커지자 자기가 '미륵불'이라 하고 호탕하고 방일하며 포악해지니 신숭겸, 홍유 등이 왕건을 추대하자 도망가다 피살되었다. 王 建－고려 태조(877~943년),

재위 918~943년. 송악 출신으로 궁예를 섬겨 견훤군을 물리쳐 태봉 건국에 공로자로 시중이 되어 신임과 덕망을 얻었다. 궁예가 날로 포악해지자 918년에 신숭겸, 홍유 등이 추대하여 919년 고려를 건국하여 국토를 통일하고 고토 고구려를 회복하고자 북진정책을 폈다.

o景哀王(朴氏)이 立하야는 遊鮑石亭이러니 甄萱이 猝入弒王하고 强辱王妃하고 立金傅하니 是敬順王이라 麗王이 邀萱於公山하야 大戰不利라 將軍申崇謙이 力戰代死하다 與高麗王으로 會國都하야 極歡而別하니 都下士女 - 相賀曰如見父母라하더라.

o 경애왕(55대 924~927년)(박씨)이 위에 오르고는 포석정에서 노닐고 있었는데 견훤이 갑자기 침입하여 왕을 죽이고 왕비를 강제로 욕보이고 김부를 왕으로 세우니 이분이 경순왕이었다. 고려왕 왕건이 견훤을 공산에서 맞아 큰 싸움에서 왕건이 불리하게 되었는데 장군 신숭겸이 힘을 다하여 싸우다가 왕건을 대신하여 죽었다. 고려왕이 국도에 도달하니 환대함이 지극히 특별하여 국도에 선비들이나 아녀자들까지 나와 서로 경하하며 말하기를 "부모님을 뵌 것 같다." 하고 기뻐하였다.

鮑: 절인 어물 포. 猝: 갑자기 졸. 辱: 욕보일 욕. 傅: 스승 부. 邀: 맞을 요. 極: 다할 극. 歡: 기뻐할 환. 金 傅 - 신라 마지막 왕, 56대 경순왕(재위 927~935년)으로 견훤이 침공하여 경애왕을 죽이고 경순왕을 세웠다. 뒤에 왕건에게 항복하였다. 鮑 石 亭 - 경북 월성군 내남면 남산서록에 있으며 신라 때 曲水流觴의 연회를 하던 곳으로 한쪽에 물을 끌어들여 다른 쪽으로 흘러 들어가 술잔이 떠내려가게 되어 있다. 928년 경애왕 10월에 비빈 종척들과 연회를 즐기던 중에 후백제의 내습으로 살해되었다고 전한다(사적 제1호). 申 崇 謙 - 고려 개국공신. 본관 평산, 궁예 말년 장수로 배현경, 홍유, 복지겸 등이 왕건을 추대하여 고려를 개국하게 하였다.

ㅇ王이勢窮難保로謀降高麗하니王子忠이諫曰國之存亡은必有天命이니當與忠臣義士－收合民心하야背城死守하야力盡而後已어늘豈以千年社稷을一朝與人이리오王－曰孤危若此하니旣不能全하고無辜塗炭을吾所不忍이라하고乃賚書하야降于高麗하니王子－泣辭하고入皆骨山(金剛山)하야草衣終身하니是麻衣太子라山中에羅日月이오山外에麗天地라漢家－北地王이與君兩人耳라自赫居世王甲子로至敬順王乙未하니凡五十五世(閔哀王廢)而朴氏十王이오昔氏八王이오金氏三十七王이니凡九百九十二年이러라.

ㅇ 왕이 형세가 궁하여 보전하기 어려우므로 고려에 항복할 것을 모의하니 왕자 충이 간하기를 "나라의 존망은 반드시 하늘의 명이니 마땅히 충신 의사들을 규합하고 민심을 수습하여 성을 등지고 사수하여 힘이 다한 뒤에 그만둬야 하거늘 어찌 천년사직을 하루아침에 다른 사람에게 내어 준단 말입니까?" 왕이 말하기를 "외롭고 위태로움이 이와 같아 이미 나라를 보전할 수 없게 되었으니 나로 인하여 허물없는 백성들이 도탄에 빠지게 됨을 차마 볼 수 없겠구나." 하고는 마침내 고려에 항복 문서를 내려 주니 왕자는 울면서 인사하고 개골산(금강산)으로 들어가 풀로 옷 지어 입고 끝내 죽으니 이분이 마의태자다. "산중에는 해와 달이 신라 것인데 산 밖에는 고려 천지로다 한(漢)나라 왕가의 북지왕과 그대 두 사람 뿐이구려." 박혁거세 왕 갑자(B.C. 57년)로부터 경순왕 을미(935년)까지 모두 55대(민애왕은 폐하다)며 박씨가 15왕이었고 석씨가 8왕이었으며 김씨가 37왕이었으니 모두 992년을 지내 왔다.

謀: 정사 의논할 모. 已: 버릴 이. 辜: 허물 고. 塗: 진흙 도. 賚: 줄 뇌. 泣: 울 읍. 麻: 삼베 마. 閔: 가엽게 여길 민. 廢: 그만둘 폐. 麻衣太子－신라(935년) 경순왕의 태자로 견훤과 왕건의 세력에 대항할 힘이 없어 군신 회의를 열어 고려에 항복할 것을 의논하자 태자가 결사 항전을 주장하다가 대세가 기울자 금강산에 들어가 삼베옷 입고 초근목피로 지내다 죽었다.

渤海의 北中統一

渤海太祖高王은大姓이오名은祚榮이니高句麗遺族大仲象之長子라初에仲象이生於粟末北部하야英傑武將而與蓋蘇文과楊萬春地位不齊하니北邊風雪에禁戢靺鞨而已러니及太祖生에特達天姿오智慧神明이라習武修文하야爲高句麗將校러니高句麗ㅡ滅亡于羅唐에老大將仲象이與少年將祚榮으로父子ㅡ契丹將李以復祖國舊疆으로爲己任하고與靺鞨將四比羽와李盡榮으로握手하야三民族이連合拒唐하니唐主武后ㅡ用譎計하야以仲象으로爲震國公하며比羽로爲許國公이어늘仲象이不勝憤慨曰我ㅡ曾是震檀國王이어늘妖后敢此侮辱이로다.

발해의 북중통일

발해(699~926년) 태조 고왕은 성이 대요 이름은 조영이니 고구려 유민 대중상의 장자였다. 처음에 중상이 북쪽 속말 태생으로 걸출하고 영특한 무장으로 개소문과 양만춘과 같은 지위로 대하여 주지 않고 눈보라 치는 북쪽 변방에 보내 말갈만을 지키게 하여 불만스러웠는데 급기야 태조(대조영)가 출생하여 특달한 천품이요 지혜가 총명하고 명철하였다. 무술을 익히고 학문을 닦아 고구려군의 장교가 되었다. 고구려가 신라와 당나라에게 멸망하자 늙은 대장군 중상이 소년 장군 대조영과 같이 부자가 조국의 옛 강토를 다시 찾는 것을 자기들의 임무로 여기고 말갈 장군 사비우와 거란장군 이진영과 더불어 서로 손을 잡고 세 민족이 연합하여 당나라에 항거하려 하니 당주 무후가 거짓 계략을 써서 중상에게 진국공을 삼고 비우에게 허국공을 삼으려 하니 중상이 분개한 마음을 이기지 못하며 말하기를 "나는 일찍이 진단국의 왕이거늘 요사한 무후가 감히 이 같은 모욕을 한단 말이냐." 하였다.

粟: 곡식 속. 傑: 뛰어난 사람 걸. 戢: 그칠 집. 姿: 모양 자. 握: 손잡을 악. 拒: 겨룰

거. 譎: 속임수 휼. 震: 두려워할 진. 妖: 요귀 요. 大祚榮－발해 시조 고왕으로(재위 699~719년) 고구려 유민을 모아 고토를 회복고자 진이라는 나라를 세워 당나라 대장군 이해고 군사를 천문령에서 격파하고 동모산에 홀한성을 쌓아 세력을 확장하여 큰 나라를 이루어 713년에 국호를 발해라 하였다. 契丹(거란)－몽고의 한 부족으로 선비족과 잡거하여 요하 상류 일대에 거처하였으며 당에 예속되었다가 10세기경부터 당에 항거하여 거란(993~1018년)이 몽고·만주·북중국을 지배하고 요 제국을 건설하여 고구려의 고토 회복과 맞물려 충돌이 잦았으며 고려를 세 번 침입하였다. 粟末－지금 송화강 유역의 땅. 武后－당나라 고종의 황후 武氏 則天武后.

唐主－以麗後寶元으로爲王하야使居遼東하야而籠絡之어늘亦拒絶하니唐主－奸策이不成하다收拾殘卒하야困鬪盡瘁러니比羽는戰死하고仲象은瘡卒하니祚榮－於是에益厲益奇하야以玉碎鷄口之志로激勵部下曰復讐之義는杖劍相見이라하고引唐將李楷固軍하야大破之天門嶺하다築忽汗城하고拓地五千里하니北過黑水하고南至沌河하고東極大海하고西際渤海러라.

당나라 임금이 고구려사람 보원으로 왕을 삼아 요동에 살게 하여 마음대로 조종하려 하므로 또한 거절하니 당주가 간사한 계책을 이루지 못하였다. 남은 군졸들을 수습하여 고달프나 있는 힘을 다하여 곤궁하게 싸웠으니 비우는 전사하고 중상은 상처로 죽으니 이때 대조영은 더욱 분발하고 더욱 열심히 닭 입으로 단단한 옥을 깨뜨리겠다는 투지로 부하들에게 격려하여 말하기를 "원수를 갚고 국토를 회복한다는 것은 오직 칼을 잡고 서로 만나볼 따름이다." 하고는 당나라 장수 이해고의 군사들을 끌어내 천문령에서 크게 격파하고 홀한성을 쌓고 5천 리를 개척하였으니 북쪽으로는 흑수를 지나고 남으로는 돈하까지 이르렀고 동으로는 큰 바다에까지 다하였고 서쪽으로는 발해에 인접하였다.

籠: 얽을 롱. 絡: 고삐 락. 殘: 쇠잔할 잔. 瘁: 고달플 췌. 瘡: 상처 창. 厲: 힘쓸 여. 碎: 깨뜨릴 쇄. 激: 분발할 격. 勵: 권장할 여. 奇: 심할 기. 楷: 법식 해. 忽: 소홀히 할 홀. 拓:

넓힐 척. 沌: 어두울 돈. 際: 경계 제. 杖 劍-단지 검 하나만 지팡이 삼아 의지할 뿐. 籠絡-남을 자기 수중에 넣고 마음대로 조종함.

紀元三千三十二年己亥(麗亡後三十二年)에建國號曰渤海오建元-曰天統이라하고煌煌袞衣로大殿玉座하니懽天喜地에男歌女舞라制度百備하置.宣詔省.中臺省.政堂省하고文有左右平章事하고武有左右衛大將하고服章은有紫緋綠金銀之飾하고三師曰太師太傅太保오三公曰太尉司徒司空이오五爵曰公侯伯子男이며中京은顯德府(今寧古塔)에上京은龍泉府(牧丹江下)에東京은東海府(沿海州)에南京은南海府(今咸鏡道)에西京은鴨綠府(西間島)니凡五京十五府六十二州니海東萬里大勝國也러라.

단군기원 3032년 기해(699년)(고구려 패망 후 32년)에 건국하여 발해라 불렀다. 건원은 천통이라 불렀으며 빛나고 화려한 곤룡포를 입고 큰 대궐 옥좌에 앉으니 하늘도 기뻐하고 땅도 즐거워하여 남자들은 노래하고 여자들은 춤을 추며 좋아하였다. 제도를 완비하여 갖추니 선조성과 중대성과 정당성을 설치하고 문관들로 좌우평장사를 두고 무관들로 좌우위 대장을 갖추어 관복의 무늬를 자주색과 붉은색과 초록색으로 하고 금과 은으로 장식하였으며 삼사를 두어 태사, 태부, 태보라 불렀고 삼공을 두어 태위, 사도, 사공이라 불렀고 오작을 두어 공작, 후작, 백작, 자작, 남작이라 불렀으며 중경은 현덕부(지금 영고탑)에, 상경은 용천부(모란강 아래)에, 동경은 동해부(연해주)에, 남경은 남해부(지금 함경도)에, 서경은 압록부(서간도)에 두어 모두 5경 15부 62주이었으니 해동 만 리로 크고 훌륭한 나라였다.

煌: 빛날 황. 袞: 곤룡포 곤. 懽: 기뻐할 환. 紫: 자줏빛 자. 緋: 붉은빛 비. 飾: 꾸밀 식. 傅: 스승 부. 塔: 탑 탑. 府: 관청 부. 沿: 물을 따라 내려갈 연. 鏡: 거울 경. 勝: 뛰어날 승. 渤海-만주 동부, 연해주, 한반도 북부에 걸쳐 있었고 고구려의 유민 대조영이 고구려가 멸망한 후 30여 년 만에 숙신족, 예맥족의 고구려 유민들을 모아 국호를 진이라 하고 건국하였다. 이들은 중국식 양식이었으나 고구려의 부활에 뜻을 두어 일본에 사신을 보내면서 "우리는 고구려의 옛 땅을 회복하고 부여의 遺俗을 지킨다."고 하였으며 고구려 국왕이라 칭하기도 하였다. 발해국이라 국명이 바뀐 것은 당나라 현종으로부터 爵名을 받고서부터였다. 당나라의 문물과 관제를 받아들였고 10대 宣王 때는 가장 왕성하여 唐書에'海東盛國'이라 하였다. 신라와는 국제적 교류가 없이 견제하려 하였고 일본과는 교역도 활발하여 당의 문화가 전해졌으며 거란과는 적대적이었다. 결국 거란의 야율아보기에게 멸망되었다. 10왕 227년간이었다.

o以大倧教로設眞倧教하고紫綬大夫宣詔省左右平章事兼文籍院監臣任雅相이奉勅하야註解三一神誥하다.

ㅁ天統十六年甲寅十月吉日에御製三一神誥贊하고明年에王弟盤安郡王臣大野勃이奉勅謹序하니曰惟我聖上基下－素以天縱之姿로克紹神卑之統이라하다.

ㅁ己未에王이崩하니在位二十一年이오謚曰高王이라太子武藝立하니是武王이라.

o 대종교로 진종교를 설립하고 자수대부 선조성 좌우 평장사 겸 문적원감 신하 임아상이 임금의 칙명을 받들어 '삼일신고'를 풀어 해석하였다.

ㅁ 천통 16년 갑인(714년) 10월 초하룻날 '삼일신고'를 기리는 서문을 왕이 지었고 다음 해에 임금의 아우 반안군왕 신 대야발이 칙명을 받들어 서문을 지으니 말하기를 "우리에 높고 성스러운 분이 내려 주신 터에 본디 하늘로부터 아름다움을 받아 신령하신 분으로 하여금 대통을 이어 가게 하여 주셨네." 하였다.

ㅁ 기미 단기 3052년(719년)에 왕이 죽으니 왕위에 오른 후 21년이었다. 시호를 고왕이라 불렀다. 태자 무예가 오르니 이분이 무왕이다.

綬: 인끈 수. 雅: 우아할 아. 註: 뜻 풀 주. 勅: 임금의 명령을 적은 문서 칙. 御製－임금이 지은 서문. 贊: 기릴 찬. 盤: 받침 반. 勃: 성할 발. 縱: 내보낼 종. 姿: 풍취 자. 克: 능할 극. 紹: 이을 소. 素: 본디 소. 大倧教－우리나라 고유의 단군신앙 종교로 원시신앙을 체계화하였다. 대종이란, 즉 환인·환웅·환검(단군)을 가리킨다. 삼신일체의 천신(삼환)을 받드는 신앙으로 1909년에 라철이 항일의 단결을 도모하고자 단체를 만들었고 이를 중광이라 하였으며 한일합방을 비관하여 1916년 구월산에서 라철이 자결하였다. 2대 교주 김교헌이 일본 탄압을 피해 만주로 옮겼다가 교도 10여만 명을 학살하자 비통해하다 죽었다.

○武王이 立하야仁安三年壬戌에黑水部－通突厥이어늘使王弟門藝王舅任雅相으로征伐之러니門藝－怯弱不進하니使從兄大壹夏로伐之하고召門藝하니門藝－懼하야奔于唐이라王使使于唐하야暴門藝請誅之하니唐主(玄宗)報曰窮而歸順하니誼何可殺이리오하다.

ㅁ遣人如唐留學하고遣率遠將軍高仁義于日本하다.

ㅁ壬申九月에使大將張文休로率海軍하야伐唐登州하야大破之하다崩하니在位十八年이라子欽武－立하니是文王이러라.

ㅇ 무왕(2대 719~737년)이 위에 오르고는 인안 3년 임술에 흑수부가 돌궐과 통하니 왕의 동생 문예와 왕의 외숙인 임아상을 시켜 정벌하라 하였는데 문예가 약하여 겁을 내고 진격하지 않으니 왕의 종형 대일하를 시켜서 정벌하고 문예를 부르니 문예가 두려워하여 당나라로 도망갔다. 왕이 당나라에 사신을 보내 문예를 빨리 죽이라고 청하니 당주(현종)가 답하여 말하기를 "곤궁하여 귀순하였는데 의리상 어떻게 죽일 수 있으리오." 하였다.

ㅁ 사람들을 당나라에 가서 유학하도록 보냈다. 원장군 고인의를 일본에 보냈다.

ㅁ 임신(732년) 9월에 대장 장문휴로 해군을 거느리게 하여 당나라 등주를 정벌하여 크게 격파하였다. 무왕이 죽으니 왕위에 오른 지 18년이었다. 아들 흠무를 세우니 이분이 문왕이다.

突: 부딪힐 돌. 舅: 외삼촌 구. 征: 칠 정. 怯: 겁낼 겁. 暴: 빨리 포. 窮: 어려움 겪을 궁. 誼: 옳을 의. 張文休－발해 무왕 때의 장군. 당나라가 말갈족을 회유하기 위해 말갈 추장을 都監刺史(도감자사)로 삼아 발해를 견제하니 이를 보고 격분한 무왕이 그를 토벌하려 했으나 아우 門藝가 반대하여 뜻을 이루지 못하자 대장군 문휴가 해군을 이끌고 당나라의 등주(산동성)를 공격하여 점령하였다. 突厥－투르크족으로 6세기 중엽 출현하여 2세기 동안 몽고, 중앙아시아에 세운 부족국가로 552년에 '이리가한'이라 칭하고 돌궐제국을 세웠다. 뒤에 당나라에 복속되었다.

ㅇ文王이立하얀建元曰大興이라文治盛備하고武功明耀하니國家隆昌하고四方이率服이라大興二年己卯三月十五日에王이奉神誥하야藏于太白山하고爲記曰小子自受誥以來로恒恐失墜하야玆奉靈寶閣御贊珍本하야藏于報本壇石室하야以爲不朽之資云이라.

ㅁ癸酉에王이薨하니在位五十六年이라族弟元義－立하다.

ㅇ 문왕(3대 737~793년)이 위에 오르고는 건원을 대흥이라 하고 문덕으로 다스리고 모든 것을 풍성하게 갖추었으며 무인의 공적을 밝혀 빛내니 나라가 융성하고 번창하여 사방에서 따르고 복종하였다. 대흥 2년 기묘(739년) 3월 15일에 왕이 삼일신고를 받들어 태백산에 소장하여 두며 기록하기를 "소자가 신고를 받은 이래로 항상 실수하여 잃을까 두려워하였는데 이를 영보각에 어찬진본으로 봉안하였고 보본단 석실에 보관하며 불후의 보물이라." 하였다.

ㅁ 계유(793년)에 왕이 죽으니 왕위에 오른 지 56년이었다. 왕으로 집안 동생 원의를 세웠다.

耀: 빛날 요. 隆: 풍성할 융. 率: 좇을 솔. 墜: 잃을 추. 朽: 쇠할 후. 資: 보물 자. 率服－무리를 거느리고 와서 복종함.

ㅇ王元義－立하야는國運이衰弱하고紀綱이頹敗하니民心이不順하고內亂이頻起어늘甲戌에議廢之하고立文王之孫華與하니是成王이라.

ㅇ成王이立하야는甲戌中興元年에遷國都于上京하다.

ㅇ歷康王定王僖王簡王하야至宣王仁秀하니高王의弟野勃之四世孫也라己亥建興元年時에唐衰羅弱하고惟渤海는文化可觀이러라.

o 왕 대원의(4대 793~794년)가 위에 오르고는 국운이 쇠약하고 기강이 무너지고 퇴패하니 백성들이 순종하지 않고 안으로 내란이 자주 일어나니 의논하여 왕 원의를 폐위시키고 문왕의 손자 화여를 세우니 이분이 성왕이다.

o 성왕(5대 794~795년)이 위에 오르고는 갑술(794년) 중흥 원년에 국도를 상경으로 옮겼다.

o 강왕, 정왕, 희왕, 간왕, 선왕을 지나 인수에 이르니 고왕의 동생 야발의 4대 손자이다. 기해(819년) 건흥 원년이라 이때에 당나라는 쇠하여지고 신라는 약하여져 오직 발해만이 문화가 훌륭하였다.

頹: 무너질 퇴. 頻: 자주 빈. 僖: 기쁠 희. 簡: 글 간. 覲: 드러낼 관.

o歷彝震王과虔晃王과景王하야至哀王諲譔하야契丹主阿保機－以大軍으로入寇하니中京이陷落하고扶餘城陷에王이戰亡하니是哀王이라太子大光顯이與將軍申德과禮部卿大和均과司政大元均과左右衛大將大審理와男朴漁卿吳興等으로率餘衆하고投入于高麗하니自太祖己亥로至哀王丙戌하니傳十四王이오歷二百二十八年이라其後百四年己巳에太祖七世孫延琳이卽王位하니國號曰興遼오建元曰天興이니宗祀再興하야四年에折入于高麗하다.

o 이진왕과 건황왕과 경왕을 지나 애왕 인찬에 이르렀는데 거란주 아보기가 많은 군사로 침입하여 중경이 함락되고 부여성이 함락되니 왕이 전쟁터에서 죽었다. 이분이 애왕(901년)이다. 태자 대광현이 신덕 장군과 함께 예부경 대화균과 사정 대원균과 좌우위 대장 대심리와 남작 박어경과 오흥 등 여러 사람들을 거느리고 고려로 투항하여 들어갔다. 태조 기해(699년)로부터 애왕(14대 901~926년) 병술(926년) 14왕이 전하여졌고 228년을 지내 왔다. 104년 뒤 기사(1029년)에 태조의 7대손 연림이라는 분이 왕위에 올라 국호를 흥요라 하고 건원을 천흥이라 하고 종묘사직이 다시 일어났다가 4년 만에 고려로 꺾여 들어갔다.

彝: 떳떳할 이. 虔: 정성 건. 晃: 밝을 황. 禋: 공경할 인. 譔: 지을 찬. 寇: 침략할 구. 陷: 무너질 함. 鈞: 고를 균. 漁: 어부 어. 延: 이끌 연. 琳: 아름다운 옥 림. 折: 꺾일 절. 大光顯－발해 마지막 왕 애왕의 세자. 926년 발해가 망하자 관민 수만 명을 이끌고 고려에 투항하여 왕건의 후대로 '왕계자'라는 이름도 받고 종적에 들었으며 위보를 주어 백주(연백군)를 다스리게 하였다.

ㅁ神檀之族이發祥於太白하야化被四表하니舜之諸馮과夷齊之孤竹과大連之居喪이乃禮儀之邦也라東夷大胡之雄據强族에三國이鼎峙하야虎視天下러니新羅－越海交唐하야骨肉相殘하니唐族이入來跳梁이라渤海氏－奮起而拒唐하고以鴨綠江으로界爲南北하니契丹(讀걸안)之後大遼와女眞之後金國이繼立하야爲天子하고愛親(讀新)氏와成吉氏－竝呑漢甌하다.

ㅁ 신령한 단군의 민족이 성스러운 태백산에서 발원하여 사방에 교화가 미쳤으니 중국 고대의 순임금의 제풍과 백이, 숙제의 고죽 거상을 잘한 소련 대련의 땅이 예의의 나라였으며 동이 대호의 웅장하고 강성한 민족의 세 나라가 솥발처럼 대치하여 천하를 호시탐탐 노리더니 신라가 바다를 건너 중국의 당나라와 친교를 맺어 한 핏줄 같은 민족끼리 서로 죽이니 당나라 사람들이 건너 달려와 침입하므로 발해가 분연히 일어나 당나라를 쳐서 막고 압록강으로 남북의 경계를 삼으니 거란의 후예로 대요가 되고 여진족의 후손이 금나라가 되어 왕위를 이어 나가 천자국이 되었고 예신씨의 나라와 성길씨의 나라는 한나라의 지역으로 병탄되었다.

發: 일어날 발. 被: 미칠 피. 四表－사방에. 夷齊－백이와 숙제. 孤竹－중국 고대 상나라 제후의 나라로 신농씨의 자손이 세웠다 하며 백이와 숙제는 그 임금의 왕자라고 함. 居喪 －부모의 상을 당하여 입는 상복. 鼎: 솥 정. 峙: 우뚝 솟을 치. 鼎峙－세 발 달린 솥과 같이 세 곳에 나누어 서다. 殘: 죽일 잔. 跳: 뛸 도. 梁: 달릴 량. 跳梁－뛰어 들어와 함부로 날뜀. 奮: 성낼 분. 呑: 삼킬 탄. 경시할 탄. 竝呑－아울러 삼키다. 甌: 사발 구. 遼－거란의 태종이 몽고와 만주 땅에 세운 나라(916~1125년)로 210년 만에 금나라에 멸망하였다. 金－여진족이 세운 나라로 아골타가 창건하여 연경, 요나라, 북송, 몽고 등 북부를 점거하였다(1115~1235년). 120년 만에 원나라에 망하였다.

大渤海國傳世圖

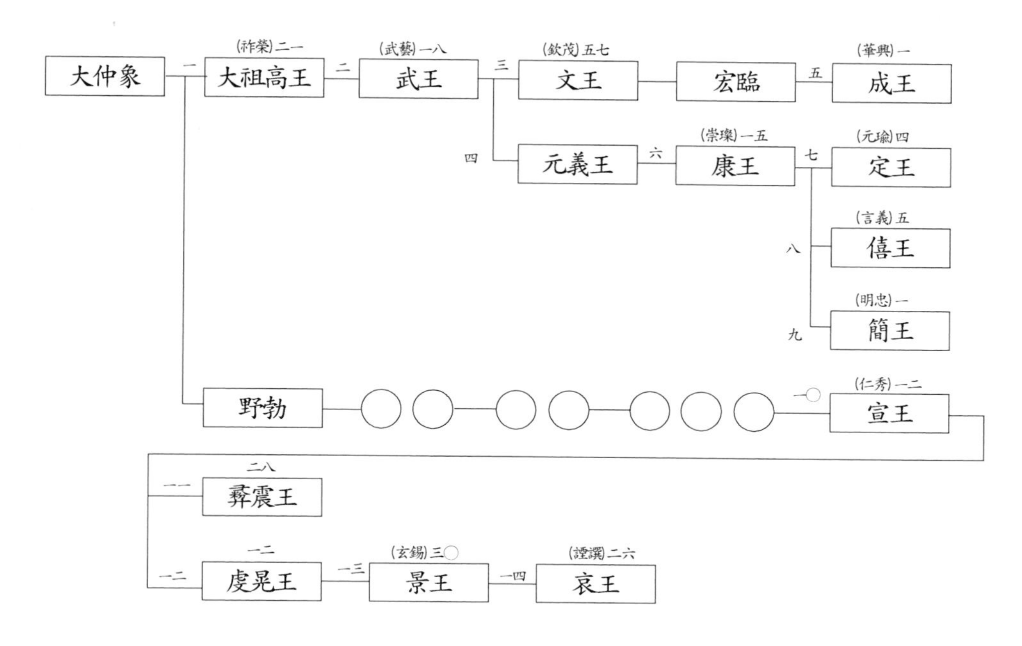

대발해국전세도

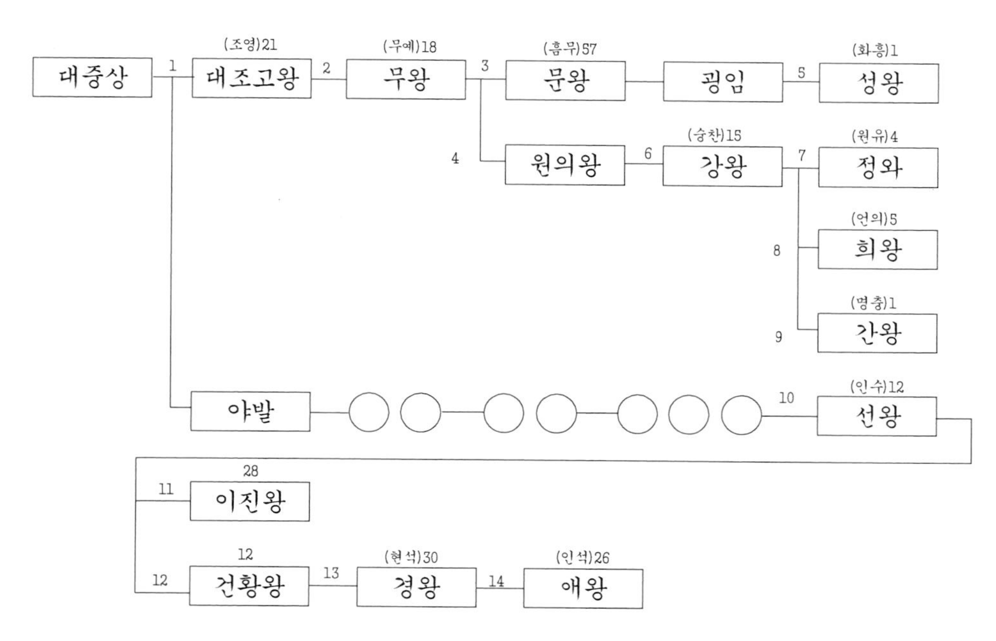

高句麗歷代(二十八王 七百五年)

東明聖帝(高氏) 琉璃明王 太武神王 閔中王 慕本王 太祖王 次大王 新大王 故國川王 山上王 東川王 中川王 西川王 烽上王 美川王 故國原王 小獸林王 故國壤王 廣開土王 長壽王 文咨明王 安藏王 安原王 陽原王 平原王 嬰陽王 榮留王 寶藏王

고구려 역대(28왕 705년)

동명성제(고씨) 유리명왕 태무신왕 민중왕 모본왕 태조왕 차대왕 신대왕 고국천왕 산상왕 동천왕 중천왕 서천왕 봉상왕 미천왕 고국원왕 소수림왕 고국양왕 광개토왕 장수왕 문자명왕 안장왕 안원왕 양원왕 평원왕 영양왕 영류왕 보장왕

新羅歷代(朴 十 昔 八 金 二十九 凡五十六王 九百九十二年)

赫居世王(朴氏) 南解王 儒理王 脫解王(昔氏) 婆娑王(朴氏) 祇摩王 逸聖王 阿達羅王 伐休王(昔氏) 奈解王 助賁王 沾解王(昔氏) 味鄒王(金氏) 儒禮王(昔氏) 基臨王(昔氏) 訖解王 奈勿王(金氏) 實聖王 訥祇王 慈悲王 炤智王 智證王 法興王 眞興王 眞智王 眞平王 善德女王 眞德女王

신라 역대(박씨 왕 19명 석씨 왕 8명 김씨 왕 29명 모두 56왕 992년)

혁거세왕(박씨) 남해왕 유리왕 탈해왕(석씨) 파사왕(박씨) 지마왕 일성왕 아달라왕 벌휴왕(석씨) 나해왕 조분왕 첨해왕(석씨) 미추왕(김씨) 유례왕(석씨) 기임왕(석씨) 흘해왕 내물왕(김씨) 실성왕 눌지왕 자비왕 소지왕 지증왕 법흥왕 진흥왕 진지왕 진평왕 선덕여왕 진덕여왕

脫: 껍질 벗길 탈. 婆: 할미 파. 娑: 범어의 사의 음역 자 사. 祇: 공경할 지. 摩: 갈 마. 逸: 편안할 일. 休: 아름다울 휴. 賁: 클 분. 沾: 더할 첨. 訖: 이를 흘. 訥: 말 삼갈 눌. 炤: 밝을 소.

百濟歷代(三十王 六百七十八年)

溫祚王(扶餘氏本高氏) 多婁王 己婁王 蓋婁王 肖古王 仇首王 古爾王 責稽王 汾西王 比流王 契王 近肖古王 近仇首王 枕流王 辰斯往 阿莘王 直支王 久爾辛王 毗有王 蓋鹵王 文周王 三斤王 東城王 武寧王 聖王 威德王 惠王 法王 武王 義慈王

백제 역대(30왕 678년)

온조왕(부여씨본고씨) 다루왕 기루왕 개루왕 초고왕 구수왕 고이왕 책계왕 분서왕 비류왕 계왕 근초고왕 근구수왕 침류왕 진사왕 아신왕 직지왕 구이신왕 비유왕 개로왕 문주왕 삼근왕 동성왕 무녕왕 성왕 위덕왕 혜왕 법왕 무왕 의자왕

祚: 복 내릴 조. 婁: 별이름 루. 仇: 짝 구. 稽: 머무를 계. 汾: 클 분. 契: 합칠 계. 枕: 베개 침. 阿: 언덕 아. 莘: 많을 신. 毗: 도울 비. 鹵: 소금 로.

北渤海歷代(十四王二百二十八年)

太祖高王(大氏) 武王 文王 廢王 成王 康王 定王 僖王 簡王 宣王 彝震王 虔晃王 景王 哀王

북발해 역대(14왕 228년)

태조고왕(대씨) 무왕 문왕 폐왕 성왕 강왕 정왕 희왕 간왕 선왕 이진왕 건황왕 경왕 애왕

彝: 떳떳할 이. 震: 두려워할 진. 虔: 정성 건. 晃: 밝을 황.

南新羅歷代(二十八王)

太宗武烈王 文武王 神文王 孝昭王 聖德王 孝成王 景德王 惠恭王 宣德王 元聖王 昭聖王 哀莊王 憲德王 德興王 僖康王 閔哀王 神武王 文聖王 憲安王 景文王 憲康王 定康王 眞聖女王 孝恭王 神德王(朴氏) 景明王(朴氏) 景哀王(朴氏) 京順王(金氏)

남신라 역대(28왕)

태종무열왕 문무왕 신문왕 효소왕 성덕왕 효성왕 경덕왕 혜공왕 선덕왕 원성왕 소성왕 애장왕 헌덕왕 덕흥왕 희강왕 민애왕 신무왕 문성왕 헌안왕 경문왕 헌강왕 정강왕 진성여왕 효공왕 신덕왕(박씨) 경명왕(박씨) 경애왕(박씨) 경순왕(김씨)

莊: 엄숙할 장. 憲: 가르칠 헌. 閔: 가엽게 여길 민.

正史卷三

中古史

高麗

高麗太祖神聖王의 姓은 王이오 名은 建이니 漢州人金城太守隆之子也라 初에 父隆이 築室松嶽이러니 太祖生에 龍顔日角이오 氣度雄深하야 有濟世之量으로 僧道詵(玉龍子)이 憩于門外曰足下値百六之會하야 三季蒼生이 待公弘濟라 因告出師置陣과 地利天時之法과 望秩山川과 感應保佑之理하다.

정사 권3

중고사

고려

고려 태조 신성왕의 성은 왕이요 이름은 건이니 한주(지금 廣州) 사람 금성 태수 융의 아들이었다. 처음 아버지 융이 송악에 집을 지어 태조를 낳았는데 용 같은 얼굴에 해 같은 이마요 기백이 웅장하고 깊어 세상을 건질 만한 도량이 있어 보였다. 중 도선(옥룡자)이 대문 밖에서 쉬며 말하기를 "그대는 106의 액운을 만나고 삼한 말기의 백성들이 공의 덕으로 힘을 입어 구제될 것이오." 하고 이에 군사를 출진시키고 진을 치는 법과 지세와 천기를 이용하는 법과 산천에 제사 지내고 감응을 받는 이치를 도선이 가르쳐 주었다.

顔: 얼굴 안. 角: 이마 각. 度: 풍채 도. 詵: 많을 선. 憩: 휴식할 게. 値: 만날 치. 蒼: 무성할 창. 濟: 어려움에서 구제할 제. 望: 제사 지낼 망. 秩: 차례 질. 佑: 도울 우. 出 師-출병. 地 利-지세에 따라 얻어지는 이로움. 天 時-하늘의 도움을 받을 시기. 足 下-대등한 사람끼리 존칭하는 말. 三季-삼국(고구려, 신라, 백제)의 말기를 말함. 蒼 生-백성 들. 百 六 會-아주 견디기 어려운 궁액의 때(106의 운. 액운). 望 秩-섶을 태우며 산천에 제사 지내는 것. 道 詵-신라 말(827~898년) 영암 출신으로 속성은 김씨다. 15세에 중이 되어 화엄사에서 대의를 통하여 신으로 추앙받았으며 수도행각으로 여러 대사들에게서 배워 깨닫고 희양현 백계산 옥룡사에 자리 잡고 수양하다가 헌강왕이 불러 정신적 영향을 끼쳤으며 음양지리설과 풍수상지법은 고려와 조선에 영향을 준 학설이다. 죽으니 효공왕이 요공선사라는 시호를 내리고 여러 왕들로부터 대선사 왕사 선각국사로 추봉되었다.

感應: 감촉되어 그에 따른 반응이 생김.

ㅁ 及新羅 - 政亂에 爲泰封將이러니 泰封王이 殺妻並子하고 暴虐日甚이라 將軍洪儒(忠烈) 申崇謙(將節) 庾黔弼(忠節) 卜智謙(武恭) 裵玄慶(武烈) 等이 夜詣太祖第하야 請行殷周之事한대 太祖 - 作色拒之曰 予實否德이라 敢效湯武乎아 恐後世 - 以爲口實하노라 夫人柳氏 - 從帳中出曰 廢昏立明은 自古而然矣라 今聞諸將議하니 妾猶奮發커든 況大丈夫乎아 群心이 忽變에 天意 - 有歸矣라하고 手提甲領以被之하니 諸將이 行君臣禮하고 令人馳呼曰 王公이 已擧義旗矣라하니 百姓이 舞蹈來附하고 先至宮門하야 鼓譟而待之러라.

ㅁ 신라가 정치가 혼란스러울 때에 왕건은 태봉의 장수가 되었는데 태봉주 궁예는 자기 처와 아들을 죽이고 포악함이 날로 심하였다. 장군 홍유(충렬)와 신숭겸(장절)과 유검필(충절)과 복지겸(무공)과 배현경(무열) 장군 등이 밤에 태조의 집에 모여 중국 은나라 주의 일을 행할 것을 간청하였는데 태조 왕건은 얼굴빛을 정색하여 거절하며 말하기를 "나는 실로 덕이 부족한 사람이오. 어찌 감히 탕왕과 무왕을 본받으란 말이오. 후세 사람들이 구실을 삼을까 두렵소." 하니 부인 유씨가 휘장 뒤편에서 나오며 말하기를 "어두운 임금은 폐위시키고 밝은 임금을 세우는 것은 옛날부터 그렇게 하였습니다. 지금 여러 장수들이 의논한 바를 들으니 첩도 오히려 분연히 일어나겠는데 하물며 대장부가 되어 가지고 어찌 망설인단 말이오. 여러 군중들의 마음이 홀연히 변하니 이렇게 돌아가는 것은 하늘의 뜻이 있기 때문일 것이오." 유 씨가 손수 갑옷을 들어 입히니 여러 장수들이 신하의 예를 행하고 사람들에게 달려가 외치게 하니 "왕 공께서 이미 의로운 깃발을 들으셨다" 하니 백성들이 춤추고 뛰며 부응하여 궁문에 먼저 와서 북 치고 떠들며 기다리고 있었다.

庾: 성 유. 黔: 검을 검. 弼: 도울 필. 卜: 성 복. 裵: 성 배. 帳: 휘장 장. 詣: 갈 예. 第:

집 제. 色: 얼굴빛 색. 丈: 어른 장. 提: 손에 들 제. 馳: 쫓을 치. 蹈: 춤출 도. 附: 따를 부. 譟: 시끄러울 조. 殷 周 之 事－중국 고대 국가로 은나라 28대 주왕(紂王)이 포악하여 주무왕(周武王)에게 멸망되었다. 湯 武－고대 중국 은나라 탕왕과 주나라 무왕인데 모두 자기가 섬기던 왕들이 포악하여 쫓아내고 나라를 얻은 임금들이다. 洪 儒－?~936년 고려 초기 무장으로 시호가 충렬이다. 본래 궁예 치하에 있다가 신숭겸, 배현경 등과 왕건을 추대하여 고려를 세웠다. 일등 개국공신으로 대상에 오르고 후백제 정벌에 공을 많이 세웠다. 申 崇 謙－?~927년 고려 개국공신으로 시호는 장절, 본관은 평산. 왕건과 평산에 사냥 갔다가 왕건이 지적한 기러기를 떨어뜨려 밭 300결을 받고 본관을 하사받은 곳이다. 몸이 장대한 장군으로 궁예 치하에 있다가 궁예가 포악하여 홍유, 배현경 등과 왕건을 추대하여 고려 개국의 대업을 이루었다. 927년 왕건이 공산에서 견훤과 역전 중에 포위되어 위태할 때 왕건 복장으로 바꿔 입고 왕건을 피신시키고 견훤과 싸우다 죽었다. 왕건이 슬퍼하여 지묘사를 짓게 하고 명복을 빌게 하였다. 庾 黔 弼－고려 태조 때 무장. 平州 출신. 시호 충절, 馬軍장군이 되어 北蕃을 점령하였고 백제와 여러 번 싸워 전공을 많이 세웠다. 911년에 무고로 귀양 갔다가 大牛島에서 견원과 싸워 크게 불리하단 말을 듣고 자원 출전하여 적을 패주시키고 征南대장군이 되었으며 都統대장군이 되어 후백제를 멸망시켰으며 왕건을 추대하여 왕위에 오르게 하였다. 성종 때 太師로 추증되었으며 태조 사당에 모셨다(고려사). 卜 智 謙－고려 초기 공신. 騎兵大將으로 궁예 말년에 신숭겸, 배현경, 홍유 등과 함께 궁예를 몰아내고 태조 왕건을 추대하여 왕위에 오르게 하였다. 994년(성종 13)에 4인이 太師로 추증되었으며 태조 사당에 배향되었다(고려사).

o檀紀三千二百五十一年戊寅夏六月丙辰에卽位於布政殿하고國號를高麗라하고建元曰天授라하니弓裔－出奔하야爲民所害하다.

ㅁ丙戌에渤海國이爲契丹所滅하고太子大光顯과申德等이來歸어늘引見天德殿할세繼宗케하고行三拜한대或謂失禮어늘大相含弘이曰失土之人이三拜는古之禮也라하고附之宗籍하고僚佐는賜爵하다.

o 단기 3251년(918년) 무인 여름 유월 병진에 포정전에서 왕위에 오르고 국호를 '고려'라 하고 건원을 '천수'라 하였다. 궁예는 뛰쳐나와 도망가다가 백성들에게 피살되었다.

ㅁ 병술(926년)에 발해국이 거란의 침입으로 멸망하자 태자 대광현과 신덕 등

이 고려에 귀순하여 오니 천덕전에서 불러들여 만났다. 종통을 이어 가게 하고 세 번 절하게 하니 혹자가 예의가 아니라고 하니 대상 함홍이 말하기를 "국토를 잃은 사람이 세 번 절하는 것은 옛날부터 있는 예의다."라고 하였다. 그들을 종적에 붙여 주고 보좌관들에게는 벼슬을 주었다.

裔: 후손 예. 奔: 달아날 분. 僚: 벼슬아치 료. 佐: 보좌관 좌. 籍: 문서 적. 引見－윗사람이 아랫사람을 불러 만나 보는 것. 宗籍－종친의 적. 僚佐－보좌관. 大光顯－발해 마지막 왕인 인선의 세자. 926년 발해가 망하자 요좌들, 백성들 수만 명을 이끌고 고려에 투항하자 고려태조가 왕계라는 성명을 주고 원보 작위를 주어 白州를 다스리게 하였다(고려사).

ㅁ 丁亥十月에甄萱이弑新羅王이어늘太祖遣使弔祭하고邀萱于公山桐藪(大邱)하여大戰不利라萱兵이圍太祖甚急이어늘將軍申崇謙이貌類太祖라匿王林中하고代乘御車하고與金樂으로力戰死之하니太祖ー得免하야以左足下七星文으로驗得申太師軀하야雕金頭禮葬하니如漢之紀信也러라.

ㅁ 정해(927년) 시월에 견훤이 신라 경애왕을 죽였거늘 태조 왕건이 사신을 보내 조문하고 공산 동수(대구)에서 견훤군을 맞아 큰 싸움을 하던 중에 전세가 불리하여 견훤 군사들에게 포위되어 태조가 매우 위태하게 되었는데 장군 신숭겸이 태조와 얼굴이 흡사하여 왕건 임금을 수풀 속에 숨기고 신숭겸이 왕의 어가에 대신 타고 김락과 더불어 힘을 다해 싸우다가 죽으니 태조는 죽음을 면하였다. 신숭겸의 왼쪽 다리 아래 북두칠성 무늬가 있음을 증거로 신숭겸의 몸만 찾아 태조가 머리는 금으로 조각하게 하여 장례하게 하니 중국의 漢나라의 기신과 같았다.

邀: 맞을 요. 桐: 오동나무 동. 藪: 숲 수. 類: 닮을 류. 匿: 숨길 익. 驗: 증거 험. 軀: 신체 구. 雕: 새길 조. 弔祭－죽은 사람을 조상하고 제사 지냄. 御車－임금이 탄 수레. 紀信－중국 한나라의 장군으로 항우가 한고조를 형양에서 포위하여 위급할 때 한고조로 가장하고 항복하여 항우를 속였다가 기신은 피살당하였고 한나라 고조는 탈출하여 나라를 세웠다.

ㅁ乙未十八年이라冬에新羅王金傅－來附어늘擢拜政丞하고誅滅後百濟하다甄萱이欲立第四子러니長子神劍이自立爲王하고赦曰天命不易하니神器有歸라恭惟大王이功業은幾於重興이로되謀慮는忽其一失이라幼子鍾愛에奸臣弄權하야擬以大寶로授之頑童이러니所幸者는上帝－降衷에君子－改過라命我元子하야尹玆一邦하니顧非震長之才가豈有臨君之智리오兢兢慄慄하야若蹈氷淵이라宜推不次之惠하야以示惟新之政하리라하다甄萱이逃歸高麗하야請討賊子어늘進軍百濟都城하야令曰渠魁旣己納款하니無犯我赤子하라하다.

ㅁ 을미(935년) 18년 겨울에 신라왕 김부가 와서 붙이니 발탁하여 정승으로 삼고 후백제를 베어 섬멸하였다. 견훤이 넷째 아들에게 왕위를 물려주려 하니 장자 신검이 스스로 왕이 되고 사면령을 내리며 말하기를 “천명은 바꿀 수가 없으니 신기가 돌아왔다. 공손히 생각하니 대왕(견훤)께서는 성공하신 업적이 거의 부흥하게 되었는데 꾀하여 생각하심을 갑자기 한 번 잃으시니 어린 아들에 사랑을 쏟고 간신들의 권력에 농락되어 대보를 무지한 아이에게 주려 하셨으나 다행히 하늘이 양심을 내렸기에 군자가 허물을 고쳐 맏아들 나를 명하시어 이 한 나라를 맡기셨으니 돌아보건대 나는 크게 군장이 될 만한 자질이 없으니 어찌 지혜로운 임금이 될 수 있겠는가! 조심스럽고 송구하여 얼음 언 연못 위를 걷는 것과 같으니 마땅히 순차를 불구하고 발탁한 은혜이니 새로운 정치를 보일 것이다.” 하였다. 견훤은 고려로 도망하여 난신적자 신검을 토벌하여 줄 것을 청하니 고려군이 백제의 도성까지 진군하여 호령하기를 “악당 괴수는 이미 항복하였으니 우리의 죄 없는 백성들을 범하지 말라.” 하였다.

誅: 토벌할 주. 弄: 자기 마음대로 다룰 롱. 擬: 헤아릴 의. 頑: 완악할 완. 頑童－완악한 아이. 降: 내릴 강. 衷: 가운데 충. 降衷－하늘이 좋은 일을 내려 줌. 鍾: 모을 종. 鍾愛－사랑을 한쪽으로만 모아 줌. 謀慮－꾀하여 생각함. 계략. 元: 근본 원. 元子－왕의 적자. 尹: 다스릴 윤. 神 器－승통하는 기물 옥새 같은 것. 神 劍－견훤의 맏아들이었으나 견훤이 넷째 아들 금강에게 왕위를 물려주려 하니 신검이 아버지를 金山佛宇에 가두고 금강을 죽이고 스스로 왕위에 올랐다. 款: 정성 관. 震: 떨칠 진. 兢: 두려워할 긍. 慄: 두려워할 율. 蹈: 밟을 도. 維 新 之－낡은 제도나 체제를 새롭게 고친 정치. 賊: 해칠 적. 賊 子－큰 불효자. 渠: 클 거. 魁: 우두머리 괴. 次: 뒤 이을 차. 納 款－귀순하여 성의껏 섬김. 不 次－순번에 의하지 않음. 渠 魁－악당의 괴수. 赤子－임금 치하에서 은택을 받는 백성들.

ㅁ於是에三韓이統一하니設三省六官五部六衛九寺하고御威鳳樓하야受賀하고製百僚戒八篇하야頒于中外하다

ㅁ契丹이遣槖駝馬五十匹이어늘王曰契丹이與渤海和好러니忽生疑貳하야一旦殄滅하니此爲無道之甚이라不足遠結爲隣이라하고流其使三十人于海島하고繫槖駝于萬夫橋下하야皆餓死하니契丹은大國也라因此而累興邊師하다.

ㅁ 이때 삼한을 통일하였으니 삼성과 육관과 오부와 구시를 설치하고 위봉루에 납시어 하례를 받고 백료계 8편을 지어 안과 밖에 반포하였다.

ㅁ 거란이 낙타 50마리를 보내니 왕이 말하기를 "거란이 발해와 화친하여 좋은 사이였으나 의심하고 배반하여 하루아침에 멸망시켜 버렸으니 이는 너무 무도한 짓을 하였다. 우리는 그런 사람들을 멀리할 것이니 이웃이 될 수가 없다." 하고는 거란 사신 30인을 바다 섬에 귀양 보내고 낙타들은 만부교 다리 아래 매어 두니 다 굶어 죽었다. 거란은 큰 나라였다. 이 일로 인하여 변방에서 군사들의 충돌이 여러 번 일어났다.

寺: 마을 사. 頒: 반포할 반. 貳: 두 마음 이. 槖 駝－낙타의 이칭. 和好－서로 사이가 좋고 친함. 槖: 전대 탁. 駝: 낙타 타. 餓: 굶주릴 아. 累: 여러 루. 師: 군사 사.

ㅁ 王이 巡塞曰龍城에 秋日晩이오 古戍에 白烟生이라 萬里에 無金革하니 胡兒賀太平이라하다 王이 薨커늘 長子武立하야 葬顯陵하고 廟曰崇義殿이러라.

O 惠宗이 立하얀 王規 - 矯詔하야 殺大匡朴述熙而作亂이어늘 王式廉이 引兵追斬之하다 薨하고 弟堯立하다.

ㅁ 왕이 요새를 순행하며 시를 읊기를 "용성에 가을은 저무는데 옛 성루엔 흰 연기만 피어오르네 저 멀리에 싸움 없으니 태평세월에 오랑캐들 하례 오누나." 하였다. 왕이 죽으니 장자 무를 세웠다. 현릉에 장사 지내고 사당을 '숭의전'이라 하였다.

o 혜종(944년)이 위에 오르고는 왕규가 거짓으로 왕에게 고하여 대광 박술희를 죽이고 난을 일으키니 왕식렴이 군사들을 이끌고 쫓아가 왕규를 죽였다. 왕이 죽으니 동생 요를 세웠다.

塞: 변방 새. 戍: 경비병 주둔할 수. 烟=煙: 연기 연. 革: 갑주 혁. 胡: 북방 오랑캐 호. 矯: 거짓 교. 匡: 바로잡을 광. 述: 말할 술. 지을 술. 熙: 빛날 희. 堯: 높을 요. 金 革-병기와 갑주, 즉 전쟁. 胡 兒-북방 오랑캐. 龍 城-함경남도 덕원. 朴 述 熙-고려 태조 때 장군. 누차의 전공으로 대광이 되었다. 혜성 박씨 시조로 혜종 사당에 배향되었다. 王式廉: 고려 초기 공신. 왕건 태조의 종제로 사람됨이 충성스럽고 용감하여 황폐한 평양을 다스리게 하였다. 태조가 죽고 혜종이 왕이 되었으나 2년 만에 죽고 정종이 위에 오르자 왕규는 태조 16비의 아버지로 16비가 낳은 廣州院君을 임금으로 세우려 반란을 일으켰다. 정종이 왕식렴을 불러 호위하게 하고 왕규를 잡아 귀양 보내 죽이고 일당 300명도 참형시켰다. 정종은 왕식렴에게 공신 호와 大丞을 내리고 사후 정종의 사당에 모셨다.

○定宗은太祖第二子다性好佛多畏러라王이備儀仗奉佛舍利로되步至十里開國寺安之하다三年秋에東女眞에大匡等來하야獻馬七百匹及方物이라置光軍三十萬하다薨하고弟昭立하다.

○光宗이立하야는以詩賦頌及時務策으로取進士하니文風이振興이라賜宰臣金酒器하니內議令徐弼이(利川貞敏)不受曰服用은明等分하며關理亂이어늘臣用金器면君將用何닛고王曰卿不以寶爲寶하니予以卿言爲寶하노라.

ㅇ 정종(3대 923~949년)은 태조의 둘째 아들이다. 성품이 불교를 좋아하고 두려움이 많았다. 왕규가 역모하다가 잡혀 죽었다. 왕이 의장봉을 갖춰 불사리를 받들고 10리나 되는 개국사까지 걸어가 이를 모셨다. 광군 30만 명을 배치하였다. 왕이 죽고 동생 소를 세웠다.

ㅇ 광종(4대 950~975년)이 위에 오르고는 시와 부와 송과 시무책으로 진사를 뽑으니 학문을 숭상하는 유풍이 크게 일어났다. 재상들에게 금 술잔을 내려 주니 내의령 서필(이천 정민)이 받지 않으며 말하기를 "입고 쓰는 용품들은 신분의 등급을 분명하게 하며 치리와 혼란에 관계되는데 신들이 금 그릇을 쓴다면 임금님께서는 장차 어떤 것을 쓰시렵니까?" 하였다. 임금이 말하기를 "경은 보물을 보물로 여기지 않으니 나는 경의 말을 보물로 여기겠소." 하였다.

賦: 읊을 부. 弼: 도울 필. 敏: 민첩할 민. 徐弼－901~965. 고구려 초기의 명신. 이천 출신으로 청렴결백한 성품으로 광내의령을 지냈다. 왕이 잘못할 때는 충간으로 지적하였다. 광종이 사치를 즐기고 허영에 떠 있을 때 대담하게 간하여 시정하였고 왕의 말이 죽었을 때 관리인을 죽이려 하자 서필이 옛날 성인 孔子의 말이 타 죽었을 때 "사람은 다친 데 없느냐." 물었다는 고사를 인용하여 말하니 왕이 관리인을 용서하여 주었다. 서필이 죽은 뒤에 광종 사당에 배향하였다(고려사).

ㅁ庚申에宋太祖趙匡胤이卽位하니而建隆元年也라王이薨하고太子立하다.
o景宗이立하야는置田柴科하야賜文武官田柴有差하고取進士하고賜及第하다政丞金傅ㅡ卒커늘賜諡曰敬順王이라하다薨하고太祖孫開寧君立하다.

ㅁ 경신(960년)에 송나라 태조 조광윤이 왕위에 오르니 건륭 원년이었다. 왕이 죽고 태자를 세웠다.

o 경종(5대 976~981년)이 위에 오르고는 전시과를 설치하여 문관과 무관의 전시를 차별 있게 내려 주고 진사를 뽑고 급제를 내려 주었다. 정승 김부가 죽으니 경순왕이라는 시호를 내렸다. 경종이 죽고 태조의 손자 개령군을 세웠다.

胤: 이을 윤. 隆: 융성할 융. 柴: 섶 시. 差: 틀릴 차. 田柴－고려 때 토지제도의 하나로 모든 문무관에 대하여 관직의 고하를 18직으로 나누어 田과 柴地를 정하여 주었다. 上匠 승려 등에게도 주었으며 제도가 자주 바뀌었다. 토지는 직접 분배가 아니라 경작자에게 나라에서 받아들여 지급하였다. 중기 이후에는 유명무실하여 권세가들의 토지 소유가 되었다. 金 傅(경순왕)－신라의 56대(927~935년) 마지막 왕. 후백제 견훤이 세운 왕으로 국력이 쇠약하여 왕건에게 항복하고 정승이 되었다. 죽은 뒤에 경순왕이란 시호를 내렸다.

o成宗이立하야는定五服給暇式하니斬齊衰三年은以百日이오期年은三十日이오大功九月은二十日이오小功五月은十五日이오緦麻三月은七日이러라置十二牧하고敎曰國은以民爲本이오民은以食爲天이라德惟善政이오政在養民이니咨爾十二牧諸州鎭使는宜停雜務하고專務農桑하라置六曹하고開言路하니崔承老(慶州順恭)上千言疏하다.

o 성종(6대 982~997년)이 위에 오르고는 다섯 가지 상복에 휴가를 주는 법식을 정하였으니 참최와 자최 3년은 100일로 자최 기년은 30일로 대공 9월은 20일

이요 소공 5월은 15일이요 시마 3월은 7일이었다. 처음으로 12목을 설치하고 교훈하기를 "나라는 백성을 근본으로 삼고 백성들은 먹는 것을 하늘로 삼는다. 오직 덕으로 선정을 베풀어야 하니 정치라는 것은 백성들을 잘 보살핌에 있다. 그대들 12목 여러 주의 鎭使들은 마땅히 여러 잡다한 일들은 그치고 오로지 농사와 누에치기에 힘써야 할 것이다." 하였다. 6조를 설치하여 언로를 열어 놓으니 최승노(경주 순공)가 천언의 상소를 올렸다.

服: 상복 복. 給: 줄 급. 暇: 틈 가. 斬: 도련하지 않는 상복 참. 齊: 상복 자. 衰: 상옷 최. 期: 일 년 기. 緦: 시마복 시. 咨: 상의할 자. 六曹－尙書六部로 이부, 호부, 병부, 형부, 예부, 공부. 鎭: 진영 진. 桑: 누에 칠 상. 使: 지방 사무 맡은 관리 사. 曹: 관청 조. 五服－다섯 가지 상복, 즉 참최, 자최, 대공, 소공, 시마. 斬 齊－참최와 자최. 斬 衰(참최)－오복의 하나 삼베옷 아랫단을 꿰매지 않은 상복. 齊 衰(자최)－상복을 굵은 생삼배로 짓되 아래 가를 좁게 접어 꿰맨 상복. 大 功－오복 중의 하나, 9달 입는 복. 小 功－가는 베옷으로 5달 동안 입는 복. 緦 麻－3달 입는 복. 崔 承 老－고려 초기 명신(927~989년) 본관 경주. 태조, 혜종, 정종, 광종, 경종, 성종 때까지 계속 관직에 종사하였다. 문하시중 淸河侯에 봉되었으며 역대 왕들의 선악 득실을 28조로 분석하여 왕에게 바친 것으로 유명하였다. 사후 太師로 추증하고 성종묘에 모셨다(고려사).

ㅁ契丹帝－使蕭遜寧으로將八十萬兵來할새書曰若不出降이면掃蕩而盡하리라王이會群臣議할새多從割地之議어늘中軍使徐熙曰不然하니彼以谿壑之欲으로責之無厭이면可盡與乎잇가하고請往契丹營하야使譯者로問相見禮한대丹營이曰宜拜庭下니라熙曰兩國大臣이相見에豈有是禮리오還館不起하니遜寧이許升堂行禮하고曰汝國이侵蝕高句麗舊疆하고且越海通宋하니大朝－是以로恭行天罰이로라熙曰我國이是高句麗之舊也라故로名矣니上國東京이在我境이오且女眞이據鴨綠에使介－不通이라하고辭氣慷慨하니丹營이以報하야講和하니契丹聖宗十一年癸巳也라使聘이始此하다.

ㅁ 거란 왕이 소손녕으로 하여금 군사 80만 명을 거느리고 와서 글로 보내기를 "만약 나와서 항복하지 않으면 모조리 쓸어 없애 버릴 것이다." 하니 왕이 여러 신하들과 의논하는데 거의가 땅을 떼어 주자는 의견을 따랐으나 중군사 서희가 말하기를 "그렇게 해서는 아니 됩니다. 저들의 끝없는 욕심과 염치없음을 꾸짖지 않고 다 들어주어야 한단 말입니까." 하고 거란의 진영으로 가기를 자청하여 통역하는 사람을 시켜서 상견례 할 것을 물으니 거란 진영에서 말하기를 "뜰아래서 절하는 것이 마땅하오." 하였다. 서희가 말하기를 "두 나라 대신이 서로 만나는데 어찌 이런 예의가 있단 말이오." 하고는 관사로 돌아와 다시 나오지 않으니 마침내 소손녕이 당에 오르게 하여 서로 예를 행하고 소손녕이 말하기를 "그대의 나라가 고구려 옛 땅을 침입, 잠식하고 또 바다를 건너다니며 송나라와 통하고 지내니 이 때문에 우리 대거란은 조정에서 하늘의 뜻을 받들어 벌을 내리려고 왔소." 하였다. 서희가 대답하기를 "우리나라는 고구려가 옛날 우리의 땅이었기 때문에 이름도 고려라 하였소. 그대 나라 동경(요양)은 우리의 땅이오. 또 여진이 압록강에 웅거하여 사이에 끼어서 그대 나라와 교통하지 못한 것이었소" 하며 비분강개하여 힘차게 외치니 거란 진영에서 정부에 보고하고 강화하였으니 그때가 거란 성종 11년 계사(993년)였다. 사신의 내왕이 이때 시작되었다.

遜: 겸손할 손. 掃: 쓸 소. 蕩: 쓸어버릴 탕. 割: 쪼갤 할. 谿: 시내 계. 壑: 산골짜기 학. 谿壑之慾－만족할 줄 모르는 욕심. 營: 진영 영. 蝕: 좀먹을 식. 越: 건널 월. 據: 웅거할 거. 疆: 나라 강. 慷: 원통하고 슬퍼할 강. 慨: 분개할 개. 大朝: 자기가 받든 왕조를 높이는 말. 恭行－받들어 행함. 使聘－사자를 보내 안부를 묻거나 예물을 보내는 것. 徐熙－942~998년 고려 초기 장군. 993년 거란이 남침하자 중군사로 적과 대진하였다. 전세가 불리하자 조정에서 西界(평안도)를 割讓(할양)해 주고 화평하자는 주장을 반대하고 거란 진중으로 들어가 담판하여 돌려보내고 다음 해에 여진을 몰아내어 압록강 이남을 장악하였다. 사후 성종묘정에 배향하였다(고려사). 蕭遜寧－거란족의 장수. 993년(고려 성종 12)에 소손녕이 80만 군을 이끌고 고려의 서북국경을 침범하였다. 고려에서는 화전양론이 있던 중에 서희는 고구려 국토회복의 역사의식이 투철하여 단신으로 거란 진중으로 들어가 "우리는 고구려의 후예이므로 국호도 고려라 하였소. 그대들 수도 동경도 우리 땅이오."라고 설득하였다. 마침 청천강 남방 安戎鎭(안주) 싸움에서 大道秀가 거란을 격파하니 전의를 상실 중이라 거란 연호를 쓰라 하고 오히려 강동 육주(청천강에서 압록강까지) 300리를 물려 주고 갔으니 이때부터 우리 영토가 압록강변까지 올라가게 되었다(高麗史).

ㅁ王이幸海州하야欲入徐熙(弼子太師)第한대熙ㅡ曰臣之幕은非君所臨이니다命進酒한대對曰臣之酒는不敢進也니다次于門外하고以御酒로飮罷하니其謀深慮遠而戒後盖如是也러라王이薨하니景宗의子開寧君이立하다.

ㅁ 임금이 해주를 순행하여 서희의 집에 들어가려 하는데 서희가 말하기를 "신의 오두막집은 임금님께서 오실 만한 곳이 못 됩니다." 하니 그러면 "술이나 올리시오." 하니 대답하기를 "신의 술은 감히 올릴 만한 것이 못 됩니다." 하니 문 밖에서 어주로 마시고 떠났다. 그(서희)는 생각이 깊고 염려가 멀어 후학들을 경계함이 이와 같았다. 왕이 죽으니 경종의 아들 개령군을 세웠다.

幸: 거동할 행. 第: 집 제. 幕: 덮어 가릴 막. 次: 머무를 차. 罷: 그만둘 파. 盖=蓋: 대개 개

o穆宗이立입하야는以王生日로爲長寧節하고西京으로爲鎬京하고三品以上의妻守節者는封爵하다金致陽이以千秋太后外戚族으로潛懷異志라王이不豫에召蔡忠順하야入臥內語曰寡人이疾漸에繼嗣未定하고致陽이深布腹心하니無以社稷으로屬異姓하라因泣下하며命草與大良君書하고召康兆入衛러니奏請移御하고迎立太祖의孫大良君詢하고弑前王하다.

o 목종(7대 997~1009년)이 위에 오르고는 왕의 생일을 장령절로 하고 서경(평양)을 호경으로 삼았으며 삼품 이상의 처들이 절개를 지키고 살아간 부인들에게는 작위를 봉하여 주었다. 김치양이 천추태후(목종의 어머니)의 외척 됨을 인하여 몰래 다른 뜻을 품었다. 왕이 건강하지 않은 중에 채충순을 침실로 불러들여 가만히 말하기를 "내 병은 점점 더해지고 뒤를 이을 사람을 정하지 못하였는데 김치양이 심복들을 깊은 곳까지 펴 놓고 있으니 사직이 다른 성씨에게 넘어가지

않게 하라." 하고 인하여 눈물을 흘리며 글로 쓸 것을 명하고 그 글을 "대량군에게 주어라." 하고 병마사 강조를 불러들여 호위하게 하였는데 강조가 왕에게 다른 곳으로 옮겨 가기를 청하고 태조의 손자 대량군 순을 맞아들여 세우고 강조가 전왕을 시해하였다.

鎬: 호경 호. 潛: 몰래 잠. 懷: 품을 회. 腹心－배와 가슴으로, 즉 가까워 친함. 蔡: 성 채. 漸: 점점 점. 草: 글 쓸 초. 詢: 물을 순. 封爵－부인들에게 외명부, 내명부, 儀賓 등으로 봉하는 것. 千秋太后－목종의 어머니로 외척 김치양과 간통하여 난 그 아들로 왕을 삼으려 하여 후계자 대령군 순을 중으로 만들어 해치려 하자 강조를 불러 호위하려 하였으나 강조는 목종을 폐위시키고 대량군을 옹립하고 김치양 일당을 살해하였다. 金致陽－?~1009년(목종 12) 고려 때 권신. 헌애왕후의 외척으로 중을 사칭하여 궁중을 드나들며 천추태후(목종의 어머니)와 사통하여 아들을 낳고 그 아들을 책봉하려고 대량군과 목종을 살해하려다가 실패하였다. 강조의 政變으로 현종이 즉위하자 김치양 부자가 처형되고 왕과 왕후를 내쫓고 왕을 중도에서 죽였다(고려사). 蔡忠順－?~1036년(정종 2) 고려 현종 때 대신. 목종으로부터 遺命을 받아 김치양 등 역신을 제거하고 태조의 손자 대량군 詢(현종)을 영립하였다. 1010년 거란이 침범할 때 현종을 모시고 나주까지 갔으며 보국공신 호를 받았다(고려사). 康兆－?~1010년 고려 때 무신. 1009년(목종 12) 김치양의 난 때 도순검사로 난군을 토벌하였다. 목종을 죽이고 현종을 임금으로 내세워 정권을 장악하였으나 거란의 以臣伐君을 구실로 쳐들어오자 통주에서 맞서 싸우다가 죽었다.

O顯宗이立하얀契丹主－遣給事中梁炳하야問前王之故하고契丹成宗이親率四十萬하야號義軍天兵이라하고縛殺康兆하고遼將蕭排押이入龜州어늘上元帥姜邯贊이連牛皮하야閉江이라가賊之半渡에決之하야發伏大破之하니凱還(音旋)에王이以八枝金花로插其首하고擧酒迎勞하다邯贊이體雖矮小나正色立朝하다卒에謚를仁憲(矜川)이라하다以薛聰(弘儒侯)崔致遠(文昌侯)으로從祀文廟하다王이薨하고長子欽이嗣하다.

o 현종(8대 1610~1031년)이 위에 오르고는 거란의 군주가 급사 중량병을 보내 앞의 왕이 어떻게 되었는지 까닭을 묻고는 거란 성종이 친히 40만 병력을 이끌고 와서 '우리는 하늘이 보낸 의병'이라 외치며 강조를 묶어 가 죽이고 요장 소배압

이 귀주성을 침입하니 상원수 강감찬(948~1031년)이 소가죽을 이어서 강을 막고 있다가 적군들이 강을 절반쯤 건너올 때 막았던 강을 터 버리게 하고 매복하여 두었던 군사들이 일어나 대파하고 개선하여 돌아오니 왕이 8가지로 된 금 꽃을 강감찬 머리에 꽂아 주고 위로하며 술잔을 들어 환영하였다. 강감찬은 몸이 비록 왜소하나 얼굴빛을 바로 하고 조정에 우뚝 섰다. 죽으니 시호를 인헌(긍천)이라 하였다. 설총(홍유후)과 최치원(문창후)을 공자 사당에 같이 제사 지내게 하였다. 왕이 죽고 장자 흠이 왕위를 이었다.

炳: 밝을 병. 縛: 묶을 박. 邯: 사람이름 감. 渡: 물 건널 도. 決: 제방 터질 결. 凱: 이길 개. 旋: 돌아올 선. 揷: 꽂을 삽. 矮: 키 작을 왜. 矜: 아낄 긍. 聰: 총명할 총. 侯: 후작 후. 欽: 공경할 흠. 文廟－공자 모신 사당. 從祀－덧붙여 제사 지냄. 姜邯贊－948~1031년(현종 22) 고려 명장. 성종 때 갑과에 장원급제. 1010년 거란이 40만 대군으로 침입하니 고려에서는 강조가 30만 대군을 이끌고 싸우다가 패하니 조정의 항복에 반대하여 하공진을 적진에 보내 說諭하여 물러가게 하였다. 1018년 거란 성종이 다시 고려를 침범하니 강감찬이 상원수가 되어 군사 20만 8천을 이끌고 나가 진격을 계속하는 적군의 후방을 공격하여 귀주에서 적을 섬멸하여 크게 이겨 돌아간 적군이 수천 명에 불과하였다. 개선하니 왕이 마중 나와 金花八枝를 꽂아 주고 안국공신의 호를 주었다. 관직에서 물러나 자연과 글을 벗하며 살았다(고려사).

o德宗이立하야는教曰絞斬之文은法在必誅나罪疑난惟輕이라惟刑之恤은前王之令典也니隨罪流島하라薨하니母弟亨이立하다.
o靖宗이立하야는二年夏에京城及東京尙州等에地震이如雷하고多毁屋廬하여三日而止러라三年春에彗星이五六出하여長이各五六尺이러라制文武官父母－在三百里之外者는三年에一定省하되而給暇三十日하고無父母者는五年에一掃墳하고而給暇十五日하다薨하니顯宗의第三子徽－嗣하다.

o 덕종(9대 1031~1034년)이 교령하기를 “목매어 죽이라는 조문에는 법에 반드시 죽이라고 되어 있으나 죄가 의심스러우면 형을 가볍게 할 것이오. 다만 형

벌을 주되 긍휼히 여김은 전왕의 법령이나 죄를 따라서 섬으로 귀양 보내라." 하였다. 왕이 죽으니 동생인 亨을 세웠다.

o 정종이 위에 오르고는 2년 여름에 서울과 동경, 상주 등에 지진이 있었는데 소리가 우레 같았고 많은 가옥들이 훼손되었으며 3일이 되어 지진이 멎었다. 3년 봄에 5, 6개의 혜성이 나타났는데 길이가 각각 5, 6자나 되었다. 분부하기를 문관과 무관이 부모가 300리 밖에 있는 사람은 3년에 한 번 문안을 가되 30일간의 휴가를 주고 부모가 없는 사람은 5년에 한 번 분묘를 손보게 휴가 15일을 주라 하였다. 정종이 죽고 현종의 셋째 아들 휘가 자리를 이었다.

絞: 목매 죽일 교. 誅: 벨 주. 恤: 구제할 휼. 典: 법전 전. 靖: 다스릴 정. 暇: 휴가 가. 徽: 아름다울 휘. 廬: 오두막집 려. 彗: 꼬리별 혜. 令 典－명령한 법. 掃 墳－분묘를 청소하고 돌봄. 絞 斬－목매 죽일 형벌.

o文宗이立하야는大小官吏에게四仲時祭에給暇二日하다開國老宴하야饗庶老孝烈鰥寡孤獨하고旌丁蘭의刻木事父之孝와及郭順孫의埋子得磬之孝하다制曰하되古先帝王은尊崇釋教러니寡人憑法力으로福利邦家하노니令有司로擇地創寺시러니門下省奏自古聖帝에明王無有創起寺塔으론以致大平하노이다昔에達磨對武帝言하되造寺造塔은殊無功德이라하니今欲增創新寺는勞民於不急之役으로怨독交興하고毁傷山川之氣脈이니災害必生하여神人共怒러니非所以致大平之也니다不納하다.王曰食栽惟時라一夫不耕이면必受其飢니郡牧之職은農桑爲急하라하다.

o 문종(11대 1046~1083년)이 위에 오르고는 크고 작은 관리들에게 사철 시제에 2일간 휴가를 주었다. 나라 원로들에게 잔치를 베풀고 서민층에 노인들과 효자, 열녀, 홀아비, 과부, 고아들에게도 잔치를 열어 주었다. 아버지 상을 나무로 조각하여 섬긴 정란 효녀와 어머니를 괴롭힌 어린 아들을 묻으려다가 경쇠를 발

견한 곽순손의 효자에게 정문을 내렸다. 분부하여 말하기를 "옛날 제왕들이 불교를 숭상하였다. 그러므로 나는 부처의 힘을 빌려 나라를 행복하게 하려니 관리로 하여금 적지를 선택하여 절을 짓게 하라." 하였다. 이에 문하성에서 아뢰기를 "예로부터 명철한 제왕으로 그 누구도 불탑을 건설하여 나라를 화평하게 한 일이 없습니다. 옛날 달마가 한나라 무제에게 말하기를 사원과 불탑을 건축한다 하여 특별히 공적이 될 수 없다고 하였습니다. 이제 새로이 사원을 증설하기 위하여 긴급하지 않은 일에 백성을 수고롭게 하여 원성이 사방에서 일어날 것이며 산천의 기맥을 훼손시키면 반드시 재해가 생기고 신이나 사람들이 노여워할 것이니 이는 나라를 화평하게 하는 도리가 아닙니다." 하였으나 왕이 들어주지 아니했다. 왕이 말하기를 "곡식을 재배할 때는 시기가 중요하다. 한 농부가 경작하지 않으면 반드시 굶주릴 것이니 고을 다스리는 직무는 농사와 누에치기를 우선으로 하여야 할 것이다." 하였다.

制: 분부할 제. 宴: 잔치 연. 饗: 잔치 향. 鰥: 홀아비 환. 旌: 표창할 정. 埋: 시체 묻을 매. 磬: 경쇠 경. 食: 먹이 식. 栽: 심을 재. 耕: 농사 힘쓸 경. 飢: 배고플 기. 門下省-고려 중앙에 의정기관의 하나. 왕명의 출납과 중신의 탄핵에 관한 사무를 담당하였다. 그 장관은 시중(侍中)이라 하였다(고려사절요 등). 달마(達 磨)-천축(天 竺)의 중. 보리달마의 준말. 남인도 향지국의 제삼 왕자로 梁武帝 때 금릉에 갔다가 뒤에 숭산(嵩山)의 소림사에서 면벽좌선(面壁坐禪)하기 9년에 도를 깨닫고 禪 宗의 시조가 되었다. 시호는 원각대사. 國 老 宴-원로 신하들에게 내린 잔치. 四 仲 時 祭-4계절, 즉 춘하추동의 중월인 2월, 5월, 8월, 11월에 있는 시제를 말함. 食 栽-곡식을 재배하다.

ㅁ中書令致仕崔冲이卒하다冲은海州人이라出入將相에敎誨學徒하니時有十一門徒에冲之學校-最盛이라弟子-進退有節하니世稱海東孔子라諡曰文憲이라하다兵馬使王寵之-奏曰諸衛軍士는國之爪牙니宜於農隙에敎習坐作之節이니다從之하다.

ㅁ契丹이改國號曰遼라하고道宗咸雍二年丙午에契丹東京留守-牒報國號曰大遼라하다王이薨하니長子勳이立하다.

ㅁ 중서령치사 최충이 죽었다. 최충은 해주 사람, 정승과 장군으로 드나들었고 학도들을 깨우치며 가르쳐 그때 11문하생들 중에 최충의 학교가 가장 왕성하였다. 제자들은 나아가고 물러남에 절도가 있었으니 세상 사람들이 '해동(우리나라) 공자'라고 칭송하였다. 죽으니 시호를 문헌이라고 내렸다. 병마사 왕총지가 왕께 아뢰기를 "나라를 지키는 군사들은 나라의 발톱과 어금니 같으니 마땅히 농한기에 앉고 일어나는 법도를 가르쳐 익히게 하여야 할 것입니다." 하니 왕이 따랐다.

ㅁ 거란이 나라의 이름을 고쳐 '요'라 하였다. 도종 함옹 2년 병오에 거란 동경유수가 글을 보내 국호를 '대요'라 한다고 알려 왔다. 왕이 죽으니 장자 훈을 세웠다.

冲=沖: 깊을 충. 誨: 가르칠 회. 爪: 손톱 조. 隙: 틈날 극. 雍: 막을 옹. 牒: 공문서 첩. 遼: 나라이름 요. 勳: 공 훈. 門 徒-제자들. 致 仕-나이가 많아 벼슬을 사양함. 爪 牙-손톱과 어금니로 수호하고 보좌함. 教 誨-가르쳐 타이름. 坐 作 之 節-앉고 일어서는 예의범절. 崔 冲- 984~1068년. 고려 문종 때 학자 본관 해주. 1005년에 갑과에 장원급제하고 한림학사, 문하시랑, 도병마사 등을 역임하였다. 동여진의 변경 침범에 강경책을 쓰도록 건의하였으며 1053년에 퇴관한 후 후진양성에 힘써 '해동공자'라 불리었다. 사후 선종 사당에 모셨다. 王 寵 之-문종 때 재상. 정주 원흥진 등에 성을 쌓고 도병마사로 군사 훈련에 힘썼으며 상서령이 되었다. 사후 문종 사당에 모셨다. 遼-거란 태종이 내외 몽고와 만주 땅에 세운 나라.

○順宗이立하야는居廬에過哀成疾하야四月而薨하니母弟運이立하다.

○宣宗이立하야는修葺國學하고移安文宣王像于順天館하며定五服相避式하다.五年四月에旱甚하니王이避正殿하고減膳撤樂하여港市에禁人帽揮扇하고又禱于宗廟社稷山川하다八月霖雨로傷禾러니史臣曰하되洪範曰狂恒雨하니若王이多作佛事면百姓勞怨하니天人이相與之際가可不畏哉아.薨하고子昱이立하다.

○獻宗이立하야는李資義-謀逆이어늘邵台輔-捕誅之하다王이禪位于叔父鷄林君顒하다.

ㅇ 순종(12대 1046~1083년)이 위에 오르고는 시묘살이로 애통함이 지나쳐 마침내 병을 얻어 죽으니 동생 운을 세웠다.

ㅇ 선종(13대 1083~1094년)이 위에 오르고는 국학을 수리하고 공자의 초상을 순천관에 옮겨 봉안하고 오복과 상피식을 정하였다. 5년 4월에 가뭄이 심하므로 왕이 정전을 피하고 반찬 수를 줄이며 풍악을 철폐하고 골목과 시장에서 사람들이 모자 쓰는 것과 부채질하는 것을 금하고 또 종묘사직과 산천에 기도하였다. 팔월에 장마로 벼가 많이 상하였다. 사신이 말하기를 "홍범에 광망하면 비가 온다 하였는데 왕이 불사(佛事)를 많이 하여 백성이 고달파 원망하니 천재가 생겼다. 하늘과 사람이 서로 감응하는 관계가 두렵지 않겠는가." 하였다. 왕이 죽고 아들 욱을 세웠다.

ㅇ 헌종(14대 1094~1095년)이 위에 오르고는 이자의가 역모하였는데 소태보가 사로잡아 목 베었다. 왕이 숙부 계림군 옹에게 자리를 물려주었다.

廬: 오두막집 려. 修: 처리할 수. 葺: 지붕 이을 즙. 避: 물러날 피. 昱: 빛날 욱. 邵: 성 소. 捕: 사로잡을 포. 顒: 온화한 모양 옹. 居 廬－상제된 사람이 여막에 거처함. 修 葺－지붕을 새로 이고 집을 수리함. 國 學－신라 때부터 있었던 교육 기관의 하나로 682년 최초로 국학을 세웠다. 경서, 즉 사서, 육경 등을 가르쳤다. 고려에서는 국자감, 성균감, 성균관, 국학 등으로 불렀고 조선에서는 성균관으로 통일되었다. 相 避－친족 또는 그 밖의 관계로 같은 곳에서 벼슬하는 일이나 청송, 시관 따위를 피하는 일. 謀 逆－역적모의함. 李 資 義－고려 신종 때 무장. 중추원사로 현종을 몰아내고 여동생인 원신궁주가 낳은 한산후 균을 옹립하려고 모의하다가 발각되어 장사 고의화에게 피살되었고 소태보, 성보 등을 잡아 죽였다. 母 弟－동복의 아우. 文 宣 王－공자의 시호로 당나라 현종이 開 元 27년에 추시하였다.

○肅宗이 立하야는 祭上帝於禁中하야 以太祖廟配之하고 祭箕聖及東明帝廟하다.

ㅁ命尹瓘(坡平文康)과 吳延寵(海州文襄)하야 討女眞하야 立定界碑하다.

ㅁ朴寅亮의 文詞ㅡ雅麗하니 宋人이 稱之하다.

ㅁ書獄空二字하야 揭法司南街하야 以示盛朝刑措之美하다 王이 薨하니 太子ㅡ立하다.

o 숙종(15대 1095~1105년)이 위에 오르고는 궁궐 안에서 단군성제께 제사하고 태조를 배향하였으며 기자와 동명왕을 사당에 모시고 제사하였다.

ㅁ 윤관(파평 문강)과 오연총(해주문양)을 명하여 여진나라를 토벌하고 국경에 경계되는 비석을 세웠다.

ㅁ 박인량의 문장과 사구가 고상하고 수려하여 송나라 학자들의 칭찬이 자자하였다.

ㅁ 獄空(감옥이 비었다)이라는 두 글자를 법원 건물 남쪽에 걸어 놓아 융성한 조정에 백성들이 죄짓지 않아 형벌이 없는 아름다움을 과시하였다. 왕이 죽으니 태자를 세웠다.

配: 종사할 배. 瓘: 옥이름 관. 坡: 둑 파. 延: 인도할 연. 襄: 도울 양. 揭: 걸 게. 措: 그만둘 조. 箕 聖ㅡ기자. 禁 中ㅡ궁궐 안 또는 궁중. 文詞ㅡ문장과 사구. 雅 麗ㅡ아담하고 고움. 刑 措ㅡ형벌을 쓰지 않음, 즉 잘 다스려져 죄인이 없음을 이르는 말. 尹 瓘ㅡ?~1111년(예종 6) 고려 중기의 명신 장군. 문종 때 급제하여 한림학사 등을 거쳐 1104년에 병마도총에 임명되어 여진을 정벌하다 패하고 1107년에 원수가 되어 17만 대군을 이끌고 여진을 정벌하고 9성을 쌓았다. 1108년에 여진을 평정하여 공을 세웠으나 계속된 여진의 공격에 9성을 빼앗기고 패장이 되어 삭탈관직 되었다. 1110년에 복관되고 사후에 예종 사당에 모셨다(고려사). 朴 寅 亮ㅡ?~1096 고려 초기의 학자. 호는 소화로 문종 때 급제. 임금 5대를 섬겨 右僕射參知政事(우복야참지정사)에 이르렀다. 문장이 우아하고 아름다웠으며 古今錄 10권을 편찬하여 송나라에서도 찬탄하였다(고려사). 吳 延 寵ㅡ예종 때 문신. 본관 해주. 비천하였으나 과거급제하여 전주목사, 상서, 병마사, 부원수가 되어 윤관과 여진을 격파하여 큰 공을 세우고 이, 예, 병부 판사를 지냈다. 女 眞ㅡ만주 동북부에 살던 퉁그스 계통의 민족. 송화강, 목단강, 흑룡강, 동만주 해안에 살던 종족으로 이들이 고려 북방을 괴롭히므로 윤관 등이 9성을 쌓아 막았다. 원나라, 명나라의 지배를 받다가 616년에 누루하치가 후금을 세웠고 1636년에는 국호를 청나라로 중국을 통일하였다.

○睿宗이 立하야는 召員外郎處士郭輿하니 輿-以烏巾鶴氅으로 常侍禁中하야 從容唱和하니 時稱金門羽客이라 又召清平山居士李資玄于行在曰道德之老를 嚮風이 久矣라 命上殿賜顔하고 問養性之要하시니 對曰莫善於寡欲이니다 王이 嘆賞하다.

○王이 命翰林하야 講洪範하다.

o 예종(16대 1105~1122년)이 왕위에 오르고는 원외랑 처사 곽여를 부르니 곽여는 검은 두건과 하얀 학의 깃으로 지은 옷을 입고 항상 궁중에서 시중들며 조용히 글 읽고 왕과 시를 읊어 화답하니 그때에 이르기를 '궁중에 신선'이라 하였다. 청평산 거사 이자현을 왕이 행재소에 불러들여 말하기를 "덕을 갖춘 노인이 있다는 풍문을 들은 지 오래되었소." 하며 왕께서 그 집에 사액을 내려라 명하고 "성품을 함양하는 데 요점이 무엇이겠소." 물으니 대답하기를 "욕심을 적게 갖는 것보다 더 좋은 것은 없습니다." 하였다. 왕께서 감탄하고 예우를 후하게 하였다.

o 왕이 한림에서 홍범을 강의하게 하였다.

睿: 슬기 예. 郎: 젊은이 랑. 烏巾-은사가 쓰는 두건. 從容-조용히. 行在-왕이 거동하여 머무는 곳. 輿: 수레 여. 烏: 검을 오. 氅: 새털로 지은 옷 창. 嚮: 울림 향. 顔: 편액 안. 翰: 높을 한. 範: 법 범. 唱和-서로 부르고 화답함. 嚮風-풍문으로 들었다. 養性之要-착한 성품을 기르는 요긴한 법. 金文羽客-궁중의 날개 달린 신선. 翰林-고려 때 왕명으로 문서를 정리하는 관청. 관원사, 학사, 시강학사 등을 두었고 명칭이 여러 번 바뀌었으며 공민왕 때 예문관이 되었다. 歎賞-탄복하고 크게 칭찬함. 李資玄: 1061~1125년 고려 예종 때 학자. 호는 식암. 선종 때 大樂署丞(대악서승)이 되었다가 관직을 버리고 춘천 청평산에 들어가 당과 암자를 10여 곳에 짓고 禪學을 닦았다. 1117년에 남경에서 예종을 만나 우대를 받았다. 청평산에 '清平息庵'(청평식암)이라는 큰 해서를 썼다. 郭輿-1058~1130년 고려 초기 문인. 시호 眞靜, 과거 급제 후 洪州 수령으로 있다가 벼슬을 버리고 고향 금주로 돌아갔다. 예종이 즉위하자 세자 때 사귄 정으로 궁중으로 불러들여 글과 담론으로 즐겼다(고려사).

O女眞阿骨打－立하야稱皇帝하고國號를金이라하니是金太祖가收國元年乙未라而三年丁酉에來書曰兄大女眞金國皇帝는致書于弟高麗王하노니勿失和好하라(契丹이傳遼하고女眞이傳金하고金而傳清하니是祖國所封而謂胡天子也라).

ㅁ王이薨하니長子－立하다.

o 여진국 아골타가 왕위에 올라 황제라 칭하고 나라이름을 금이라 부르니 이 금나라 태조가 연호를 수국이라 하고 나라를 가진 원년이 을미(1115년)이다. 3년 정유에 글을 보내와 말하기를 "형이 된 여진 금나라 황제는 아우 된 나라 고려왕에게 글을 보내니 화친의 좋은 시기를 잃지 마시오." 하였다(거란이 요나라로 전해지고 여진이 금나라로 전해지고 금나라는 청나라로 전해졌으니 이는 우리의 조국과 같은 단군의 자손이 천자로 봉해진 바 되니 중국에서는 호 천자라고 불렀다).

ㅁ 왕이 죽으니 장자를 세웠다.

阿: 언덕 아. 收: 가질 수. 致: 보낼 치. 致 書－글을 보내다. 阿 骨 打(아구다)－금나라 초대 황제. 여진 부족을 통합하여 지배한 요나라를 격파하고 금나라를 세웠다. 고려는 아구다의 압력으로 금나라를 섬기겠다는 굴욕의 조약을 맺었다. 金－1115~1234년 중국 왕조의 하나로 1115년 고려 예종 10년에 여진의 阿骨打(아구다)가 만주 일대 중국 북부를 영토로 하여 1125년 요나라를 멸하고 1127년에는 북송을 병합하여 대제국을 이루었다. 수도를 연경(북경)으로 하였으며 말경에는 내우외환으로 원나라에게 1234년에 멸망하였다. 고려에서는 이자겸의 집권시대에 금이 군신관계를 강요하였기 때문에 상국으로 섬기게 되었다(고려사).

○仁宗이 立하야는禘于太祖하고定昭穆하다.
□ 妖僧妙淸과 日者白壽翰이 以禍福說로 勸王하야 移都西京하고 深結腹心하야 謀叛이어늘 將軍金富軾이 討誅之하다 富軾(慶州文烈)은 容貌豊碩하고 有文章智畧이라 撰三國史하다.
□ 王이 薨하니 長子－立하다.

o 인종(17대 1123~1146년)이 위에 오르고는 태조를 태묘에 제사 지내고 소와 목을 정하였다(덕종·정종·문종·예종은 소가 되고 현종·순종·선종·숙종은 목이 되었다).

ㅁ 요사한 중 묘청과 일관 백수한이라는 자가 재앙과 복의 이야기로써 임금에게 서경(평양)으로 도읍을 옮길 것을 권고하고 깊이 심복들과 결탁하여 모반할 것을 도모하니 장군 김부식이 토벌하여 목을 베었다. 김부식(경주 문열 1074~1151년)은 용모가 풍후하고 문장과 지략이 뛰어났고 삼국사기를 편찬하였다.

ㅁ 왕이 죽으니 장자를 세웠다.

禘: 큰 제사 체. 昭: 신주 차례 소. 穆: 공경할 목. 妖: 요사스러울 요. 翰: 새 한. 軾: 수레 앞턱 가로나무 식. 碩: 머리 클 석. 畧: 예리할 약. 豊: 클 풍. 撰: 지을 찬. 禘: 시조와 그 부친을 제향하는 대제. 昭 穆－종묘에 신주 모시는 차례로 태조는 중앙에 2, 4, 6은 왼편에 목이 되고 3, 5, 7은 오른편에 소가 된다. 妙淸－고려 인종 때 중. 서경(평양) 출신. 1138년 백수한이 서경에 파견되자 묘청을 스승으로 삼고 陰陽秘術로 백성을 현혹시켰다. 內侍郞中 김안 등이 현혹되어 대신 文公仁 등의 찬동을 얻어 “묘청은 성인이니 모든 국사를 그와 의논하면 국태민안할 것입니다.” 하였다. 서경으로 천도할 것을 간언하였으나 李之氐의 간언으로 중지되었다. 1135년에 묘청이 조광, 유광 등과 반란하여 국호를 ‘大爲’라 하고 개경으로 쳐들어가려 하였다. 이에 왕은 김부식에게 명하여 토벌하게 하였고 묘청은 부하 조광에게 피살되었다(고려사). 金富軾－1075~1151년 고려 인종 때 명신. 사학가. 본관 경주 시호 문열. 숙종 때 급제하여 어사대인, 한림학사를 거쳐 평장사가 되었다. 요승 묘청의 서경 천도를 왕에게 극언하여 중지케 하였다. 이듬해에 묘청, 유담 등이 서경에서 모반하니 김부식이 원수가 되어 반란 모의한 정지선, 백수한, 묘청을 잡아 목 베어 평정하였다. 문하시중 겸 태자태사가 되었다. 1145년(인종 23)에 삼국사기 50권을 편찬하여 끝냈다. 대각국사의 비문을 지었고 사후 인종묘에 배향하였다. 白壽翰－?~1135 고려 인종 때 日官. 묘청과 결탁하여 음양풍수설로 평양 천도를 주장하다가 묘청의 반란이 일어나자 정지상 김안기와 함께 김부식에게 체포되어 개성에서 처형되었다(고려사).

O毅宗이 立하야는 好文藻勝地하야 設宴和平齋하고 顧左右曰壯哉라 此地여 可以肄兵이로다 分兵爲五하야 作手搏戲하니 承宣林宗植과 起居韓賴等이 怙寵傲物하야 蔑視武官하고 侮辱大將軍李紹膺하니 武臣鄭仲夫와 李義方等이 聚巡檢軍하야 戴文冠者를 一網打盡하니 呼謂朝庭沉이라 王이 猶迷酒自若이어늘 遂放王于巨濟島하고 立弟翼陽公하다.

o 의종(18대 1146~1170년)이 위에 오르고는 문장과 명승지를 좋아하고 화평제에서 술자리를 배설하여 좌우를 돌아보며 말하기를 "웅장하도다 이 땅이여 병사들을 연습시켜 볼만한 곳이로다!" 하며 병사들을 다섯으로 나누어 수박놀이를 하게 하고 즐기니 승선 임종식과 기거 한뢰 등 임금의 총애를 믿고 오만해진 무리들이 무관들을 멸시하고 대장군 이응소를 모욕하니 무신인 정중부와 이의방 등이 순검군들을 모아 문관의 관을 쓰고 있는 자들을 일망타진하니 '조정침'이라 하였다. 왕은 아직도 술기운이 몽롱한 상태였다. 마침내 왕을 거제도에 추방하고 동생 익양공을 세웠다.

毅: 굳셀 의. 藻: 문채 조. 齋: 집 재. 肄: 익힐 이. 搏: 때릴 박. 戱=戲: 놀이 희. 賴: 힘입을 뇌. 怙: 믿을 호. 傲: 거만할 오. 蔑: 업신여길 멸. 侮: 업신여길 모. 紹: 이을 소. 膺: 받을 응. 聚: 모일 취. 戴: 머리에 올릴 대. 沉=沈: 가라앉을 침. 迷: 정신 흐릴 미. 翼: 도울 익. 文藻-문장의 멋. 勝: 뛰어날 승. 勝地-경치가 좋은 곳. 手搏-손으로 서로 쳐서 승부를 내는 경기로 지금의 권투 같은 것. 自若-큰일을 당해도 아무렇지 않고 침착함. 朝廷沈-조정이 가라앉았다. 林宗植-고려 의종 때 문신. 한뢰 등과 같이 왕의 좌우에서 아첨을 일삼아 왕의 荒淫과 방탕을 조장하였다. 왕이 普賢院에 행차할 때 평소 왕이 문신만 아끼고 무신들을 무시하니 불만을 품고 있던 중에 무신 정중부 등이 난을 일으켜 다른 문신들과 함께 피살되었다. 鄭仲夫-?~1179년 고려 의종 때의 무장. 본관 해주. 내시 김돈중(재상 김부식의 아들)이 촛불로 정중부의 수염을 불사르니 중부가 대노하여 돈중을 묶어 놓고 욕보였다. 김부식이 듣고 정중부를 고문하려다가 왕의 만류로 그만두었으나 이때부터 더욱 문관에게 원한이 쌓여 갔다. 의종 때 상장군이 되었다. 왕은 방탕하여 出遊가 잦아지고 문신들은 詩酒를 즐기는데 무신들은 호위하며 밥도

제대로 주지 않은 중에 무신 이소응이 문신 한뢰 등에게 뺨을 맞는 모욕을 당한 계기로 정중부, 이의방, 이고 등이 대소 문신을 많이 죽이고 왕과 태자를 쫓고 왕의 동생 익양공을 옹립하여 정권을 잡았다. 문하평장사 문하시중이 되었다가 장군 경대승에게 잡혀 죽었다(고려사). 李紹膺－1111~1180년 고려 의종 때 장군. 의종이 문신만 좋아하고 出遊하며 호위하는 무신을 무시하던 중 문신 한뢰가 취중에 뺨을 때리니 무신 정중부, 이의방과 함께 난을 일으켜 문신들을 학살하고 왕을 폐위시켰다(고려사).

o明宗이 立하야는 庚應奎－入金하야 上禪讓表한대 金世宗帝－曰讓位는 大事也어늘 何以不先陳請하고 欺罔上國고 應奎－不食七日에 遂降依允之詔하다.

ㅁ仲夫義方等이 弑前王于慶州坤元寺하다 僧徒謀殺仲夫라가 百餘人이 被誅하다 西京留守趙位寵이 擧兵하야 欲討仲夫라가 爲杜景升이 逆討하다 仲夫－專擅國權하니 中外寃苦라 牽龍慶大升(清州)이 率死士踰墻하야 以王命으로 斬仲夫及李義旼하다 承宣崔忠獻이 恣威福하더니 幽王于昌樂宮하고 立弟平凉公하다.

o 명종(19대 1170~1197년)이 위에 오르고는 유응규가 금나라에 들어가 왕이 왕위를 물려주었음을 글로써 알렸는데 금나라 세종제가 말하기를 “임금이 자리를 사양하는 것은 큰일이거늘 어찌하여 우리에게 먼저 청하여 알리지 않고 행하였소. 이것은 상국을 속이는 것 아니오?” 하니 응규가 나와서 7일 동안 단식을 하자 마침내 허락하고 조칙을 내려 주었다.

ㅁ 중부 이의방이 전왕을 경주 곤원사에서 시해하였다. 중들이 중부를 죽이려고 모의하다가 발각되어 백여 사람이 죽임을 당하였다. 서경의 유수 조위총이 군사를 일으켜 중부를 토벌하려다가 두경승에게 오히려 토벌당하였다. 중부가 국권을 마음대로 하니 안과 밖에서 괴로워하고 원망하니 견룡 경대승(청주)이 죽을 각오로 모인 선비들을 인솔하여 중부 집 담을 넘어가 “왕명이다.” 하고 중부와 이의민을 목 베었다. 승선 최충헌이 위세를 방자히 굴다가 마침내 왕을 창락궁에

유폐시키고 동생 평량공을 왕으로 세웠다.

奎: 별 규. 表: 알릴 표. 允: 허락할 윤. 杜: 막을 두. 景: 빛 경. 專: 마음대로 할 전. 擅: 멋대로 할 천. 福: 뜻대로 할 복. 冤: 불평할 원. 牽: 끌 견. 踰: 넘을 유. 墻=牆: 담 장. 旼: 화락할 민. 幽: 가둘 유. 表－임금에게 올리는 서장. 陳 請－사정을 말하고 간청함. 專 擅－자기 마음대로 함. 寃 苦－억울하고 원망스러우며 고통스러움. 死 士－죽기를 각오한 선비들. 威 福－위세를 부리며 벌과 상을 줄 수 있는 권세. 庾 應 圭－1131~1175년 고려 명종 때 현신. 얼굴이 아름다워 '玉人'이라 불렸고 글을 잘했으나 과거에 두 번 낙방하였다. 남경태수가 되어 청백리로 명관이 되었다. 정중부가 의종을 폐위시키고 명종을 세운 뒤 金나라에 사신으로 가서 선위의 사실을 알렸는데 금 왕의 회신이 없어 7일 동안 절식으로 항거하여 마침내 회답을 받아 왔고 太子中舍人이 되었다. 조위총이 서경에서 반란을 일으켰을 때 왕명으로 宣諭(선유)에 힘써 설복시켜 귀순하게 하였다(고려사). 趙 位 寵－?~1176년 고려 의종 때 반란자. 서경 유수로 있던 중 1170년(의종 24) 정중부, 이의방 등이 정변을 일으켜 전횡을 일삼자 자기와 서북사람들의 세력을 얻고자 1174년에 서북에 있는 여러 성에 격문을 보내 절령 이북 40여 성에 내응을 얻어 난을 일으켰다. 중앙에서 유인첨 등이 3군을 거느리고 진격하자 절령에서 격파당하고 오히려 추격하여 개경 교외까지 좇아오니 정부군, 이의방 대군의 역습으로 후퇴하여 서경에 웅거 방어하고 있었다. 이해 11월에 정부군의 총공격을 받아 1176년에 서경을 함락하고 위총은 참형되었다(고려사). 慶大升－1154~1183년 고려 명종 때 장군, 본관 청주. 어려서부터 힘이 장사였고 15세에 校 尉로 보직되어 장군에 이르렀다. 그의 아버지가 빼앗은 많은 전답을 군부에 헌납하였으며 무인들의 횡포가 심하므로 1178년에 허승 등과 함께 정중부, 송유인 등을 죽였다. 30세의 젊은 나이에 요절하였다. 崔 忠 獻－1150~1219 고려 후기의 권신. 시호 경성. 1174년 조위충의 난을 평정하는 데 공을 세워 섭장군이 되었다. 정권을 잡고 있는 이의민을 꾀어 죽이고 삼족과 일당을 죽이어 정권을 잡았다. 평장사 권절평, 장군 권식 등을 죽이고 정적을 철저히 제거하였으며 10조목의 封事를 올려 명종의 弊 政을 반성하게 하였다. 신변의 위협을 느껴 명종을 몰아내고 명종 동생 신종을 세웠다. 명종조의 군신을 좇아내고 최씨 일가 판이었다. 동생 충수가 자기 딸을 태자비로 세우려 하니 충헌이 동생마저 죽이고 정권을 독점하였다. 1198년(신종 1) 만적의 반란으로부터 누차 충헌을 제거하려 하였으나 실패하였다. 문하시중 진강후가 되어 진강군(진주일대)을 식읍으로 받았다. 신종, 희종, 강종, 고종 4임금을 왕위에 세우고 명종, 희종을 폐위하여 최씨 집권을 확고히 하였다. 아들 怡(이)에게 정권을 넘겼다(고려사).

o神宗이 立하얀趙通이 入金하야奏以父王遺囑으로權攝軍國之表와及前王沉痼에 以弟及告之表하니 金章宗帝 - 曰雖若出於卿誠이나顧未孚於朕聽하니續遣信使하야往咨其詳하리라하다.

ㅁ 侍講鄭襲明(迎日)이 罷하다.

ㅁ 忠獻의 弟忠粹 - 欲納女於太子妃하야起兵圖不軌어늘其甥朴晋材 - 曰大義는滅親이라하고助忠獻하야擊斬忠粹하다詔太子曰朕以凉德으로謬襲丕基하야衰耗且病에 不敢聽政하니肆以大寶로用付于爾하노라하고遂禪位하다.

o 신종(20대 1197~1204년)이 위에 오르고는 조통이 금나라에 들어가 부왕이 유언으로 부탁하였으니 나라의 일과 군사적인 일을 대리하여 본 것과 앞의 왕이 병이 짙어서 동생에게 왕위를 옮겼다는 일 등을 표하여 말하니 금나라 장종제가 말하기를 "비록 경의 말이 성실함에서 나온 것 같으나 다만 생각해 보니 내가 들었던 것을 다 믿을 수가 없으니 곧 믿을 만한 사신을 보내어 그 상황을 자세하게 알아볼 것이오." 하였다.

ㅁ 정습명(영일)이 시강을 파직당했다.

ㅁ 충헌의 동생 충수가 자기 딸을 태자비로 드리려고 불법을 도모하고자 하여 군사를 일으키니 그의 생질인 박진재가 말하기를 "대의명분으로는 친족도 멸하는 것이다." 하고 충헌을 도와 충수를 쳐 목 베었다. 태자에게 조서를 내려 말하기를 "짐이 덕이 부족하여 왕의 큰 기업을 잘 받들지 못하고 또한 몸이 병들어 날로 쇠약하여지니 감히 정사를 하지 못하겠다. 이 대보(옥새)를 너에게 맡기노라." 하고 마침내 왕의 자리를 미루어 주었다.

囑: 맡길 촉. 攝: 겸할 섭. 痼: 고질 고. 顧: 생각할 고. 孚: 믿을 부. 咨: 물을 자. 續: 이을 속. 襲: 인할 습. 粹: 아름다울 수. 圖: 꾀할 도. 軌: 법칙 궤. 甥: 생질 생. 謬: 그릇될 류. 丕: 클 비. 耗: 없어질 모. 肆: 고로 사. 不軌-반역을 꾀함. 凉: 엷을 량. 凉德-박덕. 聽政-정사를 보다. 謬襲-잘못 계승하다. 侍講-임금 앞에서 경전을 강의함. 遺囑-유언하여 부탁함. 權攝-어떤 일을 임시로 대리하여 맡아 봄. 丕基-제왕의 큰 기업. 擊

斬－쳐 베다. 大寶－천자의 지위. 왕의 옥새. 罷: 물러갈 파. 趙通－고려 신종 때 학자. 자는 亦樂. 옥과현 출신. 과거급제하여 정언에 이르렀고 금나라에 사신으로 가 잡혀 있다가 돌아와 국자감, 대사성, 한림학사에 이르러 관직을 사퇴하고 경사, 백가어 등을 통독하고 이인노, 최광, 백당신과 소요자적하니 '지상신선'이라 일컬었다(인물고). 鄭襲明－고려 의종 때 중신. 본관 영일. 과거급제하여 인종 때 知制誥(지재고) 등을 역임하고 김부식, 이충 등과 함께 時弊十條를 상주하였다가 거부되자 직을 사퇴하였다. 의종이 즉위하자 다시 한림학사 지주사가 되어 諫職에 있으면서 김존중 등 간신들에게 유혹되어 실정한 의종을 직간하다가 오히려 김존중의 참소로 왕의 뜻을 거슬러 약을 먹고 자살하였다(고려사). 朴晋材－신종 때 장군. 권신 최충헌의 생질. 충헌의 동생 충수와 같이 이의민의 3족을 죽여 거세하고 명종 27년에는 두경승 등 13명의 중신과 대선사 연담 등 10여 명의 고승을 귀양 보냈으며 명종을 몰아내고 신종을 세웠다. 충헌 형제가 다투자 충수를 죽였다. 희종 3년에 대장군이 되어 충헌을 제거하고 국권을 잡으려 모의하다가 충헌에게 붙들려 귀양 가서 죽었다.

○熙宗이立하안拜忠獻하야爲平章事하고號恩相公하니王子宰臣等이就忠獻第讌賀하니花果絲竹之盛이三韓以來人臣家初有事라威勢－傾人君호대莫敢議者러라忠獻이廢王하고立明宗의子漢陽公하다.

○康宗이立하야는李儀－入金하야表奏하다.

ㅁ任濡－卒하니其所擧名士는趙冲李奎報金敞兪升旦(仁同文安)也러라.

ㅁ賜崔忠獻文經武緯功臣號하고以金元儀로爲參知政事하며崔洪胤으로爲政堂文學하며鄭克溫으로爲左僕射하다薨하니太子－嗣하다.

ㅇ 희종(21대 1204~1213년)이 위에 오르고는 최충헌에게 평장사 벼슬을 내리고 호를 은상공으로 부르니 왕자와 재상들과 신하들이 충헌의 잔칫집에 가서 하례하니 기생들과 음식과 풍악의 풍성함이 삼한 이래로 신하 된 사람으로서는 처음 있는 일이었다. 위엄과 기세가 임금을 넘되 감히 꾸짖고 말하는 사람이 없었다. 최충헌이 왕을 폐위시키고 명종의 아들 한양공을 세웠다.

ㅇ 강종(22대 1211~1213년)이 위에 오르고는 이의가 금나라에 들어가 글을 올렸다.

ㅁ 임유가 죽었다. 그가 천거한 유명한 선비는 조충, 이규보, 강창, 유승단(인

동문안) 등이었다.

ㅁ 최충헌에게 문경무위공신이라는 호를 내리고 김원의로 참지정사를 삼았으며 최홍윤으로 정당문학을 삼고 정극온으로 좌복야를 삼았다. 왕이 죽으니 태자가 자리를 이었다.

讌: 잔치 연. 傾: 기울일 경. 議: 비난할 의. 濡: 적실 유. 敞: 드러날 창. 兪: 그러하다 유. 緯: 씨 위. 僕: 벼슬이름 복. 射: 벼슬이름 야. 花: 기생 화. 絲 竹－관악기와 현악기. 表 奏－표를 올려 아룀. 克: 능할 극. 參 知 政 事－고려 때 정2품 벼슬로 뒤에 점의평리로 바뀌었다. 左 僕 射(좌복야)－고려 때 관직 정2품으로 상서령의 다음 직이다. 任 濡－1149~1212년 고려 중기의 학자. 시호 양숙. 명종 때 급제하여 참지정사에 이르렀고 신종초에 문하시랑평장사가 되었다. 남을 하시하지 않았으며 명사를 많이 천거하였다. 만년에 불교를 믿어 대장경을 金書하여 비난받았다. 사후 희종사당에 배향하였다. 趙 沖－1171~1220년(고종 7) 고려시대 무장 문신. 본관 횡천. 희종 때 국자대사성, 한림학사, 고종때 승지, 상장군이 되어 거란이 서해도(황해도)에 침입해 오자 출정하였으나 패하여 면직되었다. 다시 서북면병마사로 발탁되어 거란족을 무찔렀고 1220년에 좌복야가 되었으며 서부면원수가 되어 거란을 완전히 진압하여 근거지 江 東城을 격파하여 평정하였다. 사후 문하시중으로 추증되었고 고종의 묘정에 배향되었다(고려사). 金 元 義－1147~1217년 고려 명종 때 무신. 조위총의 민란을 평정시킨 공으로 別將이 됨을 시작으로 南賊을 토평하고 郎 將으로 승진하였으며 1188년에 전라도 안찰사, 다음 해에 判兵部事가 되었다. 鄭 克 溫－?~1215년 고려 희종, 강종, 고종 때의 장군. 전주 출신. 西賊을 친 공으로 장군이 되었다. 자주 南賊을 물리쳐 대장군으로 오른 뒤 參知 政事로 있다가 죽었으며 강종의 사당에 배향하였다. 李 奎 報－고종 때 문장가. 황려현 출신. 경사, 백가, 노, 불 등을 섭렵하여 人 中 龍이라 일컬었으며 한 번 읽으면 기억하는 기발함을 가졌다. 집현전, 대학사, 좌사간, 태자소부, 문하시랑평장사 등 순탄한 생애를 보냈다. 兪 升 旦－1168~1232년 고려 중기 문인, 본관 인동. 급제하여 侍 學, 사록참군, 예부시랑 사부로 있다가 참지정사를 지냈고 고문에 통달하여 경사에 밝았다.

○高宗이 立하야는使金就礪와趙冲으로討契丹兵하다蒙古兵이寇龜州하야穿地道어늘朴犀와金慶孫이以鐵液으로注其穴하니賊이遁去하다.

ㅁ 忠獻이 至曾孫하야恣行威福하야四世專權이라不禮賢士하니柳璥金仁俊林衍이以別抄軍으로討誅之하다.薨하니太子嗣하다.

o 고종(23대 1213~1259년)이 위에 오르고는 김취려와 조충으로 거란 병을 토벌하게 하였다. 몽고 병이 귀주성을 침략하여 성 밑을 뚫어 길을 만들려고 하니 박서와 김경손이 그 구덩이에 쇳물을 부어 넣으니 도적들이 도망하였다.

ㅁ 최충헌이 증손에 이르러 위세를 방자히 행하니 국권을 마음대로 함이 4대째가 되었다. 그들이 어진 선비들에게 무례하게 하니 류경과 김인준과 임연이 별초군으로 토벌하여 죽였다. 고종이 죽으니 태자가 이었다.

礪: 숫돌 려. 寇: 침략할 구. 犀: 무소 서. 注: 쏟을 주. 遁: 달아날 둔. 璥: 옥이름 경. 衍: 넘칠 연. 抄: 가려 뽑을 초. 金 就 礪－?~1234년 고려 고종 때의 장군. 본관 彦陽. 東宮衛를 거쳐 장군이 되었으며 東北界를 진압한 후 대장군이 되었다. 1216년(고종 5)에 거란 왕자 金山 金始가 大遼收國王이라 칭하고 몽고군에 쫓기어 고려로 쳐들어온 것을 무찔렀다. 의주에서 韓恂(한순)이 일으킨 반란도 평정하여 侍中(시중)까지 되었다. 성미가 곧고 청백하여 부하들을 아끼고 싸움에서 전술이 뛰어나 큰 공을 자주 세웠다. 柳 璥－(1211~1289년) 고려 공신. 고종 때 급제 국자대사성을 지낼 때에 최충헌 아들 최항, 손자 최의로 이어지며 무단 정치가 극심하고 행패가 심하여 1258년(고종 45)에 별장 김인준과 협력하여 崔宜를 죽이고 정권을 왕실에 반환하였다. 그 공으로 상장군이 되고 공신에 올랐다. 모함으로 흑산도에 유배되었다가 풀려나 판병부가 되었다. 신종, 희종, 강종, 고종 4대 실록을 수찬하였으며 李 尊庇(이존비), 安 珦(안향), 李 混 등이 그의 문하생이다. 金 仁 俊－?~1268년 고려 고종 때 권신. 그의 아버지가 최충헌 집에 종으로 있을 때 낳은 아들이다. 성격이 너그럽고 활을 잘 쏘아 송길유 등이 최이(崔 怡)에게 추천하여 신임하고 길렀으나 그를 배반하였다. 최이의 아들 崔 誼(최의)를 죽이고 위사공신이 되어 侍中에 이르러서 권세를 부리다가 1268년(원종 9)에 부하 林 衍(임연)에게 피살되었다(고려사). 別抄軍－고려의 특별한 군대. 고종 때 집권자 崔 瑀(최우)가 도성 안에 도둑을 막기 위해 용사를 모집하여 밤에 성안을 순회하였다. 이들을 야별초라 불렀고 전국에 도적이 횡행하여 각 도에 나누어 토벌하게 하였다. 인원이 점차 많아져 다시 좌우 별초로 나누었다. 몽고군 침입 때 종종 공을 세웠으며 몽고군에 포로가 되었다가 도망 나온 자들을 모아 神義軍을 조직하니 좌우 별초와 삼별초라 불렀다(고려사). 朴 犀－고려 고종 때 무장. 1231년(고종 18) 서북면병마사가 되었다. 몽고 元帥 살리타가 고려를 침략하여 철주를 함락하고 龜州를 공격하자 김중은 김경손과 함께 방어하자 한 달간 공격하였으나 함락시키지 못하고 몽고군은 개성을 먼저 함락하여 고종의 항복을 받고 전열을 가다듬어 다시 구주를 공격하였으나 끝내 함락하지 못하고 고종을 시켜 명하게 하니 고종이 지병마사 최임수 등을 보내 항복을 권했으나 거부하다가 왕명을 어길 수 없어 항복하였다. 뒤에 문하평장사에 이르렀다(고려사). 金 慶 孫－?~1251년(고종 38) 고려 고종 때 장군. 1231년(고종 18) 몽고가 압록강을 건너 침입하자 박서와 함께 귀주에서 몽고군을 막았다. 이정연의 난이 일어나 海洋(光州) 등지의 州縣을 함락시키는 중 그 세력이 강하였으나 김경손이 진압하고 각지의 반란을 평정하였으며 樞密院副使(추밀원부사)가 되었다. 1249년 최항이 권세를 잡고 경손을 시기하여 1251년에 죽였다(고려사).

o元宗이立하야는命金方慶(安東忠烈)하야討別抄軍하다初有三別抄하니曰神義別抄와左右別抄와夜別抄라以强王室이러니裵仲孫盧永禧ㅡ以別抄로叛하야逼承化侯溫하야爲王하고以鄭文鑑으로爲承宣使하니文鑑曰與其富貴於賊으론無寧潔身於泉下라하고與其妻邊氏로投水하다.將軍玄文奕이遇賊射矢할세其妻ㅡ供矢러니文奕이仆死에妻曰吾義不爲鼠輩所辱이라하고携二女投江하다.

o 원종(24대 1259~1274년)이 위에 오르고는 김방경(안동 충렬)에게 명하여 별초군을 토벌하게 하였다. 처음에 세 별초가 있었는데 신의별초, 좌우별초, 야별초라 불렀다. 별초로 왕실을 강하게 하려 했는데 배중손, 노영희가 별초군으로 반란을 일으켜 승화후 왕온을 겁박하여 왕으로 삼고 정문감으로 승선사를 삼으니 정문감이 말하기를 "그 도적들과 부귀를 같이하느니 차라리 깨끗한 몸으로 황천에 간 것만 못하다." 하고 그의 처 변 씨와 함께 물에 뛰어들어 죽었다. 장군 현문혁이 적을 만나 활을 쏘는데 그의 부인이 화살을 나르다가 현문혁이 엎드러져 죽으니 처가 말하기를 "내 쥐새끼 같은 무리들에게 의롭지 않은 욕된 짓을 당하지 않을 것이다." 하고는 두 딸을 데리고 강물에 뛰어들었다.

禧: 경사스러울 희. 逼: 협박할 핍. 侯: 제후 후. 鑑: 살필 감. 寧: 차라리 영. 邊: 근처 변. 奕: 클 혁. 仆: 엎드릴 부. 鼠: 쥐 서. 輩: 무리 배. 辱: 욕보일 욕. 携: 이끌 휴. 倍: 급할 배. 金方慶-1212~1300년 고려 후기의 명장. 본관 안동. 경순왕 후예. 소년 시절에 급제하여 한림학사에 이르렀다. 1263년 진도에 침입한 왜구를 물리치고 상장군이 되었으며 장군 배중손 등이 삼별초를 이끌고 난을 일으켜 왕으로 승화후 왕온을 추대하자 방경이 申思佺(신사전)과 함께 삼별초 무리들을 치고 몽고군과 합세하여 승화후를 죽이고 그 남은 자들이 제주로 도망가자 1273년 병마원수가 되어 몽고 흔다와 다구와 함께 삼별초를 완전히 평정하고 侍中에 올랐다. 이때 원나라가 일본을 정벌하려 할 때 中軍將으로 원나라 군과 함께 출전하여 본토 상륙전에 대폭풍으로 많은 병력을 잃고 돌아왔다(高麗史). 裵仲孫－?~1271년(원종 12) 고려 원종 때 장군. 원종이 강화에서 나와 개성으로 환도할 때 삼별초의 원수인 배중손이 복종하지 않아 왕이 파직시켰다. 이에 야별초 노영희와 함께 강화에서 반란을 일으켜 승화후 온을 왕으로 세우고 개경에 적의를 표하고 몽고에 대하여 최후에 항전을 하였다. 도망병이 생기고 전세가 불리하자 진도로 옮겼다. 조정에서 김방경을 토벌하게 하였으나 이루지 못하고 다음 해에 몽고의 원군으로 평정하였으며 배중손은 전사하였다(고려사, 삼별초난). 洪茶丘－1244~1291년(고려 충렬왕 17) 고려인으로 몽고에 귀화한 무장. 다구는 兒名, 福源의 아들. 복원은 몽고 세력을 업고 오랫동안 조국 고려를 괴롭혔다. 다구는 아비의 관직을 이어받아 고려군민총관이 되어 군사를 데리고 鳳州(鳳山)에 들어와 삼별초난에 김방경과 합세하여 진도에서 싸우고 제주까지 쫓아가 별초군을 평정하였다. 원나라가 일본을 공격하려고 대마도를 점령하고 돌아와 1281년 원이 일본을 2차로 공격하니 김방경의 4만 군사와 원나라 범문호 군사 10만이 일본 이끼와 히라도 등에 이르러 큰 태풍을 만나 거의 전군이 침몰되자 돌아와서 죽었다(고려사, 원사).

賊下全羅道어늘方慶이倍日南行하야先牒全州曰以官軍一萬入하니速需軍餉하라하고進斬僞主溫하니餘黨이入耽羅어늘以蘆船으로火攻하다.

ㅁ時에蒙古忽必烈이立爲世祖하고國號를元이라하다.

ㅁ王이薨하고長子嗣하다.

적들이 전라도로 내려가니 김방경이 밤낮으로 남쪽으로 내려가 전주에 도착하여 먼저 통첩을 보이며 말하기를 “곧 전주에 관군 1만 명이 들어올 것이니 속히 군량을 준비하라.” 하고 반군의 거짓 왕 온을 잡아 목 베니 남은 무리들은 제주도로 도망가려 하니 갈대배로 불태워 무찔렀다.

ㅁ 이때에 몽고에 홀필렬이 왕위에 올라 세조가 되고 국호를 원이라 불렀다.

ㅁ 원종왕이 죽고 장자가 자리를 이었다.

需: 필요할 수. 餉: 군량 향. 蘆: 갈대 노. 倍日－이틀 길을 하루에 달려감. 忽必列(1216~1294년)－원(몽고)의 세조로 중국 송나라를 멸망시키고 고려, 중앙아시아, 유럽까지 정복하였음.

○忠烈王이 立하야는 以金方慶으로 拜定遠功臣上洛公하야 與元將洪茶丘로 合攻倭兵하야 大破之江中하다.
ㅁ置國學贍學錢하다 先是에 贊成事安珦(改裕) (晦軒文成)이 議兩府曰宰相之職은 莫先於敎育人材라 今養賢庫ㅡ殫竭하니 各出金帛하야 存本取息하야 永爲準則이니라 王이 出內帑金하고 密直高世自以武人으로 不肯出金이어늘 裕ㅡ諭曰孔子之道는 子孝臣忠이니라하니 遂出金하다.

o 충렬왕(25대 1274~1313년)이 위에 오르고는 김방경을 정원공신 상락공으로 삼아 원나라 장군 홍다구와 함께 연합하여 일본군을 바다에서 크게 격파하였다.
ㅁ 국학에 섬학전을 설치하였다. 이에 앞서 찬성사 안향(유자로 고침)(회헌 문성)이 양부와 의논하기를 "재상의 직분은 인재를 가르쳐 길러 내는 것보다 먼저 할 것은 없는데 지금 양현고가 다 고갈되었으니 각자 금전이나 비단을 내어 주면 팔아서 본전은 보존하고 이자를 취하여 오래 운영하도록 법을 만들 것입니다." 하니 왕이 내탕금을 내어 주었다. 밀직 고세가 "자고로 나는 무인이다." 하고 금전 내는 것을 좋아하지 않으니 이에 안유(안향)가 깨우쳐 말하기를 "공자님 말씀은 아들은 효도하고 신하는 충성하라 했습니다." 하자 마침내 금전을 냈다.

洛: 땅 이름 락. 贍: 도울 섬. 珦: 옥이름 향. 裕: 너그러울 유. 軒: 집 헌. 殫: 다 없어질 탄. 竭: 다할 갈. 帑: 금고 탕. 諭: 깨우칠 유. 內帑金ㅡ임금이 사사로이 쓰는 금전. 準則ㅡ따라야 할 규칙. 贍學錢ㅡ고려 때 국학생의 학비를 보조하기 위한 장학금으로 안향이 국학이 쇠퇴함을 염려하여 6품 이상은 은 한 근씩, 7품 이하는 포를 내어 장학기금을 마련하여 '섬학전'이라 하였다. 安珦(安裕)ㅡ1234~1306년(충렬왕 32) 고려시대의 명신 학자. 호는 晦軒(회헌), 순흥 출신. 1286년에 왕을 따라 원나라 연경에서 朱子全書를 보고 儒學의 정통이라 하여 깊이 연구하였다. 학문을 진흥시키기 위하여 관직에 있는 모든 사람에게 장학기금을 내게 하여 養賢庫(양현고)에 귀속시켜 그 이자로 학교를 운영하게 하여 많은 인재를 양성하였다. 박사 김문정을 중국에 보내 祭器, 樂器, 經書 등을 구해 오게 하는 등 유학 진흥에 큰 공적을 남겼다. 우리나라 최초의 주자학도로 여긴다. 사후 12년에 궁중화가에게 명하여 초상을 그리게 하여 현재도 백운동서원, 즉 紹修書院(소수서원)에 보관되어 있다. 조선 중종 때 주세붕이 1543년 순흥 백운동에 최초로 안향 사당을 세우니 우리나라 서원의 시초가 되었다(고려사, 회헌선생연보).

遣博士金文鼎于江南하야**畵先聖及七十子之像**하고**又購祭樂器及六經諸子史以來**하야**以李㦃李瑱**으로**爲敎授都監**하야**七館十二徒諸生**이**橫經受業**하니**儒風**이**大振**이라**大成殿**이**成**에**王**이**謁先聖**하고**命李混**하야**作入學頌**하다.

박사 김문정을 강남(중국)에 보내 옛 성인과 공자 70제자의 초상과 또 제사 지낼 그릇과 악기와 육경과 제자백가와 역사책 등을 구입하여 가져 오게 하였으며 이산과 이진으로 교수도감을 삼아 7관 12도에 가득 채운 학생들이 경으로 학업을 받으니 유학의 기풍이 크게 떨쳐 일어났다. 대성전이 완성되니 임금이 옛 선성을 배알하고 이혼에게 명하여 입학송을 짓게 하였다.

購: 살 구. 㦃: 온전한 덕 산. 瑱: 옥 진. 橫: 꽉 찰 횡. 儒: 유교 유. 振: 떨쳐 일어날 진. 謁: 뵐 알. 混: 합할 혼. 頌: 칭송할 송. 江南－중국 양자강 남쪽을 말함. 先聖－옛 성인 공자. 六經－6가지 경서로 역경, 서경, 시경, 춘추, 예기, 악기로 악기는 진나라 때 없어졌다. 七十子－공자의 72제자로 육예에 통한 사람들을 말한다. 大成殿－문묘 안의 공자 위패를 모시는 전각. 金文鼎－고려 충렬왕 때의 문관. 國學學正이 되었으며 원나라에 들어가 先聖十哲의 화상과 문묘의 제기 등을 가져 왔다. 1309년(충선왕 1) 司憲糾正(사헌두정)이 되었다. 李瑱(이진)－1244~1321년(충숙왕 8) 고려 충숙왕 때 중신. 본관 경주. 문과 급제, 直翰林(직한림)이 되어 충렬왕이 詩賦(시부)로 문신들에게 시험을 하여 2위를 하였다. 대사성 밀직승지 檢校政丞(검교정승)이 되고 臨海君에 봉되었다. 이재현이 그의 아들이다. 李混(이혼)－1252~1312년(충선왕 4) 全義 출신. 17세에 급제하여 충렬왕 때 승지로 있으면서 言事로 여러 번 파면되었었다. 왕에게 관제를 개정하게 하여 원성을 많이 들었다. 僉議政丞(첨의정승)에 오르고 은퇴하였다. 성품은 관후하나 탐욕이 많아 재산을 모았으며 거문고, 바둑을 즐기고 시문에 능하였으며 귀양 갔을 때 舞鼓(무고)를 지어 樂府(악부)에 전했다(고려사).

ㅁ 王이 如元하야 數年而返國하니 李齊賢崔誠之等이 侍從이라 剃髮禁白衣하다 王이 薨하니 遺敎太子瀋陽王曰 大期－奄至하니 豈容相待아 惟爾臣僚는 各守厥職타가 傳予遺訓하야 毋致遺失하라하다.

o 忠宣王이 立하야는 以閹人으로 封君十餘人하고 禪位于太子燾하다.

ㅁ 충렬왕(25대 1274~1308년)이 원나라에 가서 수년 만에 귀국하니 이제현, 최성지 등이 가까이 모셨다. 머리를 깎고 흰옷 입는 것을 금하였다. 왕이 죽으니 왕이 원나라 심양의 태자에게 남겨 훈계하기를 “죽을 때가 문득 이르렀으니 어찌 기다릴 수가 있겠는가! 오직 그대 신료들은 각기 그 직책을 지키다가 나의 유훈을 전해 주고 실수하지 말라.” 하였다.

o 충선왕(26대 1305~1313년)이 위에 오르고는 환관 10여 인을 君으로 봉하고 태자 도에게 왕위를 물려주었다.

如: 갈 여. 返: 되돌아올 반. 剃: 머리 깎을 체. 瀋: 땅이름 심. 奄: 갑자기 엄. 毋: 말 무. 閹: 내시 엄. 燾: 멀리 비출 도. 閹 人－궁형을 당한 사람. 환관. 忠烈王－태자 책봉 후에 원나라에 가서 원의 세조 딸과 1274년에 결혼하고 아버지 원종이 죽은 뒤에 돌아와 왕위에 올랐다. 원의 간섭이 심하여 자주성을 잃었다. 李 齊 賢－1287~1367년(공민왕 13) 고려 말기의 시인 성리학자. 호는 益 齋(익재). 본관 경주. 15세에 成均館試(성균관시)에 장원하고 병과에 급제하였다. 원나라 연경에 가서 명사 姚燧(요수), 趙 孟 頫(조맹부) 등과 교우하고 陳 鑑 如(진감여)가 초상화를 그렸으며 현재 국보로 지정되어 있다. 원나라가 고려를 자기들의 한 省으로 하려 하자 글을 올려 고려 4백 년 토대가 무너진다고 간곡히 호소하여 철회되었다. 충목왕이 즉위하자 계림부원군에 봉되었고 우정승을 거쳐 문하시중으로 있다가 공민왕 6년에 직을 떠났으며 왕명으로 실록을 수찬하였으며 사후 공민왕의 사당에 모셨다(고려사 익재집). 崔 誠 之－1265~1330년 고려 중기 명신. 본관 전주. 문과에 급제하였고 충선왕을 따라 원나라에 가서 내란을 평정하고 원나라 무종을 세우는 데 공이 컸었다. 충선왕이 돌아와 즉위하자 대사헌을 거쳐 贊成事에 올라 光陽君에 봉되었다. 일부 고려인들이 영토를 몽고에 병합하려 할 때 몽고에 진정하여 중지케 하였다. 원나라에서 배워 온 曆數(역수)의 학문은 고려의 학계에 큰 공헌을 하였다.

o忠肅王이立하야는以白頤正으로爲僉議評理하다頤正이在元에學程朱性理而來하니李齊賢朴忠佐ㅡ首先師受하고以文成公安裕로從祀文廟하다王이禪位于太子禎하다.
o忠惠王이立하야는李兆年이直言見憚하야匹馬歸鄕하다韓宗愈等이更日侍講하고取士覆試하다前王이再卽政八年而還政하다王이薨하니太子嗣하다.

o 충숙왕(27대 1313~1344년)이 위에 오르고는 백이정으로 첨의평리를 삼았다. 백이정이 원나라에 있었을 때 정자, 주자의 성리학을 배워 오니 이제현, 박충좌가 제일 먼저 스승으로 모셨으며 문성공 안유를 문묘에 배향하였다. 왕이 태자 정에게 왕위를 물려주었다.

o 충혜왕(28대 1330~1340년)이 위에 오르고는 이조년이 왕의 잘못을 직언하자 꺼리니 말 한 마리 타고 고향으로 돌아가 버렸다. 한종유 등이 교대로 임금에게 강의를 하였고 선비들을 복시로 뽑았다. 앞의 왕이 다시 정치에 나가 8년 만에 정권을 돌려주었다. 왕이 죽으니 태자가 자리를 이었다.

頤: 기를 이. 僉: 가려 뽑을 첨. 評: 됨됨을 평할 평. 程: 성 정. 覆: 되풀이할 복. 禎: 복 정. 直 言 – 사실대로 바른말을 하다. 侍 講 – 왕 또는 동궁에게 경서를 강의하는 것. 程 子 – 중국 송나라의 정호, 정이 형제의 존칭으로 2정이라 칭하며 우주의 本性과 사람의 性이 본래 동일한 것이라 하였고 주역에 조예가 깊고 識仁篇과 定 性 書 저서가 있다. 朱 子 – 중국 남송의 대학자로 이름은 주희(1130~1200년), 시호는 문공으로 성리학을 집대성하여 정주학 혹은 주자학이라고 하며 저서가 2백여 권이 있다. 白 頤 正(백이정) – 고려 충선왕 때 학자. 본관 藍浦(남포). 충선왕 때 商議會議都監事(상의회의도감사)가 되었고 上黨君 에 봉되었다. 원나라에 가서 朱 子學을 연구하여 처음으로 고려에 퍼트렸으며 이제현, 박충좌 등 제자들에게 가르쳤다(고려사). 朴 忠 佐 – 1287~1349년(충정왕 1) 고려 말기의 학자. 함양 출신. 문과 급제. 密直提學(밀직제학), 開城府允 등을 역임하였고 충목왕 때 찬성사가 되어 왕에게 貞觀政要(정관정요)를 侍講하였으며 함양부원군에 봉되었다. 대신이 되었어도 집과 의복이 변하지 않았다 한다(고려사). 李兆年 – 1269~1343년(충혜왕 복위 4) 고려 충혜왕 때 충신. 본관 京山府. 문과 급제. 왕과 함께 원나라에 갔었을 때 충렬왕 부자를 이간질하여 화를 입고 귀양 갔었다. 충혜왕이 복위한 후 藝文館

大提學에 임명되고 星山君 에 봉되었다. 왕이 간언을 받아들이지 않자 벼슬을 내놓았다. 성산후로 추증하고 충혜왕 사당에 모셨다. 韓 宗 愈－1278~1354년(공민왕 3) 고려 충혜왕 때 문신. 문과에 급제하여 司僕別正(사복별정)이 되었다. 무고로 충숙왕이 원제에게 불려가 國王印을 빼앗기자 이조년과 함께 원나라에 가서 원자(충목왕)를 돌보며 충숙왕의 환국을 원제에게 상소하여 1324년 충숙왕이 국왕인을 찾아 귀국하자 간신들을 제거하고 왕의 선위를 막았다. 1342년 조적의 난을 평정한 공으로 일등공신이 되어 漢陽 君에 봉해졌다. 충목왕이 즉위하자 좌정승에 올랐으며 공민왕 때 書 筵 官(서연관)이 되었으며 시문에 뛰어났다(고려사). 覆 試－과거 시험제도로 고려시대 개성의 국립중앙대학격인 국자감에서 3년 이상 공부하여 시험에 합격한 학생만이 監 試(감시)에 응시하여 합격한 자들을 모아 임금이 직접 詩, 賦, 論을 시험하였으며 합격한 자는 紅 牌(빨간 종이에 쓴 합격증)를 받고 등용되었다. 양반 자제들만 응시할 수 있었다. 頤: 턱 이. 藍: 쪽 남. 僕: 종 복. 筵: 자리 연. 牌: 명찰 패.

o忠穆王이立하야는以李穀으로爲贊成事하다穀은韓山吏라早喪父하고事母孝하야性이端嚴剛直하고以文章典雅로高爲華士所推러라王이薨하니母弟－立하다.

o忠定王이立하얀元이遣使하야立忠惠王母弟江陵大君하다.

o 충목왕(29대 1344~1348년)이 위에 오르고는 이곡으로 찬성사를 삼았다. 이곡은 한산의 관원이었는데 일찍이 아버지를 여의고 어머니에게 효성을 다하여 섬기니 성품이 단정하고 엄격 강직하며 문장이 바르고 고상하여 중국 선비들이 추대한 바가 되었다. 왕이 죽으니 동생을 세웠다.

o 충정왕(30대 1348~1351년)이 위에 오르니 원나라가 사신을 보내 충혜왕 동생 강릉대군을 왕으로 세웠다.

穀: 길할 곡. 剛: 굳셀 강. 推: 천거할 추. 華: 중국 화. 典雅－바르고 고상함. 忠定王－충해왕의 서자 30대 왕. 원제의 명으로 12세에 즉위하였으나 충해왕 동생 기가 원나라 노국공주와 결혼하여 3년 만에 충정왕이 폐위되고 기가 공민왕으로 즉위하였다. 李 穀－1928~1351년 고려 말기 학자. 호 稼亭(가정). 牧隱(목은)의 아버지. 원나라에 가서 制科에 둘째로 급제하였다. 중국학자들과 교유하고 귀국하여 韓山君에 봉되었다. 유창한 문장에 중국 사람들도 탄복하였으며 충렬, 충선, 충숙왕 3조의 실록을 편찬하였다(稼亭

先生年譜).

o恭愍王이 立하얀命諫官李穡等하야定行三年喪하다.

ㅁ紅賊이渡鴨綠江이어늘命摠兵官鄭世雲元帥安祐金得培李芳實하야大破之하니金鏞이妬寵矯旨하야令安祐로殺世雲하고因以爲罪하야殺三元帥하니至有泣下者多오市人이爭哺其兒러라李太祖與崔瑩으로各率二十萬兵하야討賊魁劉關先生于天壽寺前하야獲元帝玉璽及兵仗하다.

o 공민왕(31대 1351~1374년)이 위에 올라 간관 이색 등을 명하여 삼년상을 정하고 거행하게 하였다.

ㅁ 홍적이 압록강을 건너 노략질하러 오니 총병관 정세운과 원수인 안우, 김득배, 이방실을 명하여 크게 격파하였는데 김용이 총애받음을 투기하여 왕의 교지를 거짓으로 꾸며 안우로 하여금 정세운을 죽이게 하고 이로 인하여 죄목을 삼아 세 명의 장군을 죽이니 눈물 흘린 자가 많았고 그 자식들을 서로 데려다가 먹여주었다. 이태조가 최영과 같이 20만의 군사들을 거느리고 적의 괴수 유관 선생을 천수사 앞에서 토벌하고 원나라 왕의 옥새와 병기들을 빼앗았다.

愍: 불쌍히 여길 민. 摠: 지배할 총. 培: 북돋울 배. 芳: 향기 방. 鏞: 큰 종 용. 妬: 시기할 투. 矯: 속일 교. 旨: 임금 뜻 지. 泣: 눈물 읍. 哺: 먹일 포. 瑩: 밝을 영. 魁: 우두머리 괴. 仗: 무기 장. 恭愍王(공민왕)－고려 31대 왕 충숙왕의 둘째 아들로 원나라에 가서 원의 위왕 딸 노국공주를 비로 맞아 원의 지시로 충정왕을 폐위시키고 왕위에 올랐으나 원에 항거하여 몽고풍을 폐지하고 연호 관제를 폐하고 옛날 제도로 복구하였으며 원이 백 년간이나 간섭한 쌍성총관부를 폐지하였으며 빼앗긴 영토를 복구하고 이성계로 하여금 동령부를 치게 하여 오로산성을 점령하여 국위를 떨쳤다. 귀족회의 기관으로 문무관의 전형권을 가진 政房(정방)을 폐지하고 신돈을 채용하여 수탈한 토지를 백성들에게 돌려주게 하고 불법 노비를 해방하여 선정을 베풀었으나 정사를 신돈에게 맡겨 전횡으로 문란하여 홍윤이 익비를 범한 불륜을 공민왕이 은폐하려다가 최만생에게 암살당하였다. 鄭世雲(정세운)－고려 공민왕 때 장군. 본관 광주. 공민왕을 따라 원나라에 갔다가 大

護軍(대호군)이 되어 공민왕이 즉위하자 일등공신이 되어 김용과 총애를 다투었다. 홍건적이 서경을 함락하자 상장군으로 왕을 따라 피난하였다. 왕에게 적을 칠 것을 주청하였다. 세운을 摠兵官(총병관)으로 20만 대군을 거느리고 홍건적을 반격하게 하여 적을 대파시켰다. 이때 김용이 정세운을 시기하여 안우를 꾀어 왕명이라 하고 정세운을 죽이게 하였다. 사후에 僉議政丞(첨의정승)으로 추징되었다. 安 祐(안우)－?~1362년(공민왕 11) 공민왕 때 장군. 본관 耽 津(탐진). 知樞密院事(지추밀원사) 등을 역임하고 1359년(공민왕 8)에 紅 頭 賊(홍두적) 毛 居 敬(모거경)이 4만 대군을 거느리고 얼어붙은 압록강을 건너 의주를 빼앗고 관민을 많이 죽였다. 安祐는 안주 만호로 있다가 李 芳 實(이방실) 등과 홍두적을 대파시켰다. 개선하고 오니 왕이 中書平章政事(중서평장정사)와 공신 호를 내렸다. 이듬해 다시 홍두적이 20만 대군으로 쳐들어왔다. 안우가 상원수가 되어 막았으나 기습을 받아 패하니 조정에서는 개성을 버리고 피난하였다. 왕은 안동에 머물렀는데 홍두적은 2개월 동안 개성을 불 지르고 약탈하였다. 이듬해 봄 鄭 世 雲(정세운)이 총지휘하는 20만의 고려군은 안우, 김득배, 이성계, 최영 등 여러 장수와 합동작전으로 개성을 수복하였다. 재상 金 鏞(김용)이 정세운의 승전을 시기하여 왕명이라는 위계로 정세운을 죽이니 자기 죄가 탄로 날까 두려워 부하를 시켜 안우를 망치로 쳐 죽게 하였다. 金 鏞(김용)－?~1363년(공민왕 12) 고려 말기의 무인. 본관 안성. 공민왕이 세자로 원나라에 갔을 때 시종한 공으로 大護軍(대호군)이 되었으며 공민왕이 즉위하자 密直副使(밀직부사)가 되고 공신 호도 받았다. 정세운, 안우 등과 사이가 좋지 못한 중에 이들이 홍건적을 물리쳐 훈공을 세우자 위계로 안우에게 정세운을 죽이게 하고는 주장인 세운을 죽였다 하여 안우도 죽였다. 또 공민왕과 덕흥군을 살해하려다 발각되어 사형되었다. 李 穡－1328~1396년(태조 5) 고려 말의 성리학자. 호 牧 隱(목은). 본관 韓山. 三隱의 한 사람. 14세에 成均館試에 합격하였고 원나라에 유학하였으며 征東省鄕試(정동성향시)에 장원하고 원나라에서 문과에 급제하여 한림제고가 되었다. 귀국하여 성균관 대사성이 되었으며 정몽주 등과 정주 성리학을 일으켰으며 韓 山 君(한산군)에 봉되었고 우왕의 사부가 되었다. 이 태조가 한산백으로 봉하여 출사를 권했으나 망국의 사대부는 해골을 故 山에 묻을 뿐이라 하고 피서 가던 중에 급사하였다. 문하에 권근, 김종직, 변계량 등을 배출하였다. 崔 瑩(최영)－1316~1338년(우왕 14) 고려 말기의 명장. 1352년(공민왕 1)에 趙日 新(조일신)이 난을 일으키자 安 祐(안우) 등과 함께 물리치고 護 軍(호군)이 되었다. 원나라에 난이 일어나 청하니 가서 勇名(용명)을 대륙에 떨쳤다. 2차에 걸쳐 침입한 홍건적을 물리친 공으로 일등공신이 되고 1358년 왜구가 장연에 배 4백 척으로 침입하니 최영이 군사를 거느리고 가서 격파하였다. 한때 신돈의 참언으로 좌천되었다가 1371년(공민왕 20)에 신돈이 처형되자 贊成事(찬성사)가 되었다. 유명한 鴻 山(홍산)전투에서 왜구를 크게 무찔러 鐵原府院君(철원부원군)에 봉되었고 안으로는 조일신, 김용, 최유 등의 모반을 분쇄하였다. 명나라가 鐵 嶺(철령) 이북 땅을 차지하려 하니 이를 계기로 왕에게 요동 정벌을 주장하였다. 팔도도통사가 되어 우왕과 함께 평양까지 出 陣(출진)하였으나 이성계의 위화도 회군으로 뜻을 이루지 못하고 결국 이태조의 일가에 죽음을 당하였다.

○王이 以僧辛旽으로 爲大匡하니 正言李存吾(慶州) ─ 議同列曰妖物이 誤國하니 不可不去라 惟司諫鄭樞(淸川圓齋) 應之어늘 具疏奏曰聖人이 制禮에 嚴上下之分은 謀深而慮遠也니다 竊見旽이 過蒙上恩하야 畜無君之心이니이다 旽이 惶駭하야 不覺下床이라 鞫存吾曰爾尙乳臭童子라 必有老狐陰囑者니 無隱하라 曰國家 ─ 不以童子無知로 置之諫官이라 何待敎唆아 樞 ─ 曰吾父子 ─ 繼爲諫大夫하니 今上이 委政非人에 不敢不言였니이다. 하였다.

ㅇ 공민왕이 중 신돈을 대광으로 삼으니 정언 이존오(경주)가 같은 반열들에게 말하기를 "요물이 나라를 그르치고 있으니 제거하지 않을 수 없습니다." 하니 오직 사간원 정추(청천원제)가 응하거늘 상소문을 갖추어 왕에게 아뢰기를 "성인이 예절을 지음에 상하의 분별을 엄하게 한 것은 깊은 생각으로 먼 장래를 염려한 것입니다. 적이 신돈을 보건대 주상의 은택을 지나치게 입어 임금을 업신여기는 마음을 기르고 있습니다." 하니 신돈이 깜짝 놀라 평상 아래로 내려온 것도 깨닫지 못할 정도였다. 왕이 이존오를 국문하며 "너는 아직 젖비린내 나는 아이인지라 반드시 숨은 늙은 여우가 시켰을 것이니 숨기지 말고 말하라." 하였다. 이존오가 대답하기를 "나라에서 아무것도 모르는 어린아이를 간관으로 앉게 하지는 않았을 것입니다. 어찌 시키기를 기다리겠습니까?" 하였고 정추는 말하기를 "우리 부자를 사간대부로 대이어 삼으셨으니 지금 주상께서 사람답지 않은 자에게 정사를 맡겼으니 감히 말하지 않을 수가 없었습니다." 하였다.

旽: 밝을 돈. 匡: 바로잡을 광. 樞: 근본 추. 制: 법도 제. 竊: 적이 절. 蒙: 입을 몽. 惶: 당황할 황. 駭: 놀랄 해. 鞫: 문초할 국. 尙: 아직 상. 臭: 냄새날 취. 狐: 여우 호. 囑: 부탁할 촉. 唆: 부추길 사. 大匡 ─ 정2품의 관직. 鄭 樞(정추) ─ 고려 공민왕 때 학자. 호 圓 翁(원옹), 대사성으로 우왕의 사부를 겸하였다. 시에 능통하여 유명하였다. 辛 旽(신돈) ─ ?~1371년(공민왕 20) 고려 말기의 중. 김원명의 추천으로 이름은 遍照(편조). 공민왕의 신임을 받아 師傅(사부)로 국정을 맡았으며 眞平侯(진평후)로 봉함을 받고 개혁정치를 시작하였다. 혼탁한 적폐를 타개하고 부호들이 권세로 수탈한 농지를 소유자들에게 돌려주고 노비들을 풀어 주었으며 처음에는 민심을 얻었으나 상류층의 반감을 샀고 왕의 신임으로 오만방자하며 음란한 짓으로 신돈 배척운동이 일어났다. 1369년(공민왕 18) 풍수설로 왕을 유인하여 충주로 천도하려는데 왕이 불신하니 왕을 시해하려다가 발각되어 처형되었다. 李存吾－1341~1371년(공민왕 20) 고려 공민왕 때 충신, 본관 경주. 일찍이 아버지를 여의고 학문에 힘써 1360년 문과 급제. 정몽주, 정도전, 김구용 등과 친교하여 학문을 토론하였다. 1366년 正言 신돈이 집권하여 횡포가 심하자 왕에게 글을 올려 탄핵하였다. 이로 인하여 왕의 노여움을 샀으나 이색 등의 간언으로 극형은 면하였다. 좌천되어 石灘(석탄)에서 은둔하다가 죽었다. 사후 成均館大司成(성균관대사성)으로 追贈되었다.

ㅁ王이命李穡하야增置生員하고擇經術士金容九鄭夢周朴尚衷朴宜中李崇仁等하야會明倫堂하야分經授業하니學者－坌至라程朱理學이大興하니夢周의講說이發越이러라.

ㅁ民有拾金而兄弟取分하고渡大同江이러니兄이謂曰今日에忽生異心이라하고投金江中하니弟亦投而去하더라河南郭永錫이來聘하다.

ㅁ 왕이 이색에게 명하여 생원들을 더 두고 경술사 김용구, 정몽주, 박상충, 박의중, 이숭인 등을 뽑아 명륜당에 모이게 하여 경서를 나누어서 가르치게 하니 배우고자 한 사람들이 많이 모여들었다. 정자와 주자의 성리학이 크게 일어나니 정몽주의 강의 소리가 월등히 높았다.

ㅁ 백성 중에 금을 주운 형제가 있었는데 나누어 가지고 대동강을 건너다가 형이 말하기를 "오늘 갑자기 이상한 마음이 생긴다." 하고 금을 강물 속에 던지니 동생 또한 던져 버렸다. 하남에 곽영석이 예를 갖추어 왔다.

衷: 속마음 충. 坌: 모여들 분. 越: 빼어날 월. 郭: 성 곽. 發越－소리 같은 것이 높이 올라감. 經術士－경학을 잘하는 선비. 來聘－예물을 가지고 찾아옴. 金容九－1338~1384년(우왕 10) 안동인 고려 공민왕 때 학자. 16세 진사 급제, 성균관 직강으로 많은 인재를 양성하였고 정몽주 등과 성리학을 일으켜 斥佛揚儒(척불양유)의 선봉이 되었다. 친명파로 활동하다가 귀양 가서 병사하였다. 朴尚衷(박상충)－고려 말의 학자. 본관 반람. 예조정랑 전교령을 지냈고 친명책을 주장하여 친원파와 대항하며 북원파 이인임 등의 사형을 주장하다가 하옥되어 귀양 가다가 죽었다. 朴宜中(박의중)－고려 말의 명신. 성균관 대사성 밀직제학을 지냈고 명나라가 철령 이북을 영토로 삼으니 명나라 태조에게 점령지 철회를 요구하여 성공하니 공신이 되었다. 성리학에 밝았다. 李崇仁(이숭인)－고려 말의 학자. 문과 급제. 고려 삼은의 한 사람으로 정도전 등과 北元(북원)의 사신을 돌려보내라고 하다가 귀양 갔다 돌아와 밀직제학 同知司事(동지사사)를 역임하였고 조선 개국하고 정도전에 의해 살해되었다. 문장이 典雅(전아)하여 중국 명사들도 탄복하였다 한다.

○益山君李公遂－謹愼剛毅하야一毫를不妄取與하고屹然不爲權勢所窘하더니辛旽이當國하니隱於德水縣別庄하야幅巾杖藜로嘯詠其中하니風流閑雅하야蕭然有山水之趣라有山有水處에無榮無辱身이라하다.

ㅁ鷄林君李齊賢은天資厚重하고加以文學하니措諸事業에俱有可觀者라未嘗疾言遽色하고自號益齊러라.

ㅇ 익산군 이공수는 근신하여 강직하고 의연해서 한 털만큼도 헛되게 취하지 않고 우뚝 서서 일찍이 권세에게 곤욕당하지 않더니 신돈이 국권을 쥐게 되자 덕수현 별장에 은거하여 복건 쓰고 명아주 지팡이 짚고 그 가운데서 시가를 읊으니 풍치가 한적하고 단아하여 산수를 즐기니 산 좋고 물 맑은 곳에 한 몸 영화도 없고 욕도 없었다.

ㅁ 계림군 이제현은 천성이 후덕하고 중후한데다 학문을 더하였으며 모든 일을 처리함에 볼만하였다. 일찍이 말을 함부로 하거나 갑자기 안색을 바꾸는 일이 없었고 스스로 호를 '익제'라 하였다.

遂: 통달할 수. 妄: 거짓 망. 屹: 의연할 흘. 窘: 군색할 군. 庄: 별장 장. 幅: 직물 폭. 杖: 지팡이 장. 藜: 명아주 여. 嘯: 읊조릴 소. 詠: 읊을 영. 蕭: 고요할 소. 趣: 재미 취. 資: 재질 자. 措: 처리할 조. 疾: 빠를 질. 遽: 황겁할 거. 剛毅－강직하여 굴하지 않음. 屹然－높게 솟은 모양. 杖藜－명아주로 만든 지팡이. 風流－운치스러움. 嘯詠－시가를 읊음. 當國－나랏일을 맡음. 蕭然－쓸쓸하고 적막함. 幅巾－머리를 뒤로 싸 덮는 비단으로 만든 두건으로 은사들이 쓴다. 閑雅－한가롭고 아취가 있음. 天資－타고난 자질. 천품. 遽色－갑자기 변색함. 李公遂－1308~1366년 고려 공민왕 때 충신, 익산인.

찬성사에 오르고 익산부원군에 봉해졌다. 원나라에서 귀국하여 국학을 수찬하였고 신돈의 시기로 은둔하였으며 사후에 공민왕 묘정에 배향하였다.

ㅁ前長沙監務李存吾는慶州人也라早孤力學하야慷慨有志하니幼時에賦江漲曰大野皆爲沒호대高山은獨不降이라及爲諫官이라가貶黜에退居公州之石灘이러니旽勢ㅡ益熾하니憂忿成疾하야扶起曰旽尚熾乎아旽亡에吾乃亡이라하고返席未安而歿하다柳濯等이上書言馬岩之役은徒勞民傷財니다王이怒下獄하니李穡이亟言不可하니王이愈怒하야命封國印이어늘穡이封而書曰臣穡은謹封이니이다王曰卿이以予不德하니去求有德하라穡(韓山牧隱)이泣曰此一失이면大王ㅡ於後世에何닛고王이感悟釋放하다.

ㅁ 전 장사감무 이존오는 경주사람이다. 일찍이 부모를 잃고 학문에 힘써 강개한 마음으로 뜻을 세웠으며 어렸을 때에 강물이 넘침을 보고 글을 짓기를 "넓은 들 다 잠겼으되 높은 산 홀로 가라앉지 아니했네." 하였다. 급기야 간관이 되었다가 신돈 때문에 벼슬이 떨어지고 쫓겨나 공주의 석탄에 물러 나와 지내다가 신돈의 기세가 더욱 심하여지자 근심과 울분으로 병이 생겨 붙들려 일어나서 말하기를 "신돈이 아직도 성하냐? 신돈이 죽어야 내가 죽을 것이다." 하고는 자리에 돌아누워 편안함을 회복하지 못하고 죽었다. 유탁 등이 왕께 글을 올려 말하기를 "마암에 성 쌓는 일은 한갓 백성들을 피로하게 하고 재산을 없앨 뿐입니다." 하니 왕이 노하여 옥에 가두었다. 이색도 자주 불가함을 아뢰자 왕이 더욱 노하여 국인을 봉하라 명하니 이색이 봉하고 글을 올려 말하기를 "신 색은 삼가 봉하였습니다." 하니 왕이 말하기를 "경이 내가 부덕하다고 여기니 가서 덕이 있는 자를 찾아보라." 하였다. 이색(한산 목은)이 눈물을 흘리며 말하기를 "이 일로 인하여 한번 잘못되면 대왕의 후세를 어떻게 하시렵니까?" 하였다. 왕이 잘못을 깨닫고 유탁 등을 석방하였다.

慷: 원통하고 슬퍼할 강. 慨: 탄식할 개. 賦: 시 지을 부. 漲: 물 넘칠 창. 沒: 물에 잠길 몰. 降: 가라앉을 강. 貶: 떨어질 폄. 黜: 물리칠 출. 灘: 물가 탄. 熾: 성할 치. 忿: 분한 마음 분. 濯: 빛날 탁. 徒: 한갓 도. 傷: 이지러질 상. 亟: 자주 기. 慷 慨－의분에 복받쳐 슬퍼하고 한탄함. 貶 黜－벼슬을 떨어뜨려 물리침. 柳 濯－공민왕 때 상신. 본관 고흥. 담략이 있고 무예가 출중하였다. 원나라에 가서 숙위하고 왔다. 좌승상이 되고 감문대호군 찬성사가 되어 고흥부원군으로 봉해졌다. 원나라에 가서 홍건적을 물리치고 돌아와 경상도 순무사 겸 병마사가 되었다. 신돈과 관계가 있다는 무고로 교수형을 받았다.

o時에明太祖朱元璋이卽位하고致書曰自宋失馭로元入中國이百有餘年이러니朕當群雄逐鹿하야南平北逐하고順應群推하야定有天下之號曰大明이오建元曰洪武元年戊申也라元順帝－北走어늘王이以李太祖로爲東北兵馬使하야以絶北元하다.

ㅁ辛旽(遍照)이威福恣行하야恩讐必報라奇顯崔思遠이爲腹心하고李春富金蘭이爲羽翼하야黨與－滿朝하니王不自安이러니旽이遂謀不軌어늘金續命이收旽及其黨하야悉誅之하고梟首京師하다.

o 이때에 명나라 태조 주원장이 왕위에 오르고 고려에 글을 보내 이르기를 “송나라가 통치를 잘못하여 정권을 잃은 때로부터 원나라가 중국으로 들어온 지 백여 년이 지나 여러 영웅들이 왕권을 좇던 중 짐이 대적하여 남쪽을 평정하고 북쪽으로 몰아내고 여러분들의 추대함을 순응하여 천하를 가진바 나라를 대명이라 하였소.” 하였다. 건원을 홍무라 하고 원년은 무신(1368년)으로 했다. 원나라 순제는 북쪽으로 도망하였다. 공민왕은 이성계로 동북 병마사를 삼고 북원과 절교하였다.

ㅁ 신돈(편조)이 위세를 방자하게 행하여 은혜와 원수를 반드시 갚았다. 기현 최사원이 심복이 되고 이춘부, 김난이 날개처럼 보좌하여 무리들이 함께 조정을 채우니 왕이 스스로 편안하지 못하였다. 신돈이 마침내 불법을 도모하니 김속명이 신돈과 그 무리들을 잡아다 목 베고 궁성 시가지에 머리를 매달아 뭇사람들이

보도록 하였다.

璋: 홀 장. 致: 보낼 치. 馭: 말 부릴 어. 逐: 쫓을 축. 遍: 고루 미칠 편. 翼: 날개 익. 軌: 법도 궤. 收: 잡을 수. 梟: 목매어 매달 효. 師: 뭇사람 사. 失馭－국가 통치를 잘못하여. 逐鹿－사슴을 권좌로 비유하여 권좌가 되려고 다툰다는 말. 腹心－심복 부하. 羽翼－양 날개처럼 보좌함. 梟首－죄인을 목 베어 달아 놓아둠. 京師－궁성이 있는 많은 사람이 다니는 곳. 金續命－공민왕 때 대사헌. 홍적의 침입에 왕의 남행을 호종하였고 경상도 순무사로 있을 때 진해에서 외구 3만 명을 물리쳤다. 三司左使와 공신의 호를 받았다. 이인임의 奸計로 유배되었다. 李春富－고려 말의 간신. 밀직대언 판추밀원사 병마사로 홍건적을 물리쳐 1등에 책록되었다. 그러나 신돈에게 아부하여 시중이 되고 김란과 신돈의 심복으로 신돈이 처단되자 사형되었다.

ㅁ 王이 無子러니 王嘗幸辛旽의 婢而生兒라 召入禑하다 使洪倫으로 汚益妃宮하여 冀有子러니 宦者崔萬生이 知之라 王이 欲殺倫滅口하니 萬生이 亦知不免하고 與倫으로 弑王하니 慶復興이 議立異러니 李仁任이 立江寧大君禑하다.

ㅇ王禑－立하얀 荒山(雲峰)에서 倭賊阿只拔都는 堅甲銅面이라 李太祖射帽하야 落頂子하고 佟(音퉁)豆蘭은 射喉殺之하다 偰長壽－自明還할새 以紗帽團領來어늘 鄭夢周河崙等이 請革元服하니 皆從之하다.

ㅁ 왕이 아들이 없었는데 일찍이 신돈의 집을 행차하여 여종과의 사이에서 아들을 낳았으니 그 아들 우를 불러들였다. 홍윤으로 익비궁을 더럽혀 아들 낳기를 바랐는데 내시 최만생이 이 일을 알게 되었다. 왕이 홍윤의 입을 막으려고 죽이려 하니 최만생이 또한 죽음을 면하지 못할 것을 알고 홍윤과 더불어 왕을 시해하였다. 경복흥이 왕을 다른 사람으로 세울 것을 말하니 이인임이 강령대군 우를 세웠다.

ㅇ 왕 우가 위에 오르고는 왜구가 황산(운봉)에 웅거하여 일본 괴수 아지발도가 단단한 갑옷에 얼굴에는 구리로 만든 가면을 썼으니 이성계가 모자를 쏘아 정자

를 떨어뜨릴 때에 퉁두란은 재빨리 아지발도의 목구멍을 쏘아 죽여 승리하였다. 설장수가 명나라에서 돌아올 때 사모에 단령복을 입고 오니 정몽주, 하륜 등이 원나라 관복으로 변혁하자고 청하니 모두 따랐다.

幸: 행차할 행. 婢: 여종 비. 汚: 추잡한 행위 오. 冀: 바랄 기. 宦: 내시 환. 禑: 복 우. 拔: 특출할 발. 帽: 모자 모. 佟: 성 퉁. 喉: 목구멍 후. 偰: 성 설. 紗: 엷고 가는 견직물 사. 崙: 산이름 륜. 紗 帽－관복에 쓴 관으로 烏紗帽(오사모)라고도 한다. 실로 짰으며 당, 원나라에서 썼고 조선에서는 문관의 예모로 왕은 오사모를 썼다. 명나라를 본떠 뒤에 뿔을 달았다. 團 領－조선시대 깃을 둥글게 만든 공복의 하나. 녹사 諸學의 생도, 별감, 나장 등이 입었다. 직위별로 색이 정하여졌는데 별감 등은 청색, 형조, 사헌부, 나장은 검은색 등이었다. 荒 山 大 捷－운봉에서 왜구를 크게 이긴 싸움. 일본이 대마도로부터 대거 침입하여 500여 척의 배로 금강등, 충청, 경상, 전라, 연해로 상륙하여 살육과 약탈이 심하자 이성계를 삼도도순찰사로 보내 함양, 운봉 등에서 항거하자 배극렴 등과 운봉에서 크게 격파하니 '황산대첩'이라 한다. 崔 萬 生－공민왕 때 내시. 공민왕은 미모의 소년을 뽑아 이들을 궁중에 두고 子弟衛라 불렀다. 익비가 홍윤과 간통하여 임신하니 만생이 사실을 왕에게 아뢰었다. 왕이 듣고 "홍윤 등을 죽여야겠고 너 또한 사실을 알고 있으니 죽음을 면치 못하리라." 하니 만생이 두려워 홍윤 등과 모의하여 밤에 왕의 침전에 들어가 왕을 시해하였다. 慶 復 興 －공민왕 때 공신. 본관 청주. 군부판서로 반신 기철을 죽여 일등공신이 되었다. 서북면도원수로 최유의 침입을 막아 좌시중 청원부원군에 봉되었다. 李 仁 任－우왕 때 간신. 본관 성주. 문벌로 벼슬에 나가 좌부승지가 되어 홍건적 난에 서울을 수복한 공으로 일등공신이 되고 守侍中(수시중) 광평부원군에 봉되었고 공민왕이 죽자 禑를 추대하여 뒤에 우왕의 은대로 충신을 몰아내고 매관매직하다가 참형되었다. 偰 長 壽－고려 말의 상신. 본래 '우기굴'의 출신. 급제하여 정당문학이 되었다. 이성계가 우왕을 폐위시키고 공양왕을 영립하는 데 도와 충의군에 봉되었다. 찬성사 판심사가 되었다. 佟 豆 蘭(퉁두란)－조선 개국공신. 본명은 '토우란 티부르' 여진사람으로 원나라 말기에 이성계에게 투항하자 성을 이로 바꾸고 이성계를 도와 조선을 창건하자 개국공신이 되고 정사좌명이 되었으며 사후에 태조 사당에 배향하였다. 鄭 夢 周－1337~1392년 고려 말 충신. 본관 영일. 三場에 연달아 장원급제하고 이성계의 종사관으로 여진족과 운봉에서 해구를 격퇴하였으며 명나라에 다녀와 대사성이 되었고 永原君에 봉되었으며 대제학이 되었다. 이성계의 위력이 커지고 조준, 정도전 등이 이성계를 왕으로 추대하려 하자 조준 등을 제거하려 하다가 이성계의 문객 조영규에게 선죽교에서 피살되었다. 성품이 호방하고 충효로 일관하였으며 성리학에 밝고 시문도 일가를 이루었다. 사후 태종 때 영의정부사 대제학 익양부원군이 추증되고 문묘에 배향하였다. 河崙－조선 초기 대신. 본관 진주. 문과 급제. 첨서밀직사사가 되어 최영의 요양공략을 반대하다가 귀양 갔다. 이성계가 즉위하여 경기좌우 관찰사가 되어 왕자의 난을 평정하였고 좌정승이 되어 명나라에 다녀왔으며 영의정부사로 70세에 致仕(치사)하고 진산부원군에 봉되었다. 태조실록 15권을 찬수하였다.

口 主가與崔瑩으로定策하야使李太祖로伐明遼陽이어늘太祖 - 陳不可曰暑雨에弓弩膠解하고大軍疾疫이니다主가不聽이라領兵하야次威化島하야議曰余以順逆으로上書하야除君側之惡하야以安社稷하리라하고回軍渡鴨江하야御彤弓白羽箭하고乘白馬立江岸하야待軍畢渡하야由崇仁門登城하야吹囉叭하고執瑩手曰事系不得已하니好去하오流于高峯하고廢王하야放于江華하니曹敏修等이立禑의子昌하다.

口 주가 최영(1317~1389년)과 함께 계책을 정하여 이성계에게 명나라 요양을 정벌하라 하니 이성계 아뢰기를 "날씨가 덥고 장마철이라 활과 쇠노의 아교가 녹고 많은 군대를 출동시키면 전염병이 심할 것이니 출병하기가 어렵습니다." 하니 왕이 듣지 않아 군대를 거느리고 출병하여 위화도에 머무르며 장병들과 의논하기를 "순역의 이치로 주상에게 글을 올리고 곁에 악덕한 무리들을 제거하고 사직을 안정시킬 것이다." 하고는 군대를 되돌려 압록강을 건너 하사받은 붉은활과 백우전에 흰 말을 타고 강가에 서서 병사들이 다 강을 건너오기를 기다려 숭인문을 지나 성루에 올라가 나팔을 불고 최영의 손을 잡고 말하기를 "일이 부득이하게 되었으니 잘 가시오." 하고 고봉에 귀양 보내고 우왕을 폐위시켜 강화도로 추방하니 조민수 등이 우왕의 아들 창을 세웠다.

弩: 쇠뇌 노. 膠: 아교 교. 疫: 전염병 역. 次: 머무를 차. 逆: 어길 역. 彤: 붉을 동. 箭: 화살 전. 畢: 모두 필. 由: 통할 유. 吹: 불 취. 囉: 소리 얽힐 라. 叭: 나팔 팔. 威化島 - 압록강 하류 의주군 위화면의 섬으로 中止島라고도 하며 경작이 금지되어 있다. 彤弓 - 붉게 칠한 활로 공이 있는 신하에게 하사하였음. 順逆 - 도리를 순종하고 따름과 거슬러 부정함. 崔瑩 - 1316~1388년 고려 말 명장으로 청렴결백하고 여러 차례 왜구를 물리치고 2차에 걸쳐 홍건적을 크게 물리쳐 철원부원군이 되었다. 명나라 요동 정벌을 계획하여 팔도도통사가 되어 우왕과 평양까지 출진하였으나 이성계의 위화도 회군으로 이성계에게 붙잡혀 유배되어 죽임을 당하였다. 曺敏修 - 고려 말의 무장. 본관 창녕. 홍건적 난에 전공을 세웠고 도순무사로 있으면서 왜구를 물리쳐 지문하부사가 되었고 창성부원군에 봉되었다. 이성계와 위화도 회군하여 우왕을 폐위시키고 창왕을 세웠으며 전라, 경상도통사가 되었다. 우왕 혈통 논의가 제기되어 창녕에 귀양 가서 죽었다.

o主昌이立하야趙仁沃이交章하야正罪崔瑩하야誅之하니遂爲明國所制하다昌를八月而廢하고李太祖－與沈德符池勇奇鄭夢周偰長壽成石璘趙浚朴葳鄭道傳으로迎立神宗의七世孫瑤하다.

o恭讓王이立하야는臺諫이論李穡曹敏修李崇仁의右袒禑昌之罪하야並流之하고遣人하야誅禑昌하다.

o 창왕(33대 1388~1389년)이 위에 오르자 조인옥이 법을 정하여 최영에게 죄를 구실 삼아 죽이니 마침내 명나라의 제재를 받았다. 왕이 8월에 폐위되고 이성계가 심덕부, 지용기, 정몽주, 설장수, 성석린, 조준, 박위, 정도전과 더불어 신종왕 7세손 요(정창군)를 맞아 왕으로 세웠다.

o 공양왕(34대 1389~1392년)이 위에 오르고는 대간이 이색, 조민수, 이숭인이 우왕과 창왕을 감싸드는 것을 죄목 삼아 함께 귀양 보내고 사람을 보내 우왕과 창왕을 죽였다.

交: 엇갈릴 교. 章: 법 장. 正: 구실 정. 符: 상서 부. 璘: 옥빛 린. 浚: 깊을 준. 葳: 초목무성할 위. 瑤: 아름다운 옥 요. 臺: 관청 대. 袒: 감싸고 도울 단. 右袒－한쪽만 편들다. 臺諫－諫言(간관)을 관장하는 관리. 사헌부, 사간원 등을 말한다. 昌 王－휘는 창. 우왕의 아들. 이성계가 위화도에서 회군하여 왕씨 소생이 아니라고 우왕을 폐위시키고 왕씨 중에서 왕을 추대하자고 주장하였으나 이색, 조민수 등의 주장으로 창왕을 세웠다. 이성계가 군국의 실권으로 창왕을 폐위시키고 강화로 축출하여 대제학 유순을 보내 10세인 창왕을 죽였다. 趙 仁 沃－태조 때 공신. 본관 한양. 이성계와 위화도 회군하여 우부대언이 되고 이성계를 추대하여 개국좌명공신과 한산군에 봉되었다. 불교를 배척하였고 사후에 태조사당에 배향되었다. 恭 讓 王－신종왕의 7대 손. 정원부원군 균의 아들로 비는 노씨 순비였다. 이성계 일파에 의해 창왕이 폐위되고 공양왕을 영립하였으나 과단성이 없는데다 이성계의 간섭으로 우왕창왕 두 부자를 살해하였고 排佛崇儒(배불숭유)로 祿制田制(녹제전제) 등을 개혁하고 반대파 정몽주를 살해하였다. 공양왕을 폐위시키고 조준,

정도전, 남은 등의 모의로 이성계를 추대하고 왕을 추방하여 삼척에서 죽었다. 沈 德 符 －조선의 개국공신. 본관 청송. 우왕 때 元帥(원수)로 왜구를 물리쳤고 서경도원수가 되어 이성계 위화도 회군으로 개국하여 공신이 되고 靑 城 伯(청성백)으로 봉되고 좌정승이 되었다. 成 石 璘－1338~1423년. 조선 초기 명신 명필. 본관 창령. 지신사가 되고 밀직제학 때 왜구를 물리쳐 공신이 되고 昌原君에 봉되었다. 이성계와 공모하여 우왕, 창왕을 몰아내고 공양왕을 세웠다. 대제학 문학찬성사가 되었고 조선 개국 초에 영의정이 되었다. 鄭 道 傳－조선 초기의 학자, 개국공신. 본관 봉화. 이색의 문하에서 정몽주, 이존오와 교유하여 문장과 성리학에 능하였다. 성균관 대사성이 되고 이성계 막하에 들어가 1392년 이성계를 추대하여 개국 일등공신이 되었다. 군국 요직을 맡아 건국사업에 큰 업적을 남겼으니 한양 천도에 궁궐 종묘의 위치 8대문 등을 정하고 조선경국전과 경제문감 등을 지어 치국 문물제도를 제정하였으며 수많은 악장 '몽금척'과 '문덕곡' 등을 지어 태조의 공덕을 찬양하였다. 요동정벌에 군사를 조련하던 중 방원(태종)이 정권을 잡기 위한 변란에 습격으로 죽었다. 池 勇 奇－고려 말의 공신. 본관 충주. 동지사사로 공신이 되었으며 원수가 되어 왜구를 물리치고 충의군에 봉되었다. 判三司事(판삼사사)로 진출하였고 이초의 옥사 사건에 연루되어 귀양 가서 죽었다. 趙 浚－조선 초기 정치가. 본관 평양. 진법판서 대사헌 충의군에 봉되었고 이성계를 추대하여 개국공신으로 토지제도 정비에 공헌하였으며 좌정승 영의정부사가 되었고 하륜과 경제육전을 편찬하였다.

ㅁ夢周－憂李太祖의威德이關於宗社하야入山哭하니無聲我心煩이오有聲落人耳라擧聲終日哭하고走入深山裏라李太宗이欲挽回其志하야勸酒歌曰城隍堂의後垣이壞矣라奈何오此示革命意也라咏丹心歌和曰死了死了更死了一百番更死了하야白骨이爲塵土하고魂魄이有耶無라도向主一片丹心은寧有改理耶否아하니使趙英珪로遇於善竹橋하야並錄事金慶珍椎殺하니壬申四月四日이라是朝에步花階曰今日風光이甚惡矣라하다血竹石血이精忠大節也러라.

ㅁ 정몽주가 이성계의 위엄과 종묘사직에 관련됨을 근심하여 산속에 들어가 통곡하였으니 "소리를 안 내면 내 속이 답답하고 소리를 내면 사람들의 귀에 들릴 것이니 소리를 내어 종일토록 울려고 깊은 산속으로 달려 들어간다." 하였다. 이태종이 정몽주의 뜻을 만회하려고 권주가를 부르기를 "성황당의 뒤뜰이 무너

졌으니 어찌 하리요." 하니 이는 혁명의 뜻을 보인 것이다. 단심가를 읊어 화답하기를 "죽고 죽어 고쳐 죽어 백 번 다시 죽어 내 뼈 흙먼지 되고 혼백이야 있고 없어지든 군주 향한 일편단심 어찌 바뀔 리가 있으랴." 하였다. 조영규를 시켜 선죽교에서 만나 녹사 김경진과 함께 몽둥이로 죽이니 그날이 임신(1392년) 4월 4일이었다. 이날 아침에 화계를 걸으며 말하기를 "오늘 바람과 광채가 매우 나쁘구나." 하였다. 혈죽과 돌의 피가 바로 전일한 충성이며 큰 충절이었다.

關: 관계될 관. 煩: 답답할 번. 裏: 속 리. 挽: 말릴 만. 隍: 해자 황. 垣: 담 원. 吟: 읊을 영. 了: 마칠 요. 魂: 넋 혼. 魄: 넋 백. 寧: 차라리 령. 珪=圭: 홀 규. 繕: 고칠 선. 椎: 몽둥이 추. 階: 섬돌 계. 威德－엄숙하여 범하기 어려운 덕. 丹心－속에서 우러나온 참된 마음. 挽回－끌어 돌이킴. 魂魄－넋. 善竹橋－개성에 있는 돌다리로 정몽주가 이성계를 문병하고 오는 길에 방원(태종)이 조영규 등을 보내 살해한 곳으로 지금도 붉은 반점이 있어 정몽주의 핏자국이라 전하고 옆에는 정몽주의 비각이 있다. 趙英珪－조선의 개국공신. 이성계의 아들 방원의 명으로 정몽주를 선죽교에서 격살하고 태조가 개국하자 개국공신이 되었으며 예조판서에 올랐다.

ㅁ王이召李太祖하야盟曰若不有卿이면予焉至此리오卿之功德을予敢忘諸아皇天后土－在上在傍하니世世子孫을勿相害也하라하다使知申事申浩(平山思簡)로授玉璽하니浩－奉之하야擲于階石하니一角이缺焉하다.

ㅁ 왕이 이태조를 불러 약속하자며 말하기를 "내가 경이 아니었으면 어찌 이 자리에까지 이르렀겠소. 경의 공적과 은덕을 내 감히 잊으리까! 이 땅이나 저 황천이 위에 계시고 곁에 있으니 대대로 자손을 해치지 마시오." 하였다. 지신사 신호를 시켜 옥새를 주게 하니 받들고 가서 돌층계에 내던지니 한 모서리가 떨어져 나갔다.

盟: 약속할 맹. 若: 만일 약. 傍: 곁 방. 浩: 클 호. 擲: 던질 척. 缺: 깨질 결. 皇天后土－하늘의 신 땅의 신. 階石－층계의 돌.

○注書吉再(冶隱)가歸于金烏山曰首陽薇蕨은殷遺草오栗里田園은晉舊墟라京洛故人이如問我어든移床竹塢-臥看書라하다七十二賢이隱於杜門洞而相拕白骨箇箇香하니長與日月爭光晶을落花芳草深深洞에到此春風不世情이라趙捐은改名曰狷하고(犬知其主)與其兄浚으로不面하고金澍는使明而還이라가臨江聞變하고手持高麗節하니此江을不可越이라하다.

ㅇ 주서 길재(야은)가 금오산에 돌아와 말하기를 "수양산 고사리는 은나라가 남긴 것이오. 율리의 전원은 동진사람 도연명의 옛 터일세 서울(개성) 사는 친구들이 '어디 갔소?' 묻거든 '대발 마을에 책상 옮겨 누워 책 보러 갔다 하소.'" 72선비들이 두문동에 숨어들어 "백골이 서로 뻗히어 낱낱이 향기로우니 영원히 해와 달로 더불어 빛을 다투리라. 낙화방초 심심산골 여기도 봄바람 불어오니 세상인심 아니로고." 조연은 이름을 견(狷)이라 바꾸고(개는 주인을 알아본다는 뜻으로) 그 형 조준과는 서로 얼굴도 대하지 않았다. 김주는 명나라에 사신 갔다 돌아오다가 강가에 임하여 변란의 말을 듣고는 "고려절개로 이 강을 건널 수가 없다." 하였다.

冶: 꾸밀 야. 薇: 고비 미. 蕨: 고사리 궐. 殷: 은나라 은. 遺: 후세에 전할 유. 墟: 터 허. 塢: 시골 마을 오. 杜: 닫을 두. 拕=拖: 끌어당길 타. 芳: 꽃다울 방. 捐: 바칠 연. 狷: 절의 지킬 견. 浚: 깊을 준. 澍: 단비 주. 越: 건널 월. 注書-고려 시대 관직. 도첨의주서 정7품을 문하주서로 고쳤다. 金烏山-경북 금릉군에 있는 산. 고려 말 길재가 태조가 건국하자 숨어 살았던 곳으로 금오서원이 있어 길재를 제사하고 있다. 栗里田園-중국 고대국가 동진 사람 문장가 도연명이 살았던 곳. 杜門洞-경기도 개풍군 광덕면 광덕산 서쪽 기슭의 옛 지명으로 이성계가 고려를 멸망시키고 건국하자 조선을 반대한 고려 충신 신규, 신혼, 조의생, 조연, 맹호성 등 72인이 충절을 지켜 항거하다가 이성계에게 몰살당하여 순국한 곳. 정조 때 표절사를 짓고 추모하여 귀감이 되었다(고려수절신). 京洛-京師로 경은 大이고 師는 衆이니 대중이 사는 곳이라는 뜻. 首陽山-중국 산서성 남쪽에 있는 산으로 백이, 숙제가 산에 들어가 절의를 지키다 굶어 죽었다고 함. 吉再-1353~1419년 고려 말 조선 초기의 학자. 호는 야은, 본관 해평. 이색, 정몽주의 제자. 성균관 학정이 되고 박사가 되었다. 창왕이 문하주서를 내렸으나 고향에 내려가 어머니를 섬겼다. 공직에서는 국자감 학생들과, 집에서는 양가 자제들을 가르쳤다. 방원이 태상박사를 내렸으나 사양하였다. 목은, 포은과 함께 삼은이라 하였다.

高麗詩多하니而練光亭에有曰長城一面溶溶水오大野東頭點點山을萬戶樓臺天半起오四詩歌吹月中還을風烟不盡江湖上이오詩句長留宇宙間을黃鶴千年에人已遠하니夕陽에回棹白雲灣이라.
○自太祖王戊寅으로至恭讓王壬申하니三十二王이오並廢禑十四年하야歷年이凡四百七十五年이었다.

고려시대 시가 많으니 연광정에 있는 시에 “긴 성 한편에 물 넘실거리고 넓은 들 동쪽에는 점점이 산이로고 많은 집과 누각들은 중천에 일었는데 옛 시 노래하며 달빛에 돌아오니 강 안개 물 위에 끝없이 좋아라. 시 구절은 우주에 오래 남았는데 황학 타고 놀던 사람 천 년 멀어졌고 석양 강가에 흰 구름만 노 저어 가누나”.

ㅇ 왕건 태조왕 무인(918년)으로부터 공양왕 임신(1392년)까지 32왕이며 폐위시킨 우왕 14년까지 지나온 햇수가 475년이었다.

練: 익힐 연. 溶: 질펀히 흐를 용. 吹: 불 취. 烟=煙: 연기 연. 湖: 호수 호. 棹: 노 저을 도. 灣: 물굽이 만. 一面－한편에. 天 半－하늘. 四 詩－시경의 風(풍), 小雅(소아), 大雅(대아), 頌(송). 練光亭－평양 대동강 가 바위에 있는 정자로 조선 중종 때 평안 감사 허굉이 세웠다.

高麗傳世圖

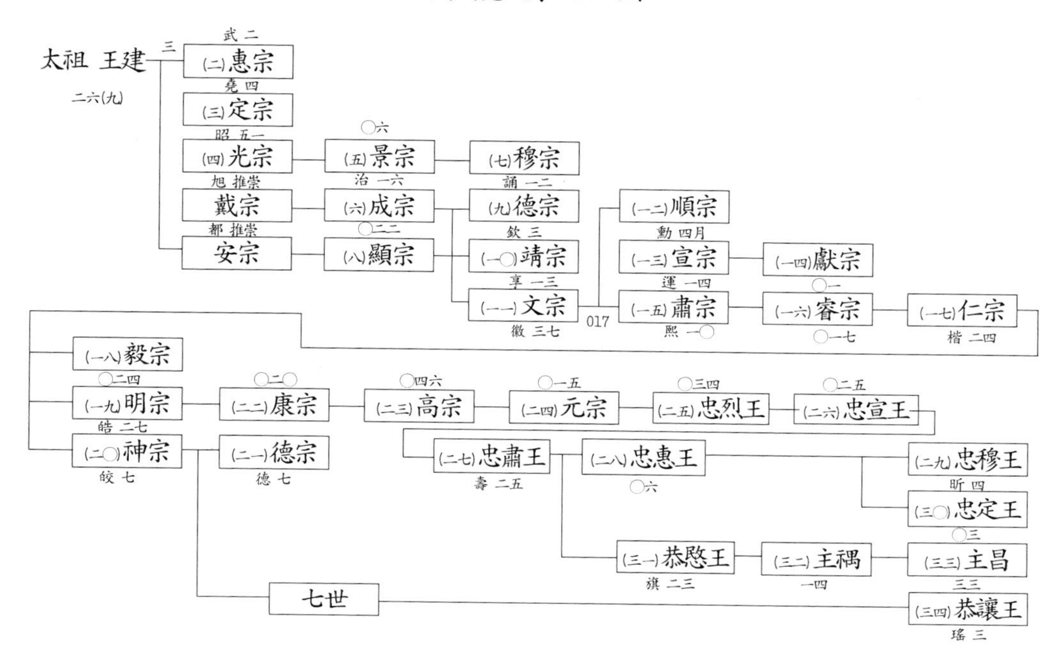

太祖 王建
三
二六(九)
武二
(二)惠宗
堯四
(三)定宗
昭五一
(四)光宗
旭推崇
戴宗
郁推崇
安宗
○六
(五)景宗
治一六
(六)成宗
○二二
(八)顯宗
(七)穆宗
誦一二
(九)德宗
欽三
(一○)靖宗
亨一三
(一一)文宗
徽三七
017
(一二)順宗
勳四月
(一三)宣宗
運一四
(一四)獻宗
○一
(一五)肅宗
熙一○
(一六)睿宗
○一七
(一七)仁宗
楷二四
(一八)毅宗
○二四
(一九)明宗
晧二七
(二○)神宗
晈七
○二○
(二二)康宗
(二一)德宗
德七
○四六
(二三)高宗
○一五
(二四)元宗
○三四
(二五)忠烈王
○二五
(二六)忠宣王
(二七)忠肅王
燾二五
(二八)忠惠王
○六
(二九)忠穆王
昕四
(三○)忠定王
○三
(三一)恭愍王
祺二三
(三二)主禑
一四
(三三)主昌
三三
七世
(三四)恭讓王
瑤三

고려전세도

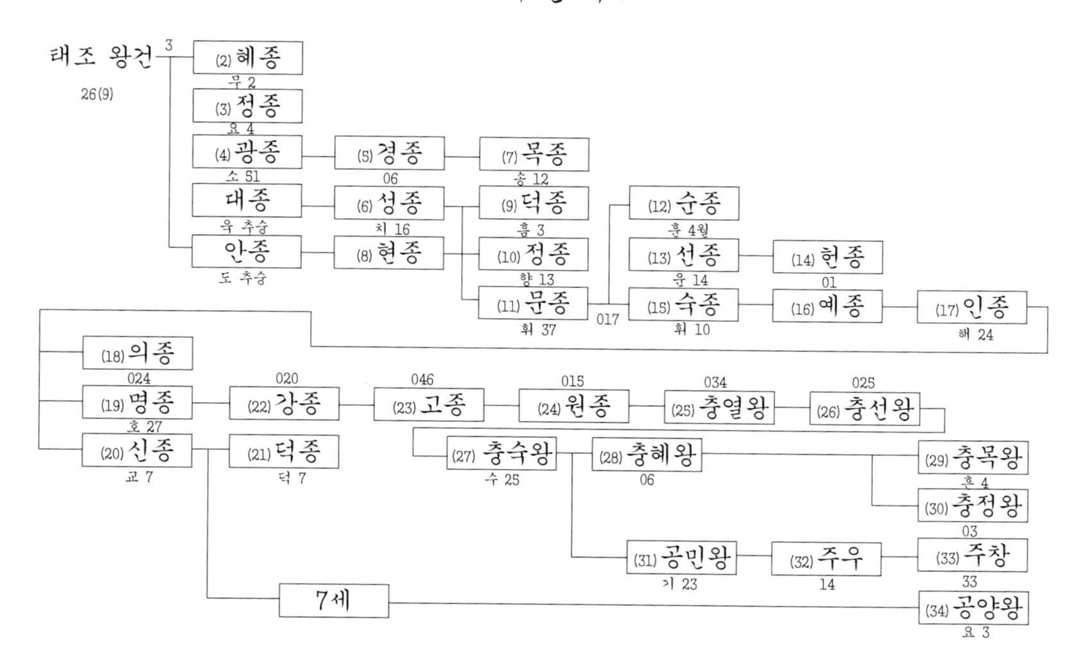

태조 왕건
3
26(9)
(2) 혜종
무2
(3) 정종
요4
(4) 광종
소51
대종
욱 추숭
안종
도 추숭
(5) 경종
06
(6) 성종
치16
(8) 현종
(7) 목종
송12
(9) 덕종
흠3
(10) 정종
향13
(11) 문종
휘37
017
(12) 순종
훈4월
(13) 선종
운14
(14) 헌종
01
(15) 숙종
휘10
(16) 예종
(17) 인종
해24
(18) 의종
024
(19) 명종
호27
(20) 신종
교7
020
(22) 강종
(21) 덕종
덕7
046
(23) 고종
015
(24) 원종
034
(25) 충열왕
025
(26) 충선왕
(27) 충숙왕
수25
(28) 충혜왕
06
(29) 충목왕
흔4
(30) 충정왕
03
(31) 공민왕
기23
(32) 주우
14
(33) 주창
33
7세
(34) 공양왕
요3

正史卷四

近古史

朝鮮

太祖의姓은李오諱는旦이니(初成桂號松軒)全州人이오桓祖의次子라當麗末政衰하야荒山破賊하고威化島回軍하니威德이日盛이라裴克廉(星州書鋅)鄭道傳(奉化三峯)等이推戴하니順天命人心하야檀紀三千七百三十五年壬申七月十六日에卽位于松都壽昌宮하고作夢金尺頌하고始祖檀帝의朝鮮國號를因稱하다三年에築都于漢陽하고建景福昌德二宮하며立宗廟社稷하고擧賢才하며遠佞臣하고杜讒言하며禁淫祀하다.

ㅁ琉球國이稱臣하고暹羅ㅡ來貢하고野人이歸附하다七年에禪位于第二子하고爲上王하다.

정사 권4

근고사

조선

태조의 성은 이요 이름은 단이다(처음에는 성계라 불렀고 호는 송헌이다). 전주 사람이고 아버지 환조의 둘째 아들이다. 고려 말 정치가 쇠퇴하여질 때 이성계가 황산에서 왜적을 크게 물리치고 요동을 정벌하러 갔다가 위화도에서 군사들을 돌려와 그의 위세와 덕이 날로 왕성하였다. 이때 배극렴(성주 서모)과 정도전(봉화 삼봉) 등이 왕으로 추대하니 천명과 인심을 순응하여 단기 3735년 임신(1392년) 7월 16일에 송도 수창궁에서 왕위에 오르고 태조의 꿈에 단군께서 금으로 만든 자를 내려 주심을 기리기 위해 황금자를 만들었고 노래와 춤을 만들어 추었다. 시조 단군황제의 조선을 따라서 나라이름을 '조선'이라 칭하였다. 조선 3년에 도읍을 한양으로 옮기고 경복궁, 창덕궁 두 궁을 지었고 종묘와 사직을 건립하였으며 훌륭하고 재질이 있는 사람을 천거받아 등용시키고 아첨하는 신하는 멀리하고 남을 중상 모략하는 짓을 막았고 헛된 푸닥거리 같은 것을 금하였다.

ㅁ 유구국이 신하를 칭하고 섬라가 와서 공물을 바치고 야인이 와서 붙였다. 7년에 둘째 아들에게 왕위를 물려주고 상왕이 되었다.

桓: 클 환. 廉: 청렴할 염. 鉾: 세모창 모. 戴: 추대할 대. 頌: 칭송할 송. 佞=佞: 아첨할 영. 讒: 거짓말할 참. 淫: 어지럽힐 음. 琉: 나라이름 류. 球: 아름다운 옥 구. 暹: 태국 섬. 附: 붙을 부. 琉 球 國-유구 열도로 옛날 나라이름. 지금의 일본 오키나와. 暹 羅(섬라)

-태국의 옛 이름으로 1339년에 사신이 조공을 가져 왔다. 來貢-조공을 가져 왔다. 野人-여진족의 일부로 길림성, 흑룡강 하류 근처에 살았던 사람들. 淫祀-안 지낼 제사를 지내다. 李成桂-1335~1408년 조선 초대 왕. 본관 전주. 활을 잘 쏘았으며 공민왕 때 등용되어 홍건적과 왜구들을 크게 물리치고 문하시중이 되었으며 우왕 때 우군통도사가 되어 요동을 정벌하러 갔다가 회군하여 정적을 물리치고 정권을 잡아 창왕과 공양왕을 영립하고 삼군도총제사가 되어 고려 충신 정몽주 등을 제거하고 배극렴, 정도전 등의 추대로 조선을 개국하였다. 명나라를 종주국으로 국호와 왕위를 승인받았다. 숭유배불(유교를 숭상하고 불교를 배척)하여 유교를 이념으로 삼았다. 왕씨와 고려의 신하들을 제거하고 개경을 버리고 한양으로 천도하여 경제육전 등을 찬집하게 하고 여러 가지 정책에 힘썼다. 景福宮-조선시대 궁궐로 태조가 한양으로 도읍을 옮겨 태조 3년 겨울에 착공, 이듬해 9월에 준공하였다. 정도전이 시경의 글귀를 따서 '경복궁'이라 하였다. 정문은 광화문, 북쪽에 신무문, 동에 건춘문, 서에 영추문을 지었고 근정전, 사정전, 편전, 강령전, 교태전, 침전 등 무수한 전당 누각이 있었다. 1592년 왜군이 침입하였을 때 노비 등 난민들의 방화로 모두 타 버렸다. 270년간 폐허로 있다가 1865년에 대원군이 착공하여 7년 만에 준공하였다. 昌德宮(창덕궁)-종로구 와룡동의 조선시대 궁궐. 1404년 태종이 향교동에 짓고 창덕궁이라 하였으며 인정전, 선정전 등 많은 전당을 지었다. 임진왜란 때 실화로 소진된 것을 인조 25년에 중건하였다. 裵克廉(배극렴)-1325~1392년 조선 개국공신. 본관 성주. 공민왕 때 급제하여 守門下侍中(수문하시중)이 되었고 조준 등과 모의하여 공양왕을 폐위시키고 이성계를 추대하여 개국공신이 되었으며 좌시중 성산군에 책봉되었다. 宗廟-조선 역대 왕과 비의 신주를 봉안한 廟. 태조 4년에 사직단을 기공하여 9월에 경복궁과 같이 준공하였다. 공신들의 배향묘가 있다. 임진왜란 때 소실되고 선조 41년에 중건되었으며 여러 차례 개수하였다. 夢金尺(몽금척)-태조의 창업을 기려 만든 춤 향악으로 17명이 '장춘불로지곡'에 맞추어 노래하고 춤춘다.

○定宗이立하야는(己卯二)平壤府尹成石璘(昌寧獨谷)이進欹器圖하다授吉再(海平冶隱)奉常博士하니再-疏曰女無二夫오臣無二君이니願遂不事二姓之志하야지이다優禮하야復其家하다禪位于弟하고爲上王하다.

○太宗이立하야는(辛巳十八)英睿絶倫이라褒鄭夢周(迎日圃隱)하야奬臣節하고殺閔无咎하야戒外戚하며燒符籤하야防妖言하고設申聞鼓하며人民出入에持戶牌하고禁婦女再嫁하며鑄活字하야廣印書籍하다旱災爲憂러니上이昇遐五月十日에大雨하니曰太宗雨라하니라子嗣位하다.

o 정종(2대 1399~1400년)이 왕위에 오르고는 평양부윤 성석린(창령 독곡)이 기기도를 바쳤다. 길재(해평 야은)에게 봉상박사를 내리니 길재가 상소를 올리기를 "여자는 남편이 둘이 없으며 신하는 두 임금이 없습니다. 원하오니 두 성을 섬기지 않는 뜻을 이루게 하여 주십시오." 하니 예로써 넉넉히 대우해 주고 그 집안을 급복(부역 면제)시켜 주었다. 정종은 동생에게 왕위를 물려주고 상왕이 되었다.

o 태종(3대 1401~1418년)이 위에 올랐다(신사 18). 태종은 예지가 영특하고 경륜이 뛰어났다. 정몽주(영일 포은)의 충의를 포상하여 충신의 절개를 장려하였으며 잘못한 처남 민무구를 죽여 외척들을 경계하였으며 부적이나 예언서 같은 것을 불태워 사람을 속이는 요사스러운 짓을 못 하게 막았으며 신문고를 설치하여 억울함을 호소하게 하였으며 사람들이 출입할 때 호패를 가지고 다니게 하였으며 부인들의 재혼을 금하였고 활자를 주조하여 널리 많은 책을 구하여 인쇄하였다. 날씨가 가물어 근심하였는데 태종이 5월 10일에 죽고 큰 비가 내리니 이르기를'태종비다.'고 하였다. 아들이 자리를 이었다.

尹: 장관 벼슬아치 윤. 璘: 옥빛 린. 攲: 기울 기. 冶: 불릴 야. 復: 면제할 복. 遂: 따를 수. 英: 뛰어날 영. 睿: 깊고 밝을 예. 絶: 심할 절. 褒=襃: 기릴 포. 圃: 밭 포. 奬: 칭찬할 장. 咎: 허물 구. 燒: 불태울 소. 籤: 예언 기록 첨. 鑄: 쇠 부어 만들 주. 活: 태어날 활. 籍: 책 적. 攲 器 圖(기기도)－엎어지기 쉬운 금속으로 만든 물그릇으로 물이 적으면 기울고 중간 정도면 바르고 가득 차면 넘어지니 왕이 옆에 두고 경계로 삼는다는 그림. 閔无 咎－태종 때 문신. 본관 여흥. 태종비의 동생 중군총제로 1차 왕자의 난에 공을 세워 좌명공신이 되었고 여강군에 봉했다. 궁중에 들어가 동생 무질과 종친에게 무례하고 이간질을 하므로 이화 등이 상소하여 귀양 보내 자진하게 하였다. 申 聞 鼓(신문고)－태종 2년(1402년)에 특수 상소를 위하여 대궐 밖 문루에 달았던 북. 신문고는 최후의 항고 수단으로 왕이 직접 듣고 처리하도록 하였다. 사헌부 등에서도 해결되지 못했을 때 북을 치게 하는 민의 상달 제도였으나 남발되기도 하여 폐지되었다가 영조 때 설치되기도 하였다. 戶 牌－조선시대 16세 이상 남자만 차고 다니는 신분증 같은 것으로 기원은 중국 원나라로 고려 공민왕 때 실시하다가 조선 태종 때 전국에 실시하였다. 목적은 수를 파악하여 徭役(요역)과 병역을 관리하려고 하였다. 호패의 종류도 신분에 따라 상아, 녹각, 잡목 등으로 만들었다.

O世宗이立하야는(己亥三十二) 尚右文之治하사使大提學卞季良으로(密陽春亭)賜文臣長暇하야讀書湖堂하며置宗學하고著治平要覽數十種하며定五禮儀大典基礎하시고曰雖私賤이라도天民은一也니不得濫殺하라하다.

o 세종(4대 1419~1450년)이 왕위에 오르고는(기해 32) 문인들을 높이고 숭상하는 정치를 하였으며 대제학 변계량(밀양 춘정)에게 문신으로 휴가를 주어 글을 읽으며 제자들을 가르치게 하였고 종학을 설치하였으며 치평요람 수십 종을 짓게 하였으며 오례의대전 기초를 정하고 말하기를 "비록 천한 집안 사람들이라도 하늘이 내린 백성은 똑같으니 함부로 해하지 말라." 하였다.

尚: 높일 상. 右: 강할 우. 卞: 성 변. 暇: 여유 있게 지낼 가. 儀: 예의 의. 濫: 함부로 할 람. 大提學－조선시대 관직으로 홍문관, 예문관에 두고 정2품으로 종신직이다. 卞季良－1369~1430년 조선 태종 때 문신. 본관 밀양. 이색의 제자로 17세에 문과 급제. 태종 때 예조우참의 대제학 우군도통제부사로 죽었으며 시 문학이 많이 전한다. 治平要覽－역대의 사적들에서 권장할 만한 사실을 뽑아 정치인들에게 귀감이 될 책으로 세종이 명하여 정인지 등 학사들이 1445년에 150권으로 완성한 책. 五禮儀－五禮에 관한 책으로 제사에 관한 吉禮: 出征 등, 軍禮: 국혼, 冊封 등, 嘉禮: 國喪, 國葬 등, 凶禮, 국빈을 맞는 賓禮로 세종 때 국조오례의를 착수하여 세조 때 완성하고 허주 등이 예서 등을 참작하여 세조 때 강희맹 등이 편찬하여 탈고한 것을 1474년에 신숙주 등이 완성한 책.

ㅁ命偰循하야撰孝行錄하고鄭招로編農事集說하다海州에出秬黍하고南陽에得石磬이어늘命朴堧(密陽文獻)하야造雅樂하며金銚로製簡儀臺測雨器하고黃喜(長水厖村) 申槩(平山文僖) 를拜相하고命成三問(昌寧梅竹) 鄭麟趾(河東學易) 申叔舟(高靈保閑) 等하야校正訓民正音하야作龍飛御天歌하고定田制하며金宗瑞－開北鎭하다大王이以天縱之聖으로制作이卓越百王하시니若訓民正音은以二十八字로轉換無窮하니卽我國文也라昇遐하시니諡曰莊憲이라子嗣位하다.

ㅁ 설순에게 효행록을 편찬하게 하고 정초로 농사집설을 엮으라고 명하였다. 해주에서 검은 기장이 나왔고 남양에서는 돌 편경을 얻어 박연(밀양 문헌)에게 아악을 짓게 하고 김조에게 간의대와 측우기를 만들라 명하였으며 황희(장수 방촌)와 신개(평산 문희)로 정승을 삼고 성삼문(창녕 매죽)과 정인지(하동 하역)와 신숙주(고령 보한) 등에게 훈민정음을 교정하라 명하여 용비어천가를 지었고 전답의 제도를 정하였으며 김종서는 북쪽에 6진을 개척하게 하였다. 세종대왕은 하늘이 내려 준 성덕으로 짓고 만든 것이 여러 왕보다 탁월하였으니 훈민정음은 28자로 돌리고 옮기면 그 쓰임이 끝이 없으니 이것이 곧 우리나라 한글이다. 세종대왕이 돌아가시니 시호를 '장헌'이라 하였다. 아들이 왕위를 이었다.

偰: 성 설. 循: 좇을 순. 撰: 지을 찬. 招: 부를 초. 秬: 검은 기장 거. 黍: 기장 서. 磬: 편경 경. 堧: 빈 터 연. 銚: 큰 가래 조. 簡: 오래 살펴볼 간. 槩=槪: 대개 개. 麟: 기린 린. 趾: 발자국 지. 鎭: 수자리 진. 縱: 내보낼 종. 卓: 뛰어날 탁. 轉: 구를 전. 憲: 깨우칠 헌. 雅 樂-속된 음악이 아니고 바른 음악. 簡 儀 臺-천체의 운행과 현상을 살펴보는 기계를 설치한 곳. 지금의 천문대임. 測 雨 器-비의 양을 재는 기구. 校 正-대조하여 잘못을 고침. 北 鎭(북진)-세종 때 우리나라가 동북쪽에 여진족의 침입을 막기 위해 종성, 회령 등 6진을 개척하였으니 세종대왕의 큰 업적이다. 옛 강토 회복의 큰 포부로 김종서를 도절제사로 하여 개척하고 백성들을 옮겨 영토를 확장하였다. 偰 循(설순)-세종 때 학자. 경주 출신. 집현전 부제학으로 문장이 뛰어났다. 1431년에 삼강행실도 3권을 편수하였다. 鄭 招(정초)-세종 때 문신. 본관 하동. 중시에 합격. 이조판서 대제학을 지냈고 정인지 등과 해시계, 농사집설, 삼강행실도 등 역법을 교정하였다. 세종실록: 朴 堧(박연)-세종 때 명신. 본관 영동. 악률(樂律)에 정통하고 琴瑟에 능하였으며 문과 급제하여 이조판서에 이르렀다. 세종의 명으로 石磬(석경)을 만들었고 고구려 왕산악, 신라 우륵과 더불어 우리나라의 3대 악성이다(인물고). 黃 喜(황희)-조선 초기 명상. 문과 급제. 성균학관 代言(대언), 판서, 대사헌 등으로 문물제도 정비에 업적을 남겼고 세종 때 영의정으로 청백한 관원 생활로 귀감이 되었으며 사후 세종묘에 배향되었다. 申 槩(신개)-세종 때 명신. 본관 평산. 문과 급제. 공조 참판, 집현전제학, 여러 도에 관찰사, 대사헌, 우의정, 좌의정이 되었고 세종의 묘정에 배향되었다(인물고). 成三問(성삼문)-조선 단종 때 충신. 사육신의 한 사람. 본관 창녕. 重試(중시)에 장원. 세조가 단종을 내쫓고 왕위에 오르니 국새를 안고 통곡하였다. 단종을 복위하려다 김질의 고변으로 박팽년, 이개, 하위지, 유성원, 유응부와 같이 처형되었다. 문장이 뛰어났고 글씨도 잘 썼다. 영조 때에 이조판서에 추증되었다. 鄭 麟 趾(정인지)-조선 초기 학자. 본관 하동. 세종 때 부제학을 지내면서 성삼문, 신숙주 등과 훈민정음을 창제할 때 큰 공을 세웠고 세조 때 영의정이 되어 하동부원군이 되었다. 학문이 해박하였고 세종의 뜻으로 대소간의와 규표 등을 만들었다. 申叔舟(신숙주)－조선 초기 학자, 정치가. 문과 급제. 일본 통신사 서장관으로 갔을 때 일인들이 시를 부탁하니 즉석에서 써 주었다. 훈민정음 창제 때 큰 공을 세웠다. 세조가 단종을 몰아내는 데 가담하였으며 세조가 즉위하니 공신이 되고 고령군에 봉되었으며 영의정까지 올랐다. 경국대전 세조, 예종 실록편찬에 참여하였고 동국통감, 오례의를 왕명으로 편찬하였다(인물고). 金宗瑞(김종서)－조선 단종 때 충신. 본관 순천. 문과 급제. 세종 때 함길도 도제찰사로 6진을 개척하여 두만강으로 국경을 삼았다. 문종 때 좌의정이 되어 어린 단종을 보필하다 수양대군에게 아들들과 같이 피살되었다. 訓民正音(훈민정음)－세종임금이 여러 학자들의 도움으로 1443년에 창제하여 반포한 우리나라 한글을 처음 만들었을 때의 명칭이다. 자음이 17자, 모음이 11자로 되었다. 龍飛御天歌(용비어천가)－創業頌詠歌(창업송영가)로 세종의 명으로 권제, 정인지 등이 이씨의 선조 여섯 분(목조, 익조, 도조, 환조, 태조, 태종)의 사적을 노래로 읊은 것이며 원문에 한역 주해를 붙였다. 10권 125장으로 이 노래는 조정연향에 썼고 '여민락'이라 하고 세종실록에 악보가 있다. 한글로 기록된 最古(최고)의 문헌으로 15세기 언어와 문학의 귀중한 자료다.

ㅇ文宗이立하야는(辛未二)通性理學하며撰東國兵鑑하고制六陣法하다 玉度－靡寧에召宰臣于集賢殿하야至夜分토록講義하고撫世子背曰 予以此兒로附卿等하노라因賜酒하다昇遐하고子嗣位하다.

ㅇ 문종(5대 1450~1451년)이 위에 오르고는(신미 2년) 성리학을 많이 보급하여 알게 하고 동국병감을 짓게 하였으며 육진법을 제정하였다. 문종이 몸이 편치 못하여 집현전으로 정승들과 신하들을 불러들여 밤이 깊도록 강론하고 세자의 등을 어루만지며 말하기를 "내 이 아이를 경들에게 잘 부탁하겠소." 하고는 어주를 내렸다. 문종이 죽고 아들이 자리를 이었다.

靡: 없을 미. 撫: 어루만질 무. 附: 의지할 부. 玉度－임금의 건강. 靡寧－병으로 편치 못함. 東國兵鑑－문종의 명으로 편찬한 한국의 전쟁사로 중국 한나라 무제의 위씨조선 침략(B.C. 109년)으로부터 고려 말까지 대륙과의 30여 차례의 전쟁 등을 시대순으로 엮었다. 性理學(성리학)－性命과 理氣의 관계를 설명한 유교 철학으로 송나라 주염계, 장횡거, 정명도, 정이천, 주희 등이 주창한 학설로 고려 말 안유가 수입하여 조선 국가 건설의 이념이 되었다. 만물의 근원은 理이며 性을 주고 氣는 形을 주어 기질이 된다 하였으며 조선 중기에 전성을 이루었고 이황, 이이 등이 대표적인 학자다. 集賢殿(집현전)－조선 초기에 설치한 왕실의 연구기관으로 궁중에 두고 국비로 운영하였다. 중국의 제도로 고려 때 수입되었으나 세종 때 문신을 집현전에 뽑아 문풍을 일으켰다. 직책을 영전사, 대제학, 제학, 직제학, 교리, 박사 등을 두었다. 도서를 구입, 인쇄, 보관하고 학사들에게 經筵書筵(경연서연)을 담당하게 하여 중국의 옛 제도를 연구하게 하였으며 훈민정음을 창제하였다. 고려사 오례의 삼강행실, 의방유취 등을 편찬하여 문화의 황금기를 이루었다. 세조가 단종복위 운동을 한 집현전을 폐지하였다. 뒤에 성종이 홍문관을 세웠으나 집현전을 따르지 못하였다.

○端宗이立하야는(癸酉三)領議政皇甫仁(永川芝齋)과左議政南智(宜寧忠簡)右議政金宗瑞(順天節齋)와鄭苯(晋州愛日堂)及集賢殿學士－左右協贊하며定文武官團領服하고印高麗史하다叔父首陽大君이信任權擥(安東所閑)韓明澮(清州鴨鷗)하야撥亂計劃이密勿이라使洪允成으로殺金宗瑞하고爲領議政하야兼內外兵馬都統使하다叔父－卽位하니爲上王이러니降封魯山君이라가寧越謫所에昇遐하니戶長嚴興道－敢入收尸하니卽義勇也오後人이有詩曰妾身이亦是王孫女라此地鵑聲을不忍聞이라하다.

ㅁ追復爲王하다.

ㅇ 단종(6대 1452~1455년)이 위에 오르고는(계유 3년) 영의정 황보인(영천 지재), 좌의정 남지(의령 충간), 우의정 김종서(순천 절재), 정분(진주 애일당)과 집현전 학사가 좌우에서 도왔으며 문관이나 무관에게 단령복을 입게 하였고 고려사를 인쇄하게 하였다. 숙부 수양대군이 권람(안동 소한), 한명회(청주 압구)를 신임하여 반란 계획이 비밀히 이루어져 홍윤성을 시켜 김종서를 죽이게 하고 수양대군이 영의정이 되고 내외병마도통사가 되었다. 수양 숙부가 왕위에 오르고 단종을 노산군으로 내려 봉하고 영월로 귀양 보내 죽이니 호장 엄홍도가 감히 들어가 단종 시신을 거두어 묻었으니 엄홍도는 곧 용맹스러운 의인이다. 후세 사람이 시 짓기를 "이 첩 또한 왕손의 딸이라 이곳 두견소리 차마 듣지 못하겠네." 하였다.

ㅁ 노산군을 다시 왕으로 올렸다.

甫: 클 보. 芝: 지초 지. 齋: 집 재. 瑞: 경사스러울 서. 苯: 더부룩하게 날 분. 團: 둥글 단. 擥=攬: 잡을 남. 澮: 봇도랑 회. 鷗: 갈매기 구. 撥: 다스릴 발. 謫: 귀양 갈 적. 鵑: 두견새 견. 追: 따를 추. 皇甫仁(황보인)－조선 초기 명신. 본관 영천. 세종 때 북도체찰사로 김종서와 6진을 개척하였다. 문종 때 영의정으로 어린 단종을 보호하다가 김종서와 함께 수양대군에게 살해되었다. 숙종이 다시 벼슬을 내렸다. 南智(남지)－세종 때 문신. 본관 의령. 문벌로 감찰이 되었다. 우의정, 좌의정이 되었고 의성군에 봉되었다. 權擥(권람)－세종 때 공신. 본관 안동. 세조정란에 공을 세워 일등공신이 되고 이조참판, 우의정을 지냈으며 길창군에 봉되었다(세종실록). 鄭苯(정분)－세종 때 문신. 문과 급제. 호조, 병조판서 등을 거쳐 우의정이 되었다. 계유정란으로 관노가 되었다가 賜死(사사)되었으며 뒤에 伸寃(신원)되어 장흥 충렬사에 배향되었다. 韓明澮(한명회)－세조 때 공신. 본관 청주. 수양대군을 도와 김종서 등을 참살하게 한 후 정란공신이 되고 세조가 즉위하여 도승지, 이조판서 등을 거쳐 영의정이 되었다. 남이가 모역사건으로 억울하게 몰려 처형된 후 그 공으로 공신이 되었다. 두 딸이 장순왕후, 공혜왕후가 되었다.

O世祖－立하야는(丙子十三)**學士等**이**欲復上王位**라가**金礩**이**告變**에**六臣**이**被誅**하니**成三問**(昌寧梅竹)**河緯地**(晋州丹溪祿儲別府)**朴彭年**(順天翠琴巨而不臣)**李塏**(韓山白玉)**柳誠源**(文化琅玕)**兪應孚**(杞溪碧梁武)라 **擊鼓催人命**하니**回顧日欲斜**라**黃泉**에**無客店**하니**今夜**에**宿誰家**오.

o 세조(7대 1456~1468년)가 왕위에 오르고는(병자 13년) 집현전 학사 등이 상왕 된 단종을 다시 왕위에 올리려고 하였는데 김질이 변심하여 고해 바치니 6명의 신하들이 죽음을 당하게 되었는데 성삼문(창녕 매죽), 하위지(진주 단계 녹저별부), 박팽년(순천 취금 거이불신), 이개(한산 백옥), 유성원(문화 낭간), 유응부(기계 벽량무)였다. "북 소리 사람 목숨 재촉하는데 돌아보니 지는 해 뉘엿뉘엿 황천길에 객점 없으니 이 밤을 뉘 집에 자고 갈까!"

礩: 주춧돌 질. 儲: 쌓을 저. 태자 저. 彭: 성 팽. 翠: 푸를 취. 塏: 시원한 땅 개. 琅: 옥이름 랑. 玕: 옥돌 간. 兪: 성 유. 점점 유. 杞: 구기자 기. 碧: 푸를 벽. 擊: 칠 격. 鼓: 북 고. 두드릴 고. 催: 재촉할 최. 斜: 기울 사. 店: 여관 점. 河緯地(하위지)－단종 때 사육신의 한 사람 충신. 본관 진주. 세종 때 문과 장원급제. 예조참판에 이르러 단종복위를 모의하다가 성삼문 등과 순절하였다. 朴彭年(박팽년)－조선 초기 학자, 충신으로 사육신의 한 사람. 본관 순천. 성삼문 등과 함께 집현전 학사였으며 단종을 돕다가 충청도 관찰사로 있을 때 수양이 왕위를 찬탈하여 형조판서에 임명되었으나 성삼문 등과 단종복위를 모의하다가 잡혀 죽었다. 李塏(이개)－사육신의 한 사람. 본관 한산. 이색의 종손으로 중시에 급제하고 직제학이 되었다. 성삼문, 박팽년 등과 단종복위를 꾀하다가 김질의 고변으로 모진 고문 끝에 죽었다. 영조 때 이조판서로 추증되고 시호를 충간으로 내렸다. 柳誠源(유성원)－단종 때 사육신의 한 사람. 본관 문화. 문과에 급제하여 집현전에 뽑혔다. 성삼문 등과 단종복위를 하려다가 발각되자 집에 돌아와 아내와 술잔을 나누고 사당에 들어가 고하고 칼로 자결하였다. 이조판서에 추증되었고 시호를 節義(절의)로 내렸다. 兪應孚(유응부)－사육신의 한 분으로 본관은 杞溪(기계). 무과 급제. 평안도 절제사 등을 거쳐 동지중추원사 정2품에 올랐다. 박팽년 등과 단종복위를 모의하여 명나라 사신을 초대한 연회장에서 세조를 살해할 소임을 맡았으나 김질의 배신으로 탄로되어 모진 고문으로 죽었다. 기골이 장대하고 무예가 뛰어났으며 효성이 극진하고 청렴결백하였다. 시호를 충목으로 내렸다.

ㅁ王이戒世子曰汝所衣食은農夫工女之耕織이니思此艱難하야毋或不勤하라命申叔舟等하야撰輯國朝寶鑑하고命徐居正(達城四佳)等하야撰東國通鑑하다築圜丘壇于南郊하고新鑄大鍾하야縣于街上하며建圓覺寺於城中하다.

ㅁ李施愛－以北界로叛이어늘命南怡하야討斬하니白頭山石磨刀盡하고豆滿江水飮馬無러니男兒二十未平國이면後世誰稱大丈夫아.

ㅁ長子卒에禪位于二子하고爲上王하다.

ㅁ 세조 왕이 아들 세자에게 타이르기를 “의복과 곡식은 농부가 밭 갈고 직물은 부녀자들의 공력으로 나오니 이것들이 어렵게 나온다는 것을 항상 생각하며 혹시라도 세자는 부지런하지 않음이 없어야 한다.” 하였다. 신숙주 등에게 국조보감을 짓도록 하고 서거정(달성 사가) 등을 명하여 동국통감을 엮어 내도록 하였다. 남교에 환구단을 쌓게 하고 큰 종을 주조하여 길가에 걸었으며 원각사를

성안에 건축하였다.

ㅁ 이시애가 북쪽 경계에서 반란을 일으키니 남이를 명하여 토벌하였다. 백두산 돌들은 칼 가는 데 다 없어지고 두만강 많은 물 말들이 다 마셨네. 남아가 20살에 나라를 평정하지 못하면 후세에 누가 대장부라 칭하겠는가!

ㅁ 장자는 죽고 둘째 아들에게 왕위를 넘겨주고 상왕이 되었다.

汝: 너 여. 耕: 농사지을 경. 織: 베 짤 직. 艱: 어려울 간. 輯: 모을 집. 圜: 둥글 환. 두를 환. 壇: 흙 쌓아 만든 단 단. 郊: 서울 밖 교. 縣: 높이 걸 현. 怡: 기쁠 이. 東國通鑑(동국통감)－서거정(1420~1448년) 등이 편찬한 역사책으로 단군조선부터 고려 말까지 편년순으로 엮었다. 國朝寶鑑－조선 역대 왕들의 사적을 기록한 편년체 역사책으로 세종 때부터 착수하여 계속 편찬하였으며 고종 때 완성된 90권으로 된 책이다. 圓覺寺(원각사)－세조 10년에 세운 절로 종로 2가 북쪽 탑골공원에 고려 때부터 있었던 흥복사를 넓혀 본당 대광명전과 禪堂(선당)과 반야문, 해탈문 등이 있었고 조선 초기에는 조계종 본사로 지정되었다. 세조의 관심으로 창건되었으나 儒士(유사)들의 불교 배척으로 폐쇄되다가 1554년 대화재로 폐사되었다. 종각의 종이 원각사의 종이다. 13층 석탑은 국보 2호로 부처 보살을 새긴 조선 석조 미술의 탁월한 귀중한 문화재다. 원각사 비는 보물 3호로 1471년(성종 2)에 건립되었으며 비문에는 寺屋(사옥)의 창건 結構(결구) 폐기 등의 사실이 기록되어 있다. 徐居正(서거정)－조선 초기학자. 본관 달성. 6살에 한시를 지은 신동으로 문과 급제하여 6조의 판서를 두루 거쳐 대사헌을 지냈고 창경궁에 정각들을 이름 짓고 썼다. 南怡(남이)－조선 세조 때 장군. 본관 의령. 17세에 무과 급제하여 세조에게 총애를 받았다. 이시애 난을 평정하고 建州衛(건주위)를 점령하여 훈1등으로 공신이 되고 26세에 병조판서가 되었다. 예종은 남이를 미워하던 중 유자광이 남이가 역모를 꾀한다고 무고하여 처형되었다. 李施愛(이시애)－세조 때 무관. 본관 길주. 길주에서 대대로 살아온 호족으로 그 일족이 각 읍에 군거하고 있었다. 시애가 회령 부사를 역임하며 북도인의 차별에 항거하여 지방 세력을 규합하고 아우 이시합과 반란을 일으켰다. 관군과 싸우다가 후퇴하여 그의 부하에게 살해되었다.

○德宗은世祖의長子니追尊爲王하다.

○睿宗이立하야는(己丑一年)撰歷代世紀하고經國大典이成하다上王이遘疾에嘗藥侍側하야屢月如常이러니居廬而昇遐하니長侄이嗣位承統하다.

○成宗이立하야는(庚寅二十五)追崇父德宗하다幸太學하사親耕籍田하고王后－親蠶하다.命姜希孟等하야定六曹東西班京外職하다五禮儀

一成하고編輯通鑑文選과輿地勝覽諸書하다詔하야勿廣陵寢하고孝友尤篤이라採明君暗主의所行하야使畵屛帖하야坐臥一鑑戒러라昇遐하고長子嗣位하다.

o 덕종은 세조의 큰아들이니 뒤에 왕으로 높였다.

o 예종(8대 1408~1469년)이 왕위에 오르고는(기축년 1년) 역대세기를 편찬하였고 경국대전을 완성하였다. 상왕 세조가 병에 걸려 예종이 상왕의 병을 곁에서 약을 맛보며 여러 달을 한결같이 간호하다가 세조가 죽으니 시묘살이하다가 죽었다. 큰 조카를 세워 왕통을 이어 가게 하였다.

o 성종(9대 1469~1494년)이 위에 오르고는(경인 25) 아버지를 덕종왕으로 높였다. 태학에 거동하시고 적전에 나가 친히 밭 갈고 왕후는 친히 누에를 길렀다. 강희맹 등에게 명하여 6조와 동반, 서반과 서울과 밖의 직책을 정하게 하고 오례의가 완성되었으며 통감문선과 여지승람 등 여러 책을 편찬하게 하였다. 조서를 내리기를 "왕릉을 넓게 하지 마라." 하고 효도와 우애를 더욱 돈독히 하였다. 훌륭한 임금과 어둡고 부족한 임금들의 행하였던 일들을 가려내 그리게 하고 병풍을 만들어 앉으나 서나 귀감으로 늘 경계하고자 하였다. 죽고 큰아들이 자리를 이었다.

遘: 만날 구. 屢: 여러 루. 侄=姪: 조카 질. 籍: 밟을 적. 輿: 수레 여. 勝: 뛰어날 승. 寢: 누워 쉴 침. 採: 가려낼 채. 暗: 사리에 어두울 암. 屛: 병풍 병. 帖: 기둥이나 벽에 써 붙인 글 첩. 輿 地 勝 覽(여지승람)-동국여지승람 조선시대 인물 지리서. 세종 때 신찬팔도지리지가 완성되었다. 성종이 노사신, 강희맹 등에게 사료를 더 수집하여 지리서를 만들게 하여 1481년에 여지승람 50권을 완성하고 뒤에 증보하였다. 내용은 각 도의 연혁, 풍속, 능침, 학교, 토산품, 효자, 열녀, 행장, 성곽, 누정, 절, 사적 등 다양하게 실었다. 처음에 전국 8도의 총도를 실었고 활판본 3,408면으로 간행되었다. 經 國 大 典(경국대전)-조선 정치의 기본이 되는 법전. 세조 때 최항, 노사신 등에게 명하여 戶典(호전), 刑典(형전) 나머지 4전을 완성하였다. 뒤에 다시 개정, 교정, 보충을 거쳐 완성되었다. 국정전반에 걸친 교지, 조례 등을 모은 법전으로 조선 일대 영세불변의 제전으로 제도사의 귀중한 자료다. 6권 4책. 姜 希 孟(강희맹)-조선 초기 명신. 본관 진주. 문과 급제. 형조판서로 예종 때 남이를 죽인 공으로 공신이 되었고 이조판서, 좌찬성을 지냈다. 경사와 문장이 뛰어나고 글씨를 잘 썼다. 六 曹(육조)-나라의 정무를 분담한 6개의 관청으로 고려 말의 육조를 답습하여 시행하였다. 이조, 호조, 병조, 형조, 예조, 공조를 말한다. 東班 西班－궁중 조회 때 문관은 동쪽, 무관은 서쪽에 서서 생겼다. 동반이 서반보다 우월한 위치로 과거에 있어서도 문과는 대과라 하고 무과는 잡과라 하였다. 동반은 문반, 서반은 무반이다. 籍 田－임금이 친히 밟고 농사하는 친경지. 鑑戒－거울삼아 경계함.

o燕山主－立하야는(乙卯十一)柳子光李克敦이告金馹孫(金海濯纓)의先師金宗直(善山佔畢齋)의弔義帝文하야剖棺斬屍하고門人及從遊鄭汝昌(河東一蠹)은謫卒하고金宏弼(瑞興寒暄堂)南孝溫(秋江)等數十人은竄逐하니是戊午士禍러라以母后廢死事로殺先朝舊臣金宏弼等數十人하고鄭汝昌南孝溫은剖棺斬屍하니是甲子士禍러라主－淫虐無度하야發採紅駿使於諸道하고罷弘文館하야增掌樂院하니將危宗社라朴元宗(順天忠烈)成希顔(昌寧忠定)等이議廢之하고立王弟晋城大君하다.

o 연산주(10대 1494~1506년)가 위에 오르고는(을묘 11) 유자광, 이극돈이 김일손(김해 탁영)의 옛 스승 김종직(선산 점필제)의 조의제문을 잘못 썼다고 고해바치니 김종직의 시신을 파내 목 베고 제자들과 따랐던 사람 정여창(하동 일두)은 귀양 가서 죽고 김굉필(서흥 한훤당), 남효온(추강) 등 수십 인은 귀양 보내니 이것이 무오사화다. 연산주가 자기 어머니 왕후 윤씨를 폐위시키고 사약을 내렸던 일로 선왕조의 옛 신하 김굉필 등 수십 사람을 죽이고 정여창, 남효온은 널 속 시신을 베니 이 일이 갑자사화다. 연산주가 음탕하고 포악함이 헤아릴 수 없이 많으니 채홍준사를 여러 도에 보내 예쁜 처녀들을 불러들이게 하고 홍문관을 없애 버리고 장악원을 더 키워 즐기는 곳을 넓히니 장차 종묘사직이 위태롭게 되었다. 이때 박원종(순천 충렬), 성희안(창령 충정) 등이 의논하여 연산주를 폐위시키고 동생 진성대군(성종 둘째 아들)을 세웠다.

燕: 편안할 연. 克: 능할 극. 敦: 두터울 돈. 馹: 역말 일. 纓: 갓끈 영. 佔: 볼 점. 宏: 클 굉. 弼: 도울 필. 暄: 따뜻할 훤. 竄: 귀양 갈 찬. 採: 가려낼 채. 駿: 준마 준. 掌: 맡을 장. 顔: 얼굴 안. 士 禍－정론을 주장하던 선비가 간신들의 모함으로 받는 큰 화. 先師－

돌아가신 스승. 門人－문하에서 가르침을 받는 사람. 從遊－따라가 학덕 있는 사람과 교유함. 柳子光－연산군 때 간신. 본관 영광. 무과 급제. 김종직이 함양 군수로 가서 유자광의 시 현판을 떼어 낸 감정으로 조의제문을 구실로 김종직의 저서와 현판 등을 불사르고 대역죄로 몰아 노사신 등을 희생시킨 무오사화를 일으켰다. 무령부원군 영경연사가 되었으나 대간 홍문관 등의 탄핵으로 귀양 가서 아들들과 같이 죽었다. 金宗直(김종직)－조선 초기의 학자. 본관 서산. 문과 급제. 형조판서를 지냈고 문장과 경술이 뛰어나 야은의 학풍을 이어 수백 명의 제자(김굉필, 정여창 등)를 길러 냈다. 연산군의 무오사화로 부관참시당하였다. 金馹孫(김일손)－연산군 때 학자. 본관 김해. 문과 급제. 김일손이 쓴 성종실록 내용에 세조 簒位(찬위)와 훈구파 비행이 기록된 것을 보고 유자광, 노사신과 함께 연산군에게 고하니 김종직, 김일손 등 영남학파가 처형되었다. 김종직을 스승으로 모시고 문장에 능하였으며 고관들의 불의를 규탄하였다(인물고). 鄭汝昌(정여창)－조선 성종 때 학자. 본관 하동. 김종직의 문하생으로 무과 급제. 시광원설서로 동궁을 가르쳤다. 시기하는 자들로 인하여 물러나 향리에서 수많은 훈도를 사사하였다. 정몽주, 김굉필과 같이 東國道學(동국도학)의 宗으로 숭상되었으며 무오사화로 귀양 가서 죽었다. 우의정에 추증되고 문묘에 종사되었다. 金宏弼(김굉필)－연산군 때 학자. 본관 서흥. 문과 급제. 형조좌랑을 지냈고 조선시대 오현의 한 사람으로 조광조, 김정국이 그의 제자다. 무오사화에 귀양 갔고 갑자사화에 처형되었다. 사후에 중종이 우의정을 내렸다. 1610년에 이황, 조광조와 문묘에 배향되었다. 南孝溫(남효온)－세조 때 생육신의 한 사람. 본관 의령. 28세 때 문종왕후 복위를 상소하다가 광인 취급을 받고 세상을 유랑하다가 죽었다. 김종직의 문인으로 갑자사화에 부관참시당하였다. 중종이 좌승지에 추증하였고 伯夷山 밑에 서산서원을 세워 이명진, 조예, 김시습 등을 배향하니 이들을 생육신이라 하였고 정조 때 이조판서에 추정되었다. 朴元宗(박원종)－조선 중종 때 공신. 본관 순천. 기골이 장대하여 射御(사어)에 출중하여 무과에 급제. 공조참의를 지냈고 연산군 때 도총관으로 국사가 문란함에 성희안과 같이 연산군을 폐위시키고 중종을 영립하여 영의정이 되었고 부원군에 봉해졌으며 중종묘정에 배향되었다. 成希顔(성희안)－중종 때 공신. 본관 창녕. 문과 급제. 이조참판. 연산군의 폭정이 날로 심하니 박원종과 모의하여 연산군을 폐위시키고 중종을 받들어 공신이 되었으며 형조판서가 되었다. 부원군이 되고 영의정을 지냈다. 採紅駿使(채홍준사)－연산군 때 미녀와 좋은 말을 구하려고 지방 각 도에 보낸 신하들로 紅은 여자, 駿은 말을 의미하여 연산군이 미녀들을 데리고 방탕 무도한 짓을 자행하니 배척, 폐위되었다.

○中宗이立하야는以賢臣(丙寅三十九)趙光祖(漢陽靜菴)로爲大司憲하다大司成柳崇祖－以國文으로解七書하고崔世珎은作訓蒙字會하고尹倬

은植銀杏樹於孔子廟庭하다沈貞(豊山)南袞이不容於清議하야飛言北門之禍하야趙光祖金淨(慶州冲菴)金安國(義城慕齋)等을下獄하니是己卯士禍라鄭光弼(東萊守天)이力救光祖하야竄綾州라가賜死하다有天日臺라愛君如愛父하니天日照丹衷也러라豊基郡守周世鵬(漆原愼齋)이就先儒安裕(順興晦軒)故居하야建白雲洞書院하니李滉이言于監司沈通源하야賜扁額하다王이昇遐하고子ㅡ嗣位하다.

ㅇ 중종(1506년)이 위에 오르고는(병인년 39) 훌륭한 신하 조광조(한양 정암)로 대사헌을 삼았다. 대사성 유숭조는 사서와 삼경을 한글로 해석하고 최세진은 훈몽자회를 짓고 윤탁은 공자 사당에 은행나무를 심었다. 심정(풍산)과 남곤이 청의에서 용납되지 않으니 유언비어로 북문의 화(나뭇잎에 走肖爲王이라 꿀로 써서 벌레가 뜯어 먹게 하여 조가가 왕이 될 것이다의 비언)로 조광조, 김정(경주 충암), 김안국(의성 모제) 등을 옥에 가두니 이것이 기묘사화다. 정광필(동래 수부)이 조광조를 구하려고 힘을 다하다가 능주로 귀양 보내져 사약을 받았다. "천일대가 있다 내 임금 섬기기를 아버지같이 하였으니 저 밝은 태양 충심 어린 일편단심 비춰 주리" 풍기 군수 주세붕이(칠원 신제) 선세의 선비 안유(순흥 회헌)의 옛 집에 가서 백운동 서원을 건립하니 이황이 감사 심통원에게 말하여 중종으로부터 편액을 하사받게 하였다. 왕이 죽고 아들이 자리를 이었다.

菴: 암자 암. 倬: 클 탁. 袞: 곤룡포 곤. 淨: 맑을 정. 萊: 쑥 내. 綾: 비단 능. 衷: 정성스러운 마음 충. 鵬: 붕새 붕. 漆: 검은 칠 칠. 晦: 어두울 회. 滉: 물 깊고 넓을 황. 額: 현판 액. 飛言－근거 없이 떠도는 말. 淸議－높고 깨끗한 언론. 七書－사서삼경, 즉 서경, 시경, 주역, 논어, 맹자, 중용, 대학. 先儒－선대의 유학자. 故居－전에 살던 집. 扁額－액자. 趙光祖(조광조)－조선 중종 때 성리학자. 본관 한양. 18세 때 귀양 간 김굉필을 찾아가 깊은 자극을 받아 경전을 연구하여 알성시에 급제하였다. 교리, 승지, 부제학을 지내고 중종의 대우로 대사헌이 되어 현량과를 실시하게 하고 신진을 등용하게 하였다. 기성 귀족들을 소인배 취급하고 미신 등을 타파하여 개혁하려 하였다. 신구가 반목이 심하여 원성을 듣던 중에 구신, 심정, 남곤, 홍경주 등의 직간으로 정종은 신진세력들 형조판서 김정과 조광조 등을 취조하여 능주로 귀양 가 사사되었다. 柳崇祖(류숭조)－조선 성종 때 학자. 본관 전주. 문과 급제. 한림을 거쳐 대사성에 이르렀고 연산군 때 갑자사화로 유배되었다가 풀려 중종 때 경연참찬관으로 혼천의를 만들었고 칠서를 처음으로 한글로 번역하였다. 崔世珍(최세진)－조선 중종 때 학자. 괴산 출신으로 별시에 급제하였고 중국어에 능통하였으며 지중추부사를 지냈다. 吏文(이문)에 정통하여 효경 등을 한글로 번역하였고 훈몽자회를 지어 국문학 발전에 크게 기여하였다. 訓蒙字會(훈몽자회)－1527년에 최세진이 지은 한자 학습서. 옛날 천자문 등은 일상생활에 쓰이지 않는 글자가 많았다. 훈몽자회는 상중하 3권으로 되었으며 한글로 음과 뜻을 달았고 천문, 지리, 조수, 곤충, 복식 등 33종목으로 글자 수는 3,360자로 되었으며 우리 국문학상 중요한 존재다. 한글의 27자 자모음의 명칭이 오늘날 것과 같다. 沈貞(심정)－중종 때의 상신. 본관 풍산. 문과 급제. 형조판서에 올랐으나 탄핵, 해임되자 그 원한으로 남곤 등과 기묘사화를 일으켰고 좌의정에 올랐으나 복성군의 옥사로 축출되고 사사되었다. 南袞(남곤)－조선시대 문인 정치가. 본관 의령. 문과 급제. 대제학, 대사성, 영의정에 이르렀다. 기묘사화를 일으키고 잘못을 깨달아 私稿(사고: 자기 자신의 원고)를 불태웠다(인물고). 金安國(김안국)－중종 때 명신. 본관 의성. 김굉필의 제자로 문과 급제. 예조참의 경상감사를 지냈고 중종의 부름으로 좌찬성, 대제학을 역임하고 많은 저서를 남겼다. 鄭光弼(정광필)－중종 때의 대신. 본관 동래. 문과 급제. 부제학, 이조참의를 지냈고 연산군에게 상소하다가 귀양 갔으며 중종 때 대사헌, 병조판서 등 영의정이 되었다. 1537년 김안로의 참소로 김해에 귀양 갔다가 김안로가 패하자 석방되었다. 사후에 중종 사당에 배향되었다. 周世鵬(주세붕)－중종 때 서원을 창시한 학자. 본관 상주. 문과 급제. 풍기 군수로 있을 때 백운동에 안향 사당 紹修書院(소수서원: 백운동서원)을 1543년에 세우고 황해 감사로 있을 때 문헌서원도 세웠으며 청백리로 존경을 받으며 살았다. 李滉(이황)－조선 중기 대학자. 본관 珍寶(진보). 중종 때 문과 급제. 성균관 사정직을 사퇴, 귀향하였으나 조정에서 불러 교리, 예조판서, 대제학 등을 지냈다. 주자전서를 읽고 '동방의 주자'라 칭함을 받았다. 부제학 등을 사양하고 고향으로 가서 도산서원을 지어 학문을 계속하였다. 주자서절요, 四端七情分理氣書(사단칠정분이기서) 등 명저를 남겼고 성학십도는 만년의 대표작이다. 사후 선조는 영의정으로 추증하고 1610년에 문묘에 모셨다. 沈通源(심통원)－명종 때 상신. 본관 청송. 중시에 뽑혀 여러 직을 역임하였으며 명종 때 좌의정에 이르러 耆社(기사)에 들어갔다. 앞에 선조 때 김안로를 충신이라 하다가 파직되었다.

○仁宗이 立하야는(乙巳－)命刑曹하야審拷掠하야無寃枉하고曰何以則我世一民이無犯罪科아彰善罰惡은王政之先이라其忠孝卓異와吏之清白을隨才擢用하라八月而昇遐하니哭聲이相傳하야達義州러라弟－

卽位하다金麟厚(蔚山河西) - 爲玉果縣監이러니年年七月七에痛哭亂山中이러라.

ㅇ 인종(12대 1545~8개월)이 위에 오르고는(을사 1년) 형조에 명하여 "죄 주고 고문하는 것을 살펴서 죄 없이 원통한 형벌을 받는 일이 없도록 하라." 하고 말하기를 "어떻게 하면 나의 대에 한 백성이라도 죄를 범한 자가 없게 할 수 있겠는가! 선행한 사람은 표창해 주고 나쁜 사람을 벌주는 것은 왕이 정사에 우선한 것이니 충의와 효행이 특별하게 다르고 청백한 관리에게는 그 기능에 따라 뽑아서 등용시키도록 하라." 하였다. 8개월 만에 인종이 죽으니 백성들의 슬픈 울음소리가 서로 전파되어 의주에까지 이르렀다. 동생이 왕위에 나아갔다. 김인후(울산 하서)는 전남 옥과의 현감이었는데 해마다 7월 7일이면 산골짜기에 들어가 슬피 울었다.

拷: 자백받으려 때릴 고. 掠: 매질할 약. 彰: 드러낼 창. 卓: 뛰어날 탁. 亂: 뒤섞일 란. 亂 山-높낮이가 고르지 못한 산. 蔚: 고을이름 울. 성할 울. 罪 科-형벌. 拷掠-고문하여 죄상을 심문함. 寃 枉-사실 아닌 원통한 죄. 擢 用-뽑아 등용함. 金 麟 厚(김인후)-인종 때 명신. 김안국의 제자, 문과 급제. 홍문관부수찬이 되어 세자(인종)를 가르쳤다. 을사사화 후 고향 전남 장성으로 돌아가 성리학을 연구하고 후진을 양성하였으며 정조 때 문묘에 배향되었다. 著書 河書集, 西銘事天圖 등.

ㅇ明宗이立하야는(丙午二十二)幼冲(十二)에大妃(文定王后)垂簾聽政하고外戚尹任(大尹)尹元衡(小尹)이當國傾軋이라李芑鄭順鵬等이以鳳城君叛으로告李彦迪(驪興晦齋)柳希春(善山眉岩)柳灌(文化松菴)等連累數百人하야誅戮竄配하니是乙巳士禍러라擢用李滉(眞寶退溪)李珥(德水栗谷)하며選遺逸成守琛(昌寧聽松)曺植(昌寧南溟)하고賜額崧陽書院(鄭夢周)하다.

ㅁ僧普雨-信任宮中하야設兩種禪科어늘逐濟州殺之하고斥佛敎하다.

ㅁ王이昇遐하고德興大君의子(中宗孫)-嗣位하다.

o 명종(13대 1546~1567년)이 위에 오르고는(병오 22) 왕이 아직 어려(12세) 대비 문정왕후가 발을 드리우고 정치를 하니 외가 족척인 윤임과(대윤) 윤원형(소윤)이 국정을 당하여 서로 다투고 싸우니 이기와 정순붕 등이 봉성군으로서 반란한다고 이언적(려흥 회제), 유희춘(선산 미암), 유관(문화 송암) 등을 고발하여 수백 인이 연루되어 죽이고 귀양 보내 쫓았다. 이것이 을사사화였다. 이황(진보 퇴계), 이이(덕수 율곡)를 뽑아 등용시키고 유일 성수침(창녕 청송), 조식(창녕 남명)을 가려 뽑아 등용시켰다. 숭양서원(정몽주)에 편액을 내렸다.

ㅁ 중 보우가 궁중에서 신임을 얻어 중 과거시험 두 종류를 설립하려 하니 제주로 내쫓아 죽이고 불교를 배척하였다.

ㅁ 왕이 죽고 덕흥 대군의 아들(중종의 손자)이 자리를 이었다.

垂: 드리울 수. 簾: 발 념. 傾: 기울 경. 軋: 삐걱거릴 알. 芑: 흰 차조 기. 鵬: 대붕새 붕. 彦: 선비 언. 迪: 나아갈 적. 眉: 눈썹 미. 灌: 물댈 관. 累: 묶을 루. 戮: 죽일 육. 珥: 귀고리 이. 崧: 우뚝 솟을 숭. 琛: 보배 침. 崧 陽 書 院－정몽주를 모시려고 개성에 세운 서원으로 정몽주의 유적, 영정, 지팡이, 의상, 필적 등이 보관되었다. 崧: 우뚝 솟을 숭. 文定王后－조선 중종의 비 윤씨. 본관 파평. 12살에 아들 명종이 즉위하자 수렴청정하는 동안 윤원노를 귀양 보내고 윤임을 죽여 을사사화를 일으켜 윤원형 등 친척에게 정권을 잡게 하고 불교를 믿어 중 보우를 신임하였다. 尹任(윤임)－대윤의 거두. 본관 파평. 중종 비의 오빠로 무과 급제. 윤임은 인종의 외삼촌, 윤원형은 명종의 외삼촌으로 서로 대항하여 알력이 생겼다. 명종이 즉위하자 문정왕후가 수렴청정하여 윤원형 형제가 득세하여 을사사화를 일으켰다. 윤임은 처형되고 세 아들마저 피살되었다. 李 芑－명종 때 대신. 본관 덕수. 문과 급제. 탐욕이 심하여 관직을 얻지 못하던 중 대사헌 이언적의 도움으로 우의정에 이르러 윤원형과 을사사화를 일으켜 二凶이라 불렸다. 영의정이 되어 급사하였다. 鄭 順 鵬(정순붕)－중종 때 대신. 본관 온양. 문과 급제. 충주부사로 윤원형에 아부하여 윤임, 유등을 죽이고 양제역 벽서사건으로 봉성군(중종의 8子)과 이약수 등 20여 명을 죽이고 귀양 보내 기묘사화를 일으켰다. 좌의정에 이르렀으나 선조 때 관직과 훈작을 추탈당했다. 李 彦 迪(이언적)－조선 중종 때 현신. 본관 여주. 을과에 급제. 장령을 거쳐 사간원이 되었다. 수천 언의 소를 올려 왕의 찬탄을 받고 예조참판 우찬성이 되었다가 양제역 벽서 사건으로 귀양 가서 죽었다. 영의정으로 추증되고 경주 옥산서원에 배향되었다. 성리학의 대가로 이황에게 영향을 주었다. 柳 希 春(류희춘)－조선 중기 학자. 본관 선산. 문과 급제. 정언으로 을사사화 때 제주도로 귀양 가서 19년을 지냈다. 선조 때 풀려 부제학을 지냈고 주자학에 조예가 깊었다. 李 珥(이이)－조선 중기 대학자. 본관 덕수. 어머니는 사임당 신 씨. 13세에 진사에 합격. 성리학을 연구하여 이황을 찾아가 학문을 논의하니 이황이 감탄하였다. 과거 시험마다 장원을 하여 九度壯元이라 칭하였다. 황해감사, 대사간, 대사헌, 대제학, 이조판서 등을 지냈다. 타고난 천재성에 기상이 호탕하고 도량이 넓어 학문의 기본 원리를 통찰하려 하였다. 23세에 天道策을 지었고 학문도 유명할 뿐 아니라 經世家로 큰 업적을 남겼다. 東湖問答(동호문답), 聖學輯要(성학집요), 萬言封事(만언봉사) 등 명저를 남겼고 十萬養兵說(십만양병설)을 주장하여 임진왜란을 예언하였다. 민중계몽을 위하여 西原鄕約(서원향약), 學校模範(학교모범) 등을 지어 東方聖人(동방성인)이라 칭하였으며 사후 1682년(숙종 8)에 문묘에 모셨다. 成守琛(성수침) – 조선 명종 때 隱士. 본관 창녕. 조광조의 제자로 기묘사화 때 스승이 처형됨에 두문불출하여 학문에 열중하였다. 현감으로 등용하고자 하였으나 사양하였으며 사후에 좌의정에 추증되었다. 아들이 우계(成渾: 성혼) 선생이다. 曺植(조식) – 조선 중기 학자. 본관 창녕. 어려서 성리학을 통달하고 천거로 참봉 현감을 내렸으나 사양하였고 상서원판관을 받아 명종을 사정전에서 뵙고 치란의 도리와 학문의 방법을 표로 올리고 산으로 들어갔다. 頭流山(두류산)에 山川齋(산천재)를 짓고 학문을 연구하였다. 학행은 당시에 이황과 높은 학자로 사표가 되었다. 사후에 영의정을 추증하였고 작품으로 권선지로, 남명가 등을 남겼다.

○宣祖立하야는(戊辰四十一)伸乙巳以來寃枉하고削南袞等勳하며擢拜鄭澈(延日松江)而稱之殿上虎라許浚은著東醫寶鑑하고韓濩(淸州石峰)는傳筆法(千字草)하다.乙亥에沈義謙(靑松巽菴)金孝元(善山省菴)이東西分黨하고東의禹性傳(丹陽秋淵)과李潑(光山舍人)이南北分黨하고李珥鄭澈은爲西人하고李山海(韓山鵝溪)柳成龍(豊山西崖)鄭仁弘(瑞山萊菴)은爲東人이러니己丑에鄭汝立(東萊)이謀叛伏誅에崔永慶(和順守愚堂)李潑曺大中(昌寧)이寃死하니山海仁弘이爲北人하고成龍이爲南人이러니柳永慶(全州春湖)이爲大北하고山海－爲小北하다.

ㅇ 선조(14대 1568~1608년)가 왕위에 오르고는(무진 41) 을사사화 이래로 원통하게 죄받아 죽은 사람들을 바르게 고쳐 주고 남곤 등 공훈받은 사람들을 삭제하였으며 정철(연일 송강)을 뽑아 등용시켰는데 임금께 직간을 잘하여 '궁중 호랑이'라 불렀다. 허준은 동의보감을 지었고 한호(청주 석봉)는 필법(천자문 초서)을 전하였다. 을해년에 심의겸(청송 손암)과 김효원(선산 성암)이 동서로 당을 나누

고 동의 우성전(단양 추연)과 이발(광산 사인)이 남북으로 당을 나누고 이이와 정철은 서인이 되고 이산해(한산 아계)와 유성룡(풍산 서애)과 정인홍(서산 래암)은 동인이 되었는데 기축년에 정여립(동래)이 반란을 꾀하다가 처형되었다. 최영경(화순 수우당)과 이발과 조대중(창녕)이 원통히 죽으니 이산해, 정인홍은 북인이 되고 유성룡은 남인이 되었고 유영경(전주 춘호)이 대북이 되고 이산해가 소북이 되었다.

伸: 펼 신. 削: 깎을 삭. 澈: 물 맑을 철. 浚: 깊을 준. 濩: 퍼질 호. 巽: 공손할 손. 禹: 성 우. 潑: 물 솟을 발. 鵝: 거위 아. 崖: 벼랑 애. 萊: 쑥 내. 愚: 어리석을 우. 擢 拜－뽑아 벼슬 줌. 伏 誅－형벌을 받고 죽음. 鄭 澈(정철)－조선 선조 때 명신. 본관 연일. 김인후, 기대승의 제자. 문과 급제. 성균관 전적이 되었고 이이와 교류하였으며 동서 당쟁이 심할 때 서인의 거두가 되었고 동인 이발과 싸워 강원도 관찰사로 밀려나 관동팔경을 벗삼았다. 관직을 사퇴하고 전남 창평에 있다가 선조가 우의정으로 불렀다. 임진왜란에 선조를 맞아 보필하였으며 강화에서 병사하였다. 학문이 깊고 시에 능통하여 관동별곡, 성산별곡 등 국문학에 큰 업적을 남겼다. 許浚(허준)－조선 선조 때 韓醫學者(한의학자). 본관 양천. 선조의 전의로 임진왜란 때 의주를 다녀와 가자를 받고 호성공신이 되었으며 양평군에 봉되었다. 선조의 명으로 1610년에 동의보감 25권을 완성하였다. 韓 濩(한호)－조선 중기 명필. 호 석봉, 본관 삼화. 타고난 천재성에 피나는 수련으로 각 서체가 묘경에 이르렀다. 진사에 합격, 가평군수를 지냈고 명필의 이름이 명나라에까지 전해져 임진왜란 때 명나라 제독 이여송이 필적을 구해 갔다. 명나라 한림 朱 之 番(주지번)은 ‘왕우군, 안진경과 겨룰 만하다’고 격찬하였다. 안평대군, 金 絿(김구), 양사언을 사대 서가라 하였다. 선조는 한벽한 고을 군수로 보내며 필법을 세상에 전하도로 배려하여 주었다. 沈 義 謙(심의겸)－선조 때 문신. 본관 청송. 문과 급제. 대사헌으로 권세와 간계함을 배척하고 城西에 살아 서인이라 불렀다. 이이, 노수신 등이 東西 간 분쟁 완화책으로 개성 유수로 보내고 뒤에 전라감사, 예조참판, 함경감사 등을 지냈고 검소하게 살았으며 효성이 지극하였다. 金 孝 元(김효원)－선조 때 동인의 거두. 본관 서산. 문과 급제. 퇴계와 조식의 문하생으로 심의겸과의 충돌로 조선 당파 싸움의 근원을 만들었다. 禹 性 傳(우성전)－조선 중기 문인. 본관 단양. 문과 급제. 수원현감을 거쳐 분당 때 동인이 되었고 정철사건에 북인에게 배척되어 관직이 삭탈되었다. 임진란에 의병을 일으켜 秋義軍(추의군)이라 하고 권율 등과 협력하여 전공을 세우고 대사성이 되었다. 왜적을 추격하다가 과로하여 죽었다. 李潑(이발)－선조 때 정치가, 동인의 중심인물. 본관 光州. 알성시에 장원하여 銓郞(전랑)에 보직되어 경연에 출입하며 기강 확립에 노력하였다. 이이, 성혼과 멀어지고 정여립 난으로 서인이 득세하여 부제학 이발도 화를 면치 못하여 어머니, 아들, 제자, 종들까지 杖殺(장살)당하였다. 李 山 海(이산해)－선조 때 대신. 본관 한산.

殿試丙科(전시병과)에 급제하여 대사간, 영의정으로 한때 선조 25년에 兩司로부터 국정을 그르치고 왜적을 들어오게 하였다는 탄핵으로 귀양 갔었다. 풀려나 영돈영부사가 되어 다시 영의정이 되고 아성부원군에 봉되었으며 대북파의 영수가 되었다. 柳成龍(유성룡)－조선 선조 때 명상. 본관 풍산. 퇴계에게 학문을 배워 문과 급제. 승지, 부제학 역임. 형조판서, 대제학, 우의정, 풍원부원군에 봉되었다. 임진왜란 때 선조가 명장을 천거하라고 할 때 권율, 이순신을 천거하였다. 임진란에 선조를 모시고 송도에 이르러 영의정이 되었다. 삼남도체찰사가 되어 이여송의 후퇴를 막아 왜적을 물리치게 하였다. 정인홍의 무소로 관직을 사퇴하고 고향으로 돌아가 누차 소명하였으나 사절하였다. 호성공신에 책록되었고 사당을 병산서원 뒤에 세우고 여산의 퇴계묘에 함께 모셨다. 鄭仁弘(정인홍)－광해군 때 권신으로 대북의 영수. 본관 서산. 조식에게서 배웠다. 장령으로부터 대사헌이 되었으며 임진왜란 때는 의병을 일으켜 倡義將(창의장)이 되었다. 소북의 탄핵으로 귀양 갔다가 선조가 죽고 광해가 즉위하여 귀양이 풀리고 이조판서, 영의정이 되었고 서령부원군에 봉되었다. 인조반정으로 이이첨과 같이 처형되었다. 崔永慶(최영경)－조선 중기의 문인. 본관 화순. 조식의 문하생으로 당론에 열중하다가 동인 정여립의 모반 사건에 연루되어 죽었다. 선조가 대사헌을 추증하였다. 鄭汝立(정여립)－선조 때 기축사화를 일으킨 사람. 본관 동래. 문과 급제. 율곡 문하생으로 수찬에 올랐으나 심술이 불량하여 선조에게 거슬리어 전주로 가서 정권에 야심을 갖고 동지를 규합하여 거사 준비로 남원, 태인, 해주 등에서 동지를 얻어 서울을 칠 계획이었으나 안악군수, 황해감사 등이 반란음모를 상고하여 관련자를 체포, 처형하니 '기축옥사'다. 정여립은 도망하다가 자살하였다. 曺大中(조대중)－선조 때 문신. 문과 급제. 이황의 문인으로 全羅道都事로 지방 순시 중에 관기와 사귀다가 헤어지며 눈물을 흘렸는데 때마침 정여립의 처형을 슬퍼한 것으로 잘못 전달되어 정여립의 일파로 몰려 고문당하고 장살되었다. 柳永慶(유영경)－조선 중기의 명신. 본관 전주. 문과 급제. 이조판서 우의정을 지냈다. 소북파의 영수로 호성공신 전양부원군이 되었다. 영의정에 올랐으나 광해군이 즉위하여 정인홍의 모함으로 귀양 가서 처형되었다. 이조반정 후에 복권되었다.

ㅁ 日本關伯豊臣秀吉이欲假道伐明이어늘朝廷이不許하고黃允吉金誠一(義城鶴峰)使還에議論이不一이라壬辰에秀吉이發兵三十萬하야先破釜山에僉使鄭撥(慶州忠壯)이死하고陷東萊에府使宋象賢(礪山泉谷)이坐椅子하야不動하니敵이欲生擒이어늘靴尖踢之하니燒殺之하다分三路하니中路軍行長은踰鳥嶺하니普通線路오東路軍清正은自機張

蔚山으로踰竹嶺至忠州하야合中路軍하고西路軍長政은自金海로踰秋風嶺하야由淸州竹山하야達京城하여急報絡繹에都城이大震이라.

ㅁ 일본 관백 풍신수길이 명나라를 치러 갈 테니 길을 빌려 달라 하니 조정에서 허락하지 않고 황윤길, 김성일(의성 학봉)을 일본에 보내 돌아와 보고하게 하니 살핀 보고 내용이 서로 같지 않았다. 임진년에 풍신수길이 병력 30만 명을 출동시켜 침략하니 먼저 부산을 격파하여 첨사 정발(경주 충장)이 전사하고 동래가 함락되어 동래부사 송상현(려산 천곡)이 의자에 앉아 움직이지 않으니 왜적이 사로잡으려 하니까 뾰쪽한 구두 발로 차니 집에 불을 놓아 죽였다. 세 길로 나누어 중로군 행장은 조령을 넘으니 보통 선로요 동쪽 길로는 청정이 기장, 울산으로부터 죽령을 넘어 충주에 이르러 중로군과 합치고 서쪽 길 장정은 김해로부터 추풍령을 넘어 청주, 죽산을 지나 서울에 도달하니 연달아 급보가 들어와 서울 성안이 크게 떨고 두려워하였다.

伯: 우두머리 백. 假: 빌릴 가. 僉: 가려 뽑을 첨. 撥: 다스릴 발. 礪: 숫돌 여. 椅: 의자 의. 擒: 사로잡을 금. 靴: 가죽신 화. 尖: 뾰쪽할 첨. 踢: 발로 찰 척. 由: 지날 유. 踰: 넘을 유. 絡: 이을 락. 繹: 연달을 역. 黃允吉(황윤길)－선조 때 문관. 본관 장수. 문과 급제. 선조 23년에 통신정사로 김성일과 일본에 다녀와 일본의 침략이 있을 것이라고 보고하였고 김성일은 그 반대로 보고하였다. 조정에서 황윤길의 보고가 채택되지 않아 조선이 큰 병화를 입었다. 벼슬은 병조참판에 이르렀다. 金誠一(김성일)－선조 때 명신. 본관 의성. 퇴계의 제자. 문과 급제. 부제학을 지냈으며 通信副使로 황윤길과 일본에 다녀와 고하기를 침략이 없을 것이라 하였다. 왜란이 일어나자 선조는 대노하여 경상도 우병사로 있는 김성일을 처벌하라고 명하였으나 유성룡의 변호로 용서되었다. 의병을 일으켜 진주성에서 싸우다 전사하였으며 퇴계 묘에 배향하였다. 鄭撥(정발)－선조 때 장군. 본관 경주. 무과 급제. 부산진 첨사로 임진왜란 때 용전분투하여 성을 사수하다가 중과부적으로 전사하였다. 검은 옷을 입었으므로 '흑의장군'이라 불렀다. 좌찬성에 추증되고 동래 안락서원에 배향되었다. 宋象賢(송상현)－선조 때 의사. 본관 여산. 15세에 진사가 되고 문과 급제하여 호 예, 공조정랑, 군자감을 역임하고 동래부사로 내려가자 임진왜란이 일어나 부산이 함락되어 병마사 이각이 도망하니 적군이 물밀듯 쳐들어오자 端坐(단좌)하고 북향하여 임금에게 절하고 피살당하였다.

巡邊使李鎰은下中路하고左防禦使成應吉은下東路하고右防禦使趙儆은下西路하고劉克良邊璣는助防將이라守竹嶺鳥嶺하고都體察使柳成龍은檢督諸將하다李鎰이敗還忠州에都巡邊使申砬(平山忠壯)이敗亡于彈琴臺하고鎰은奔走하고金汝岉이失守鳥嶺하고淸正은渡龍宮河하고行長은踰鳥嶺하야進陷忠州하니死屍蔽江이라日兵이以破竹之勢로直向京城하니官軍敗報時急이라.

순변사 이일은 중노로 내려가고 좌방어사 성응길은 동노로 내려가고 우방어사 조경은 서로로 내려가고 유극량과 변기는 조방장으로 조령과 죽령을 지키고 도체찰사 유성룡은 여러 장군을 지휘 독려하였다. 이일이 충주에서 패하여 돌아오니 도순변사 신립(평산 충장)이 탄금대에서 배수진을 치고 싸우다 전사하였다. 이일은 싸우다 도망하였고 김여물은 조령을 지키다 빼앗기고 왜장 청정은 용궁강을 건넜고 행장은 조령을 넘어 진군하여 충주를 함락하니 전사자가 강을 덮었다. 왜병이 대나무 쪼갤 듯한 기세로 서울로 곧 달려가니 관군의 패한 급보만이 시시로 들어왔다.

鎰: 중량 일. 禦: 막을 어. 儆: 경계할 경. 劉: 성 유. 璣: 구슬 기. 檢: 단속할 검. 督: 살펴볼 독. 砬: 돌 소리 립. 彈: 악기 탈 탄. 岉: 산 높을 물. 蔽: 덮을 폐. 李鎰(이일)－임진왜란 때 무장. 본관 용인. 무과 급제. 胡賊(호적)의 니탕개가 慶源(경원)을 함락하자 적을 섬멸하였고 임진왜란 때 평양을 수복하고 무용대장이 되어 서울을 방위하였으며 南兵使(남병사)로 병사하였고 좌의정에 추증되었다. 劉克良(유극량)－선조 때 무장. 본관 白川. 무과 급제. 임진왜란 때 조방장으로 죽령을 수비하다가 申硈(신할)의 예하로 들어가 적의 유인책에 신할과 함께 전사하였다. 유극량의 어머니는 원래 판서 洪暹(홍섬)의 종으로 옥잔을 깨고 도망하여 극량의 아버지와 결혼하여 유극량을 낳았다. 이 이야기를 들은 극량은 홍섬에게 찾아가 이실직고하고 과거 합격을 취소하고 홍섬의 노예 되기를 청하니 홍섬은 그의 장한 태도에 감복하여 賤籍(천적)에서 풀어 주고 조정에 끌어들였다. 극량은 항상 홍섬을 상전으로 대하였다. 전사 후에 병조참판서에 추증되고 개성 崇節祠(숭절사)에 모셨다. 申砬(신립)－선조 때 장군. 본관 평산. 무과 급제 도총, 도사, 진주판관을 지냈다. 북에 니탕개가 쳐들어와 우리 군이 연패하자 신립이 출전하여 두만강을 건너 소굴까지 소탕하고 개선하여 함경북병사가 되었다. 사임하고 어머니를 모시려

하였으나 임금이 허락지 않고 휘가를 주어 서울에 오니 임금이 교외로 마중 나와 피 묻은 옷을 보고 왕이 자기 옷을 벗어 입혀 주었고 진지로 돌아갈 때도 교외까지 환송하여 주었다. 평안감사, 한성부윤을 지냈고 도순변사로 출전할 때 임금이 어검을 하사하였다. 물밀듯 올라오는 왜군들을 돌파하여 싸웠으나 중과부적으로 탄금대에 올라 임금에게 글을 올리고 達川(달천)에 배수진을 쳐 김여물과 적진을 돌파하고 돌아와 김여물과 함께 투신하였다. 뒤에 영의정에 추증되었다(인물고).

上이 **西向播遷**할세 **黑夜登程**하니 **風雨晦冥**이라 **分遣王子**하야 **召勤王兵**하고 **至平壤**하야 **使申硈**로 **守臨津**이러니 **戰死**하니 **劉克良**이 **至曰是吾死所**라하고 **下馬坐地**하야 **博戰死之**하다 **上**이 **駐蹕義州**하고 **使李德馨**(廣州漢陰) **鄭昆壽**(淸州栢谷) **申點**(平山忠景) 으로 **請援兵于明**하다 **三路敵兵**이 **繼入京城**하니 **二王子被執於北道**하다.

선조 임금이 서울을 떠나 피난 가니 칠흑같이 어두운 길을 가는데 바람 불고 비 쏟아지는 그믐밤이었다. 왕자들은 나누어 피난 보내고 왕을 보호할 장병들을 불러들이며 평양에 이르렀다. 신할로 임진강을 사수하라 하였는데 싸우다 죽고 유극량이 도착하여 말하기를 "여기가 내 죽을 곳이로다." 하고는 말에서 내려 땅에 앉았다가 몸으로 부딪쳐 힘을 다해 싸우다가 죽었다. 임금이 의주에 머무르며 이덕형(광주 한음)과 신점(평산 충경), 정곤수(청주 백곡)로 하여금 명나라에 구원병을 청하러 보냈다. 세 길로 나누어 쳐들어온 왜적들이 서울로 계속 들어오고 두 왕자가 함경북도에서 잡혔다.

播: 옮길 파. 程: 길 정. 冥: 어두울 명. 博: 칠 박. 駐: 머무를 주. 蹕: 임금 거동할 필. 馨: 향기 날 형. 昆: 형 곤. 援: 구원할 원. 被: 당할 피. 硈: 견고할 할. 駐蹕－임금이 가다가 어가를 세워 머문다. 李德馨(이덕형)－선조 때 명신. 본관 廣州. 문과 급제. 정언 대제학 예조참판을 지냈고 31세에 대제학이 되었다. 임진왜란 때 명나라에 구원병을 청하여 대사헌으로 명군을 맞아 평양을 수복하고 병조판서가 되었다. 좌의정으로 명나라 제독 유정과 이순신의 합동작전으로 왜군을 대파시키고 영의정에 올랐으며 호성 선무공신이 되었다. 이이첨의 모략으로 면직되어 용진에 돌아와 죽으니 광해군이 복직을 명하였다. 申點(신점)－선조 때 문신. 본관 평산. 문과 급제. 보국판중추, 예조판서. 임진왜란 때 명나라에 구원병을 청하러 갔다. 선무공신이 되고 평성부원군에 봉되었으며 사후에 영의정에 추증되었다. 鄭昆壽(정곤수)－선조 때 명신. 魁科(괴과)에 급제. 강원도 관찰사, 우승지, 형조판서 등을 지냈고 임진왜란 때 명나라에 가서 구원병을 청하여 이여송 등을 만나 서울 수복에 공을 세워 예조판서가 되었고 의정부, 좌찬성으로 있다가 죽었으며 영의정에 추증되었다.

各道義兵이起하니趙憲(白川重峯)高敬命(長澤霽峯)金千鎰(彦陽健齋)은起於湖南하고郭再祐(玄風忘憂)鄭仁弘金沔權應銖는起於嶺南하니再祐－閃忽如飛하니稱紅衣將軍이라權慄(安東晩翠)은大捷幸州하고李廷馣(慶州留齋)은拒戰海西하고高敬命은戰死錦山하고趙憲兵은督戰錦山城外할새空拳相博하니七百義士－屍積光敎山하고義僧靈圭軍이亦敗하다釋休靜(西山淸虛崔汝信)이起於關西하야募十六宗義僧하니惟政(松雲四溟任氏)은起於關東하고靈圭(騎虛朴氏)는起於湖中하고處英은起於湖南이라.

각 도에서 의병이 일어나니 조헌(백천 중봉)과 고경명(장택 재봉)과 김천일(언양 건재)은 호남에서 일어나고 곽재우(현풍 망우)와 정인홍과 김면과 권응수는 영남에서 일어나니 곽재우는 여기서 번쩍, 저기서 번쩍 붉은 옷 입고 나는 듯 싸우니 ‘홍의장군’이라고 칭하였다. 권율(안동 만취)은 행주산성에서 크게 이기고 이정암(경주 유제)은 해서에서 싸워 막았고 고경명은 금산에서 싸우다 죽었다. 조헌병은 금산성 밖에서 싸움을 독려하다가 맨손으로 서로 육박전을 하였으니 의사 700명의 시체가 광교산에 쌓였다. 승려 의병 영규군이 패하였다. 석휴정(서산 청허 최여신)이 관서에서 일어나 16종파에서 의승을 모집하고 유정(송운 사명 임씨)은 관동에서 일어났으며 영규(기허 박씨)는 호중에서 일어나고 처영은 호남에서 일어났다.

祐: 복 우. 弘: 넓을 홍. 沔: 씻을 면. 銖: 무게 단위 수. 閃: 번쩍할 섬. 慄: 두려워할 율. 翠: 푸를 취. 馣: 향기로울 암. 釋: 석가 석. 騎: 말 탈 기. 閃忽－번쩍번쩍함. 趙憲(조헌)－선조 때 학자. 본관 白川. 문과 급제. 이조좌랑 감찰을 지냈다. 일본 도요토미가 겐소를 보내 명을 친다고 길을 빌려 달라고 왔을 때 겐소를 죽일 것을 청하였고 왜적의 침입에 미리 대적할 것을 상소하였으나 성사되지 못하였다. 임진왜란이 일어나자 옥천에서 의병을 일으켜 많은 공을 세웠다. 금산에서 700의사로 싸웠으나 전멸하였다. 영조 때 영의정에 추증되고 공자묘에 모셨다. 高 敬 命(고경명)－선조 때 의병장. 본관 장흥. 문과 급제. 동래 부사가 되고 60세의 노인으로 의병 7,000여 명을 거느리고 선조왕을 도우려 행궁이 있는 평안도로 가다가 금산에서 왜적을 만나 싸우다가 전사하였다. 문장, 시, 글씨가 뛰어났었다(제봉집). 金 千 鎰(김천일)－임진왜란 때 의병장. 본관 언양. 선조 때 부사를 사퇴하고 나주에 있다가 의병을 일으켜 수원을 거쳐 강화로 가서 적을 소탕하고 양화도에서 대승하고 진주에서 싸우다가 성이 함락될 무렵 아들 상건과 함께 남강 촉석루 아래에서 장렬하게 투신, 순절하였다. 영의정에 추증되었으며 壬辰三壯士라고 칭한다. 郭 再 祐(곽재우)－임진왜란 때 의병장. 본관 현풍. 의령에서 의병을 일으켜 붉은 옷을 입고 싸워 많은 공을 세웠으니 홍의장군이라 칭하였다. 정유재란 때도 의령을 끝까지 지켰다. 영남절도사, 수군통제사에 임명되었으나 사퇴하고 서울에 불려가 좌윤과 함경감사를 지냈다(인물고). 金 沔(김면)－임진왜란 때 의병장. 본관 고령. 성리학을 연구하며 후진을 양성하던 중 왜란이 일어나자 조종도와 곽준 등과 거창, 고령 등에서 의병을 모아 김시민과 知禮를 역습하여 대승하고 합천군수가 되었다. 우병마 절도사가 되어 많은 공을 세우다가 병으로 죽었으며 이조판서에 추증되었다. 權 應 銖(권응수)－선조 때 무관. 본관 안동. 무과 급제하여 경상도 병마사가 되었으며 선무의공으로 화산군에 봉되고 오위도총관이 되었고 사후 좌찬성에 추증되었다. 權 慄(권율)－선조 때 도원수. 본관 안동. 문과 급제. 임진왜란 때 光州목사로 군병을 모집하여 남원에서 적을 대파시켰다. 전라도 순찰사가 되어 전주에서 의병 만여 명을 모아 적의 西進을 막으니 왕이 어검을 하사, 격려하였다. 행주산성에서의 대첩으로 도원수가 되었고 영의정에 추증되었다. 李 廷 馣(이정암)－선조 때 공신. 본관 경주. 문과 급제. 연안 평산 목사로 있다가 율곡의 선비를 모음에 장령 사성이 되었고 임진왜란 때 이조참의로 의병을 모아 개성 등에서 공을 세우고 병조참판, 지중추부사, 선무공신으로 추록되고 좌의정 월천부원군으로 추증되었다. 靈 圭(영규)－박영규(기허) 본관 밀양. 서산대사의 제자. 임진왜란 때 승병 수백 명을 모집하여 청주에 있는 왜적을 쳤다. 조헌 의병장과 금산의 왜적을 치다가 전사하였다. 금산의 從容祠(종용사)에 배향하였다가 뒤에 法徒 大仁 등이 郡南 進樂山 서쪽 기슭에 閣을 세우고 영정을 안치하고 비석을 세웠다(불교통사). 釋 休 靜(석휴정)－조선 때 고승. 호 서산. 본관 완산. 조실부모하고 서울에서 공부하다가 지리산에 들어가 경전을 공부하다 중이 되어 30세에 선과에 합격하였다. 임진왜란 때 의주에서 선조를 뵙고 8도 16종 도총섭이 되어 의승 5,000명을 모집하여 관군을 도와 공을 세웠다. 풍악, 두류, 묘향산을 왕래하니 따르는 제자들이 천여 명이었다. 묘향산 원적암에서 설법하고 글을 영정 뒤에 쓰고 유정, 처영에게 주고 죽었다. 惟 政(유정)－선조 때 고승으로 호가 사명당. 황악산 직지사에 들어가 중이 되어 불교의 奧義(오의)를 깨달았다. 명종 때 선과에 급제하고 묘향산에 들어가 휴정대사에게 性宗 강의를 듣고 각성하였으며 금강산, 팔공산, 태백산 등을 유람하고 참선하며 깨달았다. 임진왜란 때 의병을 모집하여 유성룡, 권율을 도와 전공을 세워 당상에 올랐다. 선조 37년에 일본에 가서 덕천가강을 만나 강화를 맺고 포로들을 데리고 와서 嘉義(가의) 벼슬과 말을 하사받았다. 處英(처영) - 서산대사의 제자. 임진왜란 때 전라도에서 승의병을 일으켜 전공을 많이 세웠다. 1794년 정조 때 왕명으로 대흥사의 표충사와 묘향산의 수충사에 서산대사와 사명당과 처영의 眞影(진영)을 안치하게 하였다.

李舜臣(德水忠武)은以龜船으로大捷閑山島前洋하야遏其北上之勢라海國에秋光暮하니霜寒鴈陣高를憂心輾轉夜에殘月이照弓刀라誓海魚龍動이오盟山草木知라大海觀魚躍이오長空에任鳥飛라朴晋이以飛擊震天雷로恢復慶州城하니兩公創造軍艦火彈之始러라.

이순신(덕수 충무)은 거북선으로 한산도 앞바다에서 크게 이겨 왜적이 북으로 올라가려는 기세를 꺾었다. 충무공의 시에 "바다엔 가을빛이 저물어 가고 서릿발 차가운 하늘엔 기러기 줄지어 나네 나라 위한 근심 잠 못 이뤄 뒹구는데 조각달이 활과 칼에 번쩍이네 바다에 맹세하니 용과 고기가 용솟음치고 산에 맹세하니 풀과 나무가 알아주네 큰 바다엔 고기가 뛰어놀고 높은 하늘엔 새가 맴도네." 하였다. 박진이 비격진천뢰로 경주성을 회복하였으니 두 분이 창조한 거북선과 화탄이 세계적인 시초가 되었다.

舜: 뛰어날 순. 龜: 거북 구. 遏: 막을 알. 轉: 굴러 옮길 전. 輾: 반전 전. 殘: 남을 잔. 誓: 맹세할 서. 躍: 뛰어오를 약. 晋=晉: 나아갈 진. 恢: 넓힐 회. 創: 비롯할 창. 艦: 군함 함. 李舜臣(이순신 1545~1598년). 선조 때 명장. 시호 충무. 본관 덕수. 무과 급제, 발포 만호를 거쳐 사보사주부, 녹도둔전사의로 있으면서 조정에 병력 증강을 요청하였으나 李鎰(이일)의 반대로 거절되었다. 정읍현감 때 유성룡의 추천으로 절충장군 진도군수를 거쳐 47세에 전라좌도수군절도사로 전쟁을 예감하여 군사 훈련과 거북선을 창조하였다. 임진왜란이 일어나자 패장 원균의 요청으로 왜적의 수군을 도처에서 물리치니 옥포, 적진포, 당포, 율포, 한산도, 부산포 등에서 연전연승하였다. 지도력과 탁월한 전술로 제해권을 장악한 공으로 정헌대부와 수군통제사가 되었다. 공을 시기한 원균 일파와 일본의 이간으로 서울로 압송되어 사형을 받았으나 판중추부사 정탁의 반대로 사형이 면제되고 권율 휘하에 백의종군하였다. 통제사가 된 원균은 싸우다가 대패당하고 전사하였다. 조정에서는 다시 이순신을 통제사로 임명하였다. 모친상을 당하고도 가 보지 못하고 급박한 임지에 가 보니 배 12척뿐이었다. 조정에서는 회생불가능하다고 아예 수군을 폐하라는 영을 내렸다. "아직 배가 12척이나 있으니 왜적이 우리를 깔보지 못할 것입니다." 비장한 각오로 표를 올리고 8월 15일 명량에서 적을 격파하여 제해권을 회복하였다. 일본의 풍신수길이 죽고 철수하려 하자 노량해전에서 적을 대패시키고 충무공도 54세로 장렬한 최후를 마쳤다. 선조는 특사를 보내 조문하고 선무일등공신과 德豊君(덕풍군)으로 봉하고 좌의정을 추증하였으며 정조 때 영의정에 추증하고 임금이 친히 비문을 지어 하사하였다(임진왜란, 충무공전서). 朴 晋(박진) – 선조 때 무신. 본관 밀양. 무과 급제. 임진왜란 때 경상병마사가 되어 권응수와 영천을 공격하여 적을 섬멸하고 가선이 되었으며 박의장을 선봉으로 경주성을 李 長 孫(이장손)이 발명한 비격진천뢰를 쏘아 공격, 탈환하였다. 우병사 참판에 이르고 사후 좌찬으로 추증되었다.

ㅁ遼東總兵祖承訓과游擊史儒以兵馬三千으로來援이라가敗還하고李如松이來援하야回復平壤하고敗於碧蹄驛하다李廷馣은固守延安하고鄭文孚는大捷吉州하고鄭起龍은起於居昌하야以單騎로六十餘戰에生擒頗多하니猛將也오金德齡은入無等山鍊劒하야得龍馬하야敵陣出入이如神이러니誣以謀叛(夢鶴與議)하야捕殺之하니敵人이聞而相賀하니眞勇將也러라.(光州忠壯醉時歌無人知 我心하더라)

ㅁ 명나라 요동 총병인 조승훈과 유격인 사유가 군사와 기마병 3천 명을 이끌고 구원병으로 왔다가 패하여 돌아가고 이여송이 원병을 데리고 와서 평양을 수복하고 벽제역에서 싸워 패하였다. 이정암은 연안을 굳게 지키고 정문부는 길주에서 크게 이기고 정기룡은 거창에서 일어나 말 한 필 타고서 60여 회를 싸워 많은 왜적을 사로잡았으니 용맹한 장수였다. 김덕령은 무등산에 들어가 검술을 연마하고 용마를 얻어 적 진영을 드나들어 혼비백산시키는 것이 귀신같았다. 김덕령이 반란을 도모한다고 거짓 고하여(몽학과 모의) 잡아 죽이니 왜적들이 듣고서 서로 경하하며 좋아하였다. 참으로 용맹한 장수였다. 충장공(김덕령)은 광주에 살았고 술에 취할 때는 노래 부르기를 "내 마음 알아준 사람 없네." 하였다.

碧: 푸를 벽. 蹄: 짐승 발굽 제. 驛: 역마 역. 馣: 향기로울 암. 延: 끌 연. 頗: 매우 파. 猛: 용감할 맹. 齡: 나이 령. 鍊: 단련할 연. 誣: 사실을 굽혀 말할 무. 鄭文孚(정문부)－선조 때 義士. 본관 해주. 문과 급제. 북평사로 있다가 임진왜란 때 의병을 일으켜 길주에서 큰 공을 세우고 길주 목사가 되었다. 인조 때 무고로 죽었으나 해명되어 좌찬성에 추증되었다. 鄭起龍(정기룡)－선조 때 무관. 본관 곤양. 임진왜란 때 거창 금산에서 공을 세워 상주 목사 敢死軍大將(감사군대장)이 되었고 정유재란 때 고령에서 대첩하여 경상우병사가 되었으며 적은 병력으로 대군을 물리쳐 삼도통제사가 되어 병영에서 죽었다. 金德齡(김덕령)－임진왜란 때 의병장. 본관 광산. 시호 충장. 우계 성혼의 제자. 담양에서 의병을 일으켜 왜적을 무찔러 공을 세우고 호익장군이란 賜號(사호)를 받았다. 적의 책략으로 이몽학의 난에 연관되었다고 무고당하여 서울로 압송되어 고문으로 죽었다. 영조 때 누명이 해명되어 병조판서로 추증되고 광주 의열사에 배향되었다.

金千鎰崔慶會(海州三溪)高從厚(復讐將軍)가據守晋州하야殺數百餘러니及城陷에投入江中하니士女從死者七萬餘라以來陷敗에未有如此慘酷이라矗石樓中三壯士는一盃笑指長江水라長江之水流滔滔하니波不渴兮魂不死라義妓論介－與敵將으로游矗石樓라가抱其將投江中하니巖上에有義娘祠하고平壤에桂月香이使金應瑞成功立義하니並立義烈廟하다敵兵이退據釜山이러라.

김천일과 최경회(해주 삼계)와 고종후(복수장군)가 진주성을 지키며 웅거하고 있으면서 왜적 수백 명을 죽이다가 급기야 성이 함락되어 강물에 투신하니 선비들과 여자들이 따라 죽은 사람이 7만 명이 넘었다. 전쟁한 이후로 함락되고 패하였으나 이처럼 참혹한 일은 없었다. “촉석루에 세 장수들 한잔 술로 긴 강물을 보며 웃었네. 저 장강 물은 도도히 흐르니 저 물결 없어지지 않은 듯 우리의 넋 죽지 않으리.” 의로운 기생 논개는 촉석루에서 왜장과 유흥을 즐기다가 왜적 장수를 끌어안고 강물로 뛰어들었다. 그곳 바위 위에는 논개의 의랑사가 세워졌고 평양에서는 계월향이 김경서에게 뜻을 세워 공을 이루게 하였으니 함께 의열묘를 세웠다. 왜적이 부산으로 물러가 웅거하고 있었다.

溪: 산골짜기 계. 據: 웅거할 거. 慘: 참혹할 참. 酷: 심할 혹. 矗: 우뚝 솟을 촉. 滔: 물 넘칠 도. 渴: 없어질 갈. 抱: 껴안을 포. 娘: 아가씨 낭. 祠: 사당 사. 桂: 계수나무 계. 崔慶會(최경회)－선조 때 무인. 본관 해주, 임진왜란 때 의령, 금산, 무주에서 전공을 세웠다, 경상우병사가 되어 진주에서 김천일과 함께 싸우다 죽었다. 高從厚(고종후)－선조 때 충신. 본관 장흥. 문과 급제. 현령으로 있을 때 임진왜란이 일어나 아버지(고경명)와 같이 의병을 모아 금산에서 싸우다 아버지와 동생(고인후)을 잃고 스스로 복수 장군이 되어 군사를 이끌고 하동에 이르자 진주성이 위험함을 듣고 달려 성중으로 들어가 김천일과 함께 왜적과 싸우다 성이 함락되자 남강에 투신하였다. 이조판서에 추증되었다. 論介(논개)－선조 때 의기. 성은 주씨로 장수 태생. 최경회의 애기로 진주성이 함락되어 촉석루에서 왜장들이 자축연을 베풀고 있을 때 왜장을 끼고 남강에 떨어져 같이 죽었다. 貞烈을 찬양하여 비를 세우고 사당을 지어 나라에서 제사를 지냈다. 金應瑞(김응서)－선조 때 무장. 임진왜란 때 별장으로 명나라 원병장 이여송과 합류하여 평양성을 탈환하고 경상좌병사가 되어 부산을 탈환하였다. 桂月香(계월향)－선조 때 평양의 명기. 김응서의 애첩으로 임진왜란 때 소서행장에게 몸이 더럽힐까 김응서로 하여금 적장의 머리를 베게 하고 자신은 자결하였다. 나라에서 의열묘를 세워 제사 지내 주었다.

ㅇ丁酉에再發兵十四萬하야先陷南原全州하니明國이又使楊鎬來하야大捷於素沙坪하다時日本德川家康이代秀吉하니兵火交息하다.

ㅁ賜宣武功臣號하니李舜臣(德水忠武)權慄(安東忠壯)이爲一等이오申點(平山忠景)李廷馣(慶州四留)이爲二等하다王이昇遐하고二子－嗣位하다.

ㅇ 정유(1597년)에 왜적이 또다시 병력 14만 명을 출동시켜 먼저 남원과 전주를 함락시키니 명나라가 또 양호를 보내와 소사평에서 왜적을 크게 물리쳐 이겼다. 이때 일본에서는 덕천가강이 풍신수길을 대신하고 병화의 교전이 그쳤다.

ㅁ 무공을 세운 신하들에게 선조왕이 칭호를 내려 주었다. 이순신(덕수 충무), 권율(안동 충장)이 일등공신이 되었고 신점(평산 충경), 이정암(경주 사류)이 이등공신이 되었다. 선조 왕이 죽고 둘째 아들이 자리를 이었다.

楊: 버드나무 양. 鎬: 빛날 호. 坪: 들 평. 點: 점검할 점. 景: 밝을 경.

ㅇ光海主 - 立하야(己酉十四)以金宏弼鄭汝昌趙光祖李彦迪李滉으로從祀文廟하다.

ㅁ明國이當清人亂하야請援이어늘使姜弘立金景瑞(初名應瑞)로入深河救之러니弘立은伏降하고景瑞는戰死하다.

ㅇ 광해주(15대 1608~1623년 기유 14)가 위에 오르고는 김굉필, 정여창, 조광조, 이언적, 이황을 공자 사당에 같이 제사 모시게 하였다.

ㅁ 명나라가 청나라 사람의 난을 당하여 구원병을 보내 달라 하니 강홍립과 김경서를 보내 심하에 들어가 구하려다가 강홍립은 항복하고 김경서는 싸우다가 죽었다.

宏: 클 굉. 彦: 선비 언. 迪: 나아갈 적. 河: 중국 황하 하. 伏: 굴복할 복. 姜弘立(강홍립)－조선 중기의 장군. 본관 진주. 문과 급제. 명나라가 후금국을 칠 것이라 하고 조선에 구원병을 요청하였다. 조정에서는 강홍립을 오도도원수로 군사 2만 명을 주어 출전시켰으나 싸우다가 항복하였다. 광해군은 어쩔 수 없이 명나라에 파병을 하니 적절하게 처신하라 하였다고 전한다. 난이 끝난 후 귀국하니 조정에서 역신인가 충신인가 논쟁이 있었는데 역신으로 결론이 나자 단식하고 죽었다. 金景瑞(김경서)－조선시대 부원수. 초명은 응서. 본관 김해. 무과 급제. 임진왜란 때 많은 공을 세워 포도대장이 되었다. 광해군 때 명나라가 금나라를 치기 위해 구원병을 요청하여 강홍립 원수를 따라 출정하였으나 싸우지 않고 후금에 강홍립이 항복하니 김경서는 잡혀 가 적진에 머무르며 적정을 기록하다가 강홍립에게 발각되어 피살되었다. 뒤에 영의정에 추증되었다.

ㅁ主 - 委政權奸하니鄭仁弘李爾瞻李山海等이屢起大獄하야癸丑에殺永昌大君曦(玉義)하고捕柳永慶(全州春湖)申欽(平山象村)等七臣하고幽仁穆大妃于西宮하고竄逐李元翼(全州梧里)于洪州李恒福(白沙慶州)于北青鄭蘊(桐溪)于大靜鄭弘溟(琦翁)于吉州鄭求(清州寒崗)奇自獻(幸州晩全)洪茂績等하고賜死權韠(石州)하니是癸丑士禍러라.

ㅁ 광해주가 권력을 농간한 간신들에게 정치를 맡기니 정인홍, 이이첨, 이산해 등이 큰 옥사를 자주 일으켜 계축(1613년)에 영창대군 희를 살해하고 유영경(전주 춘호), 신흠(평산 상촌) 등 7신하를 잡아들이고 인목대비를 서궁에 유폐시켰으며 이원익(전주 오리)을 홍주에, 이항복(백사 경주)을 북청에, 정온(동계)을 대정에, 정홍명(기옹)을 길주에 보내고 정구(청주 한강), 기자헌(행주 만전), 홍무적 등을 귀양 보내고 권필(석주)을 죽이니 이것이 계축사화였다.

瞻: 볼 첨. 獄: 송사 옥. 幽: 유폐시킬 유. 翼: 도울 익. 蘊: 쌓을 온. 琦: 훌륭할 기. 崗=岡: 산등성이 강. 茂: 무성할 무. 韠: 슬갑 필. 李 爾 瞻(이이첨)－광해군 때 문신. 본관 廣州. 중시에 장원. 정인홍과 같이 광해군을 세자로 주장하다가 귀양 갔으나 선조가 갑자기 죽고 광해군이 즉위하자 예조판서 대제학을 겸직하며 과거시험을 맡아 자기 당파를 끌어들여 임해군과 선조 손자 영창대군과 선조 장인 김재남 등을 죽이고 계속 옥사를 일으켜 살생을 마음대로 하다가 인조반정으로 세 아들과 같이 참형되었다. 申 欽(신흠)－인조 때 영의정. 본관 평산. 문과 급제. 우좌의정을 거쳐 영의정에 이르렀다. 계축사화에 춘천으로 귀양 갔다가 인조반정으로 돌아와 우의정 대제학을 겸하였다. 문장이 뛰어나 月沙(월사) 이정구(월사), 谿谷(계곡)]장유, 澤堂(택당) 이식과 같이 당시 4대 문장으로 이항복과 선조실록 편찬에 참여하였고 글씨도 잘 썼다. 저서로 상촌집 등(인물고). 李 元 翼(이원익)－인조 때 대신. 본관 전주 문과 급제. 예조좌랑, 대사헌, 이조판서. 임진왜란 때 이여송과 평양성 탈환에 공을 세웠고 영의정이 되었으며 사후 인조사당에 모셨다. 李 恒 福(이항복)－선조 때 대신. 본관 경주. 문과 급제. 옥당에 들어가 호조참의가 되었다. 임진왜란 때 도승지가 되어 왕을 모시고 계성에서 이조참판이 되고 오성군에 봉되었다. 다섯 번 병조판서가 되어 군을 정비하였고 영의정이 되어 광해군 때 계축사화에 영창대군을 구원하려 했고 폐모론에 적극 반대하다가 북청에 귀양 가서 죽었다. 효종 때 서원에 사액하였다. 저서 백사집 등. 鄭 蘊(정온)－인조 때 명신. 본관 초계. 별과 급제. 사간원정언으로 광해군에 상소하여 영창대군을 죽인 정항을 참수하라고 주장하다가 귀양 갔다. 1636년 호란 때 남한산성에서 화의를 반대하다가 분하여 할복을 기도하였으며 고향에 가지 않고 덕유산에 가 있다가 죽었다. 이조판서로 추증되었으며 廣州 현절사에 모셨다. 鄭 弘 溟(정홍명)－선조 때 학자. 본관 연일. 정철의 아들. 김장생의 제자. 문과 급제. 대사헌, 대제학을 지냈다. 고문 경전에 밝았으며 사후에 좌의정에 추증되었다. 鄭 逑(정구)－선조 광해 때 학자. 본관 청주. 과거를 보지 않고 퇴계, 남명, 대곡 삼현에게서 배웠다. 충주목사, 안동부사 등을 거쳐 대사헌으로 있을 때 광해군에게 소를 올려 임해군을 구출하였다. 사후 성주 동강서원에 모셨다. 저서 심경발휘 고금충모 등 다수. 奇 自 獻(기자헌)－선조 때 문신. 본관 행주. 문과 급제. 우의정에 이르렀다. 인목대비 유폐에 반대하여 역간한 죄로 귀양 갔다가 특사로 풀렸다. 동해 해변에서 세월을 보내다가 인조반정에 구신들을 불렀으나 참여하지 않아 이괄 난이 일어나자 내응하였다는 무고로 피살되었다. 洪 茂 績(홍무적)－조선 중기의 명신. 본관 남양. 광해군 때 폐모론에 반대하다가 귀양 갔었다. 인조반정으로 현감 등을 거쳐 병조참판, 대사헌, 우참찬을 지냈다(인물고). 權 韠(권필)－광해군 때 현유. 본관 안동. 강화에서 제자들을 가르쳤는데 詩才가 뛰어나 선조가 찬탄하였다. 권신 이이첨의 교유를 거절하였으며 광해군 척리들의 세력을 비양하는 宮柳詩(궁유시)로 인해 귀양 가다가 동정으로 주는 술을 마시고 죽었다. 사헌부지평으로 추증되었다. 仁 穆 大 妃(인목대비)－선조의 계비. 영흥부원군 김재남의 딸. 영창대군의 어머니. 가례를 행하고 왕비로 책봉하였다. 광해군을 폐하고 영창을 추대하려던 유영경 등의 몰락으로 윤인 등에게 죽을 뻔하였다. 영창대군이 쫓겨 가고 서궁에 유폐되었다가 인조반정으로 대왕대비로 돌아왔다. 글씨를 잘 썼다(인조실록).

信風水說하야興土木하니尙宮金氏用事라宮禁이不嚴하고賄賂大行하니朝廷이日亂이라申景禛(平山東陽)金瑬(順天北渚)李貴(延安點齋)元斗杓(原州)等이擧義하야廢主하고納寶璽於仁穆大妃하니太后－數光海의三十六罪하고迎立定遠君之子(宣祖孫)하다.

o元宗은追尊定遠君也라.

풍수지리설을 믿고 토목공사를 일으키니 상궁 김 씨가 전횡한 일이었다. 궁중 출입이 엄하지 못했고 뇌물이 크게 횡행하니 조정이 날로 혼란스러웠다. 신경진(평산 동양), 김류(순천 북저), 이귀(연안 점재), 원두표(원주) 등이 의로운 거사를 일으켜 광해주를 폐위시키고 옥새를 인목대비에게 바치니 태후가 되어 광해의 36가지의 죄목을 세어 다스리고 정원군의 아들(선조왕의 손자)을 왕으로 맞아 세웠다.

o 원종은 정원군을 추존하였다.

賄: 뇌물 회. 賂: 뇌물 줄 뇌. 禛: 복 받을 진. 瑬: 깃발 류. 渚: 물줄기 저. 用 事－권력을 믿고 마음대로 하다. 申 景 禛(신경진)－인조 때 상신. 본관 평산. 신립의 아들. 선전관으로 인조반정 때 공으로 병조판서에 훈련원 대장을 겸하였고 정국공신으로 평성군에 봉되었다. 금나라의 침입에 공을 세워 병조판서 등을 거쳐 영의정이 되었다. 金 瑬(김류)－인조 때 공신. 본관 순천. 문과 급제. 가선에 올랐고 서인 이귀, 신경진, 최명길 등과 군사를 일으켜 광해군을 폐하고 인조를 맞아 일등공신으로 승평부원군에 봉되었고 이조판서 대제학을 지냈다. 정묘호란 때 인조를 따라 난을 피하고 돌아와 영의정이 되었다. 인조 묘정에 배향되었다. 저서 北渚集 등. 李貴(이귀)－인조 때 반정공신. 본관 연안. 문과 급제. 율곡 문하생. 김류 등과 광해군을 몰아내고 인조를 세워 병조 이조판서가 되었고 사후 영의정에 추증되었으며 인조 묘정에 배향되었다. 李适(이괄)－인조 때 반란자. 본관 고성. 인조반정에 참가하여 이등공신으로 한성부윤 평안감사 겸 부원수로 압록강변 국경수비 출진에 불만을 품고 난을 일으켜 서울까지 점령하였으나 장만, 정충신의 반격으로 패주하다가 부하에게 피살되었다. 元斗杓(원두표)－효종 때 대신. 본관 원주. 광해군을 폐위시키는 데 협찬하여 이등공신에 평원군으로 책봉되었다. 병자호란 때 어영대장을 지내고 호조판서를 거쳐 효종 때 좌의정이 되었다.

O仁祖－立하야는(癸亥二十七)追崇父元宗하고伸雪寃枉하며誅戮姦軌하고削前持平申慄等職하며錄靖社功臣하니金瑬申景禛李貴等이爲一等이오李适이爲二等이라擢用吳允謙(海州秋灘)李廷龜(延安月沙)鄭經世(晋州愚伏)金長生(光山沙溪)하다.

ㅁ适이恃功恣行커늘除平安兵使터니常心中怏怏하야以兵使叛하야直屠京城하니上이播遷公州雙樹山城하고使張晩(仁同洛西)鄭忠信(光州元帥)으로討斬하고復京城하다.

ㅇ 인조임금(16대 1623~1649년)이 위에 오르고는(계해 27) 아버지를 원종으로 높이고 원통한 죄인들은 누명을 없애 주고 법을 어지럽힌 자들은 목 베어 죽이고 전 왕조에서 지평을 지낸 신율 등 직책을 가진 사람들을 삭탈관직하고 정사공신들의 공을 올리니 김류, 신경진, 이귀 등이 일등공신이 되었고 이괄이 이등공신이 되었다. 오윤겸(해주 추탄), 이정구(연안 월사), 정경세(진주 우복), 김장생(광산 사계)을 뽑아 등용시켰다.

ㅁ 이괄이 공신 되었음을 믿고 방자하게 행동하여 외직인 평안병사를 제수하니 항상 마음속으로 원망하고 앙심을 갖고 있던 중 병사로 반란을 일으켜 곧 서울을 무찌르니 임금이 공주 쌍수산성으로 피란하고 장만(인동 낙서), 정충신(광

주 원수) 등으로 토벌케 하여 이괄을 목 베고 서울을 수복하였다.

雪: 누명 벗을 설. 枉: 억울한 죄 왕. 姦: 옳지 않을 간. 慄: 두려워할 율. 适: 빠를 괄. 恃: 믿을 시. 恣: 마음 내키는 대로 할 자. 怏: 원망할 앙. 屠: 무찌를 도. 晩: 해 질 무렵 만. 洛: 잇닿을 낙. 申 慄(신률)-광해군 때 문관. 본관 평산. 문과 급제. 지평 선조실록 편찬하였고 영풍군에 봉되었다. 吳 允 謙(오윤겸)-조선 중기 재상. 본관 해주. 우계 성혼에게서 배웠다. 사마시 합격. 현감으로 대과에 급제. 목사, 어사, 승지를 지냈고 일본에 사신으로 가서 임진왜란 때 잡혀 간 사람들을 데려왔다. 인조반정 후에 대사헌, 이조판서가 되고 정묘호란 때 왕세자와 태후를 모시고 강화에 갔다 와서 좌의정, 영의정이 되었다. 廣州 龜巖書院(구암서원)에 모셨다. 李 廷 龜(이정구)-인조 때 대신. 본관 연안. 문과 급제. 명나라에 가서 경전을 배워 병조참지가 되어 명나라의 구원병을 인도하였다. 광해군이 즉위하여 병조, 예조판서에 이르렀고 이괄 난에 왕을 공주로 모시고 다녀와서 우의정을 지내다 죽었다. 저서 月沙集 등(선조실록). 鄭 經 世(정경세)-인조 때 성리학자. 본관 진주. 유성룡의 제자로 알성과 급제. 경연관으로 선조에게 시강하고 임진왜란 때 의병장으로 공을 세웠다. 인조반정으로 홍문관 부제학, 대사헌을 거쳐 대제학, 이조판서를 겸하였다(이조실록). 金 長 生-조선 중기 의학자. 본관 광산. 율곡에게 배워 예학과 유학의 거두가 되었다. 송시열에게 전해져 기호학파에 크게 성하였다. 의례의 대가로 예절의 규범이 되었다. 여러 벼슬을 지냈었고 뒤에 형조판서로 불렀으나 사양하였다. 문장과 글씨가 뛰어나 덕행군자로 추앙받았다. 저서 經書辨疑, 近思錄釋義 등. 張 晩(장만)-조선 중기 문인. 문과 급제. 지평 승지를 거쳐 병조판서 때 광해군을 간하다가 물러났으며 인조반정 후 팔도도원수가 되어 이괄 난을 평정한 공으로 진무공신의호를 받고 옥성부원군에 봉되었다. 사후에 영의정에 추증되었다. 鄭 忠 信(정충신)-인조 때 공신. 본관 나주. 임진왜란 때 17세 나이로 光州 목사가 되었고 명으로 의주까지 가서 적정을 보고하니 이항복의 총애로 문하의 병사들과 교유하게 하였다. 이괄 난 때 평정한 공으로 진무공신 사호와 금남군에 봉되었다. 정묘호란 때 부원수가 되고 경상병사를 지냈다.

ㅁ鄭斗源이 自明國으로 携歸利瑪竇天文書하고 提調金堉(淸風潛谷)이 自燕京으로 購歸時憲曆하다.

ㅁ丁卯에 虜人英兒岱等이 入陷義州에 府尹李莞과 府使奇協이 死하다 直擣安州에 兵使南以興이 敗死하고 到平山커늘 上이 播江都講和하고 使林慶業으로 爲義州府尹하야 築白馬山城防守하다.

ㅁ 정두원이 명나라로부터 이마두 천문서를 가져오고 제조 김육(청풍 잠곡)이 연나라 서울에서 시헌력이라는 달력을 사 가지고 왔다.

ㅁ 정묘(1627년)에 노인(북쪽 오랑캐), 영아대 등이 의주를 침입하여 함락시켜 부윤 이완과 부사 기협이 죽고 안주를 무찌르니 병사 남이흥이 패하여 죽었다. 적이 평산까지 도달하니 인조 임금이 강화도로 피난 가서 화해하였다. 임경업으로 의주 부윤을 삼아 백마산성을 쌓고 적을 막아 지키게 하였다.

携: 가지고 올 휴. 瑪: 옥돌 마. 竇: 구멍 두. 提: 끌 제. 堉: 기름진 땅 육. 潛: 잠길 잠. 購: 살 구. 虜: 오랑캐 노. 垈: 집터 대. 莞: 왕골 완. 講: 화해할 강. 搗: 칠 도. 鄭斗源(정두원)－인조 때 문관. 본관 光州. 문과 급제. 지중추부사로 명나라 사신으로 가서 화포, 천리경, 자명종 등 현대적 기구와 천문도, 서양국풍속기, 천문서 등 서적을 얻어 왔으며 화약 제조법도 전하여 주었다. 金堉(김육)－효종 때 영의정. 본관 청풍. 문과 급제. 정인홍을 비판하다가 광해군의 미움으로 은둔생활 10년에 인조반정으로 복직되어 음성현감으로 문과 급제하여 부제학, 예조판서 등을 거쳐 효종 때 영의정에 이르렀다. 大同法 실행을 상소하고 호서지방에 실시하여 호평을 받았다. 팔현도 등 많은 저서를 남겼다. 李莞(이완)－인조 때 문관. 본관 덕수 이순신의 조카. 임진왜란 때 충무공을 도와 이순신이 적탄에 맞자 죽음을 알리지 않고 싸움을 독려하여 전승에 기여하였다. 무과에 급제하고 이괄 난에 공을 세워 가선대부가 되었다. 정묘호란 때 의주에서 싸우다가 승산이 없자 화약고에 불을 붙여 자살하였다. 병조판서에 추증되었다. 奇協(기협)－광해군 때 문신. 강화 부사일 때 귀양 온 영창대군을 예우하다가 파면되었다. 정묘호란 때 선천부사로 재직 중 포로가 되어 병사하였다. 南以興(남이흥)－인조 때 명신. 본관 의령. 무과 급제. 포도대장, 충청병사, 안주목사로 이괄 난을 평정하고 연안부사 의춘군에 봉되었고 평안감사로 청나라의 침입을 안주에서 막다가 패하여 자결하였다. 인조는 의춘부원군과 영의정에 추증하였다. 林慶業(임경업)－인조 때 장군. 본관 평택. 무과 급제. 이괄 난에 공을 세워 진무원종공신에 일등공신이 되었다. 병자호란 때 의주 부윤으로 청을 막으려고 구원병을 청하였으나 김자점의 반대로 실패하고 명나라에 구원병을 청하려 노력하다가 탄로되어 명나라로 도망갔다. 청이 명을 함락하자 청나라에 포로가 되었는데 인조가 청나라에 석방을 요구하여 돌아왔으나 김자점의 모함으로 피살되었다. 時憲曆(시헌력)－효종 때 사용한 曆法. 음력과 양력을 결합하여 제작한 것이다. 1644년 김육이 청나라에 가서 아담샬의 지도를 받고 책을 가져왔다. 김상범 등과 10년을 연구하여 1653년에 시헌력을 사용하였다.

ㅁ丙子에清太宗愛新氏－並呑中原하야爲天子하고率龍骨大馬保大等軍士十萬하고迂路渭原碧潼(鴨江上流)하야直抵京城하니鳳林大君이與尹昉等으로奉廟社하며護嬪宮하야避入江都하고上이播遷南漢山城이러니江都陷落에金尙容(安東仙源)權順長이自焚하니山城이失魂喪膽하고危如巢卵하야崔鳴吉(全州遲川)이主和에三學士斥和러니遂與清主로相見恥辱漢江東岸하고還御京城하다鳴吉이遣獨步僧(申歇)하야通情明國하다.

ㅁ 병자(1636년)에 청나라 태종 애신씨가 중국 중원을 모두 휩쓸고 천자가 되어 용골대와 마보대 등이 군사 10만을 거느리고 위원, 벽동(압록강 상류)을 지나 먼 길로 돌아 의주, 평양성을 피하여 직접 서울로 거슬러 쳐들어오니 봉림대군이 윤방 등과 같이 종묘사직을 받들고 빈궁들을 호위하며 강화도로 피난하여 들어갔다. 인조왕은 남한산성으로 피난하였는데 강화도가 함락되자 김상용(안동 선원), 권장순이 스스로 분신하여 죽으니 성안이 정신을 잃고 용기를 잃어 새집의 알처럼 위험하게 되었다. 최명길(전주 지천)이 화의를 주장함에 삼학사들은 화의를 배척하였다. 마침내 청나라 군주와 한강 동쪽 언덕에서 치욕으로 대면하고 인조 왕이 서울로 환궁하였다. 최명길이 독보승(신헐)을 명나라에 보내 사정을 통보하였다.

呑: 휩쓸 탄. 迂: 먼 길 우. 渭: 강 이름 위. 潼: 강 이름 동(중국 사천성에서 부강으로 흘러 들어간 강). 抵: 거스를 저. 昉: 때마침 방. 護: 비호할 호. 焚: 탈 분. 膽: 기백 담. 歇: 쉴 헐. 尹 昉(윤방)－인조 때 대신. 본관 해평. 문과 급제. 윤두수의 아들로 예조좌랑이 되어 병자호란 때 王駕(왕가)를 강화에 따라갔고 수찬 등을 거쳐 명나라에 다녀와 해평부원군이 되고 병조참판, 형조판서가 되었다. 인조반정으로 영의정이 되었다. 金 尙 容(김상용)－인조 때 문신. 본관 안동. 정언 등을 지내고 권율을 따랐으며 명나라에 다녀와 상주목사가 되고 광해군 때 대사헌, 형조판서를 지냈고 인조 때 우의정이 되었으며 병자호란 때 강화에 廟舍(묘사)를 모시고 갔으나 함락되자 화약에 불을 붙여 자결하였다. 權 順 長－인조 때 열사, 진사, 의금부도사를 명하였으나 사양하고 병자호란 때 강화에서 의병을 모아 싸우다가 성이 함락되자 자결하였다. 아내와 누이도 자결하고 두 동생도 전사하였다. 뒤에 좌찬성에 추증되고 강화의 충렬사에 배향되었다(인물고). 崔 鳴 吉

(최명길)－인조 때 문신. 본관 전주. 문과 급제. 예문관전적이 되었다. 김류, 이귀 등과 광해군을 쫓아내고 인조를 세워 일등공신과 완성군에 봉되었다. 정묘호란에 유일하게 주화론을 주장하여 청 태종에게 항복하였다. 영의정으로 죽었다. 문장이 뛰어나고 글씨는 동기창체로 유명하였다. 獨步僧(독보승)－인조 때 승려. 병자호란 때 명·청나라를 왕래하며 공을 세웠다. 명나라에 사신으로 가서 청병의 서울 점령을 알려 명으로부터 麗忠(여충)이란 호를 받고 많은 상을 받았다. 임경업 밑에서 명나라와 왕래하였으며 명나라가 망한 뒤 임경업과 같이 북경에 포로가 되었다가 돌아왔다. 간신의 모함으로 귀향 갔었다. 丙子胡亂(병자호란)－1636년에 청 태종이 침입한 싸움으로 병자년에 일어났다. 청나라는 몽고를 평정하고 천자로 자칭하여 우리나라에 황제국으로 대할 것을 요구하였으나 거절하고 사신도 만나 주지 않고 전국에 비상사태로 국경 방비 등을 갖추었으나 청 태종은 우리가 수비한 성을 피하고 우회하여 파죽지세로 서울까지 육박하였다. 왕은 남한산성으로 피하였으나 청군이 남한산성을 포위하여 원군을 차단하고 강화도가 함락되니 왕은 주화파 최명길을 보내 청 태종의 요구대로 和約(화약)을 체결하고 삼전도 受降壇(수항단)에서 치욕적인 항례를 행하였다. 소현세자와 봉림대군을 인질로 데려가고 척화파 삼학사(홍익한, 윤집, 오달제) 등을 잡아갔다.

ㅁ淸이留質東宮(昭顯世子)及鳳林大君하고執斥和學士－洪翼漢(南陽花浦)尹集(原南溪林)吳達濟(秋州海潭)하고班師瀋陽하다翼漢－拷掠時에夫人이來會하고達濟寄－夫人曰琴瑟恩情重하니相逢未二朞라今成萬里別하니虛負百年期라地闊書難寄오天長夢亦遲라此生을未可卜이라須護腹中兒하라三學士－不屈酷刑而死하다.時에吳彦邦이知事去하고投江하니父死於滿洲하고祖死於壬亂하니라.

ㅁ 청나라가 동궁(소현세자)과 봉림대군을 인질로 데려가고 화의를 배척한 학사들 홍익한(남양 화포), 윤집(원남 계림), 오달제(추주 해담)를 청군이 철수하며 심양으로 잡아가니 홍익한이 고문당할 때에 부인이 와서 면회하고 오달제는 부인에게 보낸 글에 일렀으되 "금실의 은정이 중하거늘 서로 인연을 맺음이 2년도 채 못 되었다가 지금은 만 리의 이별이 되었으니 백년가약을 헛되이 저버렸네. 땅이 넓어 글 전하기 어렵고 하늘 또한 멀어서 꿈도 더디구려. 나의 삶을 점칠 수 없으니 부디 뱃속 우리 아이 고이 길러 주오." 하였다. 3학사들은 혹독한 형벌에도 굴

복하지 않아 죽고 말았다. 이때 오언방은 일이 틀렸음을 알고 강에 뛰어드니 아버지는 나라 위해 만주에서 죽고 할아버지는 임진왜란에 죽으니 3대가 순절하였다.

質: 인질 질. 潭: 못 담. 班: 헤어질 반. 瀋: 강 이름 심. 拷: 고문할 고. 掠: 볼기 칠 약. 寄: 맡길 기. 碁: 돌 기. 闊: 멀 활. 遲: 더딜 지. 班師－군대를 철수함. 洪翼漢(홍익한)－조선 중기 義士. 문과 급제. 사헌부장령을 지냈다. 병자호란 때 화의를 극구 반대하다가 왕이 남한산성에서 내려와 화의하니 오달제, 윤집과 청에 잡혀가 굴복하지 않고 죽음을 당한 삼학사의 한 사람이다. 뒤에 영의정에 추증되고 廣州 현절사에 모셨다. 尹集(윤집)－인조 때 충신. 본관 남원. 문과 급제. 교리가 되었고 병자호란 때 인조에게 화의하지 말 것을 간하였으나 화의가 이루어지니 척화론자가 되어 청나라에 끌려가 삼학사로 피살되었다. 뒤에 영의정에 추증되고 광주 현절사에 모셨다. 吳達濟(오달제)－인조 때 충신. 본관 해주. 문과에 장원 급제하여 홍문관수찬 부교리가 되어 병자호란 때 화의를 적극 반대하다가 청나라에 끌려가 협박공갈에 굴복하지 않고 삼학사로 처형되었다. 영의정에 추증되고 현절사에 모셨다.

淸世祖－都北京하고王子及拘囚大臣金尙憲(安東淸陰)等은送還하다 昭顯이嘗曰身爲異域未歸人하니家在長安漢水濱을鶯兒는喚起遼西夢이오燕子－來傳塞北春이라하고鳳林이曰怨尤何敢及天人가自愧無謀到死濱이라하다押送林慶業(孤松)于淸廷이러니悲憤逃明하야欲合力雪恥라가大義未敍하니千古遺恨이러라.

ㅁ擢用金集(光山愼獨)宋時烈(恩津尤菴)宋浚吉(同春)李敬輿(全州白江)等하다.

ㅁ昭顯世子卒하고次子鳳林大君이嗣位하다.

청나라 세조가 수도를 북경으로 옮겼으며 왕자를 가두고 대신 김상헌(안동 청음)등을 조선으로 돌려보냈다. 일찍이 소현세자의 시에 “이역만리에 이 몸 돌아가지 못하니 한강가 장안에 내 집 있거늘 꾀꼬리 새끼는 요서에 단꿈을 불러 깨우고 제비란 놈은 북쪽 변방에도 봄을 전하네.” 하였고 봉림대군은 “내 이 수치 어찌 감히 하늘과 사람을 탓하고 원망하랴 내 무모함이 부끄러워 죽고 싶은 지경이다.” 하였다. 임경업(고송)을 청나라 조정에 묶어 보내니 슬프고 분개하여 명나라로 도망가서 명나라와 힘을 합하여 치욕을 씻으려 하였는데 큰 뜻을 펴지 못하니 천고에 한을 남겼다.

ㅁ 김집, 송시열, 송준길, 이경여를 등용하였다.

ㅁ 소현세자가 죽고 둘째 아들 봉림대군이 자리를 이었다.

拘: 체포될 구. 濱: 끝 빈. 鶯: 꾀꼬리 앵. 喚: 부를 환. 塞: 변방 새. 愧: 부끄러울 괴. 押: 잡아들일 갑. 憤: 감정 복받칠 분. 叙=敍: 펼 서. 浚: 깊을 준. 輿: 수레 여. 雪恥－분하고 부끄러움을 씻음. 金尙憲(김상헌)－조선 중기 학자. 본관 안동. 문과 급제. 대제학, 예조판서, 좌의정에 이르렀다. 병자호란 때 화의를 반대하여 청나라 심양까지 끌려갔다가 굴하지 않는 충성에 감동하여 보내 주었다. 효종 묘정에 배향하였다. 金集(김집)－효종 때 학자. 본관 광산. 김장생의 아들로 18세에 진사에 합격. 齋郎(재낭)이 되었으나 광해군의 난정에 연산 향리에 은거하였다. 인조반정 후에 현감을 지내다 퇴관하여 효종이 이조판서로 세 번이나 불러 출사하였다. 김좌점과 대립하여 사퇴하고 판중추부사로 불렀으나 사양하였다. 글씨도 잘 쓰고 우수한 제자들을 많이 길렀다.

宋時烈(송시열)－조선 중기 학자 명신. 본관 은진. 김장생의 제자. 사마시에 장원급제. 효종의 스승이 되었고 김자점 무리들이 청나라에 항거한다고 무고하여 사임하였다. 다시 이조판서가 되었고 좌의정에 이르렀다. 효종의 국상에 상례 말썽으로 사퇴하였고 1689년 왕세자 책봉문제로 숙종에게 미움을 받아 제주에 귀양 보내고 사약을 내렸다. 道峰書院(도봉서원)과 文正書院(문정서원)에 모셨다. 주자학의 대가로 주자대전차의 등 많은 저서와 이순신충렬비문 등을 남겼다. 宋浚吉(송준길)－본관 은진. 김장생의 문하생으로 사헌부질의로 국정을 문란하게 한 김자점 등을 물리쳤다. 대사헌, 병조판서 등을 지냈고 송시열과 노론의 쌍견을 이루었다. 현종이 이조판서로 불렀으나 곧 사퇴하고 회덕에서 제자들을 길렀다. 영조 때 문묘에 배향하였고 同春堂集(동춘당집) 등 여러 저서를 남겼다. 李敬輿(이경여)－인조 때 대신. 본관 전주. 문과 급제. 부교리가 되었고 이괄 난에 인조를 공주에 모시고 갔으며 병자호란 때 인조를 모시고 남한산성으로 피란갔으며 사신으로 청나라에 갔다가 구속되어 세자와 같이 돌아왔다. 효종 때 영의정이 되었으나 청의 간섭으로 파면되었다(국조명신록).

○孝宗이 立하샤(庚寅十)行大同法하며製水車頒布하다在鳳林邸時에備經瀋陽風雪이라慨然欲雪南漢之恥하야與鄭太和(東萊陽坡)宋時烈로議大事하야賜貂裘하고屬兵事於大將李浣(慶州梅竹)하야賜御甲胄曰

遼薊風雪에與同驅馳라하더니中途에昇遐(己亥)하니痛惜大志러라宋時烈이以大妃(莊烈趙氏仁祖后)服次子로定期年하니服子無二斬也러라.

ㅇ 효종(17대 1647~1659년)이 위에 오르고는(경인 10년) 대동법을 행하였으며 수차를 만들어 반포하였다. 봉림대군이 청나라 심양 사저에 있을 때 갖은 풍설을 겪고 분개하였던 일과 남한산성에서 받은 치욕을 갚고자 하여 정태화(동래 양파), 송시열로 더불어 큰일을 도모하며 왕이 담비 가죽옷을 하사하고 대장 이완(경주 매죽)에게 병사에 관한 일을 맡기고 투구와 갑옷을 내려 주며 "요동의 가시밭길과 눈보라에 같이 말을 몰아 달리자." 하였는데 중도에 죽어(기해)(1659년)이 큰 뜻을 이루지 못했으니 애석하고 통탄스러운 일이었다. 송시열이 대비(장렬조씨 인조왕후)가 둘째 아들의 복이라 하여 일년복으로 정하니 자식의 복에 참최를 두 번 입는 법은 없다 하였다.

製: 기물 만들 제. 頒: 반포할 반. 邸: 묵을 저. 坡: 둑 파. 貂: 담비 초. 裘: 가죽옷 구. 薊: 땅이름 계. 浣: 씻을 완. 冑: 투구 주. 驅: 말 달릴 구. 途: 길 도. 惜: 아까울 석. 斬: 도련하지 않은 참. 驅 馳－말 몰아 달림. 斬 衰(참최)－상례에 五服의 하나로 거친 삼베로 짓고 아랫단을 꿰매지 않은 상복을 3년간 입는다. 鄭 太 和(정태화)－현종 때 대신. 본관 동래. 문과 급제. 元帥從事(원수종사)로 공을 세웠다. 소현세자를 따라 심양에 안찰사로 다녀왔었으며 효종이 청나라에 원수를 갚고자 모의하였으나 효종이 일찍 죽어 뜻을 이루지 못하였다. 6차례나 영의정을 지냈으며 사후에 현종의 묘정에 배향하였다. 李浣(이완)－효종 때 무관. 본관 경주. 병자호란 때 전공으로 어영대장이 되었다. 효종이 청의 심양에 있을 때 인질의 굴욕을 설욕하려고 북벌을 계획하여 훈련대장으로 임명하고 송시열 등을 등용하여 군비 확장에 총력을 기울였으나 애석하게 효종이 죽어 성사되지 못하였다. 현종 때 우의정을 지냈다. 大 同 法(대동법)－貢物(공물)을 미곡으로 바치게 하는 납세제도. 공물은 그 고장 특산품을 바치게 하였는데 미곡으로 환산하여 바치게 하였다. 땅 한 결(방 35보)에 8말부터 13말을 받았다. 대동미는 뒤에 화폐, 즉 대동전으로 바뀌었다. 水 車(수차)－논농사에 필요한 양수기의 일종으로 고려 말부터 중국 수차를, 세종 때는 일본 수차를 본떠 만들어 쓰자고 하였으나 실천하지 못하고 효종 때 당 수차나 왜 수차를 만들어 쓰도록 하였다.

○顯宗이 立하야(庚寅十五) 欲紹孝宗遺志호대 性이 仁恕하야 不能大爲하고 命戶判金佐明하야 鑄鐵活字하여 廣印書籍하다.

○肅宗이 立하야는(乙卯三十六) 使掖隸로 求洪萬恢家棕櫚木한데 萬恢－下廷伏曰以玩物로 私進이 罪也라하고 卽拔去하니 上이 聞而稱善하고 拔後苑棕櫚하다.

o 현종(경인 15)(18대 1660~1674년)이 위에 오르고는 효종의 생전에 세운 큰 뜻(북벌)을 이어 가고자 하였으나 성품이 인자하고 생각이 많아 큰일을 진행시키지 못하였다. 호조판서 김좌명에게 명하여 철활자(10여만)를 주조하여 만들게 하고 많은 책을 발간하였다,

o 숙종(을묘 36)(19대 1675~1720년)이 위에 오르고는 종을 시켜 홍만회 집에 가서 종려나무를 얻어 오라고 보냈는데 홍만회가 뜰아래 엎드려 아뢰기를 "이 노리개 같은 물건을 사사로 바치는 것은 죄가 되옵니다." 하고는 종려나무를 뽑아 내 버렸다. 숙종이 듣고는 잘했다고 칭찬하고 궁 후원에 있는 종려나무도 뽑아 버렸다.

佐: 도울 좌. 鑄: 쇠 녹여 만들 주. 活: 나타낼 활. 掖: 후궁 액. 隸: 종 예. 棕: 종려나무 종. 櫚: 종려나무 려. 玩: 가지고 놀 완. 拔: 뽑을 발. 苑: 동산 원. 掖 隸－후궁에 딸린 관원이나 하인. 金 左 明(김좌명)－현종 때 문신. 본관 청풍. 문과 급제. 병조판서, 수어사를 겸하여 군율을 바로잡고 병기를 정비한 공이 컸다. 사후 영의정에 추증되었고 현종 묘정에 배향되었다. 洪 萬 恢(홍만회)－숙종 때 문관. 본관 풍산. 사마시에 합격, 여러 벼슬을 거쳐 풍덕부사가 되었고 掌隸院判決事(장례원판결사)가 되었다.

ㅁ仁宣王后(孝宗后張氏)－昇遐에 宋時烈이 亦以莊烈大妃衆子婦로 定大功하니 許積(陽川默齋) 尹鑴(坡平白湖)－起禮說是非라가 伏誅하고 宥宋時烈하며 金壽恒(安東文谷)이 復相하고 閔鼎重(驪興老峰) 金錫胄(淸風息菴)－爲左右相하니 是庚申黜陟이라 復端宗廟號하며 復死六臣爵하고 創立書院百五十餘處하며 賜額首陽淸聖廟하고 鑄用常平通寶하다.

ㅁ 인선왕후(효종왕후 장씨)가 죽으니 또한 장렬대비가 중자부의 복을 입는 예를 들어 대공복으로 정하니 허적(양천 묵재)과 윤휴(파평 백호)가 예의를 시비하여 일어났다가 죽음을 당하였고 송시열은 용서받았으며 김수항(안동 문곡)이 영상이 되고 민정중(여흥 노봉), 김석주(청풍 식암) 두 사람은 좌정승, 우정승이 되었으니 이것이 경신출척이다. 단종 묘호를 다시 회복시켰으며 사육신들도 작위를 다시 회복시켜 주었다. 서원 150여 곳을 새로 세우게 하고 수양청성묘에 왕이 편액을 내려 주었다. 상평통보 화폐를 주물하여 사용하였다.

鑴: 큰 종 휴. 宥: 용서할 유. 庵: 암자 암. 黜: 물리칠 출. 陟: 오를 척. 額: 편액 액. 大功－오복의 하나로 상사에 9개월의 복을 입는다. 許 積(허적)－숙종 때 대신. 본관 양천. 문과 급제. 사헌부에 있을 때 이조판서 이경석과 병조판서 이시백이 뇌물 받고 관직을 팔았다 하여 왕에게 사형에 처하라고 하여 백관들이 놀랐다. 평안감사를 지냈고 상평통보를 주조하여 사용하게 하였으며 영의정에 이르렀다. 허적의 서자 견의 모역사건으로 사약을 받았다. 숙종 15년에 억울한 죽음이라 하여 무고자를 참형시키고 복직되었다(현종실록). 尹 鑴(윤휴)－조선 중기 학자. 남인의 거두. 본관 파평. 자의 진선에 천거되었으나 사양하였다. 퇴계 율곡의 理氣說(이기설)에 반대하였으며 허목 윤선도와 서인인 송시열의 禮論을 통박하여 斯文亂賊(사문난적)이 되었고 이조판서 좌찬성에 올랐다. 許堅(허견, 허목의 서자)의 옥사에 연루되어 사사되었으며 무고로 드러나 영의정에 추증되었고 저서로 백호집 등이 있다(현종실록 등). 金 壽 恒(김수항)－현종 때 문신. 본관 안동. 알성과에 장원, 가선 등을 거쳐 28세에 중시에 급제하여 통정에 올랐고 44세에 우의정이 되었다. 종실의 모역사건에 옥사를 다스려 영의정에 올랐다. 숙종 때 정적의 모함으로 진도로 유배되어 사사되었다. 閔 鼎 重(민정중)－숙종 때 문신. 본관 여흥. 진사에 합격. 호남어사 등 요직을 역임. 현종 때 4조 판서를 거쳐 좌의정에 올랐다. 허적 등이 인현왕후를 폐위시키니 아우의 딸이라 하여 유배되어 죽었다. 金 錫 胄(김석주)－숙종 때 상신. 본관 청풍. 문과 급제. 우승지, 부제학, 이조판서, 대제학을 지냈다. 어영대장 때 허적의 서자 견의 역적모의를 알아내어 제거하고 보사공신 우의정에 이르렀다. 常 平 通 寶(상평통보)－조선시대의 화폐로 1678년 숙종 때 영의정 허적, 좌의정 권대운 등의 건의로 호조, 상평청, 진휼청, 어영청 등에서 주조하여 100문으로 은 1냥과 같게 하였다. 구리, 주석, 합금으로 만들어 200여 년 간 사용하였다.

□ 東人이分爲南北하고西人이分爲老少하니老論金錫胄金萬基金壽恒閔鼎重은主宋時烈하고少論趙持謙(迂齋)吳道一(西坡)朴泰輔(定齋)韓泰東(是窩)은主朴世采(玄石)尹拯(明齋)하니四色이角立하야以口舌로代干戈하니正論이消滅하고人材遺棄러라.

□ 동인이 남북으로 나누어지고 서인이 노소로 나누어지니 노론 김석주, 김만기, 김수항, 민정중은 송시열이 주축이 되고 소론 조지겸(우재), 오도일(서파), 박태보(정재), 한태동(시와)은 박세채(현석), 윤증(명재)이 주축이 되어 4색 당파가 버티고 대립하여 입과 혀가 창과 방패가 된 전쟁 같아서 정론은 없어지고 많은 인재들을 버린 결과가 되었다.

輔: 도울 보. 窩: 움집 와. 采: 캘 채. 拯: 건질 증. 干: 방패 간. 戈: 창 과. 干戈－무기. 전쟁을 말함. 角立－맞버티어 대결함. 金萬基(김만기)－숙종의 장인. 본관 광산. 문과 급제. 딸이 숙종비가 되어 광산부원군이 되었고 훈련대장이 되어 간신들을 물리쳐 보사공신이 되었다. 趙持謙(조지겸)－ 숙종 때 소론의 거두. 본관 풍양. 문과 급제. 한림 부제학에 올랐다. 저서 迂齋集(우재집) 등. 吳道一(오도일)－숙종 때 문관. 본관 해주. 문과 급제. 부제학, 강원도 관찰사, 도승지를 지내고 병조판서로 있을 때 장희빈의 모함사건으로 장성으로 귀양 가서 죽었다. 술을 좋아하여 유배 길에 장성에도 소주가 있느냐고 물었다 한다. 숙종이 뉘우치고 관직을 회복하여 주었다. 저서 西坡集(서파집) 등. 韓泰東(한태동)－숙종 때 문관. 본관 청주. 문과에 장원급제. 조지겸과 소론의 거두로 三司의 亞長에 이르렀고 성품이 청백강직하여 권세에 아부하지 않고 배척받아 죽었다. 저서 是窩遺稿(시와유고) 등. 朴世采(박세채)－숙종 때 문신. 본관 반남. 成均司業(성균관사업)으로부터 좌의정까지 임명하였으나 모두 사퇴하고 당쟁의 중재에 힘썼으며 많은 상소로 修齊治平(수제치평) 등을 건의하였다. 그가 죽자 숙종은 도승지를 보내 조상하였으며 많은 저서를 남겼다. 祭儀正本(제의정본), 心學至訣(심학지결) 문집 70권 등. 尹拯(윤증)－숙종 때 학자. 본관 파평. 김집, 송시열 등에게서 배웠다. 성리학을 전공하였고 특히 예학에 밝았다. 논산에 이사하여 후진을 양성하였으며 현종 4년에 학행으로 벼슬을 내렸으나 사양하였고 소론이 득세하여 이조판서 우의정을 내렸으나 사양하였다. 사후 魯崗書院(노강서원)에 배향하였다. 저서 明齋集(명제집) 등.

ㅁ昭儀張氏－封禧嬪하고子景宗(戊辰生)을封東宮하니宋時烈이疏論타가竄濟州러니至井邑하야賜藥死하고睦來善(泗川睡翁)이爲相하니老論이政變하고南人을大用이라己巳에王后閔氏－廢位庶人하고張氏－登后位하니朴泰輔(羅州定齋)吳斗寅(海州暘谷)李世華(富平雙栢)等이諫諍에以熱鐵刑殺하고南九萬이爲相하니少論이大用이러라甲戌에王后復位하고禧嬪－賜死하며復宋時烈朴泰輔官爵하고黜睦來善하니南人이政變하다築北漢山城하며使朴權으로登白頭山하야與穆克登으로立定界碑하다.

ㅁ 소의 장씨를 희빈으로 봉하고 장희빈의 아들 경종(무진년생)을 동궁으로 봉하니 송시열이 부당함을 상소하다가 제주로 귀양 보내 정읍에 이르러 사약을 받고 죽었다. 목래선(사천 수옹)이 정승이 되니 노론들의 정권이 바뀌고 남인들이 많이 등용되었다. 기사(1689년)에 왕후 민씨를 폐위시켜 서인으로 만들고 희빈 장씨가 왕후의 자리에 올랐다. 박태보(나주 정재)와 오두인(해주 역곡)과 이세화(부평 쌍백) 등이 부당함을 간하다가 불에 달군 철 형구에 고문당하여 죽고 남구만을 정승으로 삼으니 소론들이 크게 등용되었다. 갑술년에 왕후 민씨가 서민에서 다시 왕후로 복위되고 장희빈은 사약을 받아 죽었다. 송시열과 박태보 등의 관직을 다시 복직시키고 목래선 등을 내치니 남인의 정권이 바뀌었다. 북한산성을 쌓고 박권에게 백두산에 오르게 하여 목극 등과 같이 국경에 경계선이 될 비석을 세웠다.

禧: 경사스러울 희. 翁: 늙은이 옹. 睡: 잠잘 수. 暘: 해 반짝 날 역. 諍: 간할 쟁. 張禧嬪(장희빈)－숙종의 빈. 궁녀로 들어와 숙종의 총애로 왕자 균(경종)을 낳아 원자로 책봉하고 희빈으로 승격하였다. 균이 세자가 되고 인현왕후를 폐위시켰으며 희빈을 정비로 책립하였다. 김춘택 등 서인이 인현왕후를 복위시키고 희빈을 격하시켰다. 희빈이 왕후 등을 저주하다가 발각되어 사사되었다. 睦來善(목래선)－숙종 때 대신. 본관 사천. 문과 급제. 우의정, 좌의정에 올랐다. 민비폐위(인현왕후)에 가담하였다가 인현왕후가 복위되자 귀양 갔다(국조인물지). 朴泰輔－숙종 때 문신. 본관 반남. 문과 급제. 수찬 이조좌랑으로 암행어사가 되어 호남에 묵은 폐습을 시정, 혁신하여 백성들에게 칭송을 받았다. 인현왕후 폐위를 부당하다고 끝까지 주장하다가 혹심한 고문으로 귀양길에 노량진에서 죽었다. 뒤에 숙종은 크게 후회하고 이조판서에 추증하였다(겸제집). 吳 斗 寅(오두인)－숙종 때 문신. 본관 해주. 문과 장원급제하여 형조판서로 인현왕후가 폐위되자 박태보 등과 극간하다가 심한 고문으로 귀양 가다가 죽었다. 李 世 華(이세화)－숙종 때 문관. 본관 부평. 문과 급제. 인현왕후 폐위 때 반대하다가 고문당하고 귀양 갔었다. 뒤에 크게 뉘우친 숙종은 공, 형, 병, 예조판서를 내렸으며 豊溪(풍계)의 忠烈祠에 배향하고 고향에 정문을 세웠다(國朝人物誌). 南 九 萬(남구만)－숙종 때 소론의 거두. 본관 의령. 별시 급제. 한성좌윤, 병조판서, 영의정에 올랐다. 당파 간 분쟁이 심하여 퇴직하고 經史 文章(경사 문장)에 힘써 文詞 書畵가 뛰어났다. 지금도 유품이 전한다. 저서 藥泉集(약천집) 등(숙종실록). 朴 權(박권)－숙종 때 문신. 본관 밀양. 문과 급제. 1712년에 우윤으로 백두산에 定界碑(정계비)를 세우고 왔다. 이, 예, 병, 호 四曹判書를 지냈다. 성품이 청렴결백하고 강직하여 바른말을 잘하였다(인물고). 北漢山城(북한산성)－북한산에 쌓은 성. 옛날 백제와 고구려의 쟁탈지였다. 신라가 강해지면서 진흥왕 때 순수비를 세웠다. 조선 때 임진왜란과 청의 침입으로부터 중요시하여 숙종 때 신하를 보내 시찰하게 하고 1711년에 축성을 명하여 이듬해 숙종이 행차하였다. 난시에 왕의 피난처와 백성들도 수용할 목적이었다.

ㅇ景宗이 立하야는(辛丑四) 前左相權尙夏(遂菴) 卒하다 嘉納金昌集(夢窩)奏하야 別諭退野崔奎瑞(海州艮齋) 鄭澔(延日丈菴) 李縡(牛峰陶菴) 하야 著四禮便覽하다.

ㅁ 玉度靡寧하고 儲位－空虛라 封延礽君하야 爲王世弟하니 睦虎龍等이 告以變하야 殺老論四大臣하니 李頤命(全州疎齋) 金昌集(安東夢窩) 李健命(全州寒圃) 趙泰采(陽州二憂)이니 是壬寅獄而辛壬士禍也라 少論이 居要職하다.

ㅇ 경종(20대 1720~1724년)이 위에 오르고는(신축 4년) 전 좌의정 권상하(수암)가 죽었다. 김창집의 아룀을 받아들이고 특별히 시골에 물러가 있는 최규서(해주 간재)와 정호(연일 장암)와 이재(우봉도암)에게 일러 사례편람을 저술하게

하였다.

o 경종의 몸이 편치 못하고 동궁의 자리가 비어 있어 왕세제 연잉군(숙종의 넷째 아들)을 봉하여 왕세자로 봉하니 목호룡 등이 변을 고하여 노론 4명의 대신을 죽이니 이이명(전주 소제)과 김창집(안동 몽와)과 이건명(전주 한포)과 조태채(양주 이우) 등이었으니 이것이 임인(1722년) 옥사로 신임사화다. 이 일로 인하여 소론들이 중요 직책을 차지하였다.

遂: 이를 수. 諭: 고할 유. 奎: 별이름 규. 澔=浩: 넓을 호. 縡: 일할 재. 靡: 없을 미. 儲: 동궁 저. 礽: 다행 잉. 頤: 봉양할 이. 疎=疏: 드물 소. 窩: 집 와. 玉度－임금의 옥채. 嘉 納－간하는 말을 옳게 여기어 받아들임. 別諭退野－임금의 특별한 유시로 시골에 머물다. 四禮便覽(사례편람)－관, 혼, 상, 제 四禮를 숙종 때 경서와 선유들의 설을 참작하여 김창집, 최규서, 정호, 이재 등이 정립 편찬하였다. 1900년에 황필수, 지송욱이 증보사례편람을 간행하여 우리의 예의를 이 책을 기본으로 하여 따랐다. 8권 4책(인본). 權 尙 夏(권상하)－숙종 때 학자. 송시열의 제자로 진사에 합격하였고 주자학의 대가로 우의정, 좌의정을 내렸으나 사양하였다. 송시열의 뜻을 받들어 華陽洞(화양동)에 萬東廟(만동묘)를 지어 명나라 신종과 의종을 배향하였다(인물고). 金 昌 集(김창집)－경종 때 노론 4대신의 한 사람. 본관 안동. 문과 급제. 병조참의로 아버지가 귀양 가서 죽자 퇴관하였다. 뒤에 영의정에 올랐고 왕제 연잉군을 世弟로 삼았으나 소론의 반대로 귀양 가서 사사되었다. 저서 國朝自警編(국조자경편) 등. 崔 奎 瑞(최규서)－영조 때 명신. 본관 해주. 문과 급제. 이조판서 우의정에 이르렀다. 만년에 용인에서 살다가 이인좌의 난을 미리 알고 조정에 고하여 토평하게 하고 영조의 찬사를 받았다. 鄭 澔(정호)－영조 때 재상. 본관 연일. 송강의 현손. 문과 급제. 감사, 대사간을 거쳐 영조 때 영의정이 되어 耆社에 들어갔다. 우암의 問義通攷(문의통고)를 완성하였으며 충주 禮巖書院(예암서원)에 배향하였다. 저서 丈巖集 등. 李縡(이재)－이조 중기의 학자. 본관 우봉. 알성문과 급제. 도승지, 형조판서 등 경종 때 대사헌, 홍문관응교, 대제학, 의정부 좌우 참찬 등을 역임하였다. 신임사화 때 사직하고 성리학에 힘써 용인에서 후학을 길렀다. 저서 陶庵集(도암집) 50권. 四禮便覽 등 다수(영조실록 등). 睦 虎 龍(목호룡)－경종 때 사람. 왕을 죽이려는 사람이 있다고 무고하여 이이명, 김창집 등이 사형당하고 목호룡은 扶社功臣(부사공신) 동중추부사와 東城君에 봉되었다. 영조의 즉위로 무고가 탄로나 목호룡 등이 체포되어 그의 목을 3일간 저자거리에 달아 놓았다. 李 頤 命(이이명)－숙종 때 노론의 4대신 중 한 사람. 본관 전주. 문과 급제. 대사헌, 이조판서, 좌의정이 되었고 김창집 등과 영조를 세제로 세우려다 소론들의 무고로 귀양 갔다가 처형되었다. 영조 때 복직되어 노량진에 사당을 세워 4대신으로 모셨다. 저서 疎齋集(소제집) 등(인물고). 李健命(이건명)－숙종 때 대신 본관 전주. 문과 급제. 옥당을 출입하여 요직을 거쳐 좌의정에 올랐다. 경종이 병중에 동생(영조)을 대리하게 하니 김창집 등과 반대하고 연잉군을 세우려 하다가 목호룡의 上變으로 이이명, 김창집과 귀양 가 처형되었다. 두 아들이 시체를 덕산에 묻고 모두 자결하였다. 趙泰采(조태채)－숙종 때 대신. 본관 양주. 문과 급제. 평안감사 등을 거쳐 우의정에 이르렀다. 노론 4대신의 한 사람으로 연잉군(영조)을 책봉하는 데 모함받아 진도로 귀양 가서 목호룡의 상변으로 사약을 받았다. 저서 二憂堂集(경종실록). 辛壬士禍(신임사화)－왕위 계승문제로 노론과 소론의 禍獄(화옥)사건. 辛丑 壬寅(신축임인) 두 해에 일어났다. 경종이 병약하고 아들이 없어 속히 王世弟를 정하자는 노론 영의정 김창집, 좌의정 이건명 등의 주장이 관철되어 경종의 동생 연잉군(뒤에 영조)을 책봉하자 소론 조태구 등은 시기상조라 하여 상소하였으나 이루지 못하였다. 왕세제가 정무를 대리하다가 소론 목호룡 등이 김창집 등 사대신을 역모로 무고하자 노론들이 극형을 당하고 실각하였다. 목호룡 등의 소론이 집권하였으나 연잉군이 왕위에 오르자 소론들이 참살당하였다(경종실록).

ㅇ英祖－立하야는(乙巳五二)憂朋黨之弊하사曰爾群工은祛黨習하고務公平하야保我邦家하라하고用蕩平法하며均用四黨하고進用閔鎭遠(丹岩)하며釋罪籍이러니激於懲討하야覆案하고親訊獄囚하며除壓膝法하다.

ㅁ李麟佐鄭希亮이叛陷淸州하야陣安城하고張紅傘하니崔奎瑞－告變에使都巡撫使吳命恒討平하여書一絲扶鼎四字하야賜崔奎瑞하다.

ㅁ定生員進士－着襴衫幞巾하다.

ㅁ復李頤命等四大臣官하며復皇甫仁金宗瑞官하다.孝章世子－卒하고莊獻(思悼)世子－賜殺하니世孫(莊獻子)이嗣位하야承眞宗統하다.

ㅇ眞宗은孝章의追崇也라.

ㅇ莊祖는莊獻의追崇也라

ㅇ 영조(21대 1725~1776년) 왕이 위에 오르고는(을사 52) 당파싸움의 폐단을 염려하여 말하기를 “그대 여러 관리들은 붕당의 폐습을 버리고 우리의 국가를 보중하여 모든 일에 공평하기를 힘써 주시오.” 하였다. 왕은 탕평법을 써서 4당에서 인재를 고루 등용시켰고 민진원(단암)을 천거받아 등용시켰으며 죄적을 풀어

주자고 하니 징계하여야 한다고 격렬하게 성토하여 다시 원안대로 번복시키고 친히 심문하여 옥에 가두고 압슬법의 형벌을 없앴다.

ㅁ 이인좌와 정희량이 반란을 일으켜 청주를 함락시키고 안성에 진을 쳐 붉은 일산을 펴니 최규서가 변란을 고발하여 도순무사 오명항에게 명하니 토벌하여 평정케 하였는데 왕이 "일사부정"이라는 네 글자를 써서 최규서에게 주었다.

ㅁ 생원과 진사를 정하고 난삼과 복건을 착용하게 하였다.

ㅁ 이이명 등 4명의 대신들에게 벼슬을 복직시켜 주고 황보인, 김종서에게도 회복시켜 주었다. 효장세자가 죽고 장헌(사도세자)세자에게 죽음을 내렸다. 세손(장헌의 아들)이 자리를 이어 진종의 혈통을 이었다.

o 진종은 효장을 추존한 바다.

o 장조는 장헌(사도세자)을 추존한 바다.

斃: 넘어뜨릴 폐. 袪: 사라질 거. 蕩: 넓을 탕. 膝: 무릎 슬. 傘: 우산 산. 襴: 난삼 난. 衫: 적삼 삼. 윗도리 삼. 幞: 두건 복. 悼: 슬퍼할 도. 一絲扶鼎－한 오리의 실이 국가를 붙들었다. 追尊－왕위에 오르지 못하고 죽은 이에게 임금의 칭호를 주는 일. 進用－천거하여 등용됨. 壓膝法－고문의 일종으로 무거운 널판을 죄인의 무릎 위에 올려놓고 그 위에 무거운 것을 올려놓아 누르는 형벌. 襴衫－조선시대 유생, 진사, 생원 등이 입었던 옷으로 고려 광종 때 과거제도와 함께 중국에서 들여온 것으로 머리에는 복두를 쓰고 허리에 대를 두르고 신은 화를 신었다. 幞巾－천으로 만든 두건으로 옛날 중국에서 관 대신 썼다. 진 당나라 때는 은사나 도인이 썼으며 뒤에는 유학자들이 많이 썼고 우리나라에도 유행하여 유생들이 썼다. 閔鎭遠－영조 때 노론의 거두. 본관 여흥. 증시에 급제. 우상이 되어 소론들을 삭훈하다가 원주로 귀양 갔다가 풀려 소론 이광좌와 다투었고 영조의 탕평책을 반대하였다. 저서 燕行錄 등.

李麟佐－영조 때의 역신. 본관 廣州. 대대로 청주에 살았었다. 소론들을 모아 정희량과 밀풍군 단을 추대하며 병난을 일으켜 충주를 함락하고 스스로 대원수가 되었다. 안성에 이르러 병조판서 오명항에게 대패하여 잔당들과 피살되었다. 鄭希亮 －영조 때의 반란자. 본관 초계. 이인좌 등과 안음에서 반란을 일으켜 거창 함양을 점령하고 전라도에서 저지되었다. 관군의 협공으로 토벌하여 정희량 등의 머리를 소금에 넣어 서울로 보내고 평정되었다. 吳命恒－영조 때 공신. 본관 해주. 평안감사 호조 병조판서 등을 역임하였고 이인좌 난에 도순무사가 되어 난을 평정하고 해은부원군으로 봉되고 우의정이 되었다. 고향에 효자문이 세워졌다. 思悼世子－장헌세자 영조의 둘째 아들 이복형 효령세자가 죽어서 사도세자가 책봉되었다. 그러나 악질로 광행한다고 총희, 문숙의 등이 고하니 영조가 뒤주에 가두어 굶겨 죽였다. 정파싸움에 희생되었다고 한다. 영조는 후회하고 사도라는 시호를 내렸다. 사도세자의 아들 정조가 왕위에 즉위하여 장헌세자라 칭하고 고종 때 장조로 추존하였다. 眞宗－영조의 세자. 경의군으로 왕세자에 책봉되었다가 10세에 죽었다. 시호 효장.

ㅇ正祖立하야는(丁酉二十四)追崇眞宗하며誅洪麟漢하고以洪國榮으로拜大將하야宿衛하니是謂世道러라.

ㅁ誅西教徒하니丁若鏞(茶山)이以連坐로竄康津하니經濟大家라著牧民心書等編하고海上茅屋에閉戶看書多歲月이러라.

ㅁ釐正刑具하야頒行하며幼稚는給養하고未婚은助需하며給貧民糊口之需하고定老職及大小科回榜人加資式하다增補大典하야爲通編하고頗好學問하사命文臣하야纂輯武經七書와奎章全韻과忠武公全書等百餘種하다咸興儒生이獻白雉어늘却之하다.

ㅁ王이昇遐하고子－嗣位하다.

ㅁ 정조 왕(정유 24년 22대 1777~1800년)이 위에 오르고는 진종을 추존하고 홍인한을 목 베고 홍국영으로 대장을 삼아 궁중에 들어와 지키게 하였으니 이것을 세도라 하였다.

ㅁ 천주교인들을 잡아 죽이니 정약용(다산)이 여기에 연루되어 강진으로 귀양 보냈는데 경제에 큰 학자였다. 목민심서 등 여러 책을 짓고 바닷가에 띳집을 지어 문을 닫고 수년간 많은 책을 보았다.

ㅁ 형구들을 바로 갖추게 하고 널리 알려 행하였고 고아나 불쌍한 아이들은 먹을 것을 주어 기르게 하고 가난하여 결혼 못 한 사람들은 혼수를 도와주었고 가난한 사람들에게는 죽이라도 먹을 수 있게 하여 주었으며 노직과 대소과에 급제하여 60년이 된 사람들에게 가자식을 정하였다. 경국대전을 더 보충하여 통편을 만들게 하고 왕이 학문을 자못 즐겨서 문신들에게 명하여 무경칠서와 규장전운과 충무공전서 등 백여 종을 편찬하게 하였다. 함흥 유생이 흰 꿩을 바치니 왕이 물

리쳤다.

ㅁ 정조 왕이 죽으니 아들이 자리를 이었다.

鏞: 큰 종 용. 茅: 띳집 모. 釐: 다스릴 리. 稚: 어릴 치. 需: 필요할 수. 糊: 죽 호. 榜: 붙일 방. 補: 정정할 보. 頗: 매우 파. 纂: 모을 찬. 輯: 모을 집. 韻: 운 운. 雉: 꿩 치. 却: 물리칠 각. 宿衛－숙직하며 지키는 것. 西敎徒－천주교도를 이름. 茅屋－띳집. 頒行－널리 펴서 행하는 것. 回榜－과거 급제한 지 예순 돌. 加資－벼슬의 정삼품 이상을 임금이 품계를 해 주는 일. 大典通編－경국대전, 속대전 등 왕의 敎命 및 현행법을 합하여 만든 책. 6권 5책. 纂輯－자료를 모아 책으로 엮음. 武經七書－무학칠서 또는 칠서라고도 한다. 중국의 병법에 관한 책으로 육도, 손자, 오자, 사마법, 삼약, 위료자, 이위공문대를 말한다. 奎章全韻－정조의 명으로 규장각 여러 신이 편찬한 운서로 平, 上, 去, 入의 四聲으로 나누어 뜻이 다른 것을 분별하여 알기 쉽게 만든 책. 丁若鏞－조선 말기 대학자. 본관 나주. 문과 급제. 부승지가 되었다. 문장과 경학이 뛰어났으며 수원성을 쌓을 때 기중가설에 의한 활차록노를 만들어 이용하였고 동부승지, 형조참의 등을 역임하였다. 순조 1년 천주교 박해에 형제들이 죽거나 귀양 갔다. 정약용은 강진으로 귀양 가 19년 동안 독서와 저술에 힘써 경세유표, 목민심서, 흠흠신서 등 400여 종의 책을 내고 진보적인 신학풍을 총괄정의 집대성한 실학파의 대표자가 되었다. 귀양에서 풀려 승지에 올랐으나 고향에서 신앙생활 하다가 죽었다. 洪麟漢－조선 후기의 역신. 문과 급제. 감사를 지냈고 좌의정에 이르렀다. 외척의 권세로 위세를 떨쳤으며 영조가 병석에 있을 때 세자의 섭정을 반대하다가 정조가 즉위하여 귀양 보내 거기서 죽었다. 洪國榮－정조 때 세도가. 본관 풍산. 문과 급제. 춘방설서가 되어 홍인환 등이 세자(정조)를 위협하자 세자를 잘 지켜 왕위에 오르게 하였다. 도승지 겸 금위대장이 되어 위세를 부리고 자기 동생을 원빈으로 삼게 하여 세도정치를 하다가 김종수의 진언으로 삭탈관직당하고 강릉으로 추방되어 죽었다. 牧民心書－옛 서적들의 지방장관이 치민의 도리를 논한 책으로 정약용이 강진에서 귀양살이하는 동안 저술하였다. 사서오경 등 여러 책에서 관의 폐해를 모아 벼슬아치들의 통폐를 제거하기 위해 저술하였다. 12항목으로 나누고 모두 72조목으로 서술하였다. 조선 후기의 사회상과 정치의 실제를 알 수 있어서 귀중한 사료다. 加資式－품계를 승격시킨 제도. 문과, 갑과 장원한 자는 6품관을 주었으나 갑과 장원은 四階, 다음 사람은 三階 등의 직을 주었고 계급이 다 오른 자는 당상관의 직을 주었다.

○純祖－立하야는(辛酉三十四)命收各司奴婢案하야燒之하다大王太后金氏(英祖皇后)垂簾聽政하고府院君金祖淳이輔幼主하다

ㅁ關西土寇洪景來－陷嘉山(郡守鄭蓍殉節)等七邑하니宣川府使金益淳이赴敵이라使巡撫使李堯憲朴基豊으로討平하다.

ㅁ太子卒하고太孫이嗣位하다.

○文祖는翼宗의追崇也라.

o 순조 왕(23대 1801~1834년)이 위에 오르고는(신유 34) 각 관공서에 있는 노비문서를 거두어다가 불에 태우게 하였다. 대왕태후 김씨(영조 황후)가 발을 내리고 정사를 보았고 부원군 김조순이 어린 임금을 보필하였다.

ㅁ 관서 지방에 있는 도적 홍경래가 가산(군수 정기가 싸우다 죽었다) 등 7개 고을을 함락시키니 선천부사 김익순이 도적에게 붙어 갔다. 순무사 이요헌, 박기풍을 명하니 토벌하여 평정시켰다.

ㅁ 태자가 죽고 태손이 자리를 이었다.

o 문조(순조의 세자)는 익종으로 추존한 바다.

婢: 여자 종 비. 案: 안건 안. 燒: 불태울 소. 淳: 순박할 순. 關: 빗장 관. 蓍: 점대 시. 殉: 목숨 바칠 순. 赴: 나아갈 부. 撫: 어루만질 무. 翼: 도울 익. 翼宗－조선 순종의 세자로 순원왕후 김씨의 소생. 세자로 책봉되어 조씨 협천대비를 맞아 헌종을 낳았다. 순조의 명으로 대리청정 하였으나 4년 만에 죽었다. 金祖淳－순조 때 문신. 본관 안동. 문과급제. 어려서 급제하여 정조의 신임을 받았다. 대제학이 되었고 순조의 장인이 되어 영안부원군으로 안동 김씨 戚里政治의 시초가 되었다. 세자교육을 맡았으며 어린 순조를 도와 30여 년을 공헌하여 칭송을 받았다. 그러나 그의 집권이 일가의 부귀영화에 이용되어 국정이 어지러워졌다(순조실록). 洪景來－순조 때 사람. 본관 남양. 진사시험에 낙방. 평남 출생으로 서북인을 '平漢'이라 멸시하며 등용하지 않는 조정에 불만세력들을 규합하여 가산에 우군직, 진사, 김창시 등을 심복으로 자칭 평서대원수라 칭하고 가산, 박천, 정주 등을 점령하였으나 평안도 병마절도사 이해우 등 정부군의 반격으로 탈환하고 정주성에 농성인 것을 화약으로 성을 폭파, 성내로 돌입하여 괴멸시켰다. 거병 5개월 만이었으며 홍경래는 총에 맞아 죽었다(순조실록 등). 金益淳－순조 때 대역죄인. 선천부사로 있으면서 홍경래에게 항복하고 사령장까지 받았다. 홍경래가 잡히자 돈을 주고

적장 김창시의 목을 사서 자기의 공으로 꾸미려다 조문형의 고발로 참형되었다. 李堯憲－순조 때 문관. 정시 급제, 도총도사가 되었으며 홍경래 난에 순무사가 되어 정주성을 화약으로 폭파하여 적을 평정한 공으로 원훈의 호를 받았다. 금위대장 형조판서를 지냈다. 朴基豊－순조 때 장군. 도총부부총관으로 있다가 홍경래 난에 순무사중군이 되어 여러 고을을 회복하고 정주성을 포위, 공격하였으나 네 차례나 실패하여 유효원에게 중군직을 인계하고 물러났다(순조실록).

ㅇ憲宗이立하야는(乙未十五)八歲라王太后金氏(純祖后)聽政하고追尊皇考曰翼宗이오母后趙氏曰太后라하다命罷守宰之不堪者호대不待殿最하다刊行千歲曆及文獻備考하고斬西敎徒百餘하다上이昇遐하니無嗣라領相鄭元容等이以王太后(金氏)命으로迎立全溪君第三子(莊祖의曾孫)하야承純祖統하다.

ㅇ 헌종(24대 1835~1849년)이 위에 오르니(을미 15년) 연령이 8세였다. 왕태후 김씨(순조 황후)가 수렴청정하고 헌종의 아버지를 익종이라 높이고 어머니 조씨를 태후라 하였다. "지방 수령들의 임무를 감당치 못한 자들을 파직시키되 연차의 선후를 따지지 말라." 명하고 천세력의 천력과 문헌비고를 간행하였으며 천주교인 백여 명을 목 베었다. 헌종이 죽으니 왕위를 이을 사람이 없어서 영의정 정원용 등이 왕태후(김씨)의 명을 받아 전계군 셋째 아들(장조의 증손자)을 맞아 세워서 순조의 계통을 잇게 하였다.

宰: 재상 재. 堪: 견딜 감. 刊: 책 펴낼 간. 皇考－돌아가신 아버지의 경칭. 殿最－감사가 수령의 치적을 심사하여 가장 좋은 사람을 '最', 열등한 사람을 '殿'이라 하였다. 千歲歷－曆書로 세종 때 만든 것은 자세하지 못하고 시차가 생겨서 정조 때 중국의 역법을 참고하여 1782년에 완성하였다. 매년의 大, 小月 24절후 매월 1일, 11일, 21일의 일진이 기록되었다. 3권 3책. 全溪君－철종의 아버지로 사도세자의 장남인 은언군의 아들이다. 은언군이 홍국영과 모역했다는 무고로 강화로 쫓겨 가 아버지와 빈농으로 지냈다. 전계군으로 봉했다가 아들 철종 즉위로 대원군에 추봉되었다. 文獻備考－우리나라 상고시대부터 역대사실 문물제도를 분류, 편찬한 책. 처음에는 1770년 영조의 명으로 홍봉한 등이 편찬하였다. 원나라의 문헌통고를 본떠 象緯考(상위고), 輿地考(여지고), 禮考(예고), 職官考(직관고) 등 고금문물 제도를 총망라하였다. 정조 때 16考로 증보된 방대한 서적으로 우리나라 제도가 구비되었으며 100년을 지나 고종 때 박용대 등 30여 명이 5년간 보충하여 16考 250권으로 편성하였으며 1908년에 간행(3,051면)하였다. 鄭元容－헌종 때 대신. 본관 동래. 정시에 급제. 대사간, 관찰사, 예조, 이조판서, 영의정에 올랐다. 관직 72년 동안 충성과 정직으로 지극히 검소하게 살았다. 고종 때 91세의 賀宴을 받고 그해에 죽었다. 저서 經山集(경산집) 40권, 黃閣章(황각장) 21권 등(순조실록 등).

o哲宗이立하야는(庚戌十四)府院君金文根이以族戚金炳學南秉哲等으로授高官하니權勢傾內外러라.

ㅁ自江陵으로移奉孔子畵像于水原闕里祠하다.罷雜稅하고嚴勅土豪하다王이昇遐하니無嗣라以翼皇太后命으로迎立興宣大君의第二子(莊祖玄孫)熙하야承統翼宗(文祖)하니年이十二러라.

o 철종(25대 1849~1863년)이 위에 오르고는(경술 14) 부원군 김문근이 김병학, 남병철 등 일가친척에게 높은 관리직을 맡기니 그 권세가 안팎을 기울게 하였다.

ㅁ 강릉으로부터 공자의 초상을 수원 궐리사로 옮겨 왔다. 잡다한 세금들을 없애고 토호들을 엄하게 단속하였다. 철종이 죽으니 이을 아들이 없었다. 익황태후 명으로 흥선대원군의 둘째 아들(장조의 현손) 희를 맞아들여 세웠다. 익종(문조)의 계통을 이으니 나이가 12살이었다.

哲: 밝을 철. 炳: 빛날 병. 秉: 잡을 병. 傾: 기울 경. 闕: 대궐 궐. 勅: 임금 명령 칙. 豪: 귀인 호. 金 文 根－철종의 장인. 본관 안동. 假監役(가감역)으로 벼슬길에 올라 현감을 지냈다. 헌종 15년에 임금 장인이 되어 영은부원군, 영돈녕부사에 이르러 안동 김씨 세력을 떨치게 하였다. 金 炳 學－고종 때 문신. 문과 급제. 부제학, 이조참판을 지냈고 대원군이 집권하여 예조판서가 되었다. 고종 2년에 영의정에 올랐고 대원군과 가까웠다. 南 秉 哲－철종 때 대제학. 본관 의령. 문과 급제. 이조판서, 대제학에 이르렀고 수학에 뛰어나 수륜, 지구의, 사시의를 만들었다. 興 宣 大 院 君－고종의 아버지로 대원군이 되어 10여 년간 섭정을 하여 정책을 결정하였다. 안동 김씨 세도를 거세하고 평등하게 등용시켰으며 탐관오리를 축출하고 당쟁의 소굴이 된 유생들의 서원을 철폐하였고 육전조

례 등 법전을 완비하게 하였으며 정권과 군권을 분리, 개혁하고 사치를 금하였으며 반상을 불문하고 세금을 부과하였으나 실책으로 경복궁 중건을 함으로써 민생이 도탄에 빠졌으며 천주교 탄압으로 대외적 감정 악화와 쇄국정책으로 양요를 일으켜 서양문물을 받아들이지 못하였고 배일 정책으로 일본전함을 포격한 사건들은 실책들이었다. 국민의 원성으로 최익현 등 유림들의 탄핵으로 물러났다. 며느리인 왕비 민씨와의 알력으로 임오군란 때는 민씨 세력을 섬멸하려 하였다. 청나라 이홍장에게 납치되어 연금되기도 하였다. 고종을 폐위시키고 큰 아들을 옹립하려다가 실패하고 정치에서 멀어졌다.

o高宗이立하야는(甲子四十四)大院君이協贊王政하고趙斗淳金炳學이爲相하고李景夏－爲訓鍊大將하니禁衛大將禦營大將捕盜大將總戎使－皆新莅러라迎立閔致祿女하야爲后하다.

ㅁ三年丙寅에刑戮耶蘇敎徒數千하니法國兵艦이來襲江華라命巡撫使梁憲洙하야率江界砲手五千하야擊破하고立斥和碑曰洋夷侵犯하니非戰則和라主和는賣國이라印墨面頒賜하고修武備하다.

o 고종(26대 1863~1907년)이 위에 오르고는(갑자 14) 대원군이 왕의 정사를 협력하여 돕고 조두순, 김병학을 정승으로 삼고 이경하를 훈련대장으로 삼으니 금위대장, 어영대장, 포도대장, 총융사가 모두 새로운 관직이었다. 민치록의 딸을 맞아들여 고종 황후로 삼았다.

ㅁ 3년 병인(1866년)에 예수 믿는 교도 수천 사람을 형장에서 죽이니 프랑스 군함이 강화도를 습격하여 쳐들어왔다. 순무사 양헌수를 명하여 막게 하니 강계 포수 5천 명을 거느리고 가서 격파하였다. 그리고 척화비를 세웠으니 “서양 오랑캐들이 침범하여 오니 대적하여 싸우지 않으면 강화하자는 것이다. 강화를 주장함은 곧 나라를 파는 것이다.” 하였고 또 먹으로 써서 내려보내 반포하였고 무기들을 준비하고 수리하였다.

協: 도울 협. 鍊: 단련할 연. 禦: 막을 어. 營: 다스릴 영. 總: 다스릴 총. 戎: 병기 융. 莅: 지위 리. 戮: 죽일 육. 襲: 엄습할 습. 面: 보일 면. 法國－프랑스. 耶蘇敎－예수교. 斥和碑－고종 때 서양사람들을 배척하기 위하여 세운 비석으로 병인양요, 신미양요를 치른 뒤 국민들에게 경고하기 위하여 서울 등 전국 요로에 세웠다. 대원군이 청나라에 납치되고 각 나라와 수교하였다. 梁憲洙－조선 말기 무장. 본관 남원. 무과 급제. 병인양요에 공을 세워 한성좌윤이 되고 좌승지, 어영대장을 거쳐 형조·공조판서가 되었다. 趙斗淳－철종 때 명신. 본관 양주. 문과 급제. 대제학 우·좌의정을 거쳐 영의정에 이르렀다. 수령들의 부정이 발각되면 엄벌 조치하였다. 同文考略, 大典會通을 편집하였으며 저서로 心菴集 등을 남겼다. 李景夏－고종 때 문관. 본관 전주. 어영대장, 형조판서, 보국숭록대부, 포도대장으로 있으면서 기독교인들을 많이 죽였다. 丙寅洋擾－고종 때 프랑스 함대가 인천과 서울을 침략한 사건. 대원군의 천주교 탄압으로 9명의 프랑스 신부와 교인 8천여 명이 죽었다. 탈출한 신부로 인해 중국에 주둔한 프랑스 함대가 2차에 걸쳐 강화 등을 점령하였으나 우리나라는 포수들을 동원하여 격퇴시켜 피아간 사상자가 많았으며 프랑스군은 병기, 식량, 서적 등을 약탈해 갔다. 프랑스는 패전으로 국제적 위신이 추락되었다. 辛未洋擾－1871년(고종 3)에 미군 함정 3척이 강화를 침범한 사건. 셔먼호 사건으로 미국이 조선을 문책하고 강제로 통상조약을 맺으려고 북경에 있는 공사의 훈령으로 군함 5척으로 1,200명의 군대를 남양 앞바다에 정박시키고 우리 정부에 통상을 요구하였으나 거절하였다. 허가 없이 강화에 들어온 함대에 강화 수병이 포격을 하자 미군이 덕진 등을 함락하여 공방이 치열하였다. 중군 어재연 등 많은 병사가 죽고 미군도 3명이 전사하고 부상병이 많았다. 다음 날 첨사 이염이 야습하여 물리쳤다. 이 일이 있은 뒤에 척화비를 세워 쇄국정책을 더 굳게 하였다(일성록). 셔먼호 사건－1866년에 미국상선 셔먼호가 대동강을 거슬러 올라와 통상을 요구하자 거절하여 일어난 사건. 유리그릇, 천리경, 자명종시계 등을 싣고 와 통상을 요구하였으나 거절하자 떠나지 않고 상륙하여 제지한 중군 이현익을 잡아가자 평양의 관민이 격분하였다. 마침 배가 모래톱에 걸려 불안한 선원들이 난폭하여 강도, 약탈 등을 일삼자 관군이 포격, 화공으로 셔먼호를 불태우고 승선자들은 타살 혹은 소사되었다.

ㅁ景福宮이 自壬辰燒燼以後로 未遑重建이러니 大院君이 鑄當百錢하며 募願納하야 重建之하고 戊辰에 敎曰是歲는 檀君舊甲也라 正衛適成하니 迓納景命이 事不偶然이라 致祭崇靈殿하다 撤書院千餘所하고 逐儒生하다.

ㅁ辛未에 美國兵艦五隻이 來侵江華德津이어늘 使巡撫中軍魚在淵이 與弟在淳在淵으로 掩擊破之하니 美將魯藉壽下陸隨後어늘 在淵이 與在淳으로 擊斬數十人하니 美兵이 退歸라 在淵在淳兄弟戰死하다(贈在淵兵曹判書) 十年間에 誅戮西敎徒二十餘萬하다.

ㅁ 경복궁이 임진왜란으로 타 버린 뒤로 미처 다시 짓지 못하였는데 대원군이 백전에 해당하는 돈을 주물하여 만들고 자진 납부할 사람들을 모집하여 경복궁을 다시 지었다. 그해가 무진년이라 가르쳐 말하기를 "이해는 단군이 우리나라를 세운 옛날의 무진과 같은 해이다. 정전이 마침 이루어지니 큰 천명을 맞게 됨이 우연이 아니다." 하였다. 그리고 단군사당 숭녕전에 제사를 지극히 지냈다. 서원 천여 곳을 철폐하여 유생들을 내쫓았다.

ㅁ 신미(1871년)에 미국 군함 5척이 강화도 덕진에 침입하여 왔다. 순무중군 어재연으로 막게 하니 엄습 공격하여 격파하니 미국 장교 어자수가 육지를 따라 뒤 쫓아 오니 어재연이 동생 재순과 함께 공격하여 미군 수십 인을 베니 물러가고 어재연, 어재순 형제는 전사하였다(어재연 증 병조판서). 10년간에 천주교인 20여만 명을 목 베었다.

燼: 재난 뒤 신. 遑: 허둥댈 황. 撤: 폐할 철. 迓: 맞을 아. 逐: 내쫓을 축. 景: 클 경. 景命－큰 천명. 迓納－맞아들이다. 隻: 척 척. 掩: 가릴 엄. 贈: 관위 추서할 증. 曹: 관청 조. 正: 정사 정. 當百錢－1866년 2~3년간 사용된 화폐. 대원군이 경복궁을 중건하려고 재정 확보의 수단으로 당백전을 주조하여 통용하였으나 악전이 되어 상평통보의 100분의 1로 물가앙등의 원인이 되어 화폐의 기능을 잃었다. 書院－조선 중기 민간 사학기관으로 조선은 유교정책으로 서제, 서당 등을 장려하였다. 1542년 풍기군수 주세붕이 고려학자 안향의 사당을 짓고 '백운동서원'이라 한 것이 우리나라 최초 서원이 되었다. 그 뒤

각처에 서원을 세워 한 도에 80~90채 정도까지 지어 특권적이 되어 폐단이 많았다. 붕당을 조성하는 등 조정의 근심거리가 되었다. 대원군의 정책으로 47곳만 남기고 철폐시켰다. 魚在淵－고종 때 무관. 본관 함종. 미국이 군함 6척과 대포 80문으로 물치도 앞바다에 이르니 어재연을 순무중군에 임명하여 격전을 벌였으나 병력과 무기의 열세로 아우 어재순 등과 전사하였다. 병조판서에 추증되었다.

崔益鉉(慶州勉庵)이痛論大院君預政하고右議政朴珪壽－亦勸還政하니政柄이歸于閔氏하다王后의兄升鎬家에外來의禮物函이爆發하야升鎬父子－慘死하니由是로王后의嫌疑大院君이己甚하야大英傑大院君이下野決意러라

최익현(경주 면암)이 대원군의 정치 간여를 통렬히 논박하고 우의정 박규수 또한 정치를 떠날 것을 권면하니 정권이 민씨에게 돌아갔다. 황후의 오빠 민승호 집에 예물함이 들어와 폭발하여 민승호 부자가 참혹하게 죽으니 이 일로 인하여 황후가 대원군에 매우 혐의를 두니 마침내 큰 영걸 대원군이 하야하기로 결정하였다.

鉉: 솥귀 현. 痛: 괴롭힐 통. 預: 간여할 예. 柄: 권력 병. 鎬: 호경 호. 函: 상자 함. 慘: 참혹할 참. 嫌: 의심할 혐. 崔益鉉－고종 때 학자. 배일파의 거두. 본관 경주. 문과 급제. 호조판서로 서원철폐를 반대하다가 귀양 갔다. 특사로 풀려나 공조판서 후에 의정부 찬정을 사퇴하고 일본과 을사늑약이 체결되자 제자 임병찬 등과 전북 순창에서 의병을 일으켜 항전하다가 일군에 체포되어 대마도에 구금되자 "원수의 밥을 먹을 수 없다." 하고 단식으로 운명하였다. 건국공로훈장 중장을 수여하였다(大韓季年史). 朴珪壽－고종 때 재상. 본관 반남. 박지원의 손자. 문과 급제. 병조참판, 대제학, 우의정을 지냈으며 평양 관찰사로 있을 때 미국상선 샤먼호가 대동강에 들어와 행패가 심하므로 공격하여 불을 질렀다. 저서 瓛齋集 등(日省錄). 閔升鎬－고종 때 문신. 본관 여흥. 고종 왕비의 오빠. 문과 급제. 병조판서가 되었고 대원군이 물러나자 명성황후를 도와 세도가 막강하였다. 대원군이 보낸 폭약에 의해 어머니와 부자가 죽었다.

○丙子十三年이라前年에日本軍艦雲揚號가淸國航路測量而歸路에江華守兵이砲擊이러니日本이遣全權大臣黑田淸隆議官井上馨하야求修好거늘使中樞府事申櫶副總官尹滋承으로會同江華하야定通商條約하니淸 俄 英 美 法 德이相繼通商하니洪在鶴等이斥論開化하다辛巳에大院君이憤慨於王后의預政하고李載先擁立計劃이事前發覺으로載先等이伏誅하고大院君이益孤立하다.

ㅇ 병자 13년(1876년)이다. 지난해에 일본군함 운양호가 청국의 바닷길을 측량하고 돌아가던 길에 강화도를 지킨 병사가 대포로 공격한 일로 일본이 전권대신 흑전청륭 의관 정상형을 보내 수호를 요구하니 고종이 중추부사 신헌 부총관과 윤자승을 보내 강화도에서 회동하여 통상조약을 협정하니 청나라, 러시아, 영국, 미국, 프랑스, 독일과 통상이 서로 이어졌다. 홍재학 등이 개화를 배척하였다. 신사년에 대원군이 황후의 정치 관여에 분개하여 아들 이재선을 왕위에 올리려고 한 계획이 사전에 발각되어 이재선이 죽으니 대원군은 더욱 고립되었다.

揚: 오를 양. 馨: 향기 형. 樞: 근본 추. 櫶: 나무이름 헌. 滋: 번성할 자. 俄: 러시아 아. 法: 프랑스 약자 법. 德: 독일 약자 덕. 繼: 이어 나갈 계. 憤: 성낼 분. 慨: 분개할 개. 預: 참여할 예. 預政－정치를 간여하다. 申 櫶－고종 때 문관. 본관 평산. 문과 급제. 병조판서, 진무사 등을 역임. 판중추부사로 일본과 강화조약을 체결하였다. 尹 滋 承－조선 말기 문장. 일본과 병자수호조약을 체결할 때 신헌의 부관이 되어 인천에서 일본 전권대사와 조약을 체결하고 서명하였다. 洪 在 鶴－고종(18년) 때 志士. 본관 남양. 김홍집이 일본 수신사로 돌아오며 청나라 황준헌이 지은 조선책략을 왕에게 바치니 개화를 반대한 수구파 유학자들이 경향 각지에서 상소가 잇달았는데 그 가운데 홍재학의 상소가 대표적으로 국정을 통박하고 왕까지 공격하여 결국 체포되어 능지처참을 당하였다(日省錄). 丙子修護條約－강화통상조약 1876년 일본과 체결한 수호조약. 일본이 운양호 사건을 빌미로 무력시위를 하여 강압적 불평등한 조약이 이루어졌다. 일본에서 흑전청륭과 조선의 접견대관 신헌이 강화에서 회담하였다. 조정에서나 유림들의 반대 등 의견이 분분하여 결렬되려 하였으나 국내외 정세와 일본의 억압, 청나라의 찬성으로 급속하게 끝났다. 1조가 조선의 자주국가로 일본과 동등권을 갖는다. 2조가 조선의 항구를 개방하고 일본 상인 거주와 조선 영해를 자유로 측량한다 등 10조로 되었으며 일본이 조선침략의 단계를 실현하였다.

ㅁ壬午에訓營兵이以閔后淫祀累百萬에國帑枯渴하고教練不平軍餉不給으로作亂하야亂入闕內하고殺重臣閔謙鎬金輔鉉日人掘本等하고襲日本公使花房義質舘하니國公이聞變하고馳入鎭壓하니中宮殿은避禍于忠州鄕第라罷訓鍊都監하고出賠償十五萬元于日本하야定濟物浦七條約하다大院君이被住清國하고袁世凱以三千兵으로來住京城하다.

ㅁ 임오(1882년)에 병영에 있는 훈련 병사들이 명성황후가 허황한 곳에 제사 지내며 많은 돈을 소비하여 국고가 고갈되고 훈련받는 군인들에게 불평등하게 대하며 군량도 주지 않으니 난을 일으켜 궐내로 혼란스럽게 들어가 중신 민겸호, 김보현, 일본사람 굴본 등을 죽이고 일본 공사 화방의질의 집을 습격하니 대원군이 변란의 소식을 듣고 말 타고 달려 들어가 진압하였는데 중궁전 명성황후는 충주 시골집에서 화를 피하였다. 훈련도감을 폐지시키고 일본에 15만 원의 손해배상금을 내주고 제물포 7조약을 약정하였다. 대원군을 청나라로 강제 이주시켰고 청나라 원세개가 병사 3천 명을 거느리고 서울에 와서 머물렀다.

淫: 미혹할 음. 帑: 정부 창고 탕. 枯: 마를 고. 餉: 군량 향. 掘: 팔 굴. 舘=館: 관청 관. 馳: 달릴 치. 壓: 막을 압. 賠: 물어 줄 배. 償: 보상할 상. 被: 미칠 피. 第: 집 재. 袁: 성 원. 凱: 클 개. 淫祀-부정한 신에게 제사 지냄. 閔謙鎬-고종 때 정치가. 본관 여흥. 민승호의 아우. 문과 급제. 호조판서로 임오군란 때 죽었다. 壬午軍亂-고종 때 구식 군대의 봉기로 일어난 병난. 군제개혁으로 훈련도감에 봉급을 13개월이나 주지 않고 일본이 후원하는 별기군에는 대우가 좋아 불만이 쌓였다. 호남에서 배가 들어와 봉급미를 주는데 양도 적고 모래알이 많아 격분하여 난동을 부렸다. 난동한 자들을 사형에 처하려 하자 대원군에게 애소하고 성난 군졸들은 포도청 의금부를 습격, 병기를 탈취하여 민태호 등 척신들을 습격하였으며 일본 교련관을 죽이고 일본공사를 습격, 방화하여 일본인 13명을 살해하였다. 사태가 급박하자 고종은 대원군을 불러 진정시키게 하였으나 궁중에 난입한 난군들은 민겸호 등을 살해하고 왕비는 충주로 도피하였다. 대원군은 맏아들

이재면을 훈련대장, 호조판서를 겸하게 하고 왕비의 국상을 치를 것을 공포하였다. 김윤식 등이 청나라에 가서 구원을 청하니 청이 군함과 45,000명의 군사를 거느리고 서울에 와서 정치에 간섭하며 대원군에게 책임을 물었다. 일본에서도 군함과 군대를 파견하여 조정에 책임을 묻고 제물포조약을 체결하였으며 손해배상으로 50만 원을 주기로 하였다. 袁世凱－중화민국 초대 대통령. 하남성 출생으로 군대생활을 시작하여 임오군란에 청나라 총독 이홍장의 명으로 서울에 와서 군란을 진압하고 대원군을 잡아갔다. 서울에 진주한 일본군과 충돌하여 청일전쟁을 유발하였다. 귀국하여 서태후의 총애로 총리대신이 되고 쿠데타로 황제에 올랐으나 제3혁명으로 울분 속에 죽었다. 濟物浦條約(제물포조약)－고종 때 임오군란 처리의 조약으로 일본이 피해의 책임을 묻고 협상을 요구하였다. 공식적인 사과와 범인체포, 처벌, 손해배상 등을 요구하며 1882년 8월 28일 제물포에서 조약 7개 조로 배상금 50만 원 지불과 박영효 등을 일본에 보내 사과하게 하였다.

ㅁ此亂中에閔中殿을不知所在하고被害的實로擧哀服喪二十餘日이러니自忠州閔忠植家로還宮하다.甲申三十一年에改革黨朴泳孝金玉均徐載弼徐光範等이留學日本에視察政治維新하고欲革舊習改新式하야與守舊重臣으로傾軋하니事大黨除却과閔妃絶干政과內閣新組織等計劃이라.

ㅁ 이 난리 가운데 명성황후 있는 곳을 알지 못하여 살해됨이 확실하다고 여겨 애도하며 초상을 지낸 지 20여 일 만에 충주 민충식의 집으로부터 궁으로 돌아왔다. 갑신 31년에 개혁당 박영효, 김옥균, 서재필, 서광범 등이 일본에 유학하며 정치 유신을 살펴보고 와서 우리의 낡은 폐습을 새롭게 고치려 하니 수구세력의 중신들과 서로 다투어 알력이 있었는데 사대당의 수구세력을 제거하고 민중전의 정치 간섭을 끊고 내각을 새로 조직할 것 등을 계획하였다.

的: 틀림없을 적. 喪: 복 입을 상. 泳: 헤엄칠 영. 載: 실을 재. 範: 법 범. 傾: 다툴 경. 軋: 삐걱거릴 알. 傾軋－다투어 알력이 있음. 却: 물리칠 각. 內: 조정 내. 閣: 내각 각. 的實－틀림없다. 朴泳孝－조선 말기 정치가. 김옥균과 개화당을 조직하였고 한성판윤으로 있을 때 갑신정변에 일본으로 망명하였다가 귀국하여 김홍집 내각의 내부대신이 되었고 이완용 내각에 궁내대신이 되었으며 한일합방 후 일본에서 후작과 중추원 고문이 되었다. 金玉均-조선 후기 정치가. 본관 안동. 문과 급제. 호조참판에 이르렀다. 일본의 문물을 시찰하고 우리 조정에 척신들의 위세와 사대사상의 팽배를 개탄하여 박영효 등과 독립당을 조직하여 구습을 타파, 개혁하고자 1884년 우정국 준공식 때 수구파들을 살해한 후 신정부 조직으로 호조참판이 되었다. 청나라의 개입으로 3일 만에 실패하고 일본에 망명하다가 청나라의 세력을 얻으려고 상해에 갔다가 홍종우에게 살해되었다. 순종 때 규장각 대제학으로 추증되었다. 徐載弼-독립운동가. 대구 출신으로 김옥균 등과 갑신정변을 일으켜 왕을 호위하고 개혁정치를 하려다가 실패하고 일본에 망명하였다가 미국으로 가 귀화하여 의학박사가 되었다. 갑오경장 때 귀국하여 독립신문을 창간하고 사대사상의 상징인 영은문 자리에 독립문을 세웠다. 다시 미국에 가서 이승만과 함께 한국독립원조회를 조직, 상해 임시정부 등에 독립자금을 보냈다. 徐光範-고종 때 정치가. 본관 대구. 무과 급제. 승지, 참판 등을 역임하였고 김옥균 등과 사대당을 일소하려 갑신정변에 참가하였다가 실패하고 일본에 망명하였다. 갑오경장 후 법무대신을 지내다가 주미대사로 부임하여 생을 마쳤다.

ㅁ因郵政局祝宴하야刺殺閔泳翊閔台鎬趙寧夏閔泳穆李祖淵尹泰駿韓圭稷柳載賢等하고召入日本公使竹添進一郎하니清將袁世凱率兵入救라玉均等이亡命日本하니只灑一場血雨하다日公使井上馨이來詰하니使金弘集으로談辦하야出金十三萬兩하다日政府가使伊藤博文으로往天津談辦하야清日이撤回京城駐兵하다.

ㅁ金玉均(古筠)이於上海에被殺于洪鍾宇하다.

ㅁ 우정국 준공식의 축하 피로연으로 인하여 초청된 민영익, 민태호, 조영하, 민영목, 이조연, 윤태준, 한규직, 유재현 등을 쳐 죽이고 일본 공사 죽첨진일랑을 불러들이니 청나라 장수 원세개가 군대를 이끌고 정부를 구하러 들어왔다. 옥균 등이 일본으로 망명하니 다만 한판의 피 비를 뿌렸을 뿐이었다. 일본 공사 정상형이 와서 힐문하므로 김홍집을 시켜 담판하여 금 13만 냥을 내주었으며 일본 정부가 이등박문을 천진으로 보내 청나라와 담판하기를 양국이 서울에 주둔시킨 군대들을 철수하기로 합의하였다.

ㅁ 김옥균(고균)이 상해에서 홍종우에게 피살되었다.

郵: 우편 우. 刺: 찌를 자. 翊: 도울 익. 台: 기뻐할 태. 駿: 뛰어난 사람 준. 稷: 기장 직. 添: 보탤 첨. 灑: 뿌릴 쇄. 馨: 향기 형. 詰: 죄 물을 힐. 辦: 판별할 판. 藤: 등나무 등. 駐: 머무를 주. 閔泳翊－고종 때 대신. 본관 여흥. 민승호의 아들. 문과 급제. 여러 직을 거쳐 미국전권 대신이 되었고 우영사 등을 역임하였으며 갑신정변 때 살아나 병, 예, 이조판서를 역임하였고 輔國에 올랐으며 노일전쟁 후 상해에서 죽었다. 閔台鎬－고종 때 정치가. 문과 급제. 어영대장, 대제학 등을 역임하였고 왕가의 외척과 사대당의 우두머리로 위세가 당당하였으며 갑신정변 때 피살되었다. 趙寧夏－고종 때 무신. 본관 풍양. 문과 급제. 어영대장, 도통사, 예조·호조판서를 지냈다. 최익현과 함께 대원군을 축출하였다. 사대당의 중진으로 갑오경장 때 민태호 등과 살해되었다. 閔泳穆－고종 때 정치가. 본관 여흥. 문과 급제. 이조판서 판동녕부사를 역임하였으며 사대당으로 김옥균 등에게 살해되었다. 李祖淵－고종 때 무관. 본관 연안. 문과 급제. 사헌부 감찰로 김홍집을 따라 수행원으로 일본에 다녀왔다. 좌영사가 되었고 사대당이라 지목되어 갑신정변에 한규직 등과 피살되었고 뒤에 좌찬성으로 추증되었다(日省錄). 尹泰駿－고종 때 문관. 본관 파평. 문과 급제. 직각 참판에 이르렀고 좌영감독으로 갑신정변 때 피살되었으며 뒤에 영의정으로 추증되었다(난변사실). 韓圭稷－고종 때 장군. 본관 청주. 사대당의 보수파로 어영대장, 공조판서, 지의금부사 등을 역임하였으며 의정국 낙성연에 참석하여 독립당에서 보낸 황용택, 이규완 등에게 피살되었다(승정원일기). 柳載賢－고종 때 환관. 환관 중에 세력이 있던 사람으로 갑신정변 때 김옥균, 박영효 등의 입궐을 막지 못하고 민태호, 조영하 등과 같이 참살되었다. 金弘集－조선 말기 개화당의 거두. 문과 급제. 수신사로 일본에 다녀왔다. 임오군란 때 일본과 제물포조약을 체결하였으며 개화당이 득세하여 영의정이 되고 갑오경장을 단행하였다. 일본인의 명성황후 시해사건으로 민심을 잃어 친로파에 붙잡혀 참살되었다. 뒤에 순종이 대제학으로 추증하였다. 伊藤博文－일본 명치시대의 정치가. 영국 유학을 하고 구미를 시찰하였으며 내무경이 되었다. 정변으로 정부 최고 지도자가 되어 여러 제도를 창설하고 초대 내각의 총리가 되었다. 청나라와 천진조약을 체결하고 내각 수상 등을 거쳐 노일전쟁 후 주한 특파 대사가 되어 강제로 을사늑약을 체결하고 한국통감이 되어 한일합방의 주역을 하였다. 만주 시찰과 러시아와 협상차 만주 할빈역에 도착하여 안중근 의사의 권총에 사살되었다. 洪鍾宇－고종 때 자객. 갑신정변에 실패하고 일본에 망명한 김옥균, 박영효 등을 암살하려는 민비의 후원으로 김옥균에게 접근하였다. 1894년 김옥균은 청나라에 우리 정부를 간섭하지 말라는 부탁을 하려고 상해에 도착하였는데 권총으로 김옥균을 사살하고 경찰에 체포되었으나 우리 정부의 부탁으로 김옥균의 시신과 함께 귀국하여 홍문관 교리와 사택을 하사받았다. 독립협회를 습격하는 등 수구파로 활약하였다.

ㅁ甲午에東學黨이蜂起(崔濟愚水雲崔時亨人乃天主義니爲天道敎라)하니全羅道尤甚이라出官軍招討하니全琫準이嘯聚餘黨하야據斗升山이어늘討平하다是時에淸廷이稱鎭撫內騷하고使葉志超兵으로到牙山하니日使大鳥圭介兵이稱保護日人하고亦入京城하야畢竟兩國이開戰하니淸軍이水陸連敗하다.

o開國五百三年甲午六月二十八日에公事文牒에書開國紀年하고位號曰大君主라하여誓告廟祀하다.

ㅁ 갑오(1894년, 고종 31)에 탐관오리들에게 항거하여 동학당이 벌 떼같이 일어나니(최제우(수운), 최시형은 인내천주의이니 천도교가 되었다) 전라도가 더욱 심하였다. 관군을 출병시켜 죽이고 잡아들이니 전봉준이 남은 무리를 불러 모아 두승산에 웅거하니 관군이 토벌하여 평정시켰다. 이때에 청나라 정부가 한국의 소란을 진압한답시고 섭지초가 군대를 이끌고 아산에 이르니 일본에서도 대조규개가 일본인을 보호한다는 명목으로 병사들을 이끌고 서울에 들어오니 마침내 두 나라가 전쟁이 시작되었는데 청나라가 바다에서 와 육지에서 연패하였다.

o 개국 503년 갑오(1894년) 28일에 공문서에 개국 기년을 쓰고 왕위의 호를 '대 군주'라고 하였다. 종묘의 제사에 고하여 아뢰었다.

亨: 제사 형. 琫: 옥 봉. 嘯: 부르짖을 소. 聚: 모을 취. 鎭: 진압할 진. 撫: 누를 무. 騷: 소란할 소. 葉: 성 섭. 超: 뛰어넘을 초. 牒: 공문서 첩. 誓: 알릴 서. 東學－1860년에 최제우가 세운 신흥종교. 종래 종교들은 부패, 쇠퇴하고 천주교는 정부에서 탄압하였다. 혼란스러운 사회상을 보고 경주 출신 최제우가 濟世救民(제세구민) 정신으로 서학(천주교)에 대립적인 민족종교를 제창한 '동학'을 창립하였다. 종래의 풍수사상과 儒佛仙(유불선)교리를 토대로 '人乃天'과 '天心卽人心' 사상을 전개하였다. 삼남지방에 급속히 전파되었다. 3년 만에 혹세무민의 죄로 최제우가 처형되고 최시형이 2대 교주로 東經大全(동경대전)과 龍潭遺詞(용담유사)를 간행하여 체계화시켰다. 동학혁명으로 최시형이 사형되고 天道敎와 侍天敎(시천교)로 분열되었으며 손병희가 3대 교주로 교세 확장에 꾸준히 힘썼다. 6가지 직분을 두어 조직을 확립시켰다. 崔濟愚－조선 말기 동학의 창시자. 호 수운. 본관 경주. 조실부모하고 한학을 수학하여 양산의 천성내원암에서 천주강림의

도를 깨닫고 동학을 창설하였다. 밀려오는 서학에 대항하려 새 종교 동학을 창설하고자 유불선을 참작하여 濟病長生 人乃天 사상으로 지상천국의 이상을 표현하였다. 농민들에게 급속히 파급되어 충청, 영호남에 전파되어 후일 동학혁명의 주체가 되었다. 정부는 혹세무민의 사교로 인정하고 최제우를 사형에 처하였으나 1907년에 그의 죄가 용서되었다. 저서 東經大全 등. 崔時亨－조선 말기 천도교인. 본관 경주. 호 해월, 교주 최제우가 죽자 2대 교주로 동경대전을 완성하여 교리를 확정하고 동학을 완성하였다. 정부가 탄압하므로 전라감사에 항의하여 동학혁명이 일어났다. 처음에는 무력행동을 반대하여 제자 손병희를 전봉준에게 보내 만류하였었다. 청나라의 개입으로 불리하여 체포되어 1898년 서울에서 사형되었으나 뒤에 최제우와 함께 용서되었다. 全琫準－고종 때 동학혁명 지도자. 아버지가 군수 밑에 관리였으나 군수의 학정을 격분하여 농민들과 습격하다가 체포, 처형으로 원한이 많았다. 악정에 허덕이는 농민을 구하고자 최시형 문하에 들어가 활동하며 대원군과 내통하여 거사를 기다렸다. 고부 군수 조병갑이 농민들과 알력이 있어 격분한 농민들과 함께 군청을 습격, 점령하고 각 지방에 격문을 돌려 궐기할 것을 촉구하였다. 지휘자로 총대장이 되어 전주, 무장, 영광 등을 점령하고 탐관오리들을 추방하였으나 청나라 원군과 일본군이 출병하여 공주에서 관군과 연합군에 패하고 재기를 기도하였으나 배반자의 밀고로 순창에서 체포되어 처형되었다.

ㅁ七月에純改革派－內閣組織하니總大金弘集內大朴泳孝外大金允植法大徐光範農大申箕善警務尹雄烈이라發四大項目하니一은寡婦－再嫁自由오二는嫡妾에無子라야養子요三은奴婢－賣買嚴禁이오四는優倡과皮工의免賤이라.乙未四月十七日에清全權大臣李鴻章李經芳과日全權大臣伊藤博文陸奥宗이會同馬關하야講和議定하니第一款이朝鮮獨立確認事라.

ㅁ五月二十八日에定二十三府하다.

ㅁ 7월에 순수한 개혁파들로 내각을 조직하니 총리대신에 김홍집, 내무대신에 박영효, 외무대신에 김윤식, 법무대신에 서광범, 농무대신에 신기선, 경무에 윤웅렬로 조각하여 4대 항목을 발표하였으니 제1은 과부의 재혼 자유요 제2는 정실부인이나 첩에게 아들이 없어야 양자를 들일 수 있고 제3은 노비들을 사고 파는

것을 엄격히 금하고 제4는 광대들과 기생들과 피혁공들의 천인을 면제한다는 것이었다. 을미(1895년) 4월 17일에 청나라의 전권대신 이홍장, 이경방과 일본 전권대신 이등박문, 육오종이 마관에서 회동하여 강화조약을 정하니 제일관이 조선독립을 확인한 일이었다.

ㅁ 5월 28일에 행정부 23부를 정하였다.

雄: 뛰어날 웅. 項: 목 항. 嫡: 본처 적. 閣: 세울 각. 總: 거느릴 총. 警: 방비할 경. 倡: 기생 창. 鴻: 큰 기러기 홍. 奧: 속 오. 款: 항목 관. 甲午更張－고종 때 개화당이 집권하여 문물제도를 근대적 국가 형태로 개혁한 일. 우리나라를 침입한 일본은 보수세력인 민씨 세력과 청나라와 대원군을 물리치고 친일파인 김홍집 등으로 혁신내각을 조직하여 궁중과 부중을 분리시켰으며 장관을 대신이라고 칭하고 개혁의 내용은 청나라와의 조약은 폐지하고 중국기년을 버리고 개국기년을 사용하고 행정구역 8도를 13도로 귀천, 문벌을 버리고 노비문서를 없애고 조혼금지, 재혼자유, 과거제도철폐, 도량형통일 등 근대문화의 장점들이었으나 실천은 쉽지 않았다. 박영호 등 친일내각을 조직하고 홍범 14조를 만들어 1895년 1월 왕과 세자 백관이 대묘에 참배하고 선포하였으니 독립을 확립하고 왕실과 국정사무를 분리, 재정립하고 징병제 실시, 민형법 제정, 세금징수 등 자력이 아니었지만 현대국가 체제가 세워졌으나 일본이 적극성을 띠고 침입하는 계기를 만들었다. 金允植－고종 때 학자 고관. 본관 청풍. 문과 급제. 領選使(영선사)로 청나라 천진에 파견하였다. 대원군의 섭정을 반대하고 민씨들과 결탁하여 청나라에 원조를 청하여 청병 오장경이 군사를 이끌고 와 우리나라에 정치를 간섭하고 대원군을 잡아갔다. 갑오경장에 외부대신이 되어 개혁에 힘써 친일하다가 귀양살이도 하였다. 한일합방 조인에 가담하고 일본 정부에서 받은 자작의 작위를 반환하고 삼일운동에 동조하였다. 申箕善－고종 때 대신. 본관 평산. 문과 급제. 교리가 되었고 갑신정변에 김옥균과 일파라는 혐의로 귀양갔다가 방면되었다. 김홍집 2차 내각에 공부대신, 법부·학부대신을 역임하였고 참정과 수학원장 등이 되었다. 尹雄烈－고종 때 무관. 본관 파평. 별군관이 되어 수신사로 김홍집을 따라 일본에 다녀왔으며 별기군을 창설하여 좌부령관이 되었다. 남도병마절도사가 되었으며 갑신정변을 일으켜 귀양살이하다가 갑오경장으로 군부대신이 되었다. 李鴻章－청나라 말기의 정치가. 각지에서 일어난 난을 평정하여 청나라를 멸망에서 구해냈다. 청일전쟁과 淸露密約(청로밀약), 北淸事變(북청사변) 등의 외교절충에 큰 공을 세웠다. 조선에 와서 일본 독점을 막으려고 김윤식 등에게 한미 통상조약을 적극 권면하였다. 우리나라 사대당과 결탁하였으며 김옥균을 살해한 홍종우를 보호하여 돌려보내 주었다. 1880년 우리나라의 관제개혁 후에 간섭이 심하였다.

ㅁ八月二十日에宮中에서有萬古所無之變하야皇后被殺되고宮大李耕植이被害하다.

ㅁ九月九日에詔改正朔하야用太陽曆하니舊乙未十一月十七日이當開國五百五年丙申一月一日也라建元하다.

ㅁ建陽元年丙申에內大兪吉濬이發削髮令하니各地義兵이起하야殺長官이라.

ㅁ上이移御俄館하시니都下人民이激昻하야殺總大金弘集과農大鄭秉夏어늘從便削髮令하다翌年二月에上이還宮하시고八月에改八道하야置十三道하다.

ㅁ 8월 20일에 궁중에서 만고에 어느 곳에도 없었던 변고가 일어났으니 명성황후가 일본에서 보낸 폭력배들에게 살해되고 궁무대신 이경식이 살해되었다.

ㅁ 9월 9일에 조칙을 내려 연월일을 바꾸어 태양력을 쓰게 하니 음력 을미(1895년) 11월 17일이 개국 5백5년 병신(1896년) 1월 1일에 해당된다. 건원하였다.

ㅁ 건양 원년(1896년) 병신에 내무대신 유길준이 삭발령을 발표하니 각 지방에서 의병이 일어나 행정 관청의 장들을 죽였다.

ㅁ 고종 왕이 러시아 대사관으로 피해 가니 서울과 지방 백성들이 격렬하게 일어나 총리대신 김홍집과 농무대신 정병하를 살해하니 삭발을 "편리한 대로 따르라." 하였다. 그 이듬해 2월에 왕이 궁으로 돌아왔다. 8월에 행정구역 8도를 13도로 나누어 설치하였다.

變: 재앙 변. 耕: 농사지을 경. 朔: 음력 초하루 삭. 兪: 성 유. 濬: 깊을 준. 削: 깎을 삭. 俄: 러시아 아. 激: 격렬할 격. 昻: 오를 앙. 翌: 다음 날 익. 明成皇后(민비)살해 사건－갑오경장이 일본의 강압책으로 말미암아 민씨들의 세력이 약화되자 친로정책을 써서 일본세력을 약화시키려 하였다. 일본공사 미우라가 민비의 친로정책과 정면충돌하여 위협을 느낀 일본과 친일파들이 20~30명의 일본 자객을 궁중으로 보내 명성황후를 시해하고 시체까지 석유를 뿌려 태웠다. 민비를 명성황후로 추책하고 홍릉에 모셨다. 兪吉濬－조선 말기 개화 운동가. 본관 기계. 일본·미국 유학, 구미 유람하고 돌아와 갑오내각에 서기장이 되고 일본에 다녀와 내무대신이 되었다. 친일파가 와해되자 일본에 망명하였다가 귀국하여 흥사단 등에서 국민계몽운동에 힘쓰다가 병사하였다. 한글 문법서인 대한문전을 간행하였다. 削髮令(삭발령) – 1895년(고종 32) 백성들에게 머리를 깎게 한 명령. 김홍집 내각이 개혁에 주력하여 양력을 사용하게 하였고 전국에 단발령을 내리며 고종 자신이 머리를 깎았다. 내무대신 유길준이 관리들에게 칼을 가지고 상투머리 등을 깎게 하니 경향 각지의 유생들이 일본을 미워하던 차 의병을 일으키니 정부에서 친위대로 진압하였으나 排日氣勢(배일기세)가 더욱 심하여 김홍집, 정병하 등은 피살되고 친일내각이 무너졌다(승정원일기). 鄭秉夏 – 고종 때 정치가. 밀양부사, 영남총무관 등을 지냈고 외교에도 능하였다. 김홍집 3차 내각에 농상무대신으로 개화에 힘썼다. 고종이 러시아 공사에 파천하던 날 김홍집과 경복궁 내에서 난민들에게 살해되었다(승정원일기 등).

○光武元年丁酉九月十七日에卽＿＿＿＿位하고國號를＿＿＿＿이라建元曰光武라하고曆名을明時라하다追尊太祖及八世하니康獻爲高＿＿＿＿오莊獻爲莊祖요翼宗爲文祖라受尊號曰壽康이오雲峴宮曰大院王이러라戊戌＿＿＿協會와與皇城商會가衝突하다

□與日本으로使節往來하야友邦敦睦이러니及外大趙秉式은日本銀行券通用을認許하고內大李趾容은要塞收用議定書를成給하다.

ㅇ 광무 원년 정유(1897년) 9월 17일에 대한황제의 자리에 오르고 국호를 '대한제국'이라 하였다. 건국원년을 '광무'라 하고 역명을 '명시'라 하니 태조와 8세를 추존하였으며 강헌을 고조황제로 하고 장헌을 장조로 하였고 익종을 문조로 하였다. 존호를 받아 수강이라 하고 운현궁의 대원군을 대원왕이라 하였다. 무술(1898년)에 대한독립협회와 황성협회가 서로 충돌하였다.

ㅁ 일본과 사절들이 서로 왕래하여 우방으로 화목함이 두텁더니 급기야 외무대신 조병식은 일본은행이 발행한 화폐를 우리나라에서 통용토록 허락하고 내무대신 이지용은 요새 수용을 의정서로 이루어 주었다{여기 점선들은 일본 총독부에서 검열하여 삭제되었음}.

皇: 천자 황. 峴: 고개 현. 衝: 부딪칠 충. 突: 부딪칠 돌. 券: 어음 권. 趾: 발자국 지. 塞: 변방 새. 雲 峴 宮－고종 때 아버지 이하응, 즉 흥선대원군의 저택으로 쓰였던 궁. 종로구 운니동에 있다. 12세에 고종으로 등극하니 대원군의 발언에 좌우되어 3정승 6판서가 운현궁에서 대원군의 세도권력에서 나왔다. 皇 城 商 會(황국협회)－독립협회와 대립. 1898년 궁정 수구파들이 황국협회를 조직하여 서재필이 중심이 된 독립협회가 '독립신문'으로 정부 대신들을 공격하자 황국협회의 회장 이기동, 조병식 등이 왕에게 민심을 선동한다는 등 무고로 이상재, 남궁억 등이 구금되었다. 해산명령을 받았으나 왕에게 무고임을 상소하여 풀려났다. 이기동 등은 전국 보부상 등을 모아 독립협회를 테러로 충돌하였으나 민중의 호응을 얻어 보부상들을 몰아냈다. 수구세력들의 농간으로 고종이 지도자들을 체포, 처형하고 이승만은 종신형을 받았으며 양 협회가 해산되었다(大韓季年史 등). 趙 秉 式－고종 때 대신. 이조판서, 충청도 감찰사로 동학을 철저히 탄압하였으며 청나라에 가서 대원군의 석방과 러시아 통상에 활약하였으며 의정부찬성으로 독립협회를 적극 탄압하였다. 법무대신 서리를 지냈다. 李址鎔－고종 때 대신. 문과 급제. 황해 경상관찰사, 주일공사 외부대신으로 한일 의정서를 협정 조인하고 판돈령부사, 내무대신, 중추원 고문으로 일본의 백작이 되어 을사오적의 한 사람이 되었다.

ㅁ俄國이開港於旅順口하고欲占龍巖浦等地하니日本이以滿州勸還清國으로光武八年에宣戰書를公布各國하고以陸海軍數十萬으로擊退하고兩國委員이會同美國하야媾和하다.光武九年乙巳一月에京釜鐵道開通하다.

ㅁ十一月十七日御前會議에日本大使伊藤博文과林權助와長谷川好道與韓廷大臣朴齊純李趾容李根澤權重顯李完用이協商保護五條約에調印하니閔泳煥(忠正血竹이四苞九枝에四十一葉郁郁青青이러라)과趙秉世와李相哲과金鳳學과洪萬植과宋秉瓚과黃玹等－朝野名士가殉節者多러라.

ㅁ 러시아가 여순구에 개항하고 용암포 등의 땅을 점령하려 하니 일본이 만주를 청나라에 돌려줄 것을 권하고 광무 8년에 일본이 선전서를 각 나라에 공포하고 육해군 수십만 명으로 러시아를 쳐 물리치고 두 나라 위원들이 미국에 모여

강화하였다. 광무 을사(1905년) 1월에 경부선 철도가 개통되었다.

ㅁ 11월 17일에 고종황제의 어전에서 회의하여 일본대사 이등박문, 임권조, 장곡천호도가 대한국 조정의 대신 박제순, 이지용, 이근택, 권중현, 이완용이 보호 5조약을 협상하여 조인하니 민영환(충정공 자결하니 그곳에 혈죽이 4줄기와 9가지에 41잎이 푸르고 푸르러 싱싱하였다.)과 조병세, 이상철, 김봉학, 홍만식, 송병선, 황현 등 많은 조야 명사들이 순절하였다.

廷: 조정 정. 顯: 영달할 현. 調: 화합할 조. 泳: 헤엄칠 영. 苞: 더부룩이 날 포. 郁: 향기로울 욱. 媾: 화친할 구. 璿: 아름다운 옥 선. 玹: 옥빛 현. 殉: 목숨 바칠 순. 朴齊純－조선 말기 친일 정치가. 본관 반남. 문과 급제. 참판, 한성부윤, 외부대신이 되어 한일협약에 조인하고 이완용 내각의 내부대신으로 한일보호조약에 서명하여 을사 5역신의 한 사람이 되었다. 李根澤－대한제국 5역신의 한 사람. 본관 전주. 무과 급제. 전라병사, 병조참판, 우부승지 등을 거쳐 정부 전복을 음모하다가 실패하여 귀양 갔다 돌아와 함경북도관찰사, 헌병사령관, 육군부장 등을 거쳐 군부대신으로 을사늑약에 조인하여 5적신의 한 사람으로 일본에서 자작을 받았다. 權重顯－을사조약 5적신의 한 사람. 본관 안동. 주일공사, 한성부윤, 법무·농·상공대신 겸임. 군부대신으로 을사늑약에 서명하고 한일합방 뒤에 일본으로부터 자작을 받고 총독부 중추원고문을 지냈다. 李完用－대한제국의 매국노. 본관 우봉. 문과 급제. 승지, 주미대사 등을 거쳐 일본 이등박문이 보호조약의 체결 제의에 박제순, 이지용, 이근택, 권중현과 함께 고종을 협박하여 체결하게 하였으며 을사 오적신의 괴수가 되었다. 이등박문의 추천으로 내각총리대신이 되었고 해아 밀사사건으로 송영준 등과 함께 고종을 추궁하여 순종에게 양위하게 하였다. 이 일로 인하여 전국에서 의거가 일어나 이완용 집을 전소시켰다. 전권위원 자격으로 온 겨레의 지탄을 받으며 한일합방조약을 체결하였다. 일본으로부터 백작을 받았으며 일신영달을 위하여 매국매족을 다하고 죽었다. 閔泳煥－조선 말기 충신. 본관 여흥. 문과 급제. 미국공사를 지냈고 군부대신 때 영국, 독일 등을 방문하여 공을 세우고 훈 1등이 되었으며 외부, 학부 탁지부대신으로 독립당을 돕는다는 이유로 밀려났다. 을사늑약이 체결되자 부당함을 상소하고 국민과 각국 공사들에게 유서를 보내고 1905년 11월 4일에 단도로 자살하였다. 영의정에 추증되고 종로 비원 옆에 동상을 세웠다. 건국공로 훈장 重章을 수여하였다. 趙秉世－고종 때 대신. 본관 양주. 문과 급제. 중추원 의장, 의정부 의정을 지냈으며 을사늑약이 체결되자 민영환 등과 궐내에 머물러 통독하면서 조약 폐기를 상소하였으나 뜻을 이루지 못하고 각국 공사들에게 유서를 보내고 음독자살하였다. 건국공로 훈장 重章을 수여하였다. 李相哲－대한제국 말기의 충신. 고종 때 학부주사로 을사늑약이 체결되자 음독자살하였다. 건국공로훈장 단장을 수여하였다. 金鳳學－대한제국의 병정. 군대에 들어가 상등병이 되었다. 을사늑약을 통탄하여 이등박문을 암살하려다가 발각되자 자살하였다. 정삼품 통정대부에 추증되었고 건국공로 훈장 단장을 수여하였다. 洪萬植－고종 때의 지사. 본관 남양. 문과 급제. 여주 목사 등을 지냈고 을사늑약이 체결되자 통분하여 음독자살하자 고종이 애석하게 여겨 숭정참정대신을 추증하였다. 宋秉璿－대한제국의 충신. 본관 은진으로 송시열의 9대 손. 書筵官(서연관), 참판, 대사헌을 지냈고 1905년 을사늑약이 체결되자 억울함을 왕에게 상소하러 가다가 경무사 윤철규에게 속아 일본헌병대에 인계되어 고향 대전 石南村에 이송되자 북향 사배하고 음독자살하였다. 議政에 추증되고 건국공로 훈장 단장을 수여하였다. 黃玹－대한제국 말기의 시인 우국열사. 호 매천. 구례에서 살았다. 생원시에 장원하였다. 시국의 혼란에 관직을 단념하고 후진을 양성하다가 한일합방을 분개하여 遺詩 네 수를 남기고 음독순절하였다. 영호남 선비들의 성금으로 매천집을 발간하였다. 乙巳五條約－1905년 일본이 우리의 외교권을 박탈하기 위한 조약. 한일보호조약. 일본이 청나라와 러시아를 이기고 우리나라 정복의 야욕이 굳어 갔다. 을사보호조약은 병합을 의미한 것이었다. 이토오가 우리 정부의 내각들을 불러들여 군사의 시위와 협박공갈로 조약에 서명하도록 하였다. 박제순, 이지용, 이근택, 이완용, 권중현이 조약에 찬성 조인하고 을사5적이 되었다. 조약내용은 외교권의 접수와 통감부 설치 등으로 우리나라는 외교권이 박탈되고 통감부 정치가 시작되었다. 장지연이 '是日也放聲大哭'이라는 조약내용이 황성신문에 나가자 전국에서는 반대운동이 일어나고 민영환, 조병세, 송병찬, 이한응, 송병선 등 중신들이 자결하고 각지에서 의병이 일어나니 충청도에 민종식, 전라도 최익현, 경상도 신돌석, 강원도 유인석 등이었다. 이 조약으로 각국의 주한공사 미·영·불·독 등이 돌아갔다. 이등박문이 초대통감으로 취임하였다.

ㅁ駐在公使는總召還하니駐英公使李漢應은任所에서自殉하고外國公使는各自撤歸라京城에設置統監府하니伊藤統監이來駐러라.
ㅁ三南에義兵이蜂起하니洪州閔宗植과湖南崔益鉉等이러라.
ㅁ光武十一年丁未六月에以海牙密使事로日本外務林董이來하다.

ㅁ 다른 나라에 머물러 있던 공사들을 다 불러들이니 영국에 있던 공사 이한응은 그곳에서 스스로 목숨을 끊었고 외국에 있는 공사들은 각기 스스로 철수하여 돌아왔다. 서울에는 일본이 통감부를 설치하니 이등박문이 통감으로 와 있었다.

ㅁ 삼남에서 의병들이 벌 떼처럼 일어나니 홍주에 민종식과 호남에 최익현 등이었다.

ㅁ 광무 11(1907년), 정미 유월 고종이 헤이그 만국 회의에 비밀히 특사를 보낸 일로 일본 외무 임동이 왔었다.

還: 돌아올 환. 撤: 폐할 철. 牙: 어금니 아. 董: 감독할 동. 李漢應 – 대한제국 때 외교관, 순국열사. 29세 때 주영공사 참서관으로 런던에 서리공사가 되었다. 을사늑약이 체결되어 공사를 철수하게 되자 치욕과 망국의 한을 품고 음독자살하여 을사늑약으로 최초의 순국열사가 되었다. 건국공로 훈장 단장을 수여하였다. 閔宗植 – 고종 때 애국자. 본관 여흥. 문과 급제. 참판을 사임하고 충남 정산에 살며 후진 양성으로 명망이 높았다. 을사늑약이 성립되자 호서에서 동지들을 규합하여 의병을 일으켜 500여 명을 모았다. 일본이 군대를 보내 토벌하니 무기 등 열세로 패하여 공주로 도망갔다가 체포되었다. 사형언도를 받았으나 법부대신 이하영의 주청으로 유배되었다가 특사로 풀려났다. 건국공로훈장 複章을 수여하였다. 海牙密使 – 1907년(광무 11)에 헤이그의 밀사사건. 이상설, 이준, 이종위 등이 고종의 밀서를 가지고 헤이그 만국평화회의에 참석하여 일본의 강제보호조약을 만방에 알려 파기하려 하였으나 의장국인 러시아가 외교권이 없다는 이유로 참석을 거절하자 미·영·불 대표를 만나 조약의 무효를 말하고 침략행위를 성토하였으나 뜻을 이루지 못하자 이준은 할복자살하였다. 이 일로 일본은 고종을 물러나게 하고 태자를 대리집정하게 하였다. 李儁 – 대한제국의 열사. 함경도 북청 출신. 일본 와세다 법대를 나와 검사가 되어 서재필과 독립협회를 조직하였으며 을사조약이 체결되자 분개하여 헤이그 만국평화회의에 이상설, 이종위와 함께 고종의 친서를 가지고 가서 일본의 강탈을 세계에 알리려 하였으나 일본의 방해로 뜻을 이루지 못하자 할복자살하였다. 건국공로훈장 중장을 수여하였다.

ㅁ七月十八日에禪位하고詔曰朕이嗣守丕基－四十有載라倦勤傳禪이自有例焉하니今玆軍國大事를令太子代理이로다.二十四日에伊藤統監의新約七條에總理李完用과內相任善準과度相高永喜와軍相李秉武와法相趙重應과學相李載崐과農相宋秉畯이捺印하니都城人心이紛紜激昻하야撤廛連日이러라.

ㅁ八月一日에軍隊解散하고三日에建年號曰隆熙라하고二十七日에擧卽位式하니是－純宗이러라.

ㅁ隆熙二年己酉正月十五日에羅喆等이奉大倧教(神人天祖檀君之位)하야重光하다.

ㅁ 7월 18일에 고종이 자리를 물려주며 "짐이 제왕의 자리를 이어받아 지켜 온 지 40여 년이 되었다. 집무를 쉬고자 하여 선위하고 전하여 주니 스스로 전례를 따를 것이라 이제부터 국군 통수권과 국가의 대사를 태자가 대리할 것을 명하노라." 하였다. 7월 24일에 이등 통감이 새 조약 7조를 만들어 총리 이완용, 내상 임선준, 도상 고영희, 군상 이병무, 법상 조중응, 학상 이재곤, 농상 송병준이 날인하니 도성 서울의 분노한 인심이 날로 혼란스럽고 격앙하여 연일 가게 문을 닫았다.

ㅁ 8월 1일에 우리 정부 군대를 해산시키고 8월 3일에 건년호를 '융희'라 부르고 27일에 태자의 즉위식을 거행하였으니 이분이 순종 황제시다.

ㅁ 융희 2년 기유(1909년) 정월 15일에 라철 등이 대종교(신인 하나님 단군의 신위)를 받들어 모시니 우리 시조 단군 할아버지의 얼이 거듭 빛났다.

朕: 황제의 자칭 짐. 丕: 클 비. 倦: 쉴 권. 勤: 피곤할 권. 例: 법식 예. 玆: 이에 자. 崐: 곤륜산 곤. 畯: 농부 준. 捺: 찍을 날. 紛: 어지러울 분. 紜: 어지러울 운. 昻: 오를 앙. 廛: 가게 전. 喆=哲: 밝을 철. 紛紜－어지러운 모양. 丕基－제왕의 큰 기업. 羅喆－대종교를 중광하였음. 을사조약을 조인한 대신을 저격하여 유배되었다가 석방되어 대종교(시조 단군)를 포교하였다. 구월산에 단군사당 삼성사에서 일본의 을사조약과 폭정을 동포에게 보내는 유서를 남기고 자결하였다. 건국공로 훈장 단장을 수여하였다. 高永喜－

조선 말기 역신. 이완용 내각에 탁지부 대신을 지내며 이완용이 데라우찌 통감과 한일합방에 동조한 망국내각의 5역신의 한 사람. 李秉武－조선 말기 망국내각의 한 사람. 본관 전주. 무과 급제. 일본 사관학교를 나와 대위를 거쳐 중장 군부대신이 되어 한일합방 때 시종무관으로 한일합방에 동의하여 일본 황실로부터 자작을 받았다. 趙重應－대한제국 말기의 역신. 본관 양주. 법무, 형사국장, 판사를 거쳐 통감촉탁 등을 지냈고 이완용 내각에서 법부·농부·상부대신으로 한일합방에 이완용과 함께 조약에 서명하여 매국역신이 되었고 일본에서 자작을 받았다. 軍隊解散－1907년(융희 1) 8월 1일 한국군대를 해산한 일. 이토가 헤이그 밀사사건으로 고종을 퇴위시키고 융희황제를 세워 군대해산의 칙어를 내리게 한 뒤에 우리 군대의 반발을 두려워하여 우리 장교를 모아 놓고 칙어를 읽고 해산할 것을 당부하였다. 侍衛 1연대장인 참령 朴性煥의 자살로 무언의 항쟁을 명하였다. 탄약을 내어 항거하니 2연대도 의거를 일으켰다. 해산된 군인들은 크고 작은 무장 항쟁을 5년 동안 계속하였다(大韓季年史). 신약7조(新約7條)－韓日新協約이라고도 함. 1907년에 일본이 한국을 합병하기 위한 예비7조약으로 일본 관리 채용 등 일본이 제시한 대로 수정 없이 이완용 내각이 채택하여 황제의 재가를 얻어 전권위원인 이완용이 7월 24일 밤 통감 사택에서 신협약을 조인하였다. 내용은 시정에 통감의 지도를 받을 것, 행정상 처분은 통감의 승인을 받을 것, 고급관리 임면은 통감의 동의를 받을 것, 우리나라 군대 해산, 사법권 위임, 일본인 차관 채용, 경찰권 위임 등 일본의 식민지화가 시작되었다.

ㅁ十月에伊藤侯가着于哈爾濱驛에遭難(射殺)于安重根하다.

ㅁ隆熙三年庚戌五月에曾彌統監이謝職하고而陸相寺內正毅－就任하다.

ㅁ八月二十二日御前會議에一進會主張인宋秉畯李容九의韓日併合條文을上奏하야蒙允하니東洋平和의永久確保오而皇室待遇와民福增進凡八條也라兩國全權委員寺內正毅와李完用이調印하고密勿警戒러니二十九日에以勅諭으로頒佈하다.

ㅁ 10월에 이등박문이 만주 할빈역에 도착하였을 때 안중근 의사가 권총으로 사살하였다.

ㅁ 융희 3년 경술(1910년) 5월에 일본인 증미 통감이 사직하고 육상 사내정의가 통감으로 취임하여 왔다.

ㅁ 8월 22일에 순종 앞에서 회의하였는데 일진회의 주장대로 송병준, 이용구가 한일합방 조문을 만들어 순종에게 아뢰고 윤허를 받으니 동양 평화를 영구히 확보하고 황실은 잘 대우할 것이며 백성들에게 복리를 증진해 줄 것 등 모두 8조로 되었다. 두 나라 전권위원 이완용과 사내정의가 조인하고 경계를 철저히 하였다. 그리고 29일에 순종의 칙명으로 반포하였다

侯: 후작 후. 哈: 물고기 많은 모양 합. 爾: 이것 이. 濱: 물가 빈. 遭: 일 당할 조. 蒙: 받을 몽. 입. 允: 허락할 윤. 勅: 조서 칙. 佈: 펼 포. 安重根－대한제국의 義士. 해주 출신으로 한학을 배웠고 사냥 다니며 사격에 능하였다. 을사늑약이 체결되자 강원도에 들어가 의병을 일으켜 일군과 싸우다가 블라디보스토크에 망명하여 1909년에 이범윤 등과 의용군을 조직하고 좌익장군이 되어 경흥에 들어가 일본군 50여 명을 사살하였다. 이토가 할빈에 오는 것을 기회로 일본인으로 가장하여 할빈역에 들어가 3발의 권총으로 직사시켰다. 여순 감옥에서 끝까지 항변하다가 사형당하였다. 건국공로훈장 중장을 수여하였다. 一進會－대한제국 말기의 친일정당. 민씨들의 방해로 일본에 망명한 송병준이 독립협회 잔당인 유시병, 유학주 등과 일진회를 조직하여 왕실존중, 민간재산보호 등 국정개혁을 요구하며 머리를 깎고 양복을 입었다. 동학당의 세력을 규합하여 전국적인 조직을 가졌다. 이용구가 13도 총회장이 되었고 송병준이 평의원장으로 일본에서 막대한 자금을 지원받아 을사조약도 지지하며 온갖 친일행위를 하였다. 매국행위가 더욱 심하여 융희황제에게 누차 한일합방을 상주하였으며 7년간 매국행위를 하다가 한일합방 후에 해체하였다(大韓季年史). 李容九－친일파 일진회 회장. 동학 최시형의 제자. 송병준의 포섭으로 일진회 회원이 되었고 侍天敎를 창설하여 교주가 되고 고종과 이완용 등에게 한일합방 건의서를 보냈다. 일진회 13도 총위원장이 되어 친일행동을 자행하다가 죽었다. 사후 일본천황에게서 훈1등 瑞寶章을 받았다(朝鮮合併史). 韓日合邦－1910년에 이 조약에 의해서 일본에게 통치권을 빼앗긴 일. 일본이 한국을 정복하기 위하여 청일전쟁을 일으켰고 러시아와 전쟁을 일으키어 승리하고 한국의 지위를 독점하였다. 우리나라는 중립국이 되려고 하였으나 일본이 '한일의정서'를 강요하여 군사적 목적에 편의와 토지이권을 장악하였고 1905년에는 정부고관을 협박 매수하여 '을사보호조약'으로 외교권을 빼앗고 통감부를 두어 보호정치를 하였다. 헤이그 밀사사건으로 고종을 몰아내고 우리 군대를 해산시켰으며 안중근 의사는 이토를 할빈역에서 사살하니 일본은 더욱 초조하여 친일조직인 일진회를 선동하고 1910년 8월 16일 총리 이완용에게 조약안을 제시하게 하여 내부대신 박제순, 탁지부 고영희, 농상공부 조중응 등의 승인을 얻어 8월 22일 어전회의를 열고 이완용이 윤덕영을 시켜 황제의 어새를 날인하게 하였다. 내용은 한국은 일체 통치권을 영구히 일본에 양여하고 일본에 병합한다. 한국인의 신체와 재산은 보호된다 등 8조로 되었다. 조선은 27대 519년 만에 망하였다(日省錄, 韓國通史).

朝鮮傳世圖

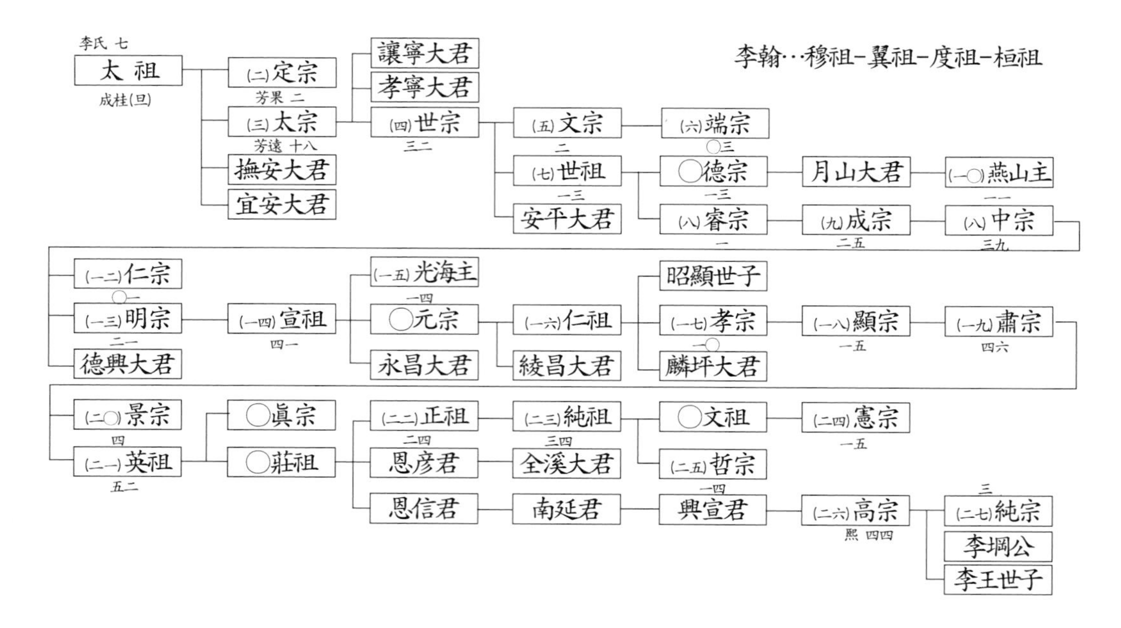

조 선 전 세 도

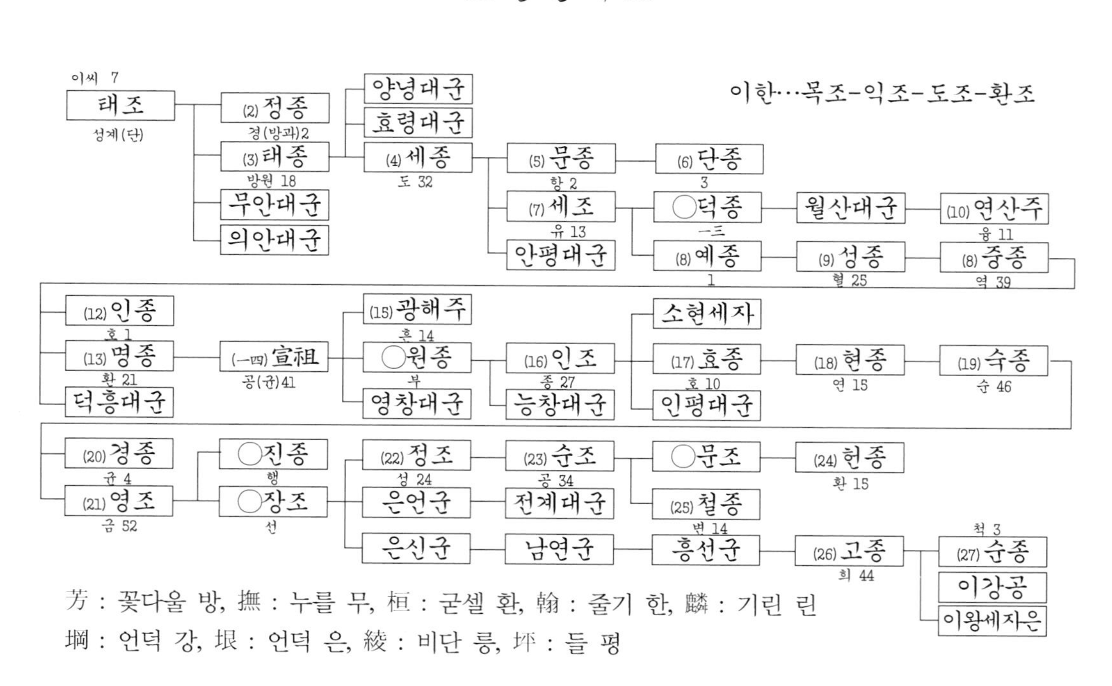

芳 : 꽃다울 방, 撫 : 누를 무, 桓 : 굳셀 환, 翰 : 줄기 한, 麟 : 기린 린
堈 : 언덕 강, 垠 : 언덕 은, 綾 : 비단 릉, 坪 : 들 평

高麗王統

太 惠(太子) 定(弟) 光(母弟) 景(太子) 成(太祖孫) 穆(長子) 顯(太祖孫) 德(太子) 靖(母弟) 文(顯宗三子) 順(太子) 宣(母弟) 獻(元子) 肅(宣宗母 弟) 睿(太子) 仁(太子) 毅(太子) 明(母弟) 神(母弟) 熙(太子) 康(明宗長子) 高(太子) 元(太子) 烈(太子) 宣(世子) 肅(弟) 惠(世子) 穆(長子) 定(弟) 愍(忠惠母弟) 禑 昌 讓(神宗七世孫)

고려왕통

태. 혜(태자). 정(동생). 광(동생). 경(태자). 성(태조손자). 목(장자). 현(태조손자). 덕(태자). 정(동생). 문(현종 삼자). 순(태자). 선(동생). 헌(원자). 숙(선종 동생). 예(태자). 인(태자). 의(태자). 명(동생). 신(동생). 희(태자). 강(명종 장자). 고(태자). 원(태자). 렬(태자). 선(세자). 숙(동생). 혜(세자). 목(장자). 정(동생). 민(충혜왕 동생). 우. 창. 양(신종 칠세 손).

景: 햇볕 경. 밝을 경. 穆: 화목할 목. 삼갈 목. 靖: 편안할 정. 다스릴 정. 睿: 깊고 밝을 예. 통할 예. 毅: 굳셀 의. 熙: 빛날 희. 愍: 근심할 민. 불쌍히 여길 민. 禑: 복 우. 讓: 겸손할 양. 사양할 양.

朝鮮王統

太 定(二子) 太(母弟) 世(三子) 文(長子) 端(子) 世(世宗次子) 德(長子) 睿(世祖次子) 成(德宗子) 燕(長子) 中(成宗次子) 仁(長子) 明(弟) 宣(中宗孫) 光(二子) 元(宣祖子)

仁(子) 孝(次子) 顯(子) 肅(子) 景(長子) 英(弟) 眞(長子) 莊(弟) 正(子) 純(次子) 文(子) 憲(子) 哲(莊祖曾孫) 高(莊祖玄孫) 純(太子)

조선왕통

태. 정(차자). 태(동생). 세(3자). 문(맏아들). 단(아들). 세(세종 차자). 덕(맏아들). 예(세조 차자). 성(덕종 아들). 연(맏아들). 중(성종 차자). 인(맏아들). 명(동생). 선(중종 손자). 광(차자). 원(선조 아들). 인(아들). 효(차자). 현(아들). 숙(아들). 경(맏아들). 영(동생). 진(맏아들). 장(동생). 정(아들). 순(차자). 문(아들). 헌(아들). 철(장조 증손자). 고(장조 현손). 순(태자)

朝鮮高宗純宗年間主要事件

甲子－－高宗登極. 丙寅－－－洋亂. 戊辰－－－景福宮重建. 辛未－－－洋擾. 書院毁撤. 甲戌－－－世子生(純宗). 乙亥－－－世子冊封. 九月大院君擊日本雲揚艦于江華島. 丙子－－－二月二十九日韓日修交條約締結. 丁丑－－－釜山開港. 日本花房義質來朝. 辛巳－－－金允植等派天津. 魚允中等十一人派日本. 日陸軍中尉掘本禮造聘. 訓練院改稱士官學校. 壬午－－－元山開港. 七月軍亂起. 大院君淸國○去. 韓美修交. 癸未－－－仁川開港. 鑄當五錢. 英獨修交. 甲申－－－十一月洪英植等開化黨革命失敗.

조선 고종 · 순종 연간 주요사건

갑자(1864년)---고종이 왕위에 올랐다.

병인(1866년)---서양 배가 와서 혼란하였다.

무진(1878년)---경복궁을 다시 세웠다.

신미(1871년)---서양 배가 침입하였다. 대원군이 서원들을 헐어 치웠다.

갑술(1874년)---세자(순종)가 탄생하였다.

을해(1875년)---세자를(순종) 책봉하였다. 9월에 대원군이 일본 운양호를 강화도에서 격파하였다.

병자(1876년)---2월 28일에 한일 수교조약을 체결하였다.

정축(1877년)---부산 항구를 개항하였다. 일본 화방의질이 조정에 왔다.

신사(1881년)---김윤식 등을 청나라 천진에 보냈다. 어윤중 등 11사람을 일본에 보냈다. 일본 육군중위 굴본예조를 불러들였다. 훈련원을 사관학교라고 칭하였다.

임오(1882년)---원산항을 개항하였다. 7월에 군란이 일어났다. 대원군이 청나라로 압송되어 갔다. 한국과 미국이 수교하였다.

계미(1883년)---인천 항구를 개항하였다. 5전에 해당한 주화를 만들었다. 영국, 독일과 수교하였다.

갑신(1884년)---11월에 홍영식 등 개화당들이 혁명을 일으켰으나 실패했다.

極: 임금 자리 극. 擾: 어지럽힐 요. 毁: 헐 훼. 冊: 칙서 책. 締: 맺을 체. 掘: 파낼 굴. 聘: 부를 빙. 찾아갈 빙.

乙酉---日清天津條約. 大院君歸國. 英國巨文島占領.

癸巳---金玉均上海被殺.

甲午---東學黨亂惹起. 日清戰爭. 金弘集內閣成立.

乙未---誓告太廟. 朴定陽內閣. 十月母后大變. 十一月十七日太 陽曆用.

丙申－－－－一月一日建陽元年. 二月俄館播遷世子同侍. 金弘集
鄭秉夏 魚允中被殺.
丁酉－－－二月御駕還宮. 八月十六日光武元年改. 大韓皇帝.
次子垠生.

을유(1885년)－－－일본과 청국이 천진조약을 체결하였다. 대원군이 청국에서 돌아왔다. 영국이 거문도를 점령하였다.
계사(1893년)－－－김옥균이 상해에서 피살되었다.
갑오(1894년)－－－동학당이 반란을 일으켰다. 청국과 일본이 전쟁하였다. 김홍집이 내각 조직을 성립하였다.
을미(1895년)－－－태조 종묘에서 고하였다. 박정양 내각이 들어섰다. 10월에 명성황후를 일본이 폭력배를 보내 살해하였다. 11월 17일에 태양력을 쓰기 시작하였다.
병신(1896년)－－－1월 1일을 건양 원년으로 하였다. 2월에 고종황제가 러시아 영사관으로 파천 가며 세자도 같이 갔다. 김홍집, 정병하, 어윤중이 살해되었다.
정유(1897년)－－－2월에 고종 어가가 러시아 영사관에서 궁으로 돌아왔다. 8월 16일에 원년을 광무로 바꿨다. 대한황제로 하였고 고종의 둘째 아들 은이 탄생하였다.

惹: 엉겨 붙을 야. 警: 타이를 경. 俄: 러시아 아. 播: 옮길 파. 駕: 천자 수레 가. 垠: 옥돌 은.

戊戌－－－三月大院王昇遐七十九歲. 七月東學崔時亨受刑 金鴻陸事. 十一月獨立協會皇國協會衝突.
己亥－－－南鮮地方活貧黨亂起.
庚子－－安駒壽死刑. 十二月朴泳孝等陰謀發覺. 清國義和團○起

癸卯－－－露借龍岩浦. 二月日露宣戰. 韓日攻守同盟. 張浩翼癈立謀

甲辰－－－純明妃昇○(太子妃).

무술(1898년)－－－3월 대원왕이 승하하였다. 79세였다. 동학의 최시형이 사형받았다. 김홍륙 사건이 났다. 11월에 독립협회와 황국협회가 충돌하였다.

기해(1899년)－－－남선 지방에 활빈당 난이 일어났다.

경자(1900년)－－－안구수가 사형받았다. 12월에 박영효 등이 음모하다가 발각되었다. 청나라에서 의화단이 일어났다.

계묘(1907년)－－－러시아가 용암포를 빌렸다. 2월에 일본과 러시아가 선전포고를 하였다. 한국과 일본이 공수동맹을 맺었다. 장호익이 폐립 모의를 하였다.

갑진(1904년)－－순명비가 승하하였다(태자비).

亨: 형통할 형. 鴻: 큰 기러기 홍. 衝: 부딪칠 충. 찌를 충. 駒: 젊은이 구. 망아지 구. 借: 빌릴 차. 浦: 포구 포. 승하 遐 자도 검열에 삭제.

乙巳－－－京釜線開通. 十一月保護條約成立閔泳煥等朝野名士憤死.

丙午－－－－閔宗植崔益鉉等擧義兵.

丁未－－－李完用內閣成立. 六月海牙密使事件日本抗議提出. 七月十八日禪位.

庚戌－－－－八月二十九日韓日倂合.

己未－－－－－一月二十日高宗昇○三月萬歲事件勃興.

丙寅－－－－四月二十五日純宗昇○.(遐 자를 일본이 검열할 때 삭제)

을사(1905년)---경부선 철도가 전부 개통되었다. 11월에 보호조약이 성립되자 민영환 등 조야에서 명사들이 분격하여 목숨을 끊었다

병오(1906년)---민종식, 최익현 등이 의병을 일으켰다.

정미(1907년)---이완용 내각이 성립되었다. 6월에 헤이그에 고종이 일본 몰래 비밀히 특사를 보낸 일로 일본에서 항의서를 고종에게 보냈다. 이 일로 7월 18일에 순종에게 왕위를 물려주었다.

경술(1910년)---8월 29일 한국과 일본이 합병되었다.

기미(1919년)---1월 22일에 고종이 죽었다. 3월 1일에 전국에서 독립만세를 부르며 분연히 일어났다.

병인(1926년)---4월 25일에 순종이 죽었다.

儒賢淵源圖

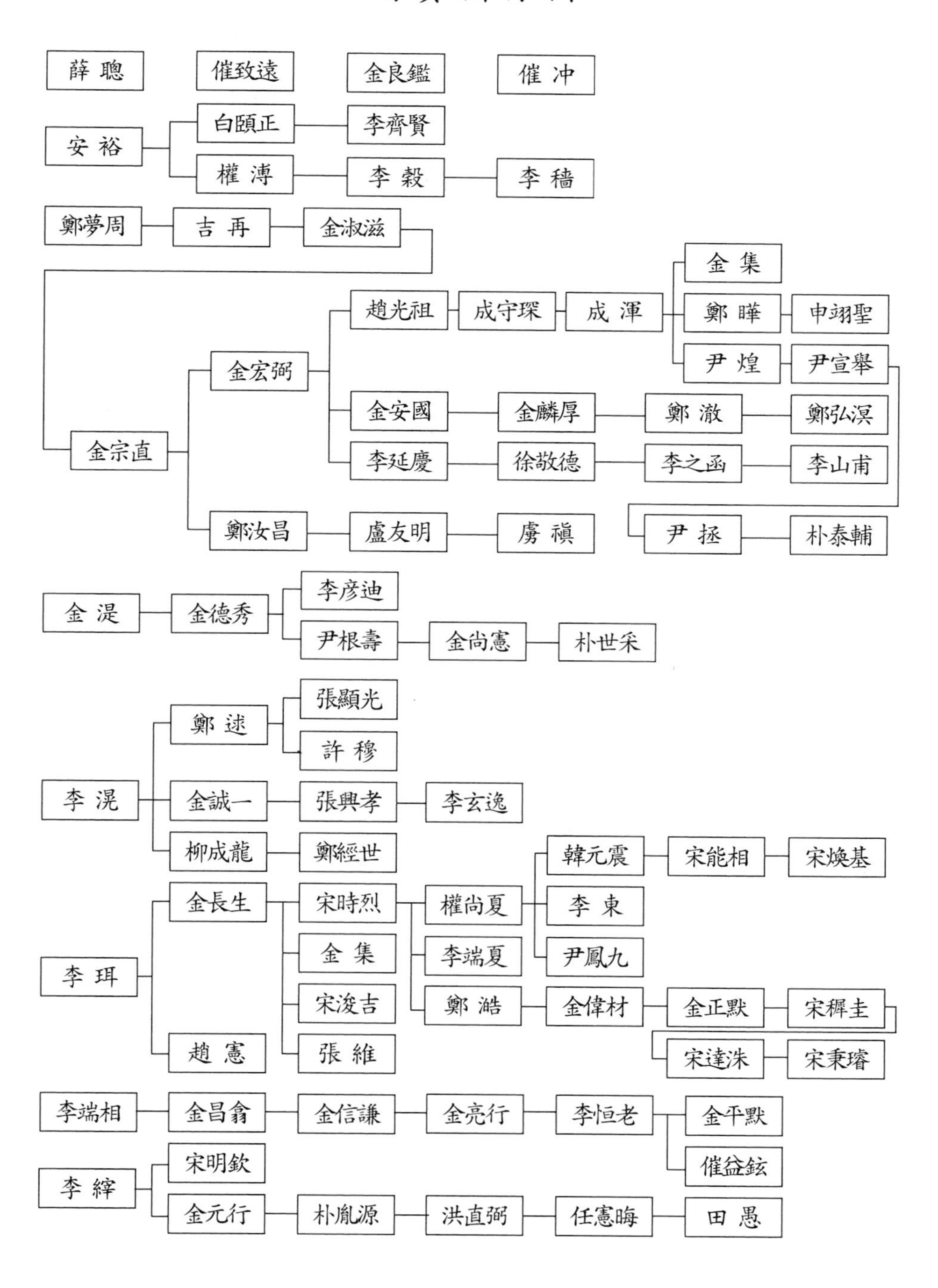
薛 聰
崔致遠
金良鑑
崔 冲
安 裕
白頤正
李齊賢
權 溥
李 穀
李 穡
鄭夢周
吉 再
金淑滋
金宗直
金宏弼
趙光祖
成守琛
成 渾
金 集
鄭 曄
申翊聖
尹 煌
尹宣擧
金安國
金麟厚
鄭 澈
鄭弘溟
李延慶
徐敬德
李之函
李山甫
尹 拯
朴泰輔
鄭汝昌
盧友明
虜 禛
金 湜
金德秀
李彦迪
尹根壽
金尙憲
朴世采
李 滉
鄭 逑
張顯光
許 穆
金誠一
張興孝
李玄逸
柳成龍
鄭經世
李 珥
金長生
宋時烈
權尙夏
韓元震
宋能相
宋煥基
李 柬
尹鳳九
李端夏
鄭 澔
金偉材
金正默
宋穉圭
宋達洙
宋秉璿
金 集
宋浚吉
趙 憲
張 維
李端相
金昌翕
金信謙
金亮行
李恒老
金平默
催益鉉
李 縡
宋明欽
金元行
朴胤源
洪直弼
任憲晦
田 愚

유현연원도

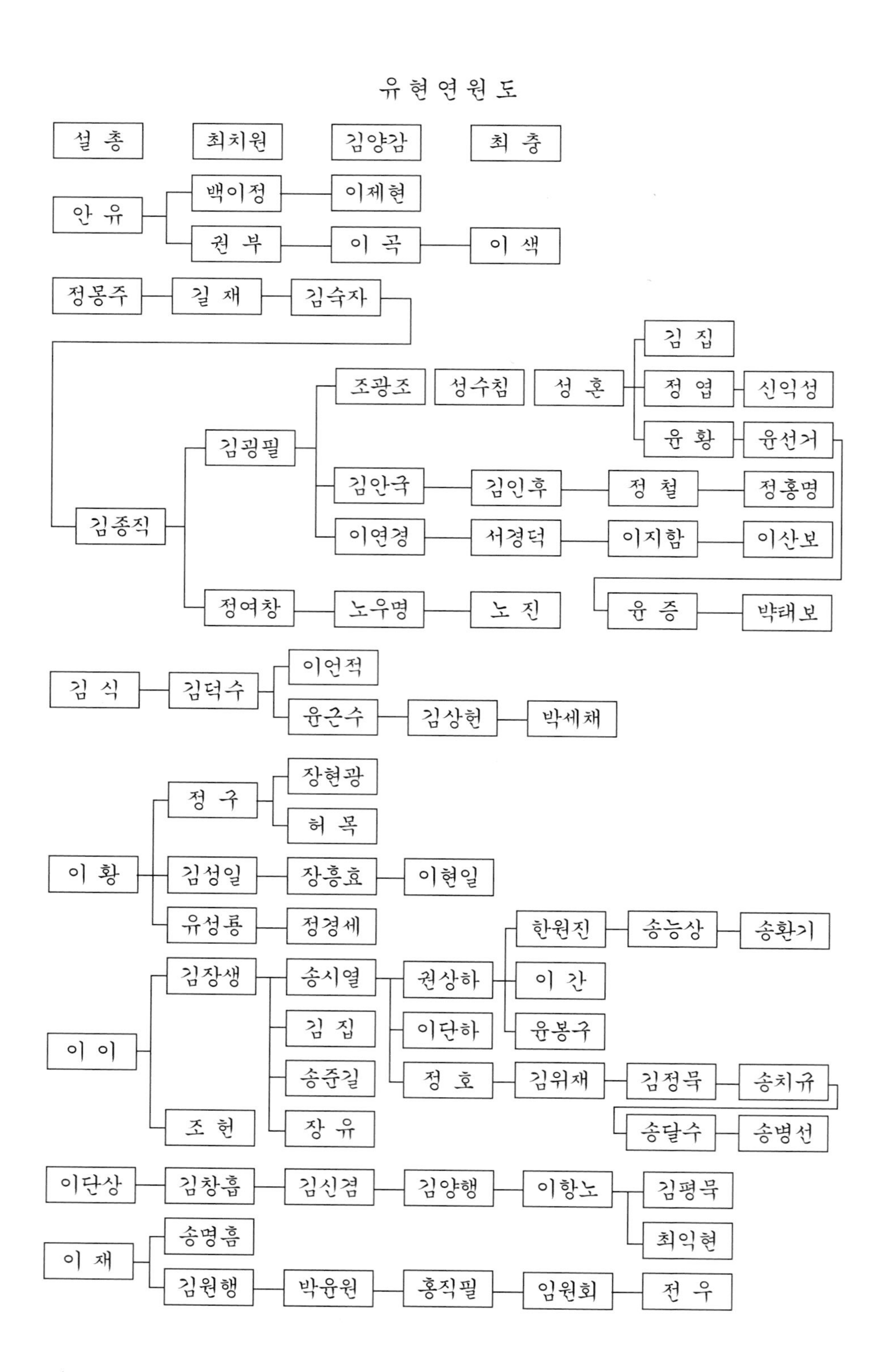
설 총
최치원
김양감
최 충
안 유
백이정
이제현
권 부
이 곡
이 색
정몽주
길 재
김숙자
김 집
조광조
성수침
성 혼
정 엽
신익성
김굉필
윤 황
윤선거
김안국
김인후
정 철
정홍명
김종직
이연경
서경덕
이지함
이산보
정여창
노우명
노 진
윤 증
박태보
이언적
김 식
김덕수
윤근수
김상헌
박세채
장현광
정 구
허 목
이 황
김성일
장흥효
이현일
유성룡
정경세
한원진
송능상
송환기
김장생
송시열
권상하
이 간
김 집
이단하
윤봉구
이 이
송준길
정 호
김위재
김정묵
송치규
조 헌
장 유
송달수
송병선
이단상
김창흡
김신겸
김양행
이항노
김평묵
최익현
송명흠
이 재
김원행
박윤원
홍직필
임원회
전 우

四 色 分 黨 圖

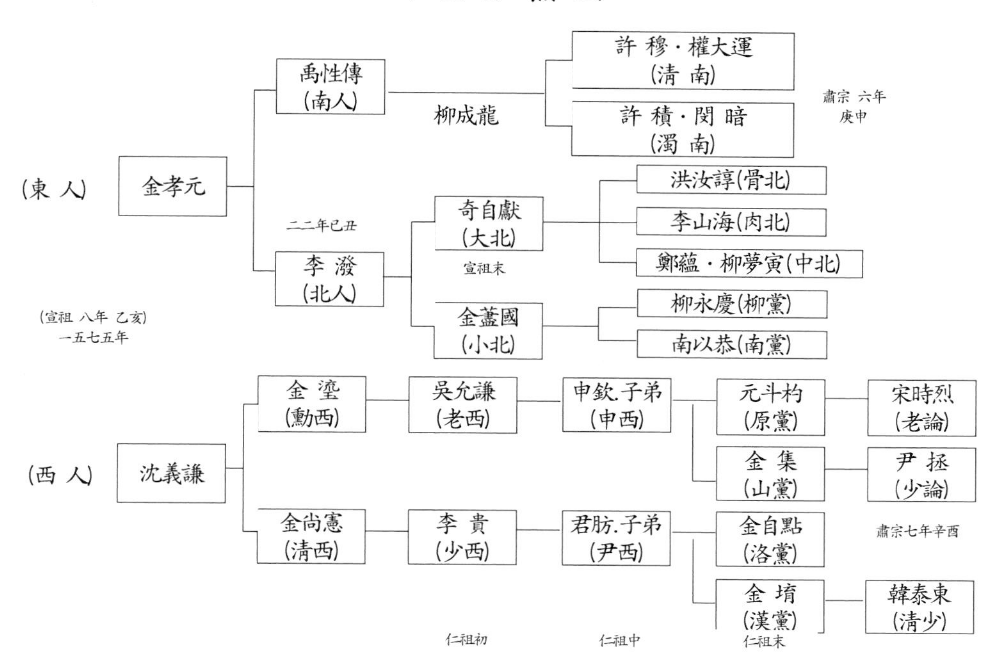

사색 분당 약도

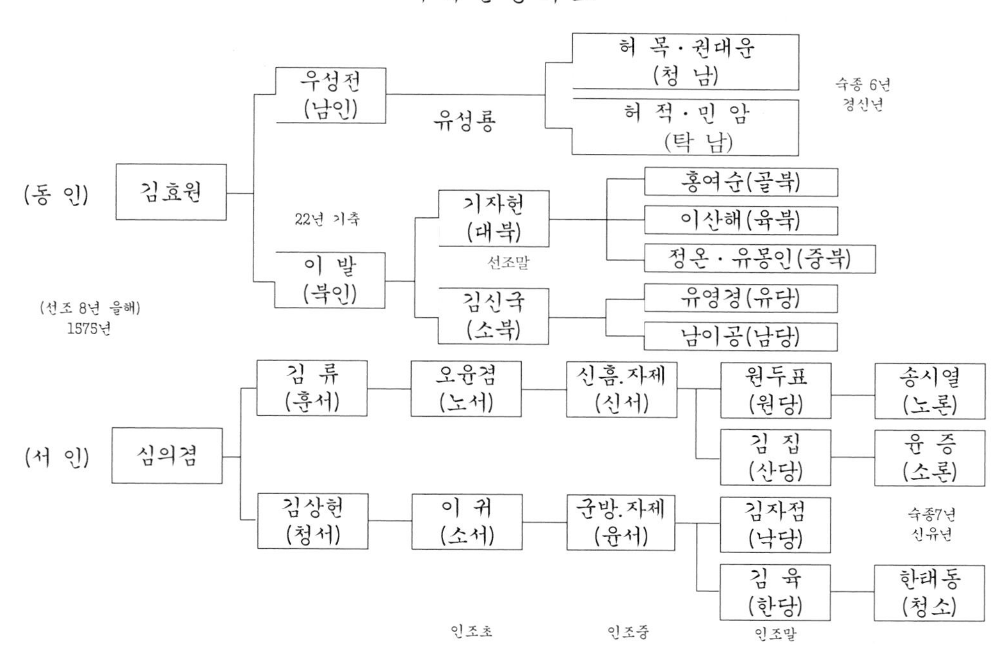

金良鑑－고려 문종 때 문신. 1070년에 상서우승좌간의대부등 太僕卿(태복경)으로 송나라에 사은사로 다녀와 좌복야 등을 역임하고 守太尉에 이르렀다(고려사). 白頤正－고려 충선왕 때 학자. 본관 藍浦(남포). 상의회의도감사가 되어 上黨君에 봉되었고 원나라에 가서 朱子學을 연구하여 우리나라에 처음으로 도입하였다. 이제현, 박충좌를 가르쳤다. 權溥－고려 충선왕 때 학자로 안무성의 제자. 18세 때 문과 급제하여 詞林院의 학사, 우부승지가 되었고 領都僉議司事(영도첨의사사) 염가부원군과 공신의 호를 받고 朱子四書集註를 간행하고 성리학을 보급시켰으며 銀臺集(은대집) 20권을 주서하였다(고려사). 金淑滋－조선 세종 때의 학자. 본관 선산. 길재의 제자 태종 때 司馬試에 들었고 開寧현감 成均司藝를 역임하였으며 세조가 즉위하자 밀양에 돌아와 후진을 양성하였다. 洛峰서원에 배향하였다(海東名臣錄). 成渾－조선 선조 때 학자. 본관 창녕. 현감으로 추천받았으나 사퇴하고 경연(經筵)을 맡았으며 이조참판이 되었다. 율곡과 같이 성리학의 대가로 명성이 높았다. 율곡과 四七續編을 완성하였고 많은 제자들을 양성하였으며 좌의정에 추증되었다. 申翊聖－선조의 사위. 본관 평산. 영의정 흠의 아들. 東陽尉에 봉되고 부총관을 겸임하였다. 병자호란 때 화의를 배척하여 최명길 등과 청의 심양으로 끌려갔으나 소현세자의 덕으로 무사히 귀국하였다. 글씨에 능하여 휴정대사비, 영창대군비가 남아 있다. 저서 낙선당집 등. 정엽(鄭曄)－인조 때 문관. 본관 草溪. 문과 급제. 宋翼弼(송익필)에게 배우고 우계 율곡의 문하에 출입하였다. 형조좌랑, 예조정랑, 대사간에 이르렀다. 광해군 때 대사성, 도승지를 지냈고 이괄 난 때 인조에게 남행을 권하여 공주로 피난 가게 하였다. 평정 후 돌아와 대사헌, 우참찬 등 네 가지 소임을 겸하다가 과로로 죽었다(선조, 인조실록 등). 윤황(尹煌)－선조 때 학자. 본관 파평. 선조(30년) 때 謁聖試乙科(알성시을과)에 장원. 감찰, 예조, 형조, 좌랑, 軍器監正을 지냈고 간당들의 탄핵으로 니산(尼山)에 은거하였다가 인조반정으로 대사간, 동부승지, 이조참의 등을 지냈다. 尹宣擧－조선 중기 학자. 본관 파평. 대사간 煌(황)의 아들. 인조 때 生進兩試에 합격. 병자호란 때 어머니와 강화에서 피난 중에 1637년 강화가 함락되고 벗들이 전사하고 부인 이씨도 순절하였으며 삼전도에서 왕이 항복하자 과거에 뜻을 버리고 錦山(금산)에 은거하여 성리학을 연구하였으며 金集을 사사하였다. 효종, 현종이 불렀으나 취임하지 않았다. 사후에 영의정에 추증되었다. 저서 癸甲錄, 家禮源流 등. 徐敬德－조선 중종 때 학자. 본관 唐城(당성). 학문을 연구할 뿐 벼슬을 단념하였다. 어머니의 명으로 司馬試에 합격하였으나 道學에 전념하였다. 가난하여 굶주려도 泰然自若하였으며 제자들의 학업 진취에 매우 기뻐하였다. 사후 선조 때 우의정을 추증받았고 손자 우신은 무과 급제하여 남도절도사를 지냈다. 저서 原理氣, 理氣說 등(인물고). 이지함(李之菡)－호는 토정. 본관 한산. 목은 색의 후손. 서경덕에게 배웠고 諸家雜術에 정통하였으며 1575년에 卓行으로 추천되어 포천현감을 거쳐 아산현감으로 죽었다. 예언 술수의 일화가 많다. 숙종 때 이조판서에 추증되었다(선조실록). 李山甫－조선 선조 때 명신. 본관 한산. 문과 급제. 현감 正言을 지내고 북도에 어사로 다녀와 대사헌을 거쳐 명나라에 賀節使로 다녀왔다. 대사헌, 황해도 절도사를 역임하였고 1594년 대기근(大饑饉)을 수습하다가 과로로 죽었다. 扈聖功臣(호성공신)에 책록되고 영의정에 추증되었다(海東名臣錄). 노진(盧禛)－고려 공민왕 때 문신. 공양왕의 장인. 본관 交河. 1372년 謝恩使로 명나라에 다녀와서 評理가 되었고 昌城君에 봉해졌으며 딸이 順妃가 되었다(고려사). 金湜－조선 중종 때 성리학자. 본관 청풍. 어려서 아버지를 여의고 분투 면학하여 성리학의 대가가 되었으며 벼슬은 대사성에 이르고 조광조, 김안국과 제도개혁을 촉진하여 정당하지 못한 공신들, 훈구파들의 훈작을 삭제하는 등 과격한 정치를 하다가 훈구파 남곤, 심정 등이 역습하여 기묘사화를 일으키니 거창에 피신하다가 '君臣千歲義'라는 시를 써 놓고 자결하였다. 이언적(李彦迪)－조선 중종 때 현신. 본관 여주. 을과 급제. 안동, 현감 등 司諫에 이르렀다. 數千言의 소를 올려 왕의 찬탄을 받고 예조판서, 의정부우찬성이 되었다. 1574년 良才驛(양재역) 벽서사건에 연루되어 귀양 가서 죽었다. 선조 때 영의정에 추증되고 경주 玉山書院에 배향하였다. 성리학의 대가로 이황, 김굉필, 정여창, 조광조와 동방4현으로 추모하였다. 유고로 晦齋集, 讀或問, 求仁錄 등. 尹根壽－조선 선조 때의 문신. 본관 海平. 문과 급제. 대사성에 올라 奏請使(주청사)로 명나라에 다녀와 부제학, 이조참판이 되었고 다시 明에 가서 明帝가 준 會典全篇(회전전편)을 받아 왔으며 형조판서, 光國功臣 해평군에 봉되었다. 임진왜란 때 명에 구원병을 청하여 국란 극복에 힘썼다. 성리학을 연구하며 우계와 절친하였다. 저서 四書吐釋, 漢文質疑, 朝天錄 등(선조, 숙종실록 등). 張顯光－조선 중기 학자. 본관 인동. 23세에 才士로 추천되고 유성룡의 천거로 보은현감을 지냈고 인조가 즉위하여 이조참판, 대사헌에 임명하였으나 다 사퇴하였다. 1637년에 청나라에 항복하니 동해안 立嵒山(입암산)에 들어가 있다가 죽었다. 효종 때 영의정에 추증되었다. 許穆－조선 숙종 때 명신. 본관 陽川. 鄭逑(정구)에게서 배웠고 숙종 때 대사헌, 이조참판이 되었다. 우의정 판중추부사가 되어 송시열에게 사형을 주장하다가 왕의 노여움을 받았다. 서인이 집권하자 쫓겨나 저서에 몰두하였다. 문장과 글씨가 뛰어났으며 허적과 같은 남인으로 허목은 淸南, 許積(허적)은 濁南이라 불렀다. 張興孝－조선 중기의 학자. 永嘉(영가) 출신. 김성일, 유성룡에게서 배웠으며 학문의 명성이 높았다. 蔭補(음보)로 昌陵참봉에 임명되었으나 부임하기 전에 죽었다. 저서 敬堂集. 李玄逸－조선 숙종 때 중신. 본관 載寧(재령). 숙종 때 학행으로 허목이 추천하여 지평에 특채되었다. 예조참판, 대사헌으로 學製雜科(학재잡과) 등 과거제도 개혁을 주장하였다. 이조판서에 이르렀고 趙嗣基(조사기)의 죄를 구원하려다가 귀양 갔다 왔다. 저서 栗谷四七辨, 洪範行義, 永慕錄 등(人物考 등). 張維－조선 중기 명신. 본관 덕수. 문과 급제. 예조, 이조 郎官을 지내고 靖社功臣(정사공신)이 되었다. 이괄 난에 왕을 모시고 강화에 다녀와 新豊君에 봉되고 정묘호란 때 왕을 모시고 강화에 다녀와서 이조판서, 대제학이 되었고 1636년 병자호란 때 남한산성에 왕을 모시고 다녀와 우의정이 되었다. 문장에 능하였으며 천문, 지리, 의술, 兵書에 능하였다. 문집 60권이 간행되었다(海東名臣錄). 李端夏－조선 숙종 때 대신. 본관 덕수. 문과 급제. 부교리 이조정랑이 되었으며 소나무 잎으로 饑民구제를 청하여 서울 밖 빈민에게 나누어 주었다. 숙종 때 부제학을 거쳐 이조참의, 홍문관, 제학, 예조판서를 지냈다. 社倉節目(사창절목), 宣廟寶鑑(선묘보감)을 지어 올렸다. 좌의정 행판돈령부사(行判敦寧府事)에 이르렀다. 송시열의 문하에서 학문이 높았다. 저서 畏齋集(외제집) 등(國朝人物志). 韓元震－조선 영조 때 학자. 본관 청주. 權尙夏의 제자. 학행으로 영릉 참봉이 되었고 영조 때 經筵官으로 선출되었으며 掌令 執義에 임명되었으나 사퇴하고 학문에 치중하며 理氣說을 주장하였다. 정조 때 이조판서에 추증되었다. 저서 남당집(南塘集). 李柬－조선 영조 때 경연관(經筵官). 본관 禮安. 권상하의 문인 江門八學士의 한 사람. 그의 '人物同姓論'은 유명하다. 1716년 세자시강원자의(世子侍講院諮議)가 되고 經筵官에 이르렀으며 순조 때 이조판서에 추증되었다. 遺稿로 외암유고(巍巖遺稿)(영조실록). 尹鳳九－조선 영조 때 학자. 본관 파평. 遺逸로 천거되어 贊善 판서가 되었다. 권상하의 문하에서 배웠다. 江門八學士에 들었다. 저서 병계집(屛溪集) 등(인물고). 宋能相－조선 중기의 문신. 본관 恩津. 과거에 뜻을 두지 않고 20세에 대학자가 되었다. 한원진(韓元震)의 제자로 1740년(영조 16)에 학행으로 천거되어 世子侍講院諮議가 되었다. 宋煥箕－조선 순조 때의 문신. 본관 은진. 우암의 5대손 유일(遺逸)로 벼슬에 올라 경연관 이조판서를 역임하고 贊成에 이르렀다. 학문과 덕망으로 조야에 존경을 받았다. 宋穉圭(송치규)－조선 헌종 때의 학자. 본관 은진. 金正黙의 문하에서 배웠다. 순조 때 이조참판을 내렸으나 사퇴하고 헌종 4년에 형조판서를 받고 正憲大夫에 올랐다. 온순하고 의지가 투철하여 죽으니 조야가 애석하게 여기고 문인 백여 명이 상복을 입고 상여를 따랐다. 저서 剛齋集. 李端相－조선 헌종 때의 학자. 본관 延安. 문과 급제. 玉堂을 거쳐 병조정랑 臺諫으로 효종이 죽자 관직을 버리고 경서를 연구하였다. 經筵官을 사퇴하고 楊州에서 여러 학문에 힘썼다. 현종이 승지 參知를 명하였으나 사퇴하고 1669년 부제학으로 書筵을 모셨다. 이조판서에 추증되었다. 저서 大學集覽, 聖賢通紀 등(人物考). 김창흡(金昌翕)－조선 숙종 때 학자. 본관 안동. 영의정 수항(壽恒)의 아들. 李端相에게서 배우고 진사에 합격하였으나 벼슬에 뜻을 두지 않고 성리학을 연구하여 명성이 높았다. 1721년 경종 연잉군(延礽君)을 世弟로 받들다가 귀양 간 형 창집의 일로 고민 끝에 죽었다. 영조 때 이조판서에 추증되었다. 저서 三淵集 등. 金信謙－조선 말기의 학자. 본관 안동. 進士試에 장원하였으나 백부인 영의정 김창집이 신임사화로 사사될 때 연좌되어 유배되었다. 영조 원년(1725년)에 풀려나와 敎官에 임명되었으나 취임하지 않고 후진 양성에 여생을 마쳤다. 김양행(金亮行)－조선 중기의 문인. 김신겸, 민우수(閔遇洙)의 문하에서 배우고 經典에 통달하였다. 정조 때 형조참판을 지냈다(영조실록 등). 李恒老－조선 말기의 학자. 본관 碧珍. 6세에 천자문을 떼고 '十九史略'을 배웠다. 經史에 밝은 선비로 휘경원 참봉에 임명하였으나 나가지 않고 고향 벽계(檗溪)에서 후진을 양성하였다. 고종 1년에 趙斗淳의 추천으로 全羅都事 공조참판에 이르렀고 성리학에 밝았다. 저서 華東歷史合編綱目 60권, 대전차의집보(大戰箚疑輯補) 등(人物考). 金平默－조선 말기의 학자. 본관 청풍. 李恒老 李華西의 문하생. 1821년(순종 21)에 李晩遜 등 만여 명의 위정척사(衛正斥邪) 上疏文을 보고 감탄하여 우리 동인으로 하여금 천하 후세에 사과하기에 족하다고 후원하였으며 척양척왜(斥洋斥倭)의 소를 초안하여 왕의 노여움을 사고 유배되었다가 다음 해에 풀렸다. 저서 學統考, 更張問答, 斥洋大義 등. 宋明欽－조선 영조 때 학자. 본관 은진. 李縡의 제자로 학행이 높아 恭陵參奉에 임명되었으나 사퇴하고 사언부지평 장령 書筵官도 사퇴하고 옥과 현감으로 취임하여 큰 흉년을 만나 백성을 잘 구제하여 치적을 올렸다. 만년에 贊善으로 경연관을 겸임하여 임금에게 논어를 강의하다가 영조의 비위를 건드려 파면되었다. 사후 관직이 복구되었다. 저서 력천집(櫟泉集) 등(영조실록 등). 金元行－조선 영조 때 학자. 본관 안동. 1719년(순종 45)에 진사과 3위 급제. 1740년부터 사헌부, 지평, 서연관 등 벼슬을 내렸으나 사퇴하고 왕세손이 책봉되어 영조가 세손의 교육을 위하여 불렀으나 응하지 않았다. 뒤에 공조참의 世孫贊善에 임명하였으나 취임하지 아니했다. 저서 續朝野輯要 등. 洪直弼－조선 말기 학자. 본관 남양. 박윤원(朴胤源)에게서 배웠으며 과거에 뜻이 없고 학문에 정진하여 당대의 儒宗이 되었다. 순조가 명성을 듣고 敎寧府參奉으로 헌종 때 執義로, 철종이 즉위하자 대사헌, 형조판서를 내렸으나 사퇴하였다. 뛰어난 문장에 많은 문하생을 양성하였다. 저서 문집 52권이 전한다. 梅山集 등(철종실록). 任憲晦－조선 고종 때 문신. 본관 풍천. 洪直弼 문하에서 수학. 홍직필로부터 전수할 수제자로 지목되자 벼슬을 폐하고 經籍에 몰두하다가 1859년(철종 9)에 천거되어 지평, 贊善, 大司憲에 이르렀다. 사후 내부대신에 추증되었다. 저서 鼓山集 등(人物考, 日省錄). 田愚－조선 말기의 학자. 본관 담양. 어려서부터 문장이 뛰어나 당시 거유인 신응조(申應朝)의 권고로 임원회에게 20년간 배웠으며 그의 高弟가 되었다. 그의 학풍은 율곡, 우암의 사상을 계승하였다. 고종 19년에 掌令 中樞院參議를 명하였으나 사퇴하고 말년에 界火島에서 후학을 양성하였다. 저서 간제집(艮齋集).

十二士禍

端宗朝－－－癸酉士禍　金宗瑞等(端宗遜位時權擥等用事)
世祖朝－－－丙子士禍　六臣成三問等(欲復上王位時金礩告 變)
燕山朝－－－戊午士禍　金宗直等(以弔義帝文李克敦柳子光 用
　　　　　　至丙寅事)　甲子士禍(以母后廢死深憾殺先舊臣)
中宗朝－－－己卯士禍　趙光祖等(沈貞南袞搆誣嫁禍士林)
　　　　　　辛巳士禍　安塘等(宋祀連搆誣)
明宗朝－－－乙巳士禍　柳灌等(李芑鄭順明搆誣)
　　　　　　丁未士禍　宋麟壽等(鄭彦慤告良才驛壁書事起 不測)
　　　　　　己酉士禍　李瀣(退溪兄)等(李洪南搆誣)
光海朝－－－癸丑士禍　七臣李恒福申欽等(廢母時李山海等用事)
肅宗朝－－－己巳士禍 宋時烈等(廢后時疏論建儲之早南人 大用)
景宗朝－－－辛壬士禍　四大臣李健命等(議王世弟代理少論 大用)

12사화

단종조－－－－계유사화　김종서 등(단종이 왕위를 세조에게 선위할 때 권람 등이 정권을 마음대로 하였다)

단종 때 수양대군(세조)이 원로신하 김응서, 황보인 등을 역적모의로 몰아 죽이고 안평대군을 사사하고 왕이 되고자 일으킨 정난이었다.

세조조－－병자사화　사육신 성삼문 등(상왕 단종을 다시 왕으로 복위하고자 할 때 김질이 변절하여 밀고한 일)

세조 때 성삼문, 박팽년 등이 상왕이 된 단종을 복위시키려다 실패한 사건으로 1456

년(세조 2)에 명나라 사신을 위한 연회장에서 세조 일파를 제거하려다가 여의치 않아 후일로 연기하였는데 공모한 김질이 장인인 정창손에게 고하여 사육신 등 수십 명이 피살되었다.

연산조－－무오사화 김종직 등(조의제문으로 이극돈, 유자광이 일을 저질렀다)

1498년(연산군 4)에 김일손 등 신진사류가 유자광을 중심으로 한 훈구파에 의하여 화를 당한 사건이다. 김종직은 왕의 신임으로 자기 제자들을 삼사(사간원, 사헌부, 홍문관)에 등용시켜 세력을 키웠다. 두 파는 서로 반목이 심하던 중 신진인 김일손이 史官으로 훈구파 이극돈의 비행을 사초에 올려 증오심이 더하던 중 '김종직의 조의제문'에 세조의 왕위 찬탈을 비난한 내용을 유자광 등이 연산군에게 고해 바쳤다. 연산군은 김일손 등을 심문하고 김종직의 관을 파서 목을 베었다. 김일손, 권오복 등을 죽이고 수십 명을 귀양 보냈다.

갑자사화 병인년에 모후 윤씨를 폐위시켜 사약을 받게 한 일을 연산주가 깊은 한을 가지고 선조 때의 옛 신하들을 죽인 일

연산군의 어머니 윤씨 복위문제로 연산군이 일으킨 사화이다. 성종비 윤씨(연산군 어머니 윤씨)를 폐위시키고 사약을 내려 죽였다. 연산군은 자기 어머니가 죽은 경위를 임사홍에게 듣고 후궁들을 죽이니 인수대비(연산군 할머니)가 꾸짖으니 병상에 가서 때려 죽였다. 윤비폐사에 찬성하였던 윤필상, 김종직 등을 죽이고 한명희, 정창손, 남효은 등은 시체를 목 베었다.

중종조－－기묘사화 조광조 등(심정, 남곤이 무고로 얽어맨 사림들의 사화)

기묘사화 1519년(중종 14)에 남곤, 심정 등 훈구파 재상들이 젊은 신진들 조광조, 김정, 김식 등을 죽이고 귀양 보낸 사화이다. 연산군을 폐하고 왕위에 오른 중종은 급진적으로 풍습까지 바꾸려 하니 보수파와 대립 충돌하여 서로 중상모략 하던 중에 훈구파 홍경주의 딸이 熙嬪으로 있어 궁 안에 조광조가 역모를 준비 중이라는 소문을 퍼트리고 나뭇잎에 꿀로 '走肖爲王' (조씨가 왕이 된다)이라 써 놓으니 벌레가 꿀 있는 곳만 파먹게 하여 왕에게 보이니 충격을 받았다. 홍경주, 남곤 등이 모의하여 조광조 등이 당파를 만들어 정치를 어지럽히니 처벌하라고 고하였다. 중종은 조광조 등 많은 사람을 죽이고 귀양 보냈다. 성균관 유생들 천여 명이 통곡하며 말렸으나 체포, 투옥시켰다.

신사사화 안당 등(송사연이 무고로 얽어매다)

신사사화 1521년(중종 16)에 안처겸 등의 옥사. 심정, 남곤이 세력을 떨칠 때 안처겸은 이정숙, 송사연 등이 심정, 남곤이 왕의 총명을 흐리게 한다고 제거할 것을 모의하였다. 송사연이 안처겸 모친이 죽었을 때 조객록을 가지고 안처겸 등이 대신을 모해한다고 고변하였다. 이로 인해 안처겸, 안처근, 권전, 조광조, 김질 등 많은 사람이 처형되고 송사연은 당상관이 되어 30여 년을 지냈다(중종실록).

명종조--을사사화 유관 등(이기, 정순명을 무고로 얽어매다)

1545년에 왕실의 외척인 大尹, 小尹의 반목으로 소윤이 대윤을 몰아낸 사건. 중종의 제일 繼妃 장경왕후 윤씨는 仁宗을 낳고 제2계비인 문정왕후 윤씨는 명종을 낳았다. 같은 파평 윤씨임에도 반목으로 세력다툼이 치열하였다. 장경왕후 동생은 윤임, 문정왕후 동생은 윤원형이었다. 중종이 죽고 인종이 즉위하자 윤임이 득세하여 이언적, 유관 등을 등용시켰다. 인종이 8개월 만에 죽고 12세의 명종이 즉위하니 이번에는 소윤 윤원형이 득세하여 정순명, 이기, 임백령 등과 모의하여 윤임, 이조판서 유인숙, 영의정 유관 등을 반역 음모죄로 몰아 이덕응, 나숙, 곽순 등을 죽이니 죽고 귀양 간 사람이 100여 명에 달하였다(명종실록).

정미사화 송린수 등(정언각이 양재역 벽에 글을 붙인 일을 고하여 예측하지 못한 일이 일어났다. 1547년 역벽에 문정왕후의 섭정을 비난한 글)

명종 2년 을사사화 여파로 일어났다. 부제학 정언각이 전라도 양재역에서 벽서를 발견하였는데 내용은 '여왕이 집정하고 간신 이기동이 권세를 농락하여 나라가 망하여 가는데 보고만 있을 것인가?' 하는 내용이었다. 이기동 등은 을사옥의 뿌리가 남았다 하여 잔당으로 여긴 봉성군 송인수, 임형수 등을 죽이고 권남, 이언적, 노수신, 유희춘 등을 귀양 보냈다(영종실록)

기유사화 李瀣(퇴계의 형님) 등(이홍남을 무고로 얽어매다)

이해-명종 때 문신. 본관 진보. 무과 급제. 대사헌으로 우의정 이기를 탄핵 파면하게 하니 이기의 심복인 사간 이무강에 의해 구수담의 무리로 몰려 생명이 위태하였다. 명종이 갑산으로 귀양 보냈으나 가는 길에 병사하였다(인물고).

광해조--계축사화 7신하 이항복 신흠 등(모후를 폐위시킬 때 이산해 등이 일을 저질렀다.)

1613년(광해 5) 대북파가 일으킨 옥사. 광해가 즉위하자 대북파인 정인홍, 이이첨 등이 선조의 친아들인 영창대군을 옹립하려 했다는 구실로 소북파 영수인 영의정 유영경을 사사한 후 소북파 신흠 등을 모조리 축출하였다. 조정에서 잡힌 도적이 선조비 인목대비의 아버지 김재남이 역모하였다고 하여 김재남, 인목대비, 영창대군을 죽였다.

숙종조－－기사사화 송시열 등(모후를 폐위시켰을 때 세자를 빨리 세울 것을 논하였다. 남인들을 많이 등용하였다.)

숙종 15년 장희빈의 소생으로 세자를 삼으려 하니 반대한 송시열 등 서인이 찬성한 남인들에게 패하여 정권이 남인으로 바뀌었고 송시열은 파직되어 제주도에 유배되고 사사되었다. 송시열과 동조한 김수홍, 김수항 등이 귀양 갔다(숙종실록 등).

경종조－－신임사화 4대신 이건명 등이 왕세제의 대리 청정을 논하였다(소론파들을 많이 등용하였다.)

1721년(정종 1) 왕위 계승으로 노론과 소론의 당쟁으로 일어난 禍獄으로 신축임인 양년에 일어났기 때문에 '신임사화', '임인옥'이라 하였다. 숙종 뒤로 경종이 즉위하였으나 無子多病하여 빨리 왕세자를 정하자고 한 노론 4대신 영의정 김창집, 이건명, 이이명 등이 주장하여 왕세제가 정무를 대리하자 소론 김일경이 노론 4대신을 4흉으로 몰고 목호룡이 4대신을 역적모의로 몰아 극형을 당하였고 소론이 집권하였다. 세제 연잉군(영조)이 왕위에 오르니 이제는 소론들에게 참살당하고 쫓겨 나갔다.

遜: 사양할 손. 擥=攬: 잡을 람. 礩: 주춧돌 질. 克: 능할 극. 憾: 한할 감. 衮: 곤룡포 곤. 搆: 끌 구. 嫁: 떠넘길 가. 誣: 무고할 무. 塘: 못 당. 灌: 물 댈 관. 芑: 흰 차조 기. 殼: 씨 각. 欽: 공경할 흠. 疏: 상소할 소. 儲: 태자 저.

朝鮮朝의 重要事件

閔无咎(太宗妃兄) 中宗妃愼氏廢位追復 章敬尹氏生仁宗(兄任) 文定尹氏生明宗(兄元衡) 莊祖國舅洪鳳漢(弟麟漢) 純祖

妃金氏二嗣哲宗　文祖妃趙氏二嗣高宗　文宗諱珦顯陵　端宗莊陵寧越四百里　世祖光陵　仁宗元年乙巳七月一日昇遐　弟鳳城君　德興大院君

조선조의 중요사건

민무구(태종왕비의 오빠). 중종왕비로 폐위된 신씨는 다시 복위되었다. 장경 윤씨는 인종을 낳았다(오빠는 윤임이다). 문정 윤씨는 명종을 낳았다(오빠는 윤원형이다). 장조왕의 장인은 홍봉한(동생은 홍인한이다). 순조왕비 김씨는 입양자가 철종이다. 문조비 조씨의 입양자가 고종이다. 문종의 휘는 향이고 능은 현릉이다. 단종의 능은 장릉이고 4백 리 길 되는 강원도 영월에 있다. 세조의 능은 광릉이다. 인종은 원년 을사 7월 1일에 죽었다. 동생은 봉성군 덕흥대원군.

无: 없을 무. 咎: 허물 구. 衡: 저울대 형. 舅: 장인 구. 珦: 옥이름 향. 諱: 높은 사람이름 휘.

ㅁ 宣祖妃仁穆金氏(延安悌男女)의 男은 永昌大君이다 臨海君 光海君 元宗이다.

ㅁ 仁祖諱는 倧이요 男은 昭顯 孝宗 麟坪이다.

ㅁ 肅宗妃仁顯閔氏 廢位하야 復位하다 莊祖陵은 水原이요 男은 正祖다 恩彦君은(哲宗의 祖) 恩信君의 系子가 南延君이요(麟坪의 后며 高宗의 祖다)

ㅁ 宗廟(世室大王) 永寧殿은(祧遷大王)이요 六尙宮은(元景英眞莊純이요 私親嬪은 金張崔李李朴氏다).

ㅁ 선조비 인목 김씨(연안 제남의 딸이다)의 아들은 영창대군이다. 임해군 광해군 원종이다.

ㅁ 인조왕의 이름은 종이고 아들은 소현과 효종과 인평이다.

ㅁ 숙종왕의 왕비 인현 민씨는 폐위되었다가 복위되었다. 장조의 능은 수원에 있고 아들은 정조다. 은언군(철종의 할아버지)과 은신군의 계자가 남연군이니(인평의 후요 고종의 할아버지다).

ㅁ 종묘(세실대왕) 영녕전(조천대왕) 6상궁은(원, 경, 영, 진, 장, 순이요 사친 빈은 김씨, 장씨, 최씨, 이씨, 박씨다).

悌: 공경할 제. 坪: 평평할 평. 延: 인도할 연. 祧: 먼 조상을 합사하는 사당 조.

太祖妃康氏가生芳碩하니(八男宜安嫡)冊世子하다五男인靖安(太宗)이發越이어늘鄭道傳이欲除之라가並芳碩하야被誅하다太祖가召二男(定宗)하야禪位하니二年에太宗이卽位하다太祖가退居咸興에問安使가不返이러니朴淳이以子母馬요往諷啓하야蒙允이러니還至江中에腰斬하야半在江中하고半在船하다.

태조비 강씨가 방석을 낳아(여덟째 의안대군) 세자로 책봉하였다. 다섯째 아들 정안군(태종)이 뛰어나 정도전이 제거하려다가 오히려 방석과 함께 방원에게 죽임을 당했다. 태조는 둘째 아들 정종을 불러 왕위를 물려주었는데 2년 지나 태종이 왕위에 올랐다. 태조는 함흥으로 물러나 살면서 태종이 문안드리는 사신을 보내면 돌려보내지 않았다. 박순이 어미 말과 새끼 말을 같이 끌고 가서 풍자하여 아뢰니 윤허를 하고 한양으로 돌아갈 것을 승낙하였다. 돌아오는 중에 강에 이르자 박순의 허리를 베어 몸이 반은 강 속에 있고 반은 배에 있었다.

芳: 향기 방. 碩: 클 석. 嫡: 본처가 난 아이 적. 靖: 편안할 정. 返: 돌려줄 반. 淳: 순박할 순. 諷: 비유하여 간할 풍. 腰: 허리 요. 朴淳-조선 초기 무신. 본관 음성. 요동정벌 때 이성계의 휘하였고 개국 후에 상장군이 되었다. 태조가 상왕으로 함흥에 가 있을 때 태종이 모시러 보낸 사람을 모두 죽이니 태조와 친분이 있는 박순을 보내 태조를 설득하여 서울에 오던 중에 살해되었다. 태종은 공을 치하하여 관직과 녹을 내리고 자결한 박순 부인에게 정문을 내리니 충신, 열녀 두 정문을 세워 주었다.

朝鮮의 主要亂

ㅁ太祖七年戊寅鄭道傳亂 定宗二年庚辰芳幹亂 端宗二年甲戌李澄玉亂 世祖十一年丁亥李施愛亂 明宗十七年壬戌林巨正叛 宣祖二十二年己丑鄭汝立叛 二十五年壬辰亂 丙申李夢鶴亂 丁酉再亂 仁祖二年甲子李适亂 五年丁卯虜亂 丙子胡亂 英祖四年戊申李麟佐亂 純祖十一年辛未洪景來亂 高宗三年丙寅洋亂 辛未洋擾 壬午軍亂 甲申政革亂 甲午東學亂

조선의 주요난

ㅁ 태조 7년 무인년 정도전의 난

1392년(공민왕 4) 정도전은 이성계를 추대하여 개국 일등공신으로 정권을 쥐고 있었다. 태조는 계비 강씨의 뜻과 배극렴 등의 주청으로 8남 방석을 세자로 삼았다. 한편 방원은 개국공신으로 자질도 충분하고 혁혁한 공이 있었는데도 정도전, 남은 등이 권력을 장악하고 있어 불만이 심하였는데 마침 태조의 병문안을 온 정도전 등을 죽이고 세자 방석과 방번도 살해하였다. 태조의 둘째 아들 방과에게 세자를 넘겨주었다.

ㅁ 정종 2년 경진 방간의 난

1400년(정종 2) 왕위 계승권으로 왕자들의 제2 난이다. 동복인 방간이 방원에 대한 시의심으로 왕위 계승의 야심이 있었다. 지중추 박포는 방원의 난 때 공이 컸으나 상이 적음에 대하여 불만을 가지고 있던 중에 방간을 충동하고 군대를 동원하여 친형을 공격하려 하니 방원의 역습으로 박포는 사형되고 방간은 귀양 보냈다. 방원은 하륜 등의 주청으로 상왕 태조의 허락을 받고 태종이 되었다(태종실록).

□ 단종 2년 갑술 이징옥의 난

1543년에 이징옥이 함경도도절제사로부터 파면되자 원한으로 자칭 대금 황제라 칭하고 반기를 든 사건이다. 김종서의 천거로 절제사가 되었는데 수양대군이 김종서 등을 죽이고 정권을 잡은 뒤에 이징옥을 파면하자 억울하여 후임으로 온 박호문을 죽이고 대금 황제라 칭하며 여진족의 후원으로 반란을 일으켰으나 정종의 술책에 빠져 아들과 함께 잡혀 죽었다(단종실록).

□ 세조 11년 정해 이시해의 난

1467년 길주의 호족으로 조정에서 북도인을 등용하지 아니하고 남도인만 수령으로 보내니 불만이 쌓여 북도인들을 선동하여 반란을 일으켰다. 세조가 북도 출신을 줄이고 조정에서 남도인을 수령으로 보내자 상을 당한 이시애가 동생 이시합 등과 모의하여 북도지방 사람들을 선동하여 길주에서 난동을 일으켜 절도사 강효문을 습격, 살해하였다. 세조는 구성군 준을 4도 병마사로 임명하여 토벌하게 하였다. 이시애는 남도 출신 수령들을 모두 죽이고 승승장구하였으나 결국 관군에게 대패하였고 그의 당인 이주동에게 살해되었다(세조실록).

□ 선조 22년 기축 정여립 난

정여립은 본관 동래이다. 명종 때 율곡 문하에 출입하다가 율곡이 죽자 동인에게 아부하여 율곡을 비난하고 수찬벼슬에 올랐으나 순조에게 거슬러 보여 고향 전주로 돌아가 많은 선비를 접촉하고 반란을 계획하여 대동계 등을 조직하며 나주, 해주, 구월산, 계룡산 등을 다니며 동지들을 규합하였다. 1589년 전라도, 황해도에서 일시에 서울을 칠 것을 계획하였으나 안악 군수 이충이 탐지하여 황해감사 등에게 고하여 관련자들을 체포, 토벌하였다. 정여립은 아들과 함께 진안으로 도망하다가 자살하였다(기축옥사).

□ 선조 25년 임진왜란

1592년(선조 25)부터 1598년까지 2차에 걸쳐 우리나라를 쳐들어온 일본과의 전쟁. 선조 때 당파 싸움으로 사회는 해이해지고 문약하여졌다. 李珥는 10만 양병설을 주장하였으나 배척되고 일본에서는 외국의 문물을 받아들여 신흥 상업도시가 발달하고 영웅 같은 도요토미(풍신수길)가 나와 전국시대를 통일하고 그 여세로 대륙 침략의 야심으로 조선에 수호 의사를 전해 왔으나 무례함으로 거절하고 조정에서는 통신사 황윤길, 김성일을 일본에 보내 전쟁을 일으킬 것인지 정탐하게 하였으나 두 사람의 의견이 반대되어 김성일의 병화가 없을 것이라는 안이한 의견을 따르게 되었다. 한편으로는 일본 사태를 주시하면서 강구, 김수 등으로 무기를 정비하고 성도 수축하였으며 신립, 이일로 영남 지방을 순시하게 하였으나 방어에 성과가 없었으며 이순신만이 전비를 갖추어 나갔다. 일본은 1592년 4월 15일에 15만 대군으로 부산을 공략하였다. 소서행장의 제1군은 부산을 함락하고 밀양, 대구, 충주에 이르고 제2군은 가토가 울산, 영천, 충주에서 1군과 합류하여 서울로 진격하고 제3군은 김해, 추풍령을 지나 북상하였다. 수군 9,000명은 바다로 쳐들어왔다. 급보에 접한 조정에서는 신립을 도순변사로 이일을 순변사로 왜군을 저지하게 하였으나 이일은 상주에서, 신립은 청주 탄금대에서 싸웠으나 패하여 전사하였다. 패보를 접한 선조는 피난길에 올라 개성을 거쳐 평양으로 떠났다. 두 왕자는 함경도와 강원도로 피난 보냈으며 한편으로 근왕병을 모집하고 명나라에 구원병을 청하였다. 왕이 서울을 떠나니 노비들이 일어나 자기 문적이 있는 장례원과 형조에 불을 질러 궁궐까지 모두 타 버렸다. 왜군들은 5월 2일에 서울을 함락시키고 함경도, 평안도로 북상하여 평양을 점령하였다. 바다에서는 원균이 패전하여 함선을 잃었으나 전라도 좌수사 이순신은 특히 거북선으로 적을 무찔러 해상의 보급로를 차단하였다. 1차에는 옥포에서, 2차에는 사천 당포에서, 3차에는 한산도 앞바다에서, 4차에는 부산에서 연전연승하여 제해권을 장악하였다. 일본은 이순신에게 한 번도 승리하지 못하였다. 한편 국내 각처에서는 의병이 일어나 조헌, 곽재우, 김시민, 고경명, 김천일, 정문부, 승려인 휴정, 유정, 처영 등은 각지에서 싸워 공을 세우나 희생도 많았다. 명나라에서는 심유정, 이여송 등이 군사를 이끌고 와서 조선군과 연합하여 왜적을 무찔렀다. 행주산성에서 권율이, 김시민의 진주 대전, 이순신의 한산섬 대전은 왜군과의 싸움에서 크게 이겨 3대 대첩을 이루었다(선조실록).

ㅁ 병신 이몽학의 난

임진왜란이 일어난 후 사회가 혼란한 민심을 선동하여 충청도 일대에서 일어난 난이다. 이몽학은 서자 출신으로 충청도, 전라도를 유랑하다가 모속관 한현을 만나 선봉장이 되었다. 한현의 지시로 1596년(선조 29)에 부여에서 반란을 계획하며 주민과 중들을 선동 규합하여 부여, 임천, 청양, 대흥을 공격하고 서울로 진격하려 하였다. 홍주를 공격하니 목사 홍가신이 성을 굳게 지키고 이몽학의 목을 현상에 부치니 부하 김경창 등이 이몽학의 목을 베어 들고 와서 항복하였다. 잔당들을 체포, 서울로 압송하여 난은 평정되었다(선조실록).

ㅁ 정유재란

1597년(선조 30) 일본의 도요토미가 다시 14만 대군으로 정유재란을 일으켰다. 왜장은 이순신을 두려워하여 간첩을 보내 이순신을 모함하여 투옥하게 하였으나 사형을 면하여 백의종군하였다. 일본은 원균 군을 다대포와 칠천양에서 전멸시켰다. 기세를 몰아 경상도, 전라도를 점령하니 조선과 명나라 연합군은 반격하여 소사에서 크게 이겼고 이순신은 남은 배 12척으로 재정비하여 명량 해전에서 적 133척과 싸워 격파시켜 제해권을 회복하였다. 일본은 육해에서 봉쇄되고 도요토미가 죽어 철퇴하자 이순신은 노량에서 무찌르다 최후를 마쳤으며 일본 군함 200여 척을 격파하여 세계 해전사에 길이 찬란하게 빛나고 있다.

ㅁ 이괄 난

1624년(인조 2)에 집권당인 서인 사이에 반목으로 일어난 내란이다. 이괄은 인조반정에 공이 많았으나 2등 녹공에 한성부윤으로 임명되어 관서 지방에 변환이 있을 것이라고 평안병사로 좌천되어 영변에 머무르자 불만이 더욱 커졌다. 반란을 도모하던 중 밀고되어 인조가 이괄 부자를 체포하라 명하여 아들이 잡히니 부하 이수백 등과 도사를 죽이고 한병련과 반란을 일으켜 만여 명의 군사로 평양을 진격하였다. 정부에서는 이원익을 도체찰사로 반군을 토벌하게 하였으나 반군은 수안 평산을 지나 개성, 벽제에 이르렀다. 인조는 공주로 피난 가고 반군은 서울을 점령하여 홍안군 제를 왕으로 삼았다. 관군은 반격하여 안령(서대문)에서 격퇴하니 이괄이 이천으로 도망하였으나 부하 기익현 등이 이괄 등 9명의 목을 베어 투항하니 반란이 진압되었다.

ㅁ 정묘호란

1627년(인조 5) 후금(청나라)의 침략 전쟁이다. 광해군은 만주에서 일어난 신세력 후금과 명나라와의 관계로 전란에 빠지지 않으려 노력하며 국경의 경비와 병기 수리, 군사훈련에도 게을리하지 않았다. 그러나 당쟁에 휘말려 서인들은 광해군을 폭군으로 몰아 물러나게 하고 인조가 옹립되어 금나라를 배척하고 명나라를 원조하려 하니 금나라가 조선을 적대시하던 중 이괄 난의 잔당들이 금나라로 도망하여 광해군 폐위의 부당함과 병력의 열세와 비밀 등을 폭로하였다. 1627년(인조 5) 군사 30,000명으로 조선을 침략하였다. 의주를 거쳐 파죽지세로 평양, 황주 등으로 쳐들어오니 세자는 전주로, 인조는 강화로 피난하였다. 조정에서는 화전 양론이 있었으나 금에서도 강화를 표시하여 형제의 맹약을 맺고 철퇴하였다(인조실록 등).

ㅁ 병자호란

1636년(인조 15) 청나라 태종의 침입으로 일어난 전쟁이다. 정묘호란의 조약을 무시하고 군신의 예와 공물 등을 요구하였으나 사신을 접견도 안 하고 적의를 보였다. 청 태종은 10만 대군을 거느리고 의주의 백마산성을 피하여 서울로 직행, 10여 일 만에 서울에 육박하였다. 조정에서는 그 전일에야 급박함을 보고받고 주화론자 최명길을 보내 시간을 끌며 세자와 비빈들을 강화로 보내고 곧 왕과 백관들이 뒤따르려 하였으나 이미 길이 막혀 부득이 남한산성으로 피하였다. 산성은 포위되고 원군은 격파되어 군량이 줄어들고 사기가 떨어졌다. 주화파 최명길의 뜻을 따라 성문을 열고 왕세자와 함께 삼전도(송파) 수항단에서 항복의 예를 행하였으니 근세의 치욕이었다. 和約 내용은 청에 대하여 신하의 예를 행할 것, 왕자 등을 인질로 보낼 것, 황금 100냥 등을 바칠 것 등이었다. 두 왕자가 잡혀가고 척화파 홍익한, 윤집, 오달재, 삼학사 등이 잡혀가 참형당하였다(병자호란 창의록).

ㅁ 이인좌의 난

1728년(영조 4) 소론들의 일파가 일으킨 반란이다. 노론의 무고로 소론 김일경, 목호룡 등이 죽임을 당하자 소론이 기회를 보던 차 1722년 노론 일부가 실각하자 이인좌, 김영해, 정희량 등이 밀풍군 단을 추대하고 반란을 일으켰다. 청주를 습격하여 이인좌 스스로 원수가 되고 밀풍군을 왕으로 세워야 한다는 격문을 사방에 보내 평안감사 이사성, 총융사 김중기 등과 내통하였다. 용인에 최규서 소론 원로가 조정에 고변하여 도순무사 오명항의 관군에 반란이 진압되었고 이인좌는 처형되었다.

ㅁ 홍경래의 난

1811년(순조 11) 홍경래가 평안도에서 일으킨 민란이다. 평안남도 출신으로 19세에 사마시에 낙방하고 방랑하며 거사를 꿈꾸었다. 서북인을 등용하지 않고 세가의 노비들까지도 평한(平漢)이라 멸시하고 과거제도도 권문가의 세가들은 무학 둔재도 급제함을 보고 쌓인 분노로 동지들을 규합하였다. 각지의 부호, 명사들을 찾아 태천에 김사용, 곽산에 홍총각등 용력자를 선봉장으로 하였다. 1811년에 흉년이 들어 민심이 흉흉함을 이용하여 백성들을 모았다. 자칭 평서대원수가 되고 우군직을 참모로 가산, 박천, 정주, 성천을 함락시키고 곡식을 풀어 궁한 백성들에게 나누어 주었다. 안주에서 평안도 병마절도사 이해우가 병사를 모아 홍경래 군을 공격하고 구원군의 도움으로 대패시켰다. 서울에서는 박기풍을 중군으로 정주성에 도착하였다. 홍경래는 정주성에서 항전하고 있었다. 관군은 화약으로 성곽을 폭파시켜 함락하고 홍경래는 총에 맞아 죽고 거병 5개월 만에 끝났다.

ㅁ 병인양요

1866년(고종 3) 프랑스 함대가 인천과 서울 근교까지 쳐들어온 사건이다. 대원군이 천주교를 탄압하여 9명의 프랑스 신부와 남종삼 등 8,000여 명의 신자를 죽였다. 중국 천진에 주둔한 프랑스 함대 로오즈 제독이 3척의 군함을 이끌고 정탐만 하고 돌아가 다시 7척의 군함을 이끌고 와 강화도를 점령하여 식량, 서적 등을 약탈하였다. 조정에서는 이경하, 이기조 등으로 산성 등 요소에 군사들을 배치하였다. 프랑스 군은 문수산성, 정족산성에서 싸워 50여 명의 사상자를 내고 관청 등을 불사르고 중국으로 퇴각하였다.

ㅁ 신미양요

1871년(고종 8) 미국 군함 3척이 강화도에 쳐들어온 사건. 셔먼호(미국 배의 대동강 무단 정박으로 일어난 사건) 사건이 일어난 후 미국 정부가 조선을 문책하고 통상조약을 맺으려고 아시아 함대 사령관 로저서가 군함 5척 군사 1,200명으로 우리 정부에 통상할 것을 요구하였으나 거절하였다. 강화 해협을 측량하려고 오자 외국 군함이 허가 없이 들어오므로 우리 수병이 포격을 하자 미국 함대도 포격을 하여 공방전이 치열하여 중군 어재연, 어재순, 이현학 등이 전사하였고 미국도 3명이 전사하고 10여 명이 부상하였다. 첨사 이염이 야습하여 군함을 물리쳤다.

ㅁ 임오군란

1882년(고종 19) 6월 9일에 구식 군대가 일으킨 병난이다. 군제 개혁으로 구식 군대에게 대우가 나빠져 훈련도감 소속 군졸들은 불온하여졌다. 13개월이나 밀린 봉급미에 지급한 분배가 불공정하고 모래가 절반인데다가 수량도 부족하여 격분한 포병 김춘영 등이 관리들을 구타 치상케 하자 이들을 체포, 사형하라는 명이 내렸다는 소식이 들리자 민겸호 집에 몰려가 선처를 구하려다가 민겸호 집에 숨은 봉급미 관리자를 만나 찾으려고 난동을 부리고 나왔다. 대원군의 밀계를 받은 허욱의 지시로 군기고를 습격하고 포도청과 의금부를 습격하여 죄수들을 석방하고 척신 민태호 집을 습격하였다. 일부에서는 일본 교련관을 살해하고 일본 공사를 습격하여 불을 지르고 13인의 일본인을 살해하였다. 궁내로 들어간 일부는 민겸호, 김보현을 살해하고 왕비를 해치려 하였으나 변복하고 충주 목사 민응식 집에 피신하였다. 고종은 사태가 험악해지자 대원군을 불러 수습하게 하니 대원군은 맏아들 이재민을 훈련대장, 호조판서로 병권과 재정을 장악하고 왕비의 실종을 흉거로 국상을 공포하였다. 한편 중국 천진에 있던 김윤식은 청나라에 구원을 청하여 국왕을 돕고 대원군과 난동자들을 소탕해 줄 것을 요청하였다. 청나라가 군함과 군사를 데리고 와서 군란의 책임을 대원군에게 씌웠다. 일본은 군함 4척과 보병 1개 대대를 파견하여 배상금 50만 원과 제물포조약 체결로 끝냈다(일성록).

ㅁ 갑신정변

1884년(고종 21) 사대파 수구당과 혁신파 개화당의 정치적 변란이다. 임오군란으로 청국과 일본이 개입하니 서로 대립하게 되었으며 정계도 두 파로 나누어졌다. 민씨들은 청을 의지한 보수 세력들로 민영익, 민승호, 김홍집, 김윤식 등은 사대당이라 하고 사대당을 반대하고 일본을 본받아 개혁하려는 개화당은 대표 인물이 김옥균, 박영효, 서광범, 서재필 등 소장파들이다. 독립당은 일본 공사와 밀약하여 일본 병력을 빌려 혁신정부를 세우려 하였다. 마침 우정국 개국 축하연에 사대당을 초청, 암살 계획을 세웠으나 민영익에게만 중상을 입히고 실패하였다. 김옥균, 박영효, 서광범 등은 창덕궁으로 달려가 윤태준, 한규직, 민영목, 민태호 등을 살해하였다. 개화당은 각국 공사, 영사에 신정부 수립을 통보하고 좌의정 이재선, 우의정 홍영식, 호조참판 김옥균, 한성부윤 박영효 등을 임명하였다. 정치적 혁신을 논의하고 개혁하려 하였으나 청나라의 무력 개입으로 삼일천하가 되고 말았고 김옥균, 박영효, 서광범 등은 일본으로 망명하였다.

ㅁ 갑오 동학난

1894년(고종 31) 동학당이 일으킨 농민 혁명이다. 조선 후기에 정치적 부패, 탐관오리들의 행패 등 농민들이 고통을 받게 되어 정부에 개혁을 요구하게 되었다. 마침 동학이 민중의 결집에 성공하여 삼남지방에 급격하게 전파되자 정부는 교주 최제우를 혹세무민의 죄로 처형하였다. 교도들은 교조신원(敎祖伸寃)을 진정하고 상소문을 보내고 '외국인철수'라는 대자보가 붙어 정부에서는 당황하여 호조참판 어윤중을 보내 무마시키고 청나라에 후원을 청하였다. 고부군수 조병갑이 만석보의 水稅 등 부당한 세금을 착복하자 분노한 농민들은 전봉준을 선두로 1894년(고종 30)에 관아를 습격하여 세미를 빈민들에게 나누어 주었다. 보국안민(輔國安民)의 기치를 들고 백산에 모여 전봉준을 총대장, 김개남 등과 규율을 엄격하게 하되 불살생, 충효총전, 축멸양왜, 제세안민(忠孝叢全 逐滅洋倭 濟

世安民) 등 강령을 발표하였다. 동학농민군은 전주에서 온 관군을 물리치고 무장과 영광으로 진격하여 무기를 빼앗고 탐관오리들을 추방하였다. 정부에서는 1,500명의 관군을 보냈으나 패하고 반군은 전주를 점령하였다. 조정에서는 당황하여 휴전하고 강화를 맺었다. 정부는 동학교도 庶政(서정)에 협력할 것, 탐관오리 숙청, 횡포한 부호들의 처벌, 불량한 양반과 유림을 처벌, 노비문서 소각, 천인대우 개선, 과부재가 자유, 인재등용 등 12개 조항이었다. 휴전은 동학군에 불리하게 되고 청나라와 일본군이 상륙하였고 동학군도 전국적으로 확대되어 전봉준이 10만의 호남군과 손병희의 10만 호서군이 공주에서 관군과 일본 연합군과 대결하여 패배, 퇴각하였다. 전봉준은 재기를 꾀하였으나 배반자의 밀고로 순창에서 체포되어 처형되니 동학혁명은 30여만의 희생자를 내고 끝마쳤다(동학기록 등).

義士 白堂 申泰允 先生 略傳

本貫: 平山　號: 白堂

1884년 6월 15일　全南潭陽郡昌平面外東里 誕生

1904년 全南潭陽昌平昌興學校　春崗高鼎柱 師事　卒業

1908년 서울漢城師範學校 卒業

1914년 國恥下에 全南谷城郡谷城面三仁洞에 檀聖廟 建立 奉審 倭警의 監視下에 夜半 春秋로 開天節 御天節 祭享 己未萬歲 運動의 基盤이 되었다.

1919년 己未年 谷城에서 主動으로 丁來聖, 梁成滿 등 郡民, 學徒 들과 獨立萬歲 絶叫 倭警 被逮 京城高等法院 懲役 2년 確定 服役 大邱移監 家産沒收 資格停止等

1924년 '正史'(倍達國史) 編著發刊'三一神誥講義'著述發刊

1925년 慶北星州郡草山面高山洞에 學校創設 育英 伽倻山 山頂에 檀君壇 設壇 祭享

1931년 谷城邑 三仁洞 所在 檀君廟 移安 谷城邑 鳳凰臺 聖域에 重創 夜半祭享(倭警監視)

1946년 '正史'增刊'高麗史節要'發刊

1949년 朝鮮大學校 國史學科 敎授

1952년 檀君殿 重創 谷城鳳凰亭 谷城群民 協贊 現存

1961년 87세 卒 群民 儒林等이 義績碑 三一運動記念碑 大韓民國 政府의 慰靈碑 建竪

1986년 獨立有功者 建國勳章 愛國章 褒賞 追敍 大田 顯忠苑 愛國志士墓域에 安葬

2005년 政府銅像建竪, 歷史公園造成

白堂申公泰允義蹟碑銘

於赫三一　義聲動天　維忠彌貞　倭囹五年　才兼三長　正史儼然

創建檀殿　仍設豆籩　天資英拔　豪氣莫前　育英爲任　名士連綿

宿載公義

迺圖永傳　銘績于石　昭垂百千

1969년 9월　　谷城郡守 林季煥　　谷城儒林 一同

혁혁했던 삼일운동의로운 외침 하늘을 감동케 하였네 오직 충성과 정절 다했건만 왜놈 감옥에 얽매인 지 5년이라 사학가의 삼장(才智, 學問, 識見)을 겸비하여 '正史'를 엄연히 펴냈네

단군성전 창건하여 제향 차림 베풀었으니 천성이 영특하여 호쾌한 기질 누구도 따를 수 없어 영재 교육 맡았으며 명사의 배출 연면하였네 여러 해 닦아 온 공의로운 일

길이 전하도록 새겨진 의적 찬연히 비석에 새겨서 천추에 참교훈 오래오래 빛나리.

1969년 9월　國譯　德陽書院長 申仁圭(곡성 단군성전 경내)

參考文獻

신단실기	한국사대사전 이홍식
왕조실록	한한대자전 민중서림
인물고	동국통감
강역고	고려사절요
삼국사기	삼국유사

索引

신현동

일제 강점기에 애국지사 백당 신태윤 선생이
우리 국민에게 민족혼을 심어주기 위하여 지으신 통사이며,
후손이 역주하였다.

대한민국 正史

초판인쇄 | 2011년 2월 25일
초판발행 | 2011년 2월 25일

편 저 자 | 신태윤
역 주 자 | 신현동
펴 낸 이 | 채종준
펴 낸 곳 | 한국학술정보(주)
주 소 | 경기도 파주시 교하읍 문발리 파주출판문화정보산업단지 513-5
전 화 | 031) 908-3181(대표)
팩 스 | 031) 908-3189
홈페이지 | http://ebook.kstudy.com
E-mail | 출판사업부 publish@kstudy.com
등 록 | 제일산-115호(2000. 6. 19)

ISBN 978-89-268-1962-3 03910 (Paper Book)
978-89-268-1963-0 08910 (e-Book)

이담 BOOKS 는 한국학술정보(주)의 지식실용서 브랜드입니다.